ubu

TRADUÇÃO
JAMILLE PINHEIRO DIAS
MARIANA RUGGIERI
SHEYLA MIRANDA

SARA AHMED

VIVER UMA VIDA FEMINISTA

Às muitas feministas estraga-prazeres
que estão por aí mandando ver:
ESTE LIVRO É PARA VOCÊS.

9 Nota da tradução

INTRODUÇÃO
11 TRAZER A TEORIA FEMINISTA PARA CASA

PARTE I
41 TORNAR-SE FEMINISTA

45 1. O feminismo é sensacional
77 2. Sobre como nos direcionam
111 3. Obstinação e subjetividade feminista

PARTE II
149 O TRABALHO DE DIVERSIDADE

155 4. Tentando transformar
187 5. Estar em questão
217 6. Paredes de tijolos

PARTE III

255 VIVER AS CONSEQUÊNCIAS

259 7. Conexões frágeis
295 8. Estalo feminista
334 9. Feminismo lésbico

CONCLUSÃO I

371 KIT DE SOBREVIVÊNCIA ESTRAGA-PRAZERES

CONCLUSÃO II

397 MANIFESTO ESTRAGA-PRAZERES

421 Agradecimentos
429 Referências bibliográficas
443 Sobre a autora

NOTA DA TRADUÇÃO

Em *Viver uma vida feminista*, Sara Ahmed trabalha com uma proposta de linguagem bastante lúdica. Tendo escrito o livro simultaneamente com um blog, ela parte de formas de expressão mais livres, fazendo uma série de jogos de palavras e experimentações semânticas. Nesta edição brasileira, priorizamos transmitir o sentido geral pretendido pela autora e, ao mesmo tempo, manter o tom corriqueiro da versão em inglês. Sempre que possível, buscamos reproduzir – ou reconstruir – os jogos de palavras criados por Ahmed, com suas rimas e polissemias, recorrendo a construções equivalentes e a aproximações em português. Para sinalizar esses casos e tornar a leitura mais participativa e compreensível, algumas palavras especialmente caras à autora foram incluídas, entre colchetes, em sua versão original em inglês, logo após a tradução, que varia conforme o sentido pretendido. Assim, quem lê a obra pode também, de certa forma, brincar de traduzi-la.

Outra questão importante que gostaríamos de ressaltar é a escolha de como traduzir para o português as expressões *brown* [marrom] e *person of color* [pessoa de cor], palavras de uso comum em inglês. A racialização dos corpos não ocorreu homogeneamente no mundo como um todo, de modo que traduzir esses termos também significa traduzir seus contextos. *Brown*, nos países anglófonos, se refere a pessoas que não são nem fenotipicamente brancas nem fenotipicamente negras, indicando que sua racialização está fundamentada no tom marrom de sua pele. *Pessoas de cor* (e suas derivações, como *mulheres de cor* e *homens de cor*), por sua vez, se refere a todas as pessoas não brancas. A expressão pode abarcar uma ampla e diversa gama de pessoas, dentre as quais árabes, latinas, asiáticas (Sul e Sudeste Asiático) e indígenas, além de marrons e negras.

INTRODUÇÃO

TRAZER A TEORIA FEMINISTA PARA CASA

O que você entende pela palavra *feminismo*? É uma palavra que me enche de esperança, de energia. Faz pensar em atos ruidosos de rebelião e recusa, faz pensar nas formas silenciosas que encontramos para renegar o que nos diminui. Faz pensar nas mulheres que se levantaram, que não se calaram, que arriscaram suas vidas, lares e relações na luta por mundos mais suportáveis. Faz pensar nos livros escritos, surrados e gastos, livros que colocaram algo em palavras, uma sensação, um sentimento de injustiça, livros que, ao colocar em palavras, nos deram forças para seguir em frente. Feminismo: modo como erguemos umas às outras. Tanta história em uma palavra; tanto que foi erguido graças a ela.

Escrevo este livro como uma forma de sustentar a promessa dessa palavra, de pensar o que significa viver a própria vida reivindicando para si essa palavra: ser feminista, tornar-se feminista, falar como feminista. Viver uma vida feminista não significa adotar uma série de ideais ou normas de conduta, embora possa significar fazer perguntas éticas sobre como viver melhor em um mundo injusto e desigual (em um mundo não feminista e antifeminista); como criar relações que sejam mais igualitárias; como descobrir formas de apoiar quem recebe pouco ou nenhum apoio dos sistemas sociais; como seguir confrontando histórias que se tornaram concretas, histórias que se tornaram tão sólidas quanto paredes.

Desde já vale ressaltar que a ideia de que o feminismo está relacionado a como viver, a um modo de pensar como viver, foi muitas vezes entendida como datada na história do feminismo, associada a uma postura que moraliza – ou mesmo policia – o que se poderia chamar, ou o que se convencionou chamar, em geral com desprezo, de feminismo cultural. No capítulo 9, voltarei a essa política do desprezo. Não estou sugerindo aqui que essa versão do feminismo que faz policiamento moral – o tipo de feminismo que julgaria esta ou aquela prática (e, portanto, esta ou aquela pessoa) como antifeminista ou não feminista – seja simplesmente uma invenção. Eu ouvi esse julgamento; ele recaiu sobre meus próprios ombros.[1]

Mas a figura da feminista que faz policiamento é promíscua por uma razão. É mais fácil rejeitar o feminismo quando ele é entendido como um movimento de rejeição; como sendo um movimento cujo objetivo é fazer com que as pessoas se sintam mal por seus desejos e esforços. A figura da policial feminista é evocada porque é útil; ouvir as feministas como se fossem policiais é uma forma de não ouvir o feminismo. Muitas figuras feministas são ferramentas antifeministas, ainda que possamos sempre dar a elas um novo uso para nossos próprios fins. Um modo de reutilizá-las poderia ser o seguinte: se identificar o sexismo é entendido como um comportamento que policia, então seremos a polícia feminista. Note-se que reutilizar figuras antifeministas não significa estar de acordo com o julgamento (o de que questionar o sexismo é policiar), mas o contrário: significa que discordamos dessa premissa e a convertemos em uma promessa (se você acha que questionar o sexismo é policiar, então somos a polícia feminista).

Ao fazer do feminismo uma questão de vida, seremos julgadas como mulheres que julgam. Neste livro, recuso-me a relegar a questão de como viver uma vida feminista à história. Viver uma vida feminista é transformar tudo em algo passível de questionamento. A questão de como se vive uma vida feminista está viva enquanto questão e é uma questão de vida.

Se nos tornamos feministas por conta das desigualdades e injustiças do mundo, por conta do que o mundo não é, então que tipo de mundo

---

1 Quero dizer, literalmente: certa vez, quando eu estava no doutorado, uma feminista do corpo docente subiu as mangas da minha blusa de decote ombro a ombro e disse algo como: "E você se diz feminista".

estamos construindo? Para construir moradas feministas, precisamos desmantelar o que já foi montado; precisamos nos perguntar contra o que nós nos posicionamos, a que nós somos favoráveis, com plena consciência de que este *nós* não é um alicerce pronto, mas algo pelo qual temos que trabalhar. Ao entender qual nosso propósito, entendemos também quem somos *nós*, esse significante esperançoso que constitui uma coletividade feminista. Onde existe esperança, existe dificuldade. As histórias feministas são sobre a dificuldade deste *nós*, a história de quem teve de lutar para fazer parte de um coletivo feminista ou, inclusive, de lutar contra um coletivo feminista para defender uma causa feminista. A esperança não existe às custas da luta, mas mobiliza a luta; graças à esperança, temos a sensação de que há algo pelo que trabalhar e, então, trabalhamos por isso. A esperança não aponta só, ou sempre, para o futuro, mas nos conduz quando o terreno é difícil, quando o caminho que trilhamos torna mais custoso seguir em frente.[2] A esperança nos dá respaldo quando precisamos trabalhar para que algo seja possível.

UM MOVIMENTO FEMINISTA

O feminismo é um movimento em muitos sentidos. Algo nos move a nos tornar feministas. Talvez este algo seja um sentimento de injustiça, de que existe alguma coisa errada, como exploro no capítulo 1. Um movimento feminista é um movimento político coletivo. Muitos feminismos significam muitos movimentos. Um coletivo é aquilo que não fica parado, mas que cria movimento e é criado por ele. Penso na ação feminista como ondulações na água, uma pequena onda, possivelmente criada

---

2 Para uma discussão mais aprofundada sobre a esperança em relação ao passado, ver meu livro *The Cultural Politics of Emotion*. Edinburgh: Edinburgh University Press, 2004.

por agitações no clima; aqui e ali, um movimento puxando o outro, outra ondulação, para fora, expansiva. Feminismo: o dinamismo de criar conexões. E, ainda assim, um movimento precisa ser construído. Fazer parte de um movimento demanda buscar lugares de encontro, lugares para estarmos juntas. Um movimento é também um refúgio. Encontramo-nos; temos um ponto de encontro. Um movimento vem à luz para transformar o que existe. Um movimento precisa se assentar em algum lugar. Um movimento não é só ou simplesmente um movimento; existe algo que precisa ficar quieto, em seu espaço próprio, se somos movidas a transformar o que existe.

É possível chamar um movimento de forte quando podemos testemunhar um impulso: mais pessoas se reúnem nas ruas, mais pessoas dão sua assinatura para protestar contra alguma coisa, mais pessoas usam um nome para se identificar. Acredito que nos últimos anos temos testemunhado o crescimento de um impulso em torno do feminismo, em manifestações globais contra a violência contra as mulheres; no número cada vez maior de livros populares sobre feminismo; na alta visibilidade do ativismo feminista nas redes sociais; em como a palavra *feminismo* pode incendiar o palco para mulheres artistas e celebridades como Beyoncé. Como professora, testemunhei esse crescimento em primeira mão: o aumento do número de estudantes que querem se identificar como feministas, que demandam que ministremos mais cursos sobre feminismo; e a quase espantosa popularidade dos eventos que organizamos sobre feminismo, principalmente sobre feminismo *queer* e feminismo trans. O feminismo tem a ver com mobilizar pessoas em torno de uma discussão.

Nem todo movimento feminista é detectado com tanta facilidade. Um movimento feminista nem sempre acontece em público. Um movimento feminista pode estar em curso no momento em que uma mulher desaba, naquele momento em que ela não aguenta mais (ver capítulo 8) a violência que satura seu mundo, um mundo. Um movimento feminista pode acontecer quando se estabelecem conexões entre pessoas que reconhecem determinada coisa – relações de poder, violência de gênero, gênero como violência – como algo que deve ser combatido, mesmo que usem palavras diferentes para identificar o que é. Se pensarmos no lema feminista da segunda onda, "o pessoal é político", podemos pensar o feminismo como aquilo que acontece nos espaços historicamente delimitados como não políticos: nos acordos domésticos, em casa (cada ambiente da casa pode se tornar uma sala feminista), em quem faz o que e onde; do mesmo modo, nas ruas, no Congresso, na universidade. O feminismo está onde o feminismo precisa estar. O feminismo precisa estar em todos os lugares.

O feminismo precisa estar em todos os lugares porque o feminismo não está em todos os lugares. Onde está o feminismo? É uma boa pergunta. Podemos nos questionar: onde encontramos o feminismo, ou onde o feminismo nos encontra? Coloco essa questão como uma questão de vida na primeira parte deste livro. Uma história sempre começa antes que possa ser contada. Quando *feminismo* se tornou uma palavra que, além de falar com você, também falava de você, falava de sua existência, fazia você existir? Quando o som da palavra *feminismo* se tornou seu som? O que significou, o que significa, apoiar-se no feminismo, lutar em nome do feminismo; sentir nos altos e baixos do feminismo, nas idas e vindas do feminismo, os próprios altos e baixos, as próprias idas e vindas?

Quando reflito, neste livro, sobre minha vida feminista, pergunto "onde?", mas também "em quem?". Em quem encontrei o feminismo? Sempre vou me lembrar de uma conversa que tive na juventude, no final dos anos 1980. Foi uma conversa com minha tia Gulzar Bano. Penso nela como uma de minhas primeiras professoras feministas. Tinha dado a ela alguns poemas meus. Em um poema, usei *ele*. "Por que você usou *ele*", ela me perguntou gentilmente, "quando poderia ter usado *ela*?". A pergunta, feita com tanta afeição e gentileza, me deu uma grande dor de cabeça, uma grande tristeza por perceber que as palavras, assim como os mundos que eu pensava estarem de portas abertas para mim, não estavam abertos de forma alguma. *Ele* não inclui *ela*. A lição se torna um

comando. Para alcançar um efeito, tive que desalojar aquele *ele*. Tornar-
-se *ela* é fazer parte de um movimento feminista. Uma feminista torna-se
ela, mesmo que já a identifiquem como *ela*, quando ouve nessa palavra
uma recusa do *ele*, uma recusa de que *ele* prometa sua inclusão. Ela toma
a palavra *ela* e a torna sua.

Comecei a perceber o que já sabia: a lógica patriarcal vai fundo, ao
pé da letra, até o osso. Tive que encontrar formas de não reproduzir
sua gramática no que dizia, no que escrevia; no que fazia, em quem eu
era. É importante ter aprendido essa lição feminista com minha tia de
Lahore, no Paquistão, uma mulher muçulmana, uma feminista muçulmana, uma feminista marrom [*brown*]. Pode-se supor que o feminismo
viaje do Ocidente para o Oriente. Pode-se supor que o feminismo é o
que o Ocidente dá ao Oriente. Essa suposição é uma suposição que viaja
e conta uma história feminista, a seu modo, uma história repetida à
exaustão; uma história de como o feminismo se fez útil na forma de um
presente imperial. Essa não é minha história. Precisamos contar outras
histórias feministas. O feminismo viajou até mim, que cresci no Ocidente, vindo do Oriente. Minhas tias paquistanesas me ensinaram que
minha mente pertence a mim (o que significa que não pertence a mais
ninguém); elas me ensinaram a falar por mim mesma; me ensinaram a
denunciar a violência e a injustiça.

importa onde encontramos o feminismo;
importa em quem encontramos o feminismo.

Enquanto movimento coletivo, o feminismo é feito daquilo que nos
move a nos tornar feministas em diálogo com outras pessoas. Para que
exista um movimento, é necessário que algo nos (co)mova. Trato dessa
necessidade revisitando a questão da consciência feminista na primeira
parte deste livro. Pensemos por que os movimentos feministas ainda são
necessários. Tomo aqui a definição que bell hooks deu ao feminismo, um
movimento para acabar com o sexismo, a exploração sexual e a opressão

sexual.[3] Aprendemos muito com essa definição. O feminismo é necessário por causa do que ainda não acabou: o sexismo, a exploração sexual e a opressão sexual. E, para hooks, "o sexismo, a exploração sexual e a opressão sexual" não podem ser dissociados do racismo, do modo como as histórias coloniais, incluindo a escravidão, moldam o presente e são centrais para a exploração no regime capitalista. A interseccionalidade é um ponto de partida, o ponto a partir do qual devemos avançar se quisermos explicar como funcionam os mecanismos de poder. O feminismo será interseccional "ou será pura bobagem", para tomar de empréstimo a eloquência de Flavia Dzodan.[4] Esse é o tipo de feminismo a que me refiro ao longo deste livro (a menos que indique o contrário, em referência específica ao feminismo branco).

Um passo significativo para um movimento feminista é reconhecer o que não acabou. E esse é um passo muito difícil. É um passo lento e meticuloso. Podemos pensar que já demos esse passo e perceber, afinal, que é necessário dá-lo novamente. É possível que você esteja se confrontando com uma fantasia de igualdade: de que agora as mulheres podem conseguir algo, e até mesmo ter algo, ou poderiam, caso se esforçassem o bastante; de que as mulheres, em termos individuais, podem acabar com o sexismo e outras barreiras (é possível descrever essas barreiras como um teto de vidro ou uma parede de tijolos) por meio de simples esforço, persistência ou vontade. Tanta coisa acaba investida em nosso próprio corpo. Poderíamos chamar isto de uma fantasia pós-feminista: que uma mulher, por si só, possa acabar com o que bloqueia seu movimento; ou que o feminismo tenha acabado com o "sexismo, a exploração sexual ou a opressão sexual", como se os êxitos do feminismo tivessem sido grandes a ponto de tornar sua existência

---

3 bell hooks, *Teoria feminista: Da margem ao centro* [1984], trad. Rainer Patriota. São Paulo: Perspectiva, 2019.
4 Flavia Dzodan, "My Feminism Will Be Intersectional or It Will Be Bullshit!". *Tiger Beatdown*, 10 out. 2011.

desnecessária;[5] ou que tais fenômenos sejam, por sua vez, uma fantasia feminista, o apego a algo que nunca existiu ou que já não existe. Poderíamos também pensar na pós-raça como uma fantasia por meio da qual o racismo opera: como se o racismo tivesse ficado para trás porque não acreditamos mais em raça, ou como se pudéssemos deixar o racismo para trás caso não acreditássemos mais em raça. Aquelas de nós que passamos a dar corpo à diversidade nas instituições supostamente damos fim à branquitude só de ingressar nessas instituições (ver capítulo 6).

Quando você se torna feminista, descobre muito rápido: há quem não reconheça a existência daquilo com que você deseja acabar. Este livro segue o fio dessa descoberta. Grande parte do trabalho feminista e antirracista consiste em tentar convencer as outras pessoas de que o sexismo e o racismo não acabaram; de que o sexismo e o racismo são peças fundamentais das injustiças do capitalismo tardio; de que eles importam. O simples fato de falar sobre sexismo e racismo aqui e agora é recusar um deslocamento; é recusar-se a embalar seu discurso no pós-feminismo ou no pós-raça, o que exigiria usar o passado (naquela época) ou fazer referências a outros lugares (lá).[6]

Até mesmo descrever algo como sexista e racista, aqui e agora, pode lhe causar problemas. Se você identifica estruturas, dizem que é coisa da sua cabeça. O que você descreve como algo material é desdenhado como se fosse algo mental. Acredito que a partir desse desdém aprendemos sobre materialidade, como tentarei mostrar na segunda parte do livro, na qual falo sobre o trabalho de diversidade. Consideremos também o que nos é exigido: o trabalho político necessário em ter que insistir que aquilo que descrevemos não se trata apenas de uma sensação ou pensa-

---

5 Rosalind Gill, "Postfeminist Media Culture: Elements of a Sensibility". *European Journal of Cultural Studies*, v. 10, n. 2, 2007; Angela McRobbie, *The Aftermath of Feminism*. London: Sage, 2008.

6 O racismo está presente em muitas situações de sexismo: costuma-se entender o sexismo como um problema de culturas (ou um problema cultural) que está "lá", e não "aqui". Atenção: costuma-se considerar esse outro lugar como atrasado no tempo.

mento. Um movimento feminista depende de nossa habilidade de seguir insistindo: na existência continuada daquilo com que desejamos acabar. O que descrevo neste livro é o trabalho dessa insistência. Aprendemos ao ser feministas.

Um movimento feminista requer, portanto, que nos apropriemos de tendências feministas, que tenhamos disposição de seguir em frente apesar das barreiras ou mesmo por causa delas. Poderíamos pensar nesse processo como uma prática do feminismo. Se tendemos ao mundo de forma feminista, se repetimos essa tendência, essa ternura,[7] uma e outra vez, adquirimos tendências feministas. A esperança feminista é a impossibilidade de eliminar esse potencial de aquisição. E, ainda assim, uma vez que você se torna feminista, pode sentir que sempre foi uma. Poderia ter sido sempre assim? É possível que você tenha sido feminista desde o começo? Talvez você sinta que sempre teve essa inclinação. Quem sabe você tendesse para esse lado, o lado feminista, porque já tendia a agir como uma garota rebelde ou até mesmo obstinada (ver capítulo 3), que não aceitava o lugar que lhe era atribuído. Ou quem sabe o feminismo seja uma forma de começar de novo: então, de certa forma, sua história começa com o feminismo.

Um movimento feminista se constrói com muitos momentos de recomeço. E esta é uma de minhas preocupações centrais: em que medida é necessária, para o movimento feminista, a aquisição de uma tendência feminista que faz você se tornar aquele tipo de garota ou de mulher, o tipo errado, o tipo ruim, aquele que fala o que pensa, que escreve seu nome, que levanta o braço em sinal de protesto. A luta individual importa; dela depende um movimento coletivo. Mas é óbvio que pertencer ao tipo errado não necessariamente nos dá razão. Muitas injustiças podem ser, e têm sido, cometidas por quem se considera o tipo errado – seja o tipo

---

7 Em inglês, "*If we tend toward the world in a feminist way, if we repeat that tending* [...]". Aqui a autora faz um trocadilho com base na polissemia da palavra *tend*, que expressa tanto *tendência* [tendency] como *ternura* [tenderness] e *cuidado* [tending]. [N. T.]

errado de mulher ou o tipo errado de feminista. Não há garantia de que, ao lutar por justiça, nos comportaremos de um modo justo. É preciso duvidar, regular a força de nossas tendências com a dúvida; vacilar quando temos certeza e até mesmo pelo fato de termos certeza. Um movimento feminista que avança com confiança demais já nos custou muito. Trato da necessidade de duvidar de nossas convicções na terceira parte deste livro. Se é a uma tendência feminista que aspiramos, essa tendência não nos oferece um terreno estável.

LIÇÃO DE CASA

O feminismo é uma lição de casa. Quando uso a expressão *lição de casa*, a primeira coisa que penso é em estar na escola; imagino ter recebido do/a professor/a uma tarefa para levar para casa. Imagino que me sento à mesa da cozinha e trabalho, antes de poder brincar. A lição de casa é simplesmente o trabalho que lhe pedem para fazer quando você está em casa, geralmente atribuído por pessoas com autoridade e externas ao ambiente doméstico. Quando o feminismo é entendido como lição de casa, não se trata de uma tarefa passada por um/a professor/a, mesmo que você tenha professoras feministas. Se o feminismo é uma tarefa, é uma tarefa que atribuímos a nós mesmas. Que impomos a nós mesmas. Quando falo de lição de casa, não estou sugerindo que todas nos sintamos em casa no feminismo, no sentido de nos sentirmos seguras ou protegidas. Talvez algumas de nós encontrem nele um lar; outras, talvez não. Em vez disso, o que sugiro é que o feminismo é lição de casa porque temos muito a fazer devido a não nos sentirmos em casa no mundo. Em outras palavras, a lição de casa é o trabalho que fazemos por nossa casa e em nossa casa. Fazemos trabalhos domésticos. O trabalho doméstico feminista não se limita apenas a limpar e a manter uma casa. O objetivo do trabalho doméstico feminista é transformar a casa, reconstruir a residência senhorial.

Neste livro, quero pensar na teoria feminista também como lição de casa, como uma forma de repensar de que modo se origina e onde termina a teoria feminista. A que damos o nome de teoria feminista? A princípio podemos supor que teoria feminista é aquela produzida por pesquisadoras feministas no âmbito acadêmico. Quero sugerir que teoria feminista é algo que fazemos em casa. Na primeira parte deste livro, abordo o modo pelo qual, ao nos tornar feministas, desenvolvemos um trabalho tanto intelectual como emocional; começamos a experimentar o gênero como uma restrição de possibilidades e descobrimos mundos à medida que vivenciamos essas restrições. A experiência de ser feminista, seja em uma reunião de família, seja em uma reunião de trabalho, implicou para mim lições de vida, assim como lições filosóficas. Aprender, ao ser feminista, é aprender sobre o mundo.

A teoria feminista pode ser o que fazemos juntas na sala de aula; em uma conferência; lendo os trabalhos uma das outras. Mas acredito que com muita frequência designamos a teoria feminista como uma classe específica, ou mesmo uma classe mais elevada, de trabalho feminista. Temos que trazer a teoria feminista para casa porque a entendemos muito rapidamente como algo que fazemos quando estamos longe de casa (como se a teoria feminista fosse o que você aprende quando vai para a escola). Quando estamos fora, podemos aprender, e aprendemos, novas palavras, novos conceitos, novos ângulos. Descobrimos novos autores que despertam momentos de revelação. Mas não é lá que a teoria feminista começa. A teoria feminista pode ser, inclusive, o que leva você até lá.

Nos círculos acadêmicos, a palavra *teoria* tem muito capital. Sempre me interessei pelo modo como essa palavra é atribuída; como certos materiais são entendidos como teoria e outros não. Minha própria trajetória explica parcialmente esse interesse: passei de um doutorado em teoria crítica a professora de estudos de mulheres [*women's studies*]. Como estudante de teoria, aprendi que a teoria é usada para referenciar um *corpus* de trabalho restrito. Um trabalho se torna teoria porque se refere a outro trabalho conhecido como teoria. Uma cadeia de citações é criada em torno da teoria: você se torna uma teórica porque cita outros teóricos que citam outros teóricos. Parte desse trabalho de fato me interessou; mas acabei descobrindo que queria desafiar a seleção de materiais e a forma como eram lidos.

Lembro que nos ensinaram que a obra de um certo teórico tem dois lados, uma história do desejo e uma história do falo. O que nos disseram, basicamente, foi para preterir a segunda história de modo a priorizar a primeira e nos deixar levar por ela. Comecei a me perguntar se fazer teoria significava me dedicar a determinado *corpus* e deixar de lado questões como falocentrismo ou sexismo. O que nos pediam, na prática, era que deixássemos de fora nossas preocupações com o sexismo, tanto no que era lido como teoria quanto no que líamos na teoria. Ainda me lembro de um de meus ensaios, que fazia uma leitura crítica de um texto teórico, no qual a mulher era a figura central. Mais tarde, esse ensaio faria parte do capítulo "Woman" de meu primeiro livro.[8] Eu estava interessada em como os comentários do professor, tais como "Isso não é sobre as mulheres", seriam usados para ignorar quaisquer questões sobre a representação da figura da mulher na tradição intelectual masculina. Quando recebi o ensaio de volta, ele havia rabiscado em letras bem grandes: "Isto não é teoria! Isto é política!".

Naquele momento pensei: se teoria não é política, fico feliz por não estar fazendo teoria! E foi um alívio sair daquele espaço em que teoria e política são organizadas em trajetórias distintas. Quando cheguei aos estudos de mulheres, me dei conta de que às vezes o termo *teoria feminista* me localizava como um tipo de feminista diferente de outros tipos de feministas, as consideradas, por assim dizer, mais empíricas, menos associadas à teoria ou à filosofia. Sempre experimentei essa localização como uma forma de violência. Espero sempre experimentar essa localização como uma forma de violência. Embora esteja relativamente confortável

---

8 Sara Ahmed, *Differences That Matter: Feminist Theory and Postmodernism*. Cambridge: Cambridge University Press, 1998.

na teoria crítica, não deposito nela minhas esperanças nem acho que este seja um lugar particularmente difícil de se estar: pelo contrário, acho mais fácil fazer um trabalho teórico abstrato e geral. Lembro-me de ouvir uma filósofa feminista se desculpar toda vez que mencionava este ou aquele filósofo homem porque tinham uma obra tão difícil. Isso fez com que eu me sentisse muito rebelde. Penso que as questões mais difíceis, as questões mais duras, são formuladas pelas feministas preocupadas em explicar a violência, a desigualdade, a injustiça. Para mim, é no trabalho empírico, no mundo que de fato existe, que estão as dificuldades e, portanto, os maiores desafios. A teoria crítica é como qualquer língua; você pode aprendê-la e, então, começa a se mover por ela. É evidente que pode ser difícil, se você não tiver as ferramentas de orientação para se deslocar em uma nova paisagem. Mas explicar fenômenos como racismo e sexismo – como eles são reproduzidos, como continuam sendo reproduzidos – não é algo que possamos fazer simplesmente aprendendo uma nova língua. Não é uma dificuldade que pode ser resolvida por familiaridade ou repetição; na verdade, a familiaridade e a repetição são a fonte de dificuldade; são o que precisa ser explicado. Diante de tais fenômenos, a inadequação de nosso entendimento nos devolve constantemente à casa. É aqui que encontramos e reencontramos os limites do pensamento. É aqui que podemos sentir esses limites. Encontramos algo que não podemos resolver. Podemos ser mandadas de volta para casa pela inadequação do que sabemos. E podemos trazer o que sabemos de volta para casa.

Como mostro na segunda parte do livro, minha própria experiência de trazer à tona o racismo e o sexismo na academia (de me recusar a encapsular essas questões numa divisão mais digerível do cânone filosófico) repetiu experiências anteriores minhas em que trouxe à tona o racismo e o sexismo durante reuniões de família. Essa repetição é outra forma de pedagogia: aprendemos com o fato de que as mesmas coisas continuam se repetindo. Você será interpretada como alguém que interrompe um momento feliz com a sensação de sua própria negação. Você será interpretada como alguém que faz política identitária, como se estivesse falando sobre racismo por ser uma pessoa de cor [*person of color*], ou como se estivesse falando sobre sexismo por ser mulher. Nirmal Puwar mostrou como algumas mulheres se tornam "invasoras do espaço" quando ocupam espaços que não são destinados a elas. Podemos ser invasoras do espaço na academia; podemos ser invasoras do espaço também na teoria, só de citar os textos errados ou fazer as perguntas erradas.[9]

uma pergunta pode estar fora de lugar: as palavras também.

Uma reação pode ser a de ter como objetivo habitar, do melhor modo que pudermos, os espaços que não estão destinados a nós. Podemos inclusive nos identificar com o universal da universidade se aceitarmos deixar nossas particularidades de lado.[10] Há ruptura e até mesmo invenção nisso, não tenho dúvidas. Mas pense nisto: as que chegamos a uma instituição acadêmica que não foi moldada por ou para nós agregamos conhecimentos e mundos que de outra forma não estariam aqui. Pense nisto: como aprendemos sobre mundos que não nos acomodam. Pense nos tipos de experiências que você tem quando não é esperado que esteja aqui. Essas experiências são um recurso para gerar conhecimento. Trazer a teoria feminista para casa é fazer o feminismo funcionar nos lugares em que vivemos, nos lugares em que trabalhamos. Quando pensamos na teoria feminista como lição de casa, a universidade também se torna o espaço pelo qual trabalhamos e no qual trabalhamos. Usamos nossas particularidades para desafiar o universal.

---

9   Nirmal Puwar, *Space Invaders: Race, Gender and Bodies out of Place*. Oxford: Berg, 2004.

10   Dei a isso o nome de "universalismo melancólico": é o que acontece quando você se identifica com o universal que a repudiou. Para acessar algumas observações preliminares, ver o seguinte artigo de meu blog: "Melancholic Universalism", feminist-killjoys.com, 15 dez. 2015.

CONSTRUINDO MUNDOS FEMINISTAS

Vou começar assim: aprecio e valorizo boa parte do trabalho que é ensinado e lido como teoria crítica. Passei primeiro por ela, e tinha meus motivos; explico quais são no capítulo 1. Mas ainda assim me lembro que, no segundo ano do doutorado, li textos de feministas negras e feministas de cor, incluindo Audre Lorde, bell hooks e Gloria Anzaldúa. Eu ainda não havia lido nada delas. Essas obras me sacudiram. Tratava-se de escritos cuja base de conhecimento era fornecida por uma experiência de poder vivida no corpo. Uma escrita inspirada pelo cotidiano: os detalhes de um encontro, um incidente, uma celebração, são as fagulhas de um *insight*. Ler o trabalho de feministas negras e de feministas de cor mudou minha vida; comecei a perceber que, quanto mais a teoria se aproxima da pele, mais ela pode fazer.

Então decidi: o trabalho teórico que está em contato com um mundo era o tipo de trabalho teórico que eu queria fazer. Mesmo quando escrevi textos organizados em torno da história das ideias, procurei escrever a partir de minhas próprias experiências: o cotidiano como inspiração. Ao escrever este livro, quis estar mais próxima do que nunca do cotidiano. Este livro é pessoal. O pessoal é teórico. A teoria em si costuma ser considerada abstrata: algo é mais teórico quanto mais é abstrato, quanto mais abstraído da vida cotidiana. Abstrair é arrastar, separar, apartar ou desviar. Talvez seja necessário arrastá-la de volta, trazer a teoria de volta à vida.

Embora meus primeiros trabalhos incluíssem exemplos da vida cotidiana, também faziam referências substanciais às tradições intelectuais. Não tenho dúvida de que essas tradições foram necessárias para dar alguns passos em minha argumentação: em *The Promise of Happiness* [A promessa da felicidade], precisei situar a figura da feminista estraga-prazeres no contexto da história da felicidade para explicar como essa figura aparece; em *Willful Subjects* [Sujeitas obstinadas], precisei situar a figura da sujeita obstinada no contexto da história da vontade para que também fizesse sentido.[11] Mas, uma vez aparentes, essas figuras me ofereceram uma abordagem diferente. Elas adquiriram vida própria. Ou melhor: minha escrita foi capaz de captá-las pela vida que levam. Essas figuras rapidamente se transformaram em fonte de novas formas de conexão. Criei um novo blog, organizado em torno delas (feministkilljoys.com), que escrevia em paralelo com este livro. Desde que comecei esse blog, tenho recebido muitas mensagens de estudantes, não apenas da graduação e da pós-graduação mas também do ensino médio, sobre sua própria experiência como feministas estraga-prazeres e sujeitas obstinadas. Aprendi muitíssimo com essas mensagens. Com toda sinceridade, este livro se origina nelas. Dedico este livro às estudantes feministas. É destinado a vocês.

Tornar-se feminista é seguir sendo estudante. A razão é a seguinte: a figura da feminista estraga-prazeres e a da sujeita obstinada são estudiosas. Não à toa elas permitiram que eu me comunicasse com quem percebeu nessas figuras a explicação de algo (uma dificuldade, uma situação, uma tarefa). Sigo tentando dar sentido a algo (uma dificuldade, uma situação, uma tarefa), e este livro é o produto desse trabalho. Um de meus objetivos em *Viver uma vida feminista* é libertar essas figuras das histórias em que estão alojadas. Tento desvendar e abarcar o que estão nos dizendo. De certa forma, refaço minha própria jornada intelectual neste livro. Ao rememorar as condições da chegada dessas figuras, de como surgiram para mim, de como se tornaram uma preocupação, volto a um terreno antigo. Uma jornada intelectual é como qualquer outra jornada. Um passo possibilita o próximo passo. Neste livro, refaço alguns desses passos.

Espero, ao refazer esses passos, tornar mais acessíveis alguns de meus argumentos: quanto mais perto do cotidiano, mais a teoria feminista fica acessível. Quando comecei a trabalhar neste livro, pensei estar escrevendo um texto feminista mais convencional, ou mesmo um livro comercial. Percebi que o livro que estava escrevendo não era esse tipo de

---

11 S. Ahmed, *The Promise of Happiness*. Durham: Duke University Press, 2010; id., *Willful Subjects*. Durham: Duke University Press, 2014.

livro. Queria elaborar um argumento lento, repisar caminhos antigos e levar o tempo que fosse preciso. Queria também fazer uma intervenção no feminismo acadêmico. Sou pesquisadora acadêmica há mais de vinte anos e estou relativamente à vontade na linguagem acadêmica da teoria feminista. Estou ciente de que nem todas as feministas se sentem em casa na academia e de que a linguagem acadêmica da teoria feminista pode ser alienante. Neste livro, faço uso de uma linguagem acadêmica. A academia é minha casa, estou trabalhando nela, então a linguagem acadêmica é uma de minhas ferramentas. Mas também busco fazer com que minhas palavras estejam o mais perto possível do mundo, numa tentativa de mostrar que a teoria feminista é o que fazemos quando vivemos nossa vida como feministas.

Ao refazer alguns dos passos de uma jornada, não estou fazendo a mesma jornada. Eu descobri coisas novas ao longo do caminho porque me aproximei do cotidiano. Devo acrescentar aqui que se aproximar do cotidiano também implica dar atenção às palavras e, portanto, a conceitos – como felicidade, como vontade. Ainda estou prestando atenção na ressonância. Penso no feminismo como poesia; ouvimos histórias em palavras; remontamos histórias ao colocá-las em palavras. Este livro ainda segue as palavras, exatamente como fiz antes, girando uma palavra de um lado para outro, como um objeto que capta uma luz diferente a cada vez que é girado; usando as mesmas palavras em contextos diferentes, permitindo-lhes criar ondulações ou novos padrões, uma textura no solo. Construo argumentos prestando atenção nas ressonâncias; o livro, portanto, implica a repetição de palavras, às vezes continuamente; palavras como *despedaçar*, palavras como *estalar*. A repetição é o palco de uma educação feminista.

Uma educação feminista: se começarmos por nossas experiências de como nos tornamos feministas, poderemos não só chegar a outro modo de produzir ideias feministas como também ser capazes de produzir novas ideias sobre o feminismo. As ideias feministas são aquilo que criamos para dar sentido àquilo que persiste. Temos que persistir em criar ideias feministas – ou, ainda, persistir por meio de sua criação. Essa ideia já contém em si uma ideia diferente sobre as ideias. As ideias não deveriam ser algo que se produz à distância, uma forma de extrair algo de algo, e sim resultado de nossa participação em um mundo que muitas vezes nos deixa de fato perplexas. As ideias podem ser a forma como trabalhamos com e através de nossos instintos, a sensação de que algo está errado, de que algo não vai bem, algo que faz parte da vida cotidiana e marca um ponto de partida para tanto trabalho crítico.

Ao tentar descrever algo que é difícil, que resiste a ser totalmente compreendido no presente, produzimos o que chamo de "conceitos suados". Usei essa expressão pela primeira vez quando tentei descrever para os estudantes o tipo de trabalho intelectual que fica evidente na obra de Audre Lorde. Gostaria de reconhecer minha dívida com ela aqui. Não posso expressar em palavras o quanto devo a Audre Lorde pelo legado extraordinário que ela nos deixou. Quando li a obra de Audre Lorde pela primeira vez, senti como se uma tábua de salvação fosse estendida a mim. As palavras, plasmando a descrição de sua própria experiência como mulher negra, mãe, lésbica, poeta, guerreira, me encontraram onde eu estava; um lugar diferente do dela e, ainda assim, as palavras dela me encontraram. As palavras dela me deram coragem para fazer de minha própria experiência um recurso, minhas experiências como mulher marrom, lésbica, filha; como escritora, me deram a coragem de fazer teoria a partir da descrição de meu lugar no mundo, fazer teoria a partir da descrição de não ter lugar no mundo. Uma tábua de salvação: pode estar frágil, gasta e esfarrapada pelas intempéries do clima, mas é o bastante, o suficiente para suportar seu peso, para tirar você da água, para ajudá-la a sobreviver a uma experiência despedaçadora.

Um conceito suado: outra forma de sair de uma experiência despedaçadora. Quando falo de conceitos suados no trabalho descritivo, quero dizer ao menos duas coisas. Em primeiro lugar, estou sugerindo que o trabalho conceitual é com frequência entendido como algo distinto da descrição de uma situação: e aqui penso em uma situação como algo que exige uma resposta. Uma situação pode se referir a uma combinação de circunstâncias de um dado momento, mas também a um conjunto de circunstâncias críticas, problemáticas ou marcantes. Lauren Berlant descreve assim uma situação: "Um estado de coisas em que algo que talvez importe no futuro se desdobra em meio à atividade habitual da vida".[12] Se uma situação é o modo como as coisas nos atravessam, então o modo como damos sentido a elas também se desdobra com base na "atividade habitual da vida". Os conceitos tendem a ser identificados com o que os teóricos apresentam, muitas vezes por meio da contemplação e do recolhimento, como a maçã que cai em cima da cabeça, produzindo uma revelação a partir de uma posição de exterioridade.

Quando fiz um projeto empírico sobre diversidade, sobre o qual falo na Parte II deste livro, tornei-me mais consciente da tendência acadêmica de identificar conceitos levando em conta o que eles trazem para o mundo. Eu mesma tinha essa tendência, então pude reconhecê-la. No projeto, entrevistei funcionárias/os da universidade enquanto profissionais de diversidade. Isso me familiarizou com a seguinte ideia: ao trabalhar para transformar as instituições, produzimos conhecimento sobre elas. Os conceitos operam no modo como operamos, independentemente do que a gente faça. Às vezes precisamos descobrir o que são esses conceitos (no que pensamos quando estamos fazendo, ou o que estamos fazendo quando pensamos), porque os conceitos podem ser obscuros como hipóteses de base. Mas essa descoberta consiste, precisamente, em não trazer um conceito de fora (ou de cima): os conceitos estão nos mundos habitados por nós.

Ao usar a ideia de conceitos suados, também tento mostrar como o trabalho descritivo é trabalho conceitual. Um conceito é derivado do mundo, mas também é uma reorientação na direção de um mundo, um modo de mudar completamente as coisas, de ter uma perspectiva diferente sobre a mesma coisa. Mais especificamente, um conceito suado é

---

12 Lauren Berlant, "Thinking about Feeling Historical". *Emotion, Space and Society*, v. 1, n. 1, 2008.

aquele que surge da descrição de um corpo que não se sente em casa no mundo. Com descrição quero dizer ângulo ou ponto de vista: uma descrição de como é não se sentir em casa no mundo, ou uma descrição do mundo a partir do ponto de vista de não se sentir em casa nele. O suor é corporal; suaremos mais quanto mais intensa e muscular for uma atividade. Um conceito suado pode surgir de uma experiência corporal difícil. A tarefa é habitar essa dificuldade, seguir explorando e expondo essa dificuldade. Pode ser necessário não eliminar o esforço ou trabalho da escrita. Não eliminar o esforço ou trabalho torna-se um objetivo acadêmico porque nos ensinaram a polir nossos textos, a não revelar o quanto lutamos para chegar a algum lugar. Conceitos suados também são produzidos pela experiência prática de enfrentar um mundo, ou pela experiência prática de tentar transformar um mundo.[13]

Mesmo tendo trabalhado dessa maneira, notei (em parte porque leitoras/es notaram) não ser totalmente capaz de admitir uma dificuldade: por exemplo, quando relato algumas de minhas próprias experiências de violência e assédio sexual, faço uso de *você*, e não de *eu*, permitindo que o pronome da segunda pessoa do discurso me dê alguma distância. Tentei colocar *eu* depois de terminar o livro, mas me pareceu muito forçado e, então, deixei *você*, mas com reservas. Feminismo: pode ser uma pressão. Neste texto, essa pressão fica evidente como uma tensão, às vezes revelada em uma confusão de pronomes e pessoas; uma tensão entre contar a história de como me tornei feminista, ser uma profissional de diversidade, lidar contra o que se deve enfrentar e fazer reflexões mais gerais sobre mundos. Tentei não eliminar essa tensão.

O feminismo está em jogo no modo como produzimos conhecimento; em como escrevemos, em quem citamos. Penso no feminismo como um

13 Desenvolverei os argumentos sobre fenomenologia prática com base na conclusão de meu livro *On Being Included*, ainda que use outros termos nesta obra que não aludam tão diretamente a essa tradição filosófica. Ver principalmente a Parte II, "O trabalho de diversidade", para saber mais sobre como conhecemos as coisas mediante nosso esforço para transformá-las.

projeto de construção: se nossos textos são mundos, eles têm que ser feitos de materiais feministas. Teoria feminista é criação de mundo. É por isso que temos que resistir a posicionar a teoria feminista apenas ou simplesmente como uma ferramenta, no sentido de algo útil na teoria, mas que logo esquecemos ou descartamos. Não deveria ser possível fazer teoria feminista sem ser feminista, algo que exige um compromisso ativo e contínuo de viver a vida como feminista. Deparei com este problema – como a teoria feminista pode ser feminismo na teoria – quando era estudante de teoria crítica. Conheci muita gente da academia que escreveu ensaios sobre teoria feminista, mas que não parecia agir de modo feminista; que rotineiramente parecia dar mais apoio aos estudantes homens do que às estudantes mulheres, ou que em suas turmas dividia as alunas em estudantes mais e menos leais. Ser feminista no trabalho é ou deveria ser sobre como desafiamos o sexismo corrente e cotidiano, incluindo o sexismo acadêmico. Não é opcional: é o que torna o feminismo feminista. Um projeto feminista é encontrar formas nas quais as mulheres possam existir em relação às mulheres; formas para que as mulheres possam se relacionar entre si. É um projeto porque ainda não chegamos lá.

Quando escrevemos nossos textos, quando colocamos as coisas em seus lugares, deveríamos nos fazer o mesmo tipo de pergunta que fazemos ao viver nossa vida. Como desmantelar o mundo que foi construído para acomodar apenas alguns corpos? O sexismo é um desses sistemas de acomodação. O feminismo demanda apoiar as mulheres em sua luta para existir neste mundo. O que quero dizer com *mulheres* aqui? Faço referência a todas as pessoas que viajam sob o signo *mulheres*. Nenhum feminismo digno desse nome usaria a ideia sexista de "mulheres nascidas mulheres" para criar os contornos da comunidade feminista, para tratar as mulheres trans como "não mulheres" ou "não nascidas mulheres" ou como homens.[14] Ninguém

---

14 Tomei a decisão de não citar nenhuma obra das (autodenominadas) feministas radicais, que se posicionam contra o fenômeno que elas descrevem como "transgenerismo" e são associadas ao que se costuma chamar de feminismo radical trans-

nasce mulher; trata-se de uma designação (não é apenas um signo, mas também uma tarefa ou um imperativo, como discuto na Parte I) que pode nos moldar; nos fazer; e nos quebrar. Muitas mulheres que foram designa-

-excludente – TERF, na sigla em inglês. Considero esse trabalho tão violento e redutor que não tive nenhuma vontade de trazê-lo para meu texto. Ao ler sobre o tema nas redes sociais, notei que os argumentos para excluir as mulheres trans do feminismo são móveis (como as paredes sobre as quais falo na Parte II deste livro). Em alguns casos, ouvi pessoas fazerem referência a uma "biologia elementar", ou a uma base científica de diferenças entre o sexo feminino e o masculino, para alegar que mulheres trans não são biologicamente mulheres, como argumento para justificar a exclusão de mulheres trans. Eu quero contestar – "Biologia elementar? Bem, foi o patriarcado que escreveu esse manual" – e dar a essas pessoas uma cópia de *Woman Hating*, de Andrea Dworkin, um texto feminista radical que defende o acesso de transexuais à cirurgia e a hormônios, e desafia o que ela chama de "a biologia tradicional da diferença sexual" baseada em "dois sexos biológicos distintos"; Andrea Dworkin, *Woman Hating*. New York: E. P. Dutton, 1974, pp. 181 e 186. Em outras ocasiões, o trabalho trans-excludente parte não da biologia, mas da socialização: as mulheres trans não podem ser mulheres por terem sido socializadas como homens e se beneficiado dos privilégios masculinos. Nesse caso, é o social, e não o biológico, que se torna imutável: como se a socialização só existisse em um sentido, associada unicamente a uma categoria (gênero) e não fosse contestada e disputada no dia a dia, dependendo do modo como uma pessoa encarna ou não essa categoria. O próprio feminismo depende do fracasso da socialização em motivar a disposição de sujeitas/os generificadas/os. Outro argumento típico é que, como uma série de condutas médicas, o transgenerismo depende de noções essencialistas de gênero, porque corrige comportamentos que não estão em conformidade com o gênero e obedece a um imperativo heterossexista. É fato que já são décadas de pesquisa e teoria trans críticas ao modo como o gênero e as heteronormas se tornam um aparato da verdade nas instituições médicas; já foi mostrado que, para ter acesso à cirurgia e aos hormônios, sujeitas/os trans precisam ter uma narrativa que seja palatável para as autoridades, conservando, assim, os códigos de gênero. Entre os trabalhos críticos, temos desde "The Empire Strikes Back: A Posttranssexual Manifesto" (London: Routledge, 2006 [1987]), de Sandy Stone, até "Mutilating Gender" (London: Routledge, 2006 [2000]), de Dean Spade, e *Queer Theory, Gender Theory: An Instant Primer* (New York: Riverdale Avenue, 2014 [2004]), de Riki Wilchins. Essas obras mostram que, quando um sistema de gênero (que exige que você permaneça com a designação recebida das autoridades no momento em que nasceu) não inclui você, ele pode fazê-la se tornar mais alerta e reflexiva sobre ele (embora seja muito importante não esperar que as

das como do sexo feminino ao nascer, vale lembrar, não são consideradas propriamente mulheres, ou não são consideradas mulheres em absoluto, talvez pelo modo como se expressam ou deixam de se expressar (são muito boas em esportes, não têm um corpo, um comportamento ou uma conduta suficientemente femininos, não são heterossexuais, não são mães e assim por diante). Parte da dificuldade da categoria mulheres é o que segue sob essa categoria, assim como o que não segue: por causa do corpo que você desenvolve, dos desejos que você tem, dos caminhos que escolhe ou não escolhe. Pode haver violência em ser reconhecida como mulher; pode haver violência em não ser reconhecida como mulher.

Em um mundo em que o *humano* ainda é definido como *homem*, temos que lutar pelas mulheres e como mulheres. E para fazer isso precisamos também contestar a instrumentalização do feminismo. Mesmo que, por afiar o gume de nossa capacidade crítica, o feminismo possa ser usado como uma ferramenta capaz de nos ajudar a dar sentido ao mundo, não é algo que possa ser deixado de lado. O feminismo vai aonde quer que a gente vá. Se não, não somos feministas.

Dessa forma, praticamos o feminismo a partir de nossa relação com a academia. Quando estava fazendo meu doutorado, me disseram que eu deveria adorar este ou aquele teórico homem, que deveria segui-los, não necessariamente como uma ordem explícita, mas por meio de um ques-

pessoas excluídas por esse sistema se tornem igualmente pioneiras ou transgressoras de normas). Penso que o que ocorre no trabalho feminista antitrans é um desejo de excluir e de policiar as fronteiras das mulheres independentemente de onde possam estar (portanto, o alvo é um alvo móvel). O policiamento da categoria "mulheres" é o modo pelo qual um grupo específico de mulheres garantiu seu direito de determinar quem pertence ao feminismo (a branquitude tem sido outro mecanismo-chave para o policiamento do feminismo). O policiamento das fronteiras das mulheres foi sempre desastroso para o feminismo. Para uma compilação útil sobre as perspectivas transfeministas, ver Anne Enke (org.), *Transfeminist Perspectives: In and beyond Transgender and Gender Studies*. Philadelphia: Temple University Press, 2012. Um último ponto – o feminismo começa com uma premissa que é uma promessa: não temos que viver conforme as designações de outras pessoas.

tionamento aparentemente gentil, embora cada vez mais insistente: Você é derridiana? Não? Então é lacaniana? Ah, não? Certo, então você é deleuziana? Não? Então é o quê? Talvez devesse ter respondido: se não sou, não sou! Nunca estive disposta a aceitar essa restrição. Mas não aceitar essa restrição demandou a ajuda de outras feministas que vieram antes de mim. Se podemos criar nossos caminhos não seguindo os teóricos homens, ainda precisamos das mulheres que vieram antes de nós. Neste livro, adoto uma política de citações rigorosa: não cito nenhum homem branco.[15] Quando digo *homem branco* me refiro a uma instituição, como explico no capítulo 6. No entanto, cito aqueles que contribuíram para a genealogia intelectual do feminismo e do antirracismo, incluindo obras que foram descartadas ou relegadas muito rapidamente (em minha opinião), obras que abrem outros caminhos, caminhos que podemos chamar de linhas de desejo, criadas quando não são seguidos os caminhos oficiais traçados pelas disciplinas.[16] Pode ser que esses caminhos tenham se tornado indistintos por não terem sido mais percorridos; então, temos que nos esforçar mais para encontrá-los; temos que nos obstinar para mantê-los abertos ao não seguir a direção que nos deram.

---

15 Esta é uma política de citações um tanto incisiva (e talvez eu precise acrescentar cis, hétero e fisicamente apto ao *corpus* geral de que estou falando). Talvez seja necessário lançar mão de uma política incisiva para romper com um hábito antigo. Essa política é mais incisiva do que precisa, porque entendo os homens brancos como um efeito cumulativo, não como uma forma de agrupar pessoas que compartilham um atributo comum (sobre essa discussão, ver capítulo 6). Estou plenamente consciente de que, em casos específicos, poderíamos ter um debate sobre se este ou aquele indivíduo é ou deveria ser considerado parte do aparato institucional dos homens brancos. Note-se também que, quando uso alguns materiais primários (como o conto dos irmãos Grimm no capítulo 3), de fato estou citando homens brancos. Essa política está mais relacionada ao horizonte intelectual do livro do que aos materiais culturais que utilizo.

16 Usei essa ideia de linhas de desejo pela primeira vez em *Queer Fenomenology*. O conceito vem da arquitetura paisagística e define os caminhos que se abrem no solo quando um número suficiente de pessoas não segue a rota oficial.

Minha política de citações me deu mais espaço para me ocupar das feministas que vieram antes de mim. A citação é a memória feminista. A citação é como reconhecemos nossa dívida com quem veio antes de nós; quem nos ajudou a encontrar nosso caminho quando o caminho estava obscuro porque desviamos das rotas que nos disseram para seguir. Neste livro, cito feministas de cor que contribuíram para o projeto de nomear e desmantelar as instituições da branquitude patriarcal. Considero este livro sobretudo uma contribuição para a pesquisa acadêmica e o ativismo das feministas de cor; é nesse conjunto de trabalhos que me sinto mais em casa, é nele que encontro energia e recursos.

As citações podem ser tijolos feministas: são os materiais com os quais e a partir dos quais criamos nossa morada. Minha política de citações influenciou o tipo de casa que construí. Entendi isso não apenas durante a escrita do livro, que trouxe revelações ao longo do processo, mas também fazendo apresentações. Como já pontuei, em trabalhos anteriores construí um edifício filosófico por conta de meu compromisso com a história das ideias. Não podemos confundir a história das ideias com a história dos homens brancos; ainda que uma conduza à outra, o que nos ensina sobre o ponto de origem das ideias. Seminal: parte-se do pressuposto de que as ideias são originadas nos corpos masculinos. Penso agora naquele edifício filosófico como uma estrutura de madeira em torno da qual se constrói uma casa. Neste livro, não construí uma casa usando tal estrutura. E me senti muito mais exposta. Talvez as citações sejam a palha feminista: materiais mais leves que, uma vez ajuntados, são capazes de criar um abrigo, mas um abrigo que deixa você mais vulnerável. Foi assim que me senti ao escrever este livro e ao falar sobre ele: exposta ao vento; sendo sacudida por ele, em maior ou menor medida dependendo do que eu encontrava. As palavras que lancei dançaram ao meu redor; comecei a perceber coisas que tinha deixado passar. Comecei a me perguntar até que ponto o edifício que construí no passado foi para criar distância. Às vezes, precisamos de distância para seguir um pensamento. Às vezes, precisamos abrir mão da distância para seguir aquele pensamento.

Nos capítulos a seguir, menciono diferentes tipos de materiais feministas que me acompanham como feminista e profissional de diversidade, de filosofia feminista a literatura e cinema feministas. Um texto companheiro pode ser pensado como uma espécie companheira, para emprestar a formulação sugestiva de Donna Haraway.[17] Um texto companheiro é um texto cuja companhia permite que você siga por um caminho menos trilhado. Esses textos podem provocar momentos de revelação em meio a uma proximidade avassaladora; podem compartilhar uma sensação ou oferecer a você recursos para dar sentido a algo que estava além de seu alcance; os textos companheiros podem fazê-la hesitar ou duvidar da direção escolhida, ou podem fazer você pensar que, ao seguir o caminho que está seguindo, não está sozinha. Alguns dos textos que aparecem neste livro me acompanham há tempos: *Mrs. Dalloway*, de Virginia Woolf, *O moinho à beira do Floss*, de George Eliot, *Rubyfruit Jungle* [Selva da fruta-rubi], de Rita Mae Brown, e *O olho mais azul*, de Toni Morrison. Não poderia ter trilhado o caminho que segui sem esses textos. Viver uma vida feminista é viver em muito boa companhia. Coloquei esses textos companheiros em meu kit de sobrevivência estraga-prazeres. Eu encorajo você, como leitora feminista, a montar seu próprio kit. O que você incluiria?

Os materiais que incluímos em nossos kits também podem ser chamados de clássicos feministas. Por clássicos feministas me refiro a livros feministas que circularam; que estão gastos de tanto ser passados de mão em mão. Não me refiro a clássicos no sentido de textos canônicos. Com certeza, alguns textos se tornam canônicos, e precisamos questionar como isso acontece, como as seleções são feitas; precisamos perguntar quem ou o que não sobreviveu a essas seleções. Mas os textos que chegam até nós, que nos conectam, não são necessariamente os ensinados na academia, ou os que entram na lista oficial de clássicos. Muitos dos textos

---

17 Donna Haraway, *O manifesto das espécies companheiras: Cachorros, pessoas e alteridade significativa* [2003], trad. Pê Moreira. Rio de Janeiro: Bazar do Tempo, 2021.

com os quais me conectei são considerados datados, pertencentes a uma época que já não é a nossa.

Para mim, a ideia dos clássicos feministas é uma forma de pensar em como os livros formam comunidades. Fiz parte de um grupo de leitura de clássicos feministas organizado pelo departamento de estudos de mulheres da Universidade de Lancaster. Participar desse grupo de leitura foi uma das melhores experiências que tive em minha vida intelectual feminista até o momento. Adorava voltar a materiais que hoje certamente seriam ignorados, encontrar neles uma série de recursos, conceitos e palavras. Dar atenção aos clássicos feministas é dedicar tempo: dizer que vale a pena rever o que ficou para trás, que vale a pena colocá-los diante de nossos olhos. É uma forma de fazer uma pausa, de não se apressar, de não se deixar seduzir pelo burburinho do novo, um burburinho que pode se tornar aquilo que você ouve e que bloqueia a possibilidade de abrir os ouvidos ao que veio antes. A atenção dada aos livros como objetos materiais também foi algo de que gostei muito no grupo de leitura. Cada uma de nós tinha exemplares diferentes: alguns deles esfarrapados e muito lidos, gastos e, por assim dizer, habitados. É possível, penso eu, viver nos livros: algumas feministas inclusive começaram uma vida feminista vivendo nos livros. Participar desse grupo de leitura me fez perceber como a comunidade feminista é forjada pelo modo como os livros circulam; a sociabilidade da vida deles faz parte da sociabilidade da nossa. Existem muitas maneiras pelas quais os livros feministas mudam de mãos; circulando entre nós, mudam cada uma de nós.

Existem muitas maneiras de descrever os materiais que reúno neste livro: textos companheiros e clássicos feministas são apenas duas delas. Os materiais são livros, sim, mas também são pontos de encontro; são o modo como somos tocadas pelas coisas; são o modo como tocamos as coisas. Penso no feminismo como um arquivo frágil, um corpo recomposto de despedaçamentos, de derramamentos, um arquivo cuja fragilidade nos dá uma responsabilidade: cuidar.

Viver uma vida feminista está estruturado em três partes. Na primeira, "Tornar-se feminista", discuto o processo de se tornar feminista e como a consciência de gênero é uma consciência de mundo que permite revisitar lugares em que você esteve, desfazer-se do gênero e das heteronormas, o que implica desfazer-se dos contornos de sua própria vida. Começo com experiências de minha adolescência, explorando como essas experiências individuais são modos de (afetivamente, deliberadamente) inserir-se em uma história feminista coletiva. Na segunda parte, "O trabalho de diversidade", me concentro no trabalho feminista como um trabalho de diversidade dentro das universidades – os lugares em que trabalhei –, assim como na vida cotidiana. Mostro como as questões de consciência e subjetividade levantadas na primeira parte deste livro, o trabalho necessário para se tornar consciente daquilo que tende a retroceder, podem ser entendidas em termos de materialidade: as paredes são os meios materiais que não permitem que os mundos se encontrem, muito menos que sejam registrados. Exploro experiências de ser uma estranha, de não me sentir acolhida por um mundo que acolhe outras pessoas. Na terceira parte, "Viver as consequências", trato dos custos e do potencial daquilo que enfrentamos, até que ponto podemos ser despedaçadas por histórias duras, mas também como podemos ser criativas, como criamos outros modos de ser quando é preciso lutar para ser. A história da criatividade, dos laços feitos e forjados, de para onde nos dirigimos e de onde nos afastamos, é uma história que precisamos manter diante de nós; uma história feminista.

É a experiência prática de se chocar contra um mundo que nos permite ter novas ideias, ideias que não são dependentes de uma mente que recuou (porque um mundo possibilitou esse recuo), mas de um corpo que precisa se agitar para criar espaço. E, se ocupássemos todas o mesmo espaço, quanto conhecimento não teríamos! Não é de admirar que o feminismo cause medo; juntas, somos perigosas.

PARTE I
TORNAR-SE FEMINISTA

Na Parte I deste livro, investigo o processo de se tornar feminista. Refletir sobre esse processo pode oferecer um modo de fazer teoria feminista, um modo de produzir novas percepções sobre o funcionamento do gênero como sistema social ou mecanismo que tende a expulsar determinados corpos. As percepções sobre gênero e raça são parte do mundo. Tornar-se feminista implica enfrentar o mundo.

Qual é minha história feminista? Assim como você, tenho muitas. Como tentarei mostrar, minha própria biografia feminista está entrelaçada a outros aspectos de minha biografia; como poderia ser diferente; que bagunça é a vida. Inicio esta parte do livro de maneira muito simples; no capítulo 1, fico o mais perto possível de casa, começo relembrando coisas que aconteceram. Volto a experiências que foram dolorosas e difíceis, mas também alentadoras, que me impregnaram de vida porque graças a elas comecei a trilhar um caminho feminista. Se começamos perto de casa, abrimo-nos ao exterior. Tentarei mostrar como, ao dar sentido ao que nos acontece, também lançamos mão de histórias do pensamento e do ativismo que nos precedem. A todo momento, portanto, reflito sobre como o feminismo pode ser entendido como herança afetiva; sobre como nossas lutas para dar sentido a realidades difíceis de entender fazem parte de uma luta mais ampla, uma luta para ser, para dar sentido à existência.

No processo de descrever como me tornei feminista, esta parte inicial do livro oferece uma abordagem feminista de algumas áreas-chave no marco da teoria feminista, além do papel das sensações na formação do conhecimento; da sociabilidade das emoções; do modo como o poder opera por meio de direcionalidade e orientação; e de uma reflexão sobre a felicidade e sobre a relação entre vontade e força. Mostro que se tornar feminista também tem a ver com produzir ideias sobre os mundos com os quais deparamos. A teoria feminista, em outras palavras, surge do processo de dar sentido a se tornar feminista e abrir caminhos no mundo.

Nesta parte do livro, trato das figuras da feminista estraga-prazeres e da sujeita obstinada principalmente nos termos de como se relacionam com algumas de minhas primeiras experiências de me tornar e de ser feminista. Essas figuras vão aparecer, aqui e ali, ao longo do texto. Elas estão em todos os lugares.

1. O FEMINISMO É SENSACIONAL

O feminismo é sensacional. Algo é sensacional quando provoca emoção e interesse. O feminismo é sensacional nesse sentido; o que é provocador no feminismo é o que faz dele um conjunto de argumentos difíceis de transmitir. Aprendemos sobre a causa feminista pelo incômodo que o feminismo causa; pela forma como o feminismo surge na cultura pública como um espaço de perturbação.

Quando você fala como uma feminista, você tem que lidar com reações fortes. Para se comprometer com uma vida feminista, pode ser necessário estar disposta a provocar esse tipo de reação. Quando você fala como uma feminista, frequentemente é considerada muito reativa, alguém que tem reações superexageradas, como se você transformasse fatos em sensacionalismo; como se, ao dar sua versão das coisas, você estivesse exagerando de propósito ou mesmo maliciosamente. Neste capítulo, aceito que o feminismo começa com uma sensação: com sentir as coisas. Quero explorar como o feminismo é sensível por causa do mundo em que vivemos; o feminismo é uma reação sensível às injustiças do mundo, que podemos constatar, a princípio, por meio de nossas próprias experiências. Podemos trabalhar a partir dessas experiências, refletir sobre elas; pode ser que continuemos voltando a elas porque não fazem sentido. Em outras palavras, temos que dar sentido ao que não tem sentido. Existe agência e vida nesse processo. Neste capítulo, compartilho algumas das experiências que me levaram ao feminismo, que eu descreveria como um processo de registrar algo difícil, um processo mais acidentado que suave; essas experiências forneceram a matéria-prima de minha formação feminista.

SENTIR INJUSTIÇAS

Costuma-se entender uma sensação pelo que ela não é: uma sensação não é uma resposta organizada ou intencional diante de algo. E é por isso que a sensação é importante: você fica com uma impressão que não é clara nem nítida. Uma sensação é, com frequência, sentida na pele. A palavra *sensacional* faz referência tanto à capacidade de sentir como ao despertar de grande curiosidade, interesse ou emoção. Se a sensação é como um corpo entra em contato com um mundo, então algo se torna sensacional quando o contato se torna ainda mais intenso. Talvez, então, sentir seja sentir isso ainda mais.

O feminismo geralmente começa com intensidade: o que você enfrenta a estimula. Você percebe algo de incisivo em uma impressão. Algo pode ser incisivo sem mostrar exatamente para onde aponta. Com o tempo, com a experiência, você sente que alguma coisa está errada ou tem a sensação de que estão fazendo algo de errado com você. Você se sente injustiçada. Você pode não ter usado essa palavra para descrever; você pode não ter palavras para identificar; talvez você não consiga acertar o alvo. O feminismo pode começar com um corpo, um corpo em contato com um mundo, um corpo que não se sente em casa em um mundo; um corpo que se agita e se move. As coisas não parecem estar certas.

Muitas de minhas primeiras experiências de sentir que havia algo errado, quando menina, tiveram a ver com atenção masculina indesejada. Coisas aconteceram. Aconteceram de novo. Percebemos as consequências desde o início: uma vez que se tornar feminista não pode se desvincular de uma experiência de violência, de sentir que fizeram algo de errado com você, então o que nos leva ao feminismo é o que potencialmente nos despedaça. As histórias que nos levam ao feminismo são as que nos deixam frágeis. O feminismo pode se inspirar (ou, esperançosamente, nos inspirar) nas experiências que nos deixam vulneráveis e expostas. Feminismo: modo como sobrevivemos às consequências do que combatemos ao nos oferecer novas percepções sobre o que combatemos.

O trabalho feminista costuma ser um trabalho de memória. Trabalhamos para lembrar o que às vezes poderíamos (ou gostaríamos de) simplesmente esquecer. Enquanto penso no que significa viver uma vida feminista, vou me lembrando; vou tentando juntar as peças. Vou passando uma esponja no passado. Quando penso sobre meu método, penso numa esponja: um material que pode absorver coisas. Depois de usá-la, esperamos para ver quanto foi possível limpar. Não que o trabalho da memória consista necessariamente em relembrar o que foi esquecido: ao contrário, você permite que uma lembrança se torne evidente, adquira certo frescor ou mesmo nitidez; você pode reunir memórias como se fossem coisas, assim poderá ver uma imagem mais completa delas, não só vê-las de relance; assim poderá entender como as diferentes experiências se conectam.

Ainda me lembro, com precisão, de um momento específico. Saí para correr perto da minha casa. Um homem passou ao meu lado de bicicleta e enfiou a mão na parte de trás dos meus shorts. Ele não parou; simplesmente continuou pedalando como se nada tivesse acontecido, como se não tivesse feito nada. Eu parei, tremendo. Me senti tão enojada; invadida, confusa, ofendida, furiosa. Fui a única testemunha desse evento; meu corpo, sua memória.

Meu corpo, sua memória: compartilhar uma memória é colocar um corpo em palavras. O que fazemos quando esse tipo de coisa acontece? Quem nos tornamos? Segui meu caminho. Continuei correndo, mas alguma coisa tinha mudado: eu tinha mudado. Ficava muito mais nervosa. Cada vez que alguém surgia atrás de mim, ficava alerta, tensa, à espera. Me senti diferente em meu corpo, o que representou um modo diferente de estar no mundo.

Experiências como essa: parecem se acumular com o passar do tempo, como se acumulam coisas numa bolsa, mas essa bolsa é seu corpo, então você sente que está carregando mais e mais peso. O passado se torna pesado. Todas temos diferentes biografias de violência, entrelaçadas com tantos outros aspectos de nós: coisas que acontecem pelo modo como somos vistas; e pelo modo como não somos vistas. Você encontra uma forma de dar conta do que acontece, de conviver com o que acontece.

Esse você sou eu. Você parece receber a mesma mensagem de novo e de novo: o exibicionista do colégio que não cansa de se virar para olhar você; o momento em que, no caminho para casa, você passa por um grupo de meninos e meninas, e um deles grita para que volte, porque é "comível", e todos riem; aquela vez em que cruza com um homem se masturbando debaixo de uma árvore no parque municipal, e ele lhe diz para dar uma olhada e corre atrás de você enquanto você foge; aquele dia em que você caminha com sua irmã e um homem pula para fora de casa, exibindo sua nudez; quando você está esperando no ponto de ônibus e um carro com um grupo de homens freia, eles lhe dizem para entrar e você os escuta tirar sarro e gritar quando se afasta; a vez em que você pega no sono em um voo longo, coberta com uma manta, e acorda com os dedos de um homem tocando-a por todos os lados.[1] Me lembro de cada uma dessas ocasiões não apenas como uma experiência de ser violada mas como um evento sensorial aflitivo demais para ser assimilado no momento. Ainda posso ouvir o som das vozes, o carro diminuindo a velocidade, a bicicleta que passa correndo, a porta que se abre, o eco dos passos, como estava o tempo naquele dia, o zumbido silencioso do avião quando acordei. Os sentidos podem se amplificar, às vezes depois do evento.

---

1 Faço uso do pronome *você* aqui para me dirigir a mim mesma, não a outra pessoa. Essas experiências aconteceram comigo. Outras mulheres terão passado por experiências diferentes de violência de gênero. À medida que colocava minhas experiências no papel, tive a necessidade de me expressar algumas vezes como *você* e outras como *eu*. É possível que essa oscilação de pontos de vista seja necessária para expressar o seguinte: como a violência pode afastar você de si mesma.

No momento, a cada momento, algo acontece. Você fica mexida. Essas experiências: quais são seus efeitos? O que elas fazem? Você começa a sentir uma pressão, um ataque implacável aos sentidos; um corpo em contato com um mundo pode se tornar um corpo que teme o contato de um mundo. O mundo é experimentado como uma intrusão sensorial. É excessivo. Que não a agridam: talvez você possa tentar se fechar, se afastar da proximidade, da proximidade de uma possibilidade. Ou talvez você tente lidar com essa violência embotando seus sentidos, aprendendo a não se afetar ou a se afetar menos. Talvez você tente esquecer o que aconteceu. Pode ser que você esteja com vergonha. Pode ser que você fique em silêncio. Pode ser que você não conte para ninguém, não diga nada e queime com a sensação de guardar um segredo. Vira outro fardo: aquilo que não é revelado. Talvez você tome para si certo fatalismo: essas coisas acontecem; o que tiver que acontecer vai acontecer; o que será será.

A violência faz coisas. Você começa a esperar por ela. Você aprende a habitar seu corpo de maneira diferente por meio dessa expectativa. Quando você sente o mundo lá fora como um perigo, é sua relação com seu próprio corpo que muda: você se torna mais cautelosa, tímida; pode ser que você se retire preventivamente, antes que o que já aconteceu volte a acontecer. Talvez suas próprias experiências tenham levado você até este ponto, à cautela como saída, mas talvez você aja assim porque aprendeu isso com as pessoas. Ensinam você a tomar cuidado: a tomar todas as precauções enquanto fica angustiada com a possibilidade de ser ferida. Você começa a aprender que tomar cuidado, fazer com que essas coisas não aconteçam com você, é uma forma de tentar não se machucar. É para seu próprio bem. E você sente as consequências: se alguma coisa acontece, é falha sua. Você se sente mal por esperar seu próprio fracasso. Você também está aprendendo a aceitar a violência potencial como algo iminente e a se controlar como uma forma de controlar as consequências.

Ensinam você a cuidar de si mesma ao ter cuidado com outras pessoas. Me lembro de um policial que certa vez veio a nossa sala de aula para nos falar sobre o que chamava de "estranho perigoso" [*stranger danger*]. A matéria foi passada como sempre, uma lição simples: não fale com estranhos. Uma imagem foi conjurada em minha mente, derivada não apenas de minha experiência pessoal mas também dessa lição, vinda de um estranho. Uma imagem, um corpo, uma figura: aparecem como num passe de mágica. O primeiro capítulo de meu livro *Strange Encounters* [Encontros estranhos] começa evocando esta imagem: o estranho como uma figura nas sombras, vestido com um "impermeável cinza tremeluzindo em torno de seus pés".[2] O policial, ao evocar o estranho, também me deu um corpo no qual depositar minha ansiedade. Ainda que o estranho pudesse ser qualquer um, era alguém reconhecível; uma pessoa com quem eu deveria tomar cuidado. O estranho perigoso é um roteiro efetivo e também afetivo: alguns corpos são perigosos, outros correm perigo. Quando você é uma garota, ensinam-lhe a ter cautela e cuidado em espaços públicos, aquela cautela e cuidado direcionados a quem "não pertence", a pessoas cuja presença ou proximidade são ilegítimas. O estranho espreita. O estranho se torna um repositório de medo.

A violência se torna uma lição quando vem acompanhada de uma narrativa, de uma explicação. Quando você aprende algo sobre ela, quando capta a mensagem dessa lição, seus sentimentos passam a ter direção e forma. Seu corpo reage do jeito certo. Em "Throwing like a Girl" [Jogar como uma garota], Iris Marion Young reflete sobre se as garotas agem "como garotas" por meio do modo como habitam o próprio corpo. As garotas acabam ocupando menos espaço pelo que fazem – e pelo que não fazem. As garotas acabam se restringindo por restringir o modo como usam o corpo. Young chama essa restrição de "intencionalidade inibida" e a ilustra com o exemplo de como as garotas aprendem a arremessar a bola só com a mão, sem acompanhar essa ação com o corpo todo.

---

2 S. Ahmed, *Strange Encounters: Embodied Others in Post-coloniality*. London: Routledge, 2000, p. 19.

Tornar-se uma garota é sobre como você habita seu corpo em relação ao espaço. A construção de gênero opera em como os corpos ocupam espaço: pensemos na intensa sociabilidade do metrô ou do trem, em como alguns homens costumam se sentar relaxados, com as pernas bem abertas, ocupando não apenas o espaço em frente a seu assento mas também o espaço em frente a outros assentos. As mulheres acabam não tendo muito espaço na frente do próprio assento; esse espaço foi ocupado. Para acomodar os outros, ocupamos menos espaço. Quanto mais acomodamos os outros, menos espaço sobra para ocuparmos. Gênero: um laço que aperta.

Um mundo pode se encolher quando nos encolhemos. Judith Butler nos ensinou a pensar na "feminização" como mecanismo social.[3] Nasce um bebê: dizemos "É menina!" ou "É menino!". Mesmo antes do nascimento: temos a possibilidade de ver numa tela se é menina ou menino, o que se decide em função da presença ou da ausência de um pênis. Desde o início, o apego ao gênero depende do falocentrismo: do pênis como elemento decisivo para o futuro, dois sexos como dois caminhos: o binarismo sexual como destino, como predestinação, como fatalismo. Mesmo quando criticamos a distinção sexo-gênero, mesmo quando as críticas feministas nos ensinam a fazer essa distinção,[4] sabemos que essa distinção funciona como uma forma de encadeamento: como se o gênero seguisse o sexo. Poderíamos chamar esse encadeamento de "fatalismo de gênero", como está implícito na suposição de que "garotos serão garotos" [*boys will be boys*]. Penso na expressão "garotos serão garotos" como algo geralmente dito por pessoas adultas, muitas vezes balançando a cabeça e com um tom de voz indulgente: os garotos

---

3 Judith Butler, *Corpos que importam: Os limites discursivos do "sexo"* [1993], trad. Veronica Daminelli e Daniel Yago Françoli. São Paulo: n-1 edições / crocodilo, 2020.
4 Moira Gatens, "The Critique of the Sex / Gender Distinction", in J. Allen e P. Patton (orgs.), *Beyond Marxism: Interventions after Marx*. Sydney: Interventions, 1983; Judith Butler, *Problemas de gênero: Feminismo e subversão da identidade* [1990], trad. Renato Aguiar. Rio de Janeiro: Civilização Brasileira, 2003.

são desobedientes porque são garotos; são agressivos e violentos por esse motivo. O fatalismo de gênero se fundamenta em ideias sobre a natureza e sobre o tempo: o que "será" se determina pelo que "é". É assim que os garotos são; garotas, também. Mas esse modo de ser não se torna apenas uma explicação (ele age como um garoto; que garotão ele é), mas uma expectativa. O "serão" em "garotos serão garotos" ganha a força de uma profecia. Uma profecia torna-se um comando. Você será um garoto. Quando tiver cumprido esse comando, você será aceitável; você terá correspondido a uma expectativa.

O sexo é designado; lição de casa. Não é de estranhar que uma mera descrição (é uma menina! é um menino!) ofereça a base de uma tarefa (ser menino! ser menina!), assim como um comando (você será um garoto! você será uma garota!). Receber uma designação é receber um signo: menino ou menina. Este *ou* está fazendo algo, marcando uma oposição; ou um ou outro. Um signo: o que significa ou denota algo. Desde o começo, matéria e significado estão profundamente entrelaçados; não se trata de matéria (sexo) primeiro, significado (gênero) depois. Quando a designam *x* ou *y*, também lhe designam um grupo; uma designação é o que você recebe de outras pessoas e determina qual será sua posição em relação às outras pessoas. Desde o início, somos mais do que essas designações.

Podemos nos sentir em casa em relação a uma designação; ou não; mais ou menos. Uma designação também significa uma tarefa; como uma lição de casa. Receber a designação de um sexo neste sistema binário é uma forma de se direcionar a um futuro, como trato em detalhes no capítulo 2. Talvez o gênero seja mais trabalhoso para quem se sente menos em casa em sua designação original. Pode ser que, desde cedo, não nos sintamos em casa em um corpo por não nos sentirmos em casa em um signo. E podemos ser redesignados incessantemente; lembretes de nossa designação pontuam nossa vida como a gramática. De modo que, obviamente, os momentos de "feminização" não se esgotam, mesmo depois de sermos definidas como garotas. Como Judith Butler explica, "essa 'feminização' da menina não termina aí; pelo contrário, essa interpelação fundacional é reiterada por várias autoridades [...]".[5] Não se trata simplesmente de que o signo denote alguma coisa. O que importa é quem se dirige a você por meio do signo; e como você recebe isso.

A feminização é ativada não apenas por se dirigirem a você explicitamente como uma garota, mas também pelo estilo ou modo de tratamento: porque você é uma garota, podemos fazer isso com você. A violência também é um modo de tratamento. Ser uma garota é uma forma de ser ensinada sobre o que é ter um corpo: estou avisando; vou assediar você; você é um objeto; uma coisa, nada. Tornar-se uma garota é aprender a esperar por esses assédios, a mudar seu comportamento por causa deles; tornar-se uma garota é ficar alerta por estar em um espaço público; ficar alerta simplesmente por ser uma garota. A verdade é que, se não mudar seu comportamento, se não tiver cuidado e cautela, você poderá ser responsabilizada pela violência que lhe direcionam (olhe o que você estava bebendo, olhe o que você estava vestindo, olhe onde você estava, olhe). Você pode ser responsabilizada, independentemente de ter mudado ou não seu comportamento, porque o fatalismo de gênero já explicou a violência dirigida a você como perdoável e inevitável. Há gerações as feministas documentam a violência de julgamentos que costuma acompanhar a violência contra mulheres e garotas. A documentação é um projeto feminista; um projeto de vida.

CONSCIÊNCIA FEMINISTA

Quando você começou a juntar as peças? Talvez ao recompor as peças você esteja recompondo a si mesma. Nós estamos montando algo. O feminismo é uma espécie de faça-você-mesma: uma forma de automontagem. Não é de se estranhar que o trabalho feminista muitas vezes tenha a ver

---

5 J. Butler, *Corpos que importam*, op. cit., p. 25; trad. modif.

com *timing*, com a hora certa: às vezes estamos muito frágeis para fazer esse trabalho; não podemos correr o risco de nos despedaçar porque não estamos prontas para nos recompor depois. Com frequência, ficar pronta significa estar preparada para se desfazer.

Na hora certa, com muito trabalho, as coisas começam a fazer mais sentido. Você começa a reconhecer como a violência é direcionada: ser reconhecida como uma garota significa estar submetida a essa pressão, esse ataque implacável aos sentidos; um corpo que passa a temer o contato de um mundo. Talvez você aprenda com isso, com o que essa repetição faz; entenda retrospectivamente como acabou ocupando menos espaço. É possível que você expresse a fúria feminista diante do modo como as mulheres são responsabilizadas pela violência direcionada contra elas. O feminismo ajuda você a entender que alguma coisa está errada; reconhecer que há algo de errado é compreender que o erro não está em você.

Tornar-se feminista: o modo como descrevemos novamente o mundo em que estamos. Começamos a identificar que o que acontece comigo acontece com outras pessoas. Começamos a identificar padrões e regularidades. Começar a identificar: soa muito suave. Não é um processo fácil ou linear porque temos que ficar com os erros [*stay with the wrongs*]. Pensemos sobre o que sentimos: direcionar sua atenção à experiência de ser injustiçada [*being wronged*] pode significar se sentir injustiçada [*feeling wronged*] de novo, tudo outra vez.

Temos que lidar com as pedras; é pedregoso. Você já tinha percebido que algo não ia bem. Talvez fosse uma sensação incômoda no início. Como descreve Alison Jaggar: "Apenas quando refletimos sobre o que a princípio é confuso – irritabilidade, repulsa, raiva ou medo – podemos trazer à consciência a sensação visceral de que estamos em uma situação de coerção, crueldade, injustiça ou perigo".[6] As vísceras têm sua própria

---

6 Alison M. Jaggar, "Love and Knowledge: Emotion in Feminist Epistemology", in A. Garry e M. Pearsall (orgs.), *Women, Knowledge, and Reality: Explorations in Femi-*

inteligência. Uma víscera feminista pode sentir que algo não vai bem.[7] Você tem que se aproximar dessa sensação; mas, uma vez que você tenta pensar sobre uma sensação, ela pode desaparecer rapidamente. Talvez comece como uma ansiedade de fundo, como um zumbido que gradualmente aumenta de volume e começa a preencher seu ouvido, abafando os outros sons. E então parece que de repente (embora talvez não seja tão repentino assim) tudo o que se ouve é aquilo que você se esforçou tanto para não perceber. Uma sensação que começa no fundo de sua mente, a sensação incômoda de que algo não vai bem, avança gradualmente, enquanto a vida acontece; e então recua, enquanto você tenta seguir em frente com as coisas; enquanto você tenta seguir em frente apesar de certas coisas. Talvez você não tenha a mínima vontade de se sentir assim; sentir a ferida é o que traz a ferida para dentro de casa. Prestar atenção nessa sensação pode exigir muito: pode exigir que você desista do que, por outro lado, parece lhe oferecer algo; relacionamentos, sonhos; uma ideia de quem você é; uma ideia de quem você pode ser. Pode ser inclusive que você se esforce para não perceber certas coisas, porque o fato de percebê-las poderia mudar sua relação com o mundo; poderia mudar o mundo em relação ao qual você existe. Temos que ficar com as sensações que gostaríamos que desaparecessem; elas se tornam lembretes daquelas coisas que aconteceram e fizeram você temer a própria existência.

Talvez nossa capacidade de absorção simplesmente tenha limites. Talvez a gente absorva algumas coisas como uma forma de não absorver outras. Enquanto passava uma esponja em meu próprio passado feminista,

---

nist Philosophy. New York: Routledge, 1996, p. 181. Ver também Elizabeth V. Spelman, "Anger and Insubordination", in A. Garry e M. Pearsall (orgs.), *Women, Knowledge and Reality: Explorations in Feminist Philosophy*. New York: Routledge, 1989.

7 Ahmed mobiliza aqui o duplo sentido do substantivo *gut* em língua inglesa: por um lado, trata-se de *víscera*, termo que na anatomia designa os órgãos contidos nas cavidades abdominais e torácicas do corpo; por outro, refere-se a uma sensação instintiva que decorre das emoções, não podendo ser completamente explicada por motivos racionais. [N. T.]

me lembrei de outra conversa. Uma conversa que tive com uma de minhas professoras na universidade, Rosemary Moore, que ministrou as primeiras disciplinas feministas que cursei: "Mulheres escritoras do século xix", em 1988; "Mulheres escritoras do século xx", em 1989. Fazia muito tempo que não pensava nessa conversa, embora não seja totalmente verdade dizer que a havia esquecido. Perguntei a ela se meu trabalho de fim de curso tinha que ser sobre mulheres ou gênero. A resposta foi que não, mas que seria surpreendente se não fosse. Por que fiz essa pergunta a ela? Entrei na universidade com a ideia de estudar filosofia. Estava especialmente interessada no que chamei de "ceticismo", filosofias que consistem em levantar dúvidas sobre o que existe como uma forma de questionar o que é o quê. Infelizmente, na Universidade de Adelaide estudava-se basicamente filosofia analítica e, na primeira aula de filosofia elementar, o ceticismo era descartado por refutar a si mesmo. Para estudar o tipo de trabalho que me interessava, fui parar no departamento de literatura inglesa, porque lá ensinavam o que se entendia por "teoria". E escolhi as disciplinas sobre escritoras mulheres não porque tivesse interesse em teoria feminista (embora fosse apaixonada pelo feminismo), mas porque tinha interesse em teoria crítica. Estava interessada no modo como conhecemos as coisas, nas questões da verdade, na perspectiva e na percepção, na experiência e na subjetividade. Queria perguntar: como sei se o que é verde para mim é verde para as outras pessoas? Esse tipo de pergunta era meu tipo de pergunta.

Sim: escolhi as disciplinas sobre escritoras mulheres porque queria fazer teoria crítica. Nossa professora estava interessada em psicanálise lacaniana. Não foi o que prendeu minha atenção; foi a teoria literária feminista dos anos 1980 e, a partir daí, a filosofia feminista da ciência e a epistemologia feminista. Acabei escrevendo meu primeiro ensaio feminista para aquela disciplina.[8] Por que dei essa volta, por que antes de che-

---

8 Um detalhe engraçado: escrevi errado *patriarcado* ao longo de todo texto! *Patriarcado* [*patriarchy*] virou *patriacado* [*patriachy*]. Talvez fosse um desejo obstinado de escapar do patriarcado.

gar à teoria feminista precisei passar pela teoria crítica, se me considerava feminista e tinha sido uma jovem feminista sem papas na língua? Acho que havia um limite de feminismo que eu conseguia absorver. Acreditava que filosofar ou fazer perguntas sobre a natureza da realidade não era fazer feminismo: que o feminismo era sobre o particular, não o geral; o relativo, não o universal; que o feminismo era sobre questionar e confrontar a violência sexual, a desigualdade e a injustiça, não a natureza da realidade em si. Não tinha entendido que o feminismo era uma via para confrontar o universal. Não tinha assimilado que questionar o sexismo é uma das formas mais profundas de desestabilizar o que damos por certo e, assim, compreender de que modo o que está dado é dado. A teoria feminista me ensinou que é o universal que precisa ser explodido. A teoria feminista me ensinou que *realidade* costuma ser apenas a explicação cansada de outra pessoa. Se na introdução deste livro sugeri que a teoria feminista é o que leva você até lá, até a sala de aula, podemos notar como a teoria feminista pode ser o que tira você de lá. Com isso quero dizer: achei que quisesse estar na aula de teoria; a teoria feminista me ensinou que essa não era a aula certa para mim. O feminismo é minha aula de teoria.

Também aprendemos: reconhecer o sexismo ou o racismo aqui pode ser uma forma de não os reconhecermos ali. Uma localização pode ser uma redução. Tornar-se feminista envolve um processo de reconhecer que o que você está enfrentando não pode ser localizado nem reduzido a um objeto ou a uma coisa (que poderiam ser descartados para, assim, recomeçarmos do zero). O processo de reconhecimento do sexismo não foi suave nem automático. Tive vários falsos começos porque resistia a uma série de coisas: eu só conseguia absorver o feminismo pouco a pouco. Talvez não pudesse absorver mais porque isso significava reconhecer que eu havia sido absorvida. Você pode se sentir estúpida por não ter visto as coisas com mais nitidez antes. Você tem que desistir de uma versão de si mesma, assim como tem que desistir de uma versão dos acontecimentos. E talvez precisemos nos lembrar de como é difícil reconhecer que um mundo não acomoda você por causa do corpo que tem. Eu não queria que o feminismo estivesse em todos os lugares, tampouco queria esbarrar nesses limites; queria que existissem lugares aonde eu pudesse simplesmente ir, deixando meu corpo para trás.

Se o processo de se tornar feminista não é suave, se resistimos ao que encontramos porque é demais para absorver, não quer dizer que, quando nos deixamos levar, tudo seja dificuldade. Quando você começa a juntar as peças, pode ser mágico: a maravilha do momento em que a ficha cai, quando o que antes parecia obscuro começa a fazer sentido, quando as coisas se encaixam no lugar. Você pisca e o mundo reaparece: a nitidez pode parecer mágica. Para mim, ler teoria feminista era como uma profusão de fichas caindo. Posteriormente, dar aulas na área de estudos de mulheres se mostrou um enorme prazer, pois você pode participar dos momentos em que as fichas caem para outras pessoas: que som isso faz; como é importante que esse som seja audível para outras pessoas.

Encontrar o feminismo pode ser empoderador porque é uma forma de reabitar o passado. É pessoal. Não há dúvida: é pessoal. O pessoal é estrutural. Aprendi que uma estrutura pode atingir você; você pode ser ferida por uma estrutura. Um homem individual que a violenta tem permissão para fazê-lo: isso se chama estrutura. A violência dele é justificada como natural e inevitável: isso é estrutura. Uma garota é responsabilizada pela violência dele: isso é estrutura. Um policial que faz vista grossa por se tratar de um episódio doméstico: isso é estrutura. Um juiz que menciona o que ela estava vestindo: isso é estrutura. Uma estrutura é um arranjo, uma ordem, um edifício; uma montagem de peças.

Precisamos que a estrutura deixe a estrutura em evidência. Catalogar exemplos de violência é criar um catálogo feminista. Acredito que uma das razões pelas quais considero o projeto *Everyday Sexism* [Sexismo do dia a dia] tão importante e convincente é porque ele mostra que a catalogação de exemplos de sexismo é um projeto necessariamente coletivo.[9] O projeto

---

9 Ver o site Everyday Sexism Project: everydaysexism.com. Laura Bates, fundadora do projeto e da página, publicou o livro *Everyday Sexism*.

consiste na criação de um espaço virtual em que é possível relatar experiências individuais de sexismo, violência sexual ou assédio sexual, para que possamos mostrar o que sabemos: que este ou aquele incidente não é isolado, mas parte de uma série de episódios: uma série é uma estrutura. Essas estratégias feministas recentes retomaram aspectos fundamentais da segunda onda do feminismo; é tempo de retomá-las devido ao que não acabou. Despertar a consciência também é sobre isto: construir um relato feminista, um relato de si com e através de outras mulheres, conectando minha experiência à de outras. Precisamos de um acervo de relatos que revele a escala do sexismo. Quando existe um lugar a que se possa ir com essas experiências – e feminismo é dar às mulheres lugares aonde possam ir –, os relatos tendem a aflorar: um "pinga-pinga" se transforma em inundação. É como se uma torneira tivesse sido desemperrada e o conteúdo que estava represado voltasse a fluir. Feminismo: liberar uma válvula de pressão.

O feminismo pode permitir que você volte a habitar não apenas seu passado mas também seu corpo. Com o tempo, pode ser que, tomando consciência de como cedeu seu próprio espaço, você se dê permissão para ocupar mais espaço; para expandir seu alcance. O simples fato de nos darmos essa permissão não significa que façamos uso dela. Leva tempo para reabitar o corpo, para ficar menos cautelosa, para ganhar confiança. Faz parte do feminismo encontrar outra maneira de viver em seu corpo. Podemos aprender a nos permitir colidir com as coisas; a não recuar em antecipação à violência. Estou descrevendo uma dificuldade, óbvio; estou descrevendo o modo como as vias para resolver os problemas podem acionar os problemas que estamos tentando resolver. Sabemos que não somos as responsáveis por resolver o problema da violência; mudar o modo como nos relacionamos com o mundo não muda o mundo. E, no entanto, quando nos negamos a recuar, quando nos recusamos a diminuir o tanto de espaço que ocupamos, quando insistimos em ocupar espaço, não recebemos a mensagem que nos foi enviada. Para poder juntar as peças, você precisa entender errado a mensagem, a mensagem que diz que o errado está certo. Então não é de estranhar que se tornar feminista seja visto como um erro. Vou tratar disso mais adiante.

Quando começamos o processo de recompor nossas peças, de nos recompor, encontramos muito mais que nós mesmas. O feminismo, ao lhe dar um lugar aonde ir, permite que você revisite os lugares pelos quais já passou. Podemos nos tornar mais conscientes sobre o mundo nesse processo de nos tornar mais conscientes sobre as injustiças – fomos ensinadas a fazer vista grossa para tantas coisas. Um mundo pode nos inundar se o deixarmos entrar, se destrancarmos a porta de nossa resistência. O feminismo também pode se tornar uma experiência de inundação: a leitura de um livro que leva a outro; um caminho que leva você a encontrar o feminismo, mais e mais feminismo, novas palavras, conceitos, argumentos, modelos: patriarcado, falocentrismo, cultura do estupro, sistema sexo / gênero. Ao encontrar o feminismo, você descobre as muitas vias que as feministas percorreram para dar sentido às experiências que você viveu, antes que você as vivesse; essas experiências que a deixaram com um sentimento de completa solidão são as que a conduzem a outras. É preciso, ainda, fazer uma seleção: algumas dessas formas de dar sentido fazem mais sentido para você. Mas sempre vou me lembrar desta sensação; a de que existem outras pessoas como você por aí, de que você não estava sozinha, de que você não está sozinha. Sua história difícil está escrita em palavras que são transmitidas. Costumo pensar que ler livros feministas se parece com fazer novas amizades, você se dá conta de que outras estiveram antes no mesmo lugar.

Mesmo que você ainda sinta dor, frustração e raiva, mesmo que sinta esses sentimentos com mais intensidade por lhes ter dado mais atenção, você os direciona de outras formas. Conhecimento é conquistar a direção. Seus sentimentos não se dirigem nem a um desconhecido anônimo que cruzou seu caminho (ou não só) nem a você mesma por permitir que algo aconteça (ou não apenas), mas a um mundo que reproduz essa violência ao justificá-la.

PROBLEMAS COM NOMES

A consciência feminista pode ser como um interruptor que está ligado. Desligá-lo pode ser necessário para sobreviver no mundo em que vivemos, que não é um mundo feminista. A consciência feminista é quando o botão de ligar está sempre apertado. A menos que o desligue, você está ligada. O que talvez seja o inverso da configuração habitual, na qual você precisar apertar o botão para ligar. Não há dúvida: pode ser exaustivo. Às vezes pode até parecer que é tão ou até mais cansativo perceber o sexismo e o racismo do que vivenciar o sexismo e o racismo: afinal, é essa percepção que faz com que as coisas se tornem reais. E às vezes pode ser tentador pensar: tudo seria menos difícil se eu simplesmente parasse de perceber o sexismo e o racismo. Seria mais fácil filtrar o que acontece. Pessoalmente, não acho que seja uma opção fácil. E não acho que seja uma opção disponível sempre: porque, uma vez que você deixa o mundo entrar, para filtrar aquilo que percebe seria necessário renunciar a quem você se tornou. Penso que se trate de uma promessa: uma vez que você se torna uma pessoa que percebe o sexismo e o racismo, é difícil deixar de ser essa pessoa.

Se um mundo pode ser o que aprendemos a não perceber, perceber torna-se um tipo de trabalho político. O que aprendemos a não perceber? Aprendemos a não perceber certos sofrimentos, de modo que, se o sofrimento de alguém que nos é estranho aparece, é apenas de modo vago, no fundo de nossa consciência. Na verdade, esta é outra forma de identificar a figura do estranho: estranhos não são simplesmente quem não reconhecemos, mas quem reconhecemos como estranhos, não apenas quem você não conhece, mas quem você não deveria conhecer. Você deve ter sido ensinada, quando criança, a não se aproximar de pessoas sem-teto, a filtrar não apenas o sofrimento mas também a própria existência delas. Essas pessoas não têm nada a ver com você. Aperte o passo, siga em frente. Assim identificamos não apenas quem detém o sofrimento que deve nos afetar ou como esse sofrimento deve nos afetar; ficamos ocupadas em distinguir entre pessoas próximas e pessoas estranhas, criamos essa distinção entre quem importa e quem não. É uma distinção fundada na violência. É uma distinção que se impõe pela violência. Aprendemos a filtrar o que atrapalha nossa ocupação do espaço. Assim que você aprende isso, deixa de reparar nesse alguém.

Se nos ensinaram a olhar para o lado, temos que aprender a olhar de frente. Audre Lorde me ensinou que olhar de frente o que é difícil – que pode ser tanto algo como alguém – é politicamente necessário, ainda que às vezes pareça que estamos dificultando nossa vida. Ela nos ensina que algumas dificuldades – quando nos chocamos contra o mundo por causa do corpo que temos – são duras de assimilar quando as vivemos. Em *Irmã outsider*, Audre Lorde descreve *racismo* e *sexismo* como "palavras de adultos".[10] Defrontamo-nos com o racismo e o sexismo antes de ter as palavras que nos permitam dar sentido àquilo com que deparamos. As palavras podem permitir que nos aproximemos de nossas experiências; as palavras podem permitir que compreendamos, depois do acontecimento, o que vivemos. Tornamo-nos testemunhas retrospectivas de nosso devir. Sexismo e racismo: se são problemas aos quais demos nomes, os nomes tendem a ficar para trás em relação aos problemas.

Dar nome aos problemas pode fazer diferença. Antes você não podia apontar o dedo. Com essas palavras como ferramentas, revisitamos nossas histórias; martelamos o passado. Levei muito tempo para conseguir até mesmo descrever até que ponto a raça e o racismo estruturaram meu mundo. Ler a teoria formulada por feministas negras e feministas de cor me permitiu revisitar meu passado, ocupar esse passado. Cresci na Austrália, em um bairro muito branco. Estudei em uma escola muito branca (no que se refere à branquitude, existe algo que seja muito "muito"? Fica a questão). Éramos poucas pessoas de cor; não sabíamos muito bem o que

---

10 Audre Lorde, *Irmã outsider* [1984], trad. Stephanie Borges. São Paulo: Autêntica, 2019, p. 191.

tínhamos a ver umas com as outras, embora soubéssemos que tínhamos alguma coisa a ver umas com as outras. Sou filha de mãe inglesa branca e pai marrom paquistanês, o qual, pode-se dizer, sacrificou tudo ou quase tudo em sua história para dar às filhas uma oportunidade em um novo mundo.[11] Não tínhamos amigos paquistaneses, ainda que às vezes visitássemos o Paquistão e tias paquistanesas nos visitassem. Mas foram momentos pontuais, fugazes, aos quais não pude me agarrar. Eu era marrom, visivelmente diferente, mas não tinha uma consciência real dessa diferença; não tinha uma percepção concreta de onde vinha essa diferença ou de onde eu vinha. Continuei a me sentir errada [*feeling wrong*], a ser tratada como se tivesse feito algo de errado [*in the wrong*], mas não sabia o que estava errado. Algo estava errado. Como conseguir as palavras para dar nome a esse algo?

Tive que sair de casa antes que pudesse encontrar essas palavras. Tive que sair para poder voltar. Estava escrevendo um capítulo de minha tese de doutorado sobre a subjetividade. Precisava de um exemplo. Me lembro de olhar pelo quarto, como se algo pudesse me inspirar ali. É engraçado lembrar disso porque mais tarde eu me voltaria a um objeto que estava perto de mim: a mesa, um objeto que se tornaria outro tipo de companhia para a escrita.[12] Enquanto eu olhava ao redor, me veio à cabeça. Uma memória se intrometeu no presente como se tivesse vontade própria. Eu estava preparada para a intromissão. Me lembrei de uma experiência que tivera aos quatorze anos, caminhando por uma rua

---

11 Para uma discussão mais longa sobre o que significa ser mestiça, especialmente com referência à minha relação com a branquitude, ver o capítulo 5 deste volume e o capítulo 3 de meu livro *Queer Phenomenology: Orientations, Objects, Others*. Durham: Duke University Press, 2006. Ver também o maravilhoso texto de Gail Lewis, que reflete, na posição de sujeita mestiça, sobre a relação com sua mãe branca, combinando autobiografia e leitura de textos psicanalíticos e sociológicos; "Birthing Racial Difference: Conversations with My Mother and Others". *Studies in the Maternal*, v. 1, n. 1, 2009.

12 S. Ahmed, *Queer Phenomenology*, op. cit.

em Adelaide, perto de casa. Um carro com dois policiais se aproximou. O primeiro deles perguntou: "Você é aborígene?". Tinham acontecido roubos na região. Racismo: o modo como uma associação entre origem aborígene e criminalidade se torna uma questão. Vou retomar essa associação no momento oportuno. O segundo policial então zombou: "Ou é só um bronzeado?". Ainda que tenha sido uma espécie de gracejo, não estava isento de hostilidade e, naquele momento, foi uma experiência incômoda. Foi a experiência de fazerem de você uma estranha, aquela tida como fora de lugar, aquela que não pertence, a pessoa cuja proximidade é registrada como crime ou ameaça. Assim que me lembrei dessa experiência, muitas outras vieram à minha cabeça; uma gota, depois outra; um pinga-pinga se transformou em inundação.

Na escola, a polícia era amigável e me ensinou a ter medo de estranhos para minha própria proteção. Na rua, a polícia era hostil e me ensinou que se tornar uma estranha é ser parada pela maneira como se dirigem a você. Aprendemos com essa diferença: minha primeira lição foi uma lição sobre branquitude, e não apenas sobre feminidade. O corpo feminino branco é o considerado vulnerável e necessitado de proteção. Na segunda vez, eu era o perigo, não estava em perigo; um corpo marrom não é percebido como um corpo feminino frágil. Minhas diferentes experiências com a polícia mostram como o estranho é uma figura racializada. O que acontecia comigo dependia, em parte, de eu ser vista ou não como essa figura. Volto a esse exemplo no capítulo 5, para pensar sobre como fui capaz de seguir adiante e como ser capaz de seguir adiante é uma questão de classe e de privilégio racial. Mas pensemos no estranho como uma figura racializada. A racialização do estranho não é imediatamente identificável; afinal, aprendemos que o estranho pode ser qualquer um. Minha memória de pessoa estranha me ensinou que o "poderia ser qualquer um" aponta para alguns corpos mais que para outros. Param você na rua porque pensam que você é aborígene; permitem que você siga adiante se é considerada branca.

A consciência feminista e antirracista implica não apenas encontrar as palavras, mas descobrir, através das palavras, de que modo elas apontam para algo ou alguém, perceber como a violência é direcionada: a violência é mais direcionada a alguns corpos que a outros. Dar nome a um problema pode mudar não apenas como percebemos um episódio mas até mesmo se percebemos um episódio. Talvez o fato de não haver nomes seja uma forma de nos afastarmos de uma dificuldade que persiste, quer nos afastemos ou não. Não nomear um problema na esperança de que ele desapareça geralmente significa apenas que o problema continua sem nome. Ao mesmo tempo, nomear um problema não o faz desaparecer. Dar um nome a um problema pode ser vivido como uma exaltação do problema, ao permitir que determinada coisa ganhe uma densidade social e física por tornar tangíveis experiências que, de outra forma, continuariam dispersas. Tornar o sexismo e o racismo tangíveis é também uma forma de fazer com que sejam visíveis para além de nós mesmas; fazer com que sejam abordados e falados por e com outras pessoas. Pode ser um alívio ter algo para o qual apontar; do contrário, você pode se sentir sozinha ou perdida. Existem diferentes táticas para lidar com o sexismo e o racismo; que essas táticas possam estar em tensão representa uma dificuldade. Quando damos nomes aos problemas, podemos nos tornar um problema para aquelas pessoas que não querem falar sobre um problema, embora saibam que existe um problema. Você pode causar um problema ao não deixar as coisas de lado.

Precisamos conseguir palavras para descrever aquilo contra o que nos levantamos. Tornar-se feminista; encontrar as palavras. *Sexismo* é outra dessas palavras. Costuma chegar depois do episódio: olhamos para trás e podemos explicar o que aconteceu como tendo sido sexismo. Nomear algo como sexista não significa que não estivesse lá antes; é uma ideia sexista pensar que descrever alguma coisa como sexista é torná-la sexista. Mas nomear algo como "sexismo" faz diferença. Modifica uma relação, já que não cria algo a partir do nada. As conexões podem ser o elemento pelo qual temos que lutar, porque existe muito silêncio em torno do sexismo: o sexismo cobra um alto preço das mulheres que falam sobre ele. Porque, no fim das contas, nomear algo como sexista não se trata apenas de nomear algo que acontece em um sistema mais amplo (recusar-se a considerar excepcional o que acontece rotineiramente) mas também descrever esse algo como sendo errado e injustificável. Nomear algo como sexista não se trata apenas de mudar uma relação ao mudar nosso entendimento sobre essa relação; trata-se também de insistir que mudanças adicionais são necessárias. Quando dizemos "Isto é sexista", dizemos não a esse *isto*, assim como dizemos não ao mundo que permite tal discurso ou tal comportamento; pedimos aos indivíduos que mudem para que tais discursos e tais comportamentos deixem de ser aceitáveis ou permissíveis.

Não apenas aos indivíduos: o ponto é que os indivíduos são encorajados e recompensados por participarem da cultura sexista. A recompensa pode chegar através da reafirmação de seus pares (o encorajamento permite que um grupo reforce seus laços por considerar os outros como impostores). Mas instituições também permitem e recompensam comportamentos sexistas: é o sexismo institucional. As piadinhas sexuais são frequentemente institucionalizadas. É possível que você entre nessa brincadeira, porque custa caro não participar: você se torna o problema, a que desaprova, a reprimida. Você é tratada como uma fiscal de comportamento só por não corroborar esse comportamento. Se você não entra na brincadeira, podem achar que você desaprova, quer tenha feito um julgamento ou não. Você é julgada como se levasse a mal só por não concordar. Quando descrevemos algo como sexista ou racista, muitas vezes nos desdenham como se tivéssemos entendido errado, como se não houvéssemos percebido as intenções de modo justo ou apropriado. "Não foi isso o que eu quis dizer, não fiz por mal", ele diz. E, de fato, ao levar a mal algo dito ou feito, você não apenas está errada como também está sendo injusta com o outro. Quando você fala sobre sexismo e racismo, é ouvida como alguém que prejudica a reputação de um indivíduo ou de uma organização. Volto a essa questão de causar prejuízo no capítulo 6, quando falo sobre paredes.

Às vezes, poderíamos sair ganhando se não levássemos a mal a forma como nos tratam. Há muito tempo, quando eu ainda morava na Austrália, uma mulher me contou que, em uma entrevista de emprego, um homem perguntou de onde ela era (sempre fazem a mesma pergunta para algumas de nós, como se nossa própria existência estivesse em questão; trato disso no capítulo 5). Ela explica, fala sobre suas origens. Ela é mestiça. Ele diz, então, que as mulheres mestiças são bonitas. Fiquei indignada ao ouvi-la, mas ela fez pouco caso: disse que era um elogio; que conseguiu o emprego. Me parece que a história implícita aqui é a seguinte: a história de como fazemos pouco caso dos acontecimentos. Para seguir em frente, você deixa para lá. Eu usaria as palavras *racismo* e *sexismo* para descrever como ela foi transformada em um espetáculo exótico, mas provavelmente ela teria recebido essas palavras como uma imposição externa, possivelmente como uma exigência de que renunciasse a uma oportunidade, uma exigência para desistir de algo, mais uma vez.

São cenários complicados: você pode receber benefícios ao se adaptar a um sistema que, em outro nível, põe em risco sua capacidade de habitar um mundo em condições mais igualitárias. Penso que, para muitas mulheres, estar disposta a participar da cultura sexista se trata de uma espécie de acordo, mesmo que não vejam dessa forma, porque fomos ensinadas (por experiências anteriores, por tudo contra o que temos que lutar) que não estar disposta a participar pode ser perigoso. Você corre o risco de ficar à margem de todas as estruturas que podem permitir sua sobrevivência (ou sua progressão) em uma instituição. Aqui podemos dizer: a resistência ao reconhecimento de algo pode ser uma forma de enfrentar ou de conviver com esse algo. A resistência ao reconhecimento pode ser uma forma ou maneira de reconhecimento; reconhecimento como forma de resignação, inclusive.

Às vezes: sobreviver à implacabilidade do sexismo e do racismo pode exigir que você faça pouco caso deles, que não os nomeie, ou mesmo que aprenda a não experimentar esse tipo de ato como violação a seu corpo; aprender a esperar que essa violência faça parte da rotina; fazer desse fatalismo seu destino. Às vezes: temos que ensinar a nós mesmas a não fazer pouco caso das coisas, já sabendo que, mesmo que não façamos nada, seremos tratadas como se estivéssemos exagerando. Quando começamos a usar palavras como *sexismo* e *racismo*, palavras que tornam real aquilo que nos pedem para não perceber, pressentimos que haverá consequências. Pressentimos que a dor virá, que a punição virá. Na Parte III deste livro, reflito sobre como viver uma vida feminista é viver com as consequências de sermos feministas que têm a disposição de dar os devidos nomes aos problemas. Mas quero começar falando sobre a figura da estraga--prazeres. Ela está esperando (bastante impaciente) para falar conosco.

TORNAR-SE O PROBLEMA

Como sugeri antes, quando você nomeia algo como sexista ou racista, você o torna mais tangível, então fica mais fácil transmiti-lo a outras pessoas. Mas, para quem não percebe o racismo e o sexismo sobre os quais você está falando, trazê-los à tona significa trazê-los à existência.

**quando você expõe um problema,
você cria um problema.**

Então, pode até parecer que o problema deixaria de existir se você simplesmente parasse de falar sobre ele ou se você fosse embora. A carga de sensacionalismo recai rapidamente sobre os ombros de uma feminista: quando ela fala sobre sexismo e racismo, seu relato é tido como sensacionalista, como se ela exagerasse para impressionar.[13] A feminista estraga-

---

13 Quando concluí o projeto de pesquisa sobre diversidade sobre o qual comento na Parte II, encontramos essa forma de escuta direta. Escrevemos um relatório sobre como o racismo estava sendo ocultado pelo mantra de bem-estar na diversidade e pela ênfase nas boas práticas como uma técnica positiva. A reação foi a seguinte: com certeza você está exagerando. Você depara com a descrença de que possa haver tanto racismo. Você é ouvida como exagerada e esse exagero é ouvido como uma

-prazeres surge como uma figura sensacionalista. É como se seu objetivo fosse causar problemas, atrapalhar a felicidade das outras pessoas por causa da própria infelicidade. Voltarei à questão da felicidade e da infelicidade no capítulo 2. Mas observemos como a feminista estraga-prazeres começa sua vida como uma figura antifeminista: vamos dar a ela novas ferramentas segundo nossos propósitos.

Vou recontar a história de como me tornei feminista recorrendo à figura da feminista estraga-prazeres. Começo esta história com uma mesa. Em torno da mesa, reúne-se uma família.[14] Sentamos sempre nos mesmos lugares: meu pai numa ponta, eu na outra, minhas duas irmãs de um lado, minha mãe do outro. Sempre nos sentamos assim, como se tentássemos assegurar mais do que nosso lugar. Temos conversas educadas, nas quais apenas alguns assuntos podem ser abordados. Alguém diz algo que você considera problemático. No começo, você tenta não dizer nada. Mas continuam a comentar. Quem sabe você responda, com cuidado, talvez. Você diz por que acha problemático o que foi dito. Você pode estar falando com calma, mas começa a ficar irritada e reconhece, com frustração, que está se irritando porque alguém está irritando você. É aqui que a feminista estraga-prazeres aparece: quando ela fala, parece irritada. Eu apareço aqui. Esta é minha história: irritada.

Não importa como fale, quem fala como feminista geralmente é ouvida como sendo a causa da discussão. Ela é quem interrompe o fluxo

---

forma de malícia ou má vontade. Nunca publicaram nosso relatório. Ouvir relatos de racismo como sensacionalistas é uma forma de não ouvir relatos de racismo. Para uma boa discussão sobre o processo de auditoria, ver Elaine Swan, "States of White Ignorance, and Audit Masculinity in English Higher Education". *Social Politics*, v. 17, n. 4, 2010. Agradeço a Elaine Swan por compartilhar esse trabalho e por sua solidariedade obstinada.

14 Conto a história de como me tornei feminista como um relato da mesa familiar. É importante reconhecer que nem todas as famílias se reúnem ao redor de uma mesa. As mesas também podem ter a própria biografia; histórias próprias a serem contadas. Ver meu livro *Queer Phenomenology* para uma discussão mais sustentada sobre as mesas como objetos de parentesco.

amigável da comunicação. A coisa fica tensa. Ela faz as coisas ficarem tensas. Podemos começar a identificar o que é bloqueado com essa dinâmica. O problema não se limita ao conteúdo do que ela está dizendo. Ela faz mais do que simplesmente dizer a coisa errada: ela atrapalha algo, a conquista ou o triunfo da família, de um *nós* ou algo assim, que é criado pelo que não é dito. Há muitas coisas que você não deve dizer, fazer, ser, a fim de preservar esse *nós*. E, no entanto, mesmo que ela não devesse reagir dessa forma, sua reação é, em outro nível, desejada. Afinal, ela se irrita porque alguém a irrita. A família é encenada ao testemunhar sua irritação, como ela gira em círculos. Olha, olha como ela gesticula! Fazer dela a causa da tensão é outro modo de preservar a ilusão de que, sem ela, a família seria civilizada. Penso que aquelas de nós que foram a estraga-prazeres em uma refeição com a família provavelmente sabem quão úteis somos como repositórios de incivilidade e discórdia.[15]

Sempre que falamos, reviram os olhos, como se dissessem: óbvio que você ia dizer isso. Com base nessas experiências, podemos chegar a uma fórmula:

revirar os olhos = pedagogia feminista.

Reviram os olhos aonde quer que você vá, o que quer que você diga. Na verdade, você nem precisa dizer nada para que comecem a revirar os olhos. Pode parecer que reviram os olhos como uma mostra de exasperação coletiva por você ser feminista. Tornar-se feminista geralmente significa ser alojada em um *porquê*. Ela diz isso porque é feminista; ou, até mais, ela só está dizendo isso porque é feminista. Na introdução, expliquei que praticar o feminismo é desenvolver nossas tendências feministas (tornar-se o tipo de pessoa que está disposta a falar em voz

---

15 É por isso que, como investigo no capítulo 7, podemos nos alarmar quando somos tomadas pela feminista estraga-prazeres, porque sabemos as consequências de corresponder às expectativas de que nos tornaremos ela.

alta sobre sexismo e racismo). Agora já podemos ver que o feminismo é refutado ou desmerecido por ser considerado uma simples tendência pessoal, como se a feminista discordasse de algo porque está sendo desagradável; como se fosse contra algo porque é do contra. As feministas são julgadas, então, como incapazes de ser conter, como se ser feminista equivalesse a funcionar no piloto automático.[16] O feminismo é considerado um afastamento do mundo, e não um comprometimento com o mundo. Falamos aqui sobre como as feministas são afastadas do mundo por conta da natureza de seu comprometimento; de como os relatos feministas são ignorados por serem considerados versões exageradas dos fatos.

Podemos entender, assim, como as sensações que nos levam ao feminismo são, muitas vezes, as mesmas sensações que experimentamos depois de nos tornar feministas. Graças ao feminismo, você entende as injustiças; você percebe que não fez nada de errado. Mas, quando você denuncia algo errado, acaba sendo vista como errada mais uma vez. A sensação de estar errada pode se tornar ainda maior: você se sente errada porque, aos olhos dos outros, quem está errada é você, só por apontar que algo está errado. É frustrante! E então sua frustração pode ser interpretada como uma prova de sua frustração, de que você fala dessa forma sobre isso ou aquilo porque você é frustrada. É frustrante ser ouvida como uma pessoa frustrada; dá raiva ser ouvida como uma pessoa raivosa. Ou, se você está com raiva de algo e é percebida como uma pessoa raivosa (uma feminista negra raivosa ou uma mulher de cor raivosa), então o motivo de sua raiva desaparece, o que pode deixá-la com ainda mais raiva. Se é certo que o feminismo nos permite redirecionar nossas emoções para objetos diferentes, também é fato que nossas emoções podem se tornar objeto deles. Somos menosprezadas e taxadas de sensíveis. Basta isso para ficarmos sensíveis.

---

16 No capítulo 3, analiso como frequentemente se julgam as feministas como se sofressem de uma falta de vontade.

E então, é óbvio, os objetos aos quais colocamos objeções são reafirmados como objetos inapropriados para críticas ou reclamações. Me lembro da vez em que, em uma refeição com a família, estávamos conversando sobre o filme *Kramer vs. Kramer*. Questionei como a mãe é demonizada. Defendi esse ponto de vista, um ponto de vista obviamente feminista, que é difícil não defender uma vez que você tenha desenvolvido uma tendência feminista. E então: o barulho, o barulho! "Ah, você não pode simplesmente nos deixar aproveitar esse filme tão adorável"; "Ah, você não percebe como a relação entre pai e filho é especial, como a mãe é cruel"; "Ah, você sempre vê problema onde não tem" etc. Feministas: veem problema onde não tem. É como se esses problemas não existissem até você apontá-los; como se, simplesmente por apontá-los, você os criasse.

nos tornamos um problema quando descrevemos um problema.

Tempos depois, após muitos outros momentos de estraga-prazeres à mesa de refeições com a família, eu estava jantando com minha irmã e seu (então) parceiro. Ele começou a falar sobre como os povos aborígenes reclamariam se o Exército tirasse uma pedra do lugar, por considerarem-na sagrada. Ele foi profundamente ofensivo. Eu reagi. Talvez eu tenha usado a palavra *racismo*. Não me lembro se usei essa palavra, mas ela me ocorreu. O racismo me ocorreu porque o racismo estava na sala. O que quer que eu tenha dito, ele ficou com muita raiva, mas uma raiva silenciosa, expressa no olhar. Ele ficou ali sentado, de cara fechada, pelo resto do jantar, sem tocar na comida. Os garçons rondavam, nervosos. Falávamos educadamente com ele. Quando acordei no dia seguinte, minha mãe me ligou; ela tinha ouvido que eu tirara o apetite dele. "Quando é que você vai aprender...". Cheguei a ouvir estas palavras, ainda que ela não as tenha pronunciado.

pobrezinho dele
você é má

As lembranças de ser a estraga-prazeres à mesa tomaram conta de mim mais uma vez, a sensação de a pele queimar; a lembrança de ser a pessoa que tira o apetite das outras. Você sente que, depois de apontar uma injustiça, vem outra injustiça. Outro jantar arruinado. Tantos jantares arruinados. Essa inundação: ela acontece. Ela ainda acontece. A sensação de ter feito algo de errado, de estar errada, de ser vista da forma errada. Se as sensações nos levam ao feminismo, tornar-se feminista é provocar sensações.

CONCLUSÃO: A ALIENAÇÃO COMO SENSAÇÃO

A feminista estraga-prazeres apareceu para mim pela primeira vez em uma situação dolorosa e difícil. Retomar algumas de minhas primeiras experiências sob essa designação me ensinou muitíssimo. No capítulo 2, complexifico o cenário de sua chegada para mostrar como a estraga-prazeres não aparece apenas pelo que traz à tona. Mas é importante começar com a primeira vez que me dei conta de sua figura, como ela apareceu para mim; como ela ecoou para além do sentimento de alienação, de ser alienada de um mundo, de uma família, de uma série de arranjos. Se você diz algo e reviram os olhos, você pode cair em um estado de surpresa e incredulidade: como podem não ver o que está bem na nossa frente? Você aprende a duvidar da realidade como ela é, porque duvida da realidade deles, dessa realidade. Quando você questiona o sexismo e o racismo, é difícil não questionar tudo.

essa é outra promessa.

Ser feminista pode causar a sensação de viver em outro mundo, ainda que você esteja sentada na mesma mesa. Se esse é o caso, então ser feminista é estar em um mundo diferente. Muitas coisas são reproduzidas por passarem despercebidas: por serem jogadas para o segundo plano. O que fica em segundo plano vem à tona quando você não participa mais desse jogo. Não é à toa: a família se torna mais tangível quanto mais você se aliena dela.

Se a feminista estraga-prazeres aparece em uma conversa ao redor da mesa, ela traz outras coisas à tona – incluindo a família, assim como a mesa – como uma série de acordos. Quando nós feministas somos desmerecidas como sensacionalistas, experimentamos o mundo como algo que é sentido ainda mais intensamente; aquilo a que normalmente não damos ouvidos ou que olhamos de lado pode parecer impressionante. Mais uma vez, o mundo parece ser uma intrusão sensorial; os episódios que você pode ter tentado esquecer vêm à tona cada vez mais, à medida que você adota uma postura feminista. O passado se amplia quando não se faz pouco caso dele. Tornamos as coisas maiores só de nos recusarmos a diminuí-las. Você experimenta o mundo em uma escala diferente.

Frequentemente, a experiência de ser feminista é a experiência de estar fora de sintonia com as outras pessoas. A nota que soa desafinada é não só a que mais destoa como também a que arruína a melodia inteira. É evidente que parece negativo: arruinar alguma coisa. Somos ouvidas como se fôssemos pessoas negativas: sempre arruinamos algo; jantares, fotografias, como discuto no capítulo 2. Precisamos arruinar o que arruína. Poderíamos pensar que arruinar não é apenas uma atividade que provoca o colapso ou a queda de algo mas também é como aprendemos sobre as coisas quando as desmontamos, ou como aprendemos por desmontá-las.

Penso no livro *O olho mais azul*, de Toni Morrison. Trata-se de um texto que começa desmontando a família feliz, literalmente a condenando à morte: a família nuclear, a família branca do álbum de fotografias, torna-se confusa quando a pontuação da história é eliminada. Eu descreveria a narradora desse romance, Claudia, como uma crítica negra feminista. Ela estuda não só branquitude como questões de gênero. Ela nos ensina sobre interseccionalidade por seu modo de cutucar as coisas, de tirar as coisas do lugar. Em uma cena, Claudia faz uma reflexão sobre como tudo começou:

Começou no Natal, com as bonecas ganhas de presente. O presente grande, especial, dado com muito carinho, era sempre uma Baby Doll grande, de olhos azuis. Pela tagarelice dos adultos, eu sabia que a boneca representava o que eles pensavam que fosse o meu maior desejo. [...] [O] que supostamente me [daria] grande prazer [teve] êxito em fazer o oposto. [...] Contornava o nariz arrebitado, enfiava o dedo nos olhos de vidro azul, torcia o cabelo loiro. Não conseguia gostar dela. Mas podia examiná-la para ver o que era que todo mundo dizia que era adorável. [...] Eu destruía bonecas brancas.[17]

Claudia considera a boneca que ela deveria desejar, que ela deveria amar, como uma coisa que não desperta amor. A sintonia é aqui uma técnica de poder: ao tagarelar, os adultos tentam lhe dizer qual é o modo adequado de lidar com a boneca branca. A sintonia combina um afeto a um objeto. Claudia sabe, pela tagarelice deles, que deveria amar a boneca branca. A falta de sintonia de Claudia se expressa no modo como ela lida com a coisa (cutuca e torce a boneca em vez de tagarelar), um modo de lidar que, sem dúvida, será percebido como violência e agressão; como insatisfação, deslealdade, ingratidão. Se a falta de sintonia se expressa nesse modo de lidar mal com as coisas, então a falta de sintonia é algo do mundo. Objetos trazem mundos consigo. No caso de Claudia, ela se aliena não apenas das bonecas como objetos mas também da branquitude patriarcal que eleva esses objetos à categoria de objetos amáveis. Estar fora de sintonia é não ter sincronia com o mundo. E não só: é vivenciar o que está em sintonia como violência. Claudia poderia ser descrita como uma feminista negra estraga-prazeres: em vez de tagarelar, ela se dedica a desmembrar o que lhe foi dado para amar, a boneca branca; ela usa o presente para gerar uma espécie de contraconhecimento.

Se a alienação é uma sensação, não é só ou apenas uma sensação de negação: de vivenciar a percepção de um mundo como violência,

---

17 Toni Morrison, *O olho mais azul* [1970], trad. Manoel Paulo Ferreira. São Paulo: Companhia das Letras, 2003, pp. 23–26.

ainda que ele abarque esses sentimentos. A alienação é estudiosa; você aprende mais sobre os desejos quando eles não são o que você deseja. Logo, podemos pensar na alienação como uma surpresa: as coisas nos surpreendem; o modo como são montadas nos maravilha. As bonecas que não queremos não são simplesmente descartadas ou deixadas para trás, como trapos inertes sobre a mesa. Quando são desmembradas, as bonecas tornam-se objeto de nossa atenção; não somente nos ensinam como são (o nariz arrebitado, os olhos de vidro azul, o cabelo loiro) mas também nos ensinam do que deveríamos gostar ou até mesmo com quem deveríamos nos parecer; com elas aprendemos sobre a essência da aspiração humana. Quando estamos fora de sintonia, quando não amamos o que deveríamos amar – então as coisas se tornam disponíveis para que possamos ponderar sobre elas, nos surpreender com elas. Pode ser que destruamos as coisas para entendê-las. Ou pode ser que, quando tratamos de entendê-las, os outros pensem que as estamos destruindo.

Quando percebemos que algo está errado, nos afastamos de um desejo. Perceber as coisas como tangíveis não deixa de ter relação, portanto, com perceber injustiças. Uma vida feminista é como entramos em contato com as coisas. E que assombroso isso é.

2. SOBRE COMO NOS DIRECIONAM

No capítulo 1, tratei de como nos tornarmos feministas nos coloca em contato com um mundo mediante a alienação de um mundo. A partir dessa discussão da natureza sensacional do feminismo, pretendo desenvolver um relato das percepções que comecei a ter por meio do feminismo: como o poder funciona como um modo de direcionalidade, uma forma de orientar os corpos de uma certa maneira, para que eles se voltem a um determinado caminho, rumo a um futuro ao qual se dá um rosto específico. Ao tomarmos consciência do modo como o mundo social está organizado, passamos a perceber as normas como coisas palpáveis.[18] Penso naqueles momentos em que, por exemplo, entramos numa loja de brinquedos e algo nos parece patente. Pegamos um aspirador de pó, digamos, um aspirador de pó de brinquedo, e temos a sensação de estar segurando o futuro das meninas em uma coisa tangível. Pegamos uma arma de brinquedo e sentimos o mesmo: o futuro dos meninos em uma coisa tangível nas mãos.

As normas se tornam patentes: é possível segurá-las como coisas palpáveis. Uma vez que elas nos impactam, ainda resta muito trabalho a ser feito. O trabalho mais difícil pode ser reconhecer como a própria vida é moldada por normas de maneiras que não percebemos, de maneiras

---

18 Retomo a ideia das normas como moradas no capítulo 5, desenvolvendo os argumentos do capítulo "Queer Feelings", em meu livro *The Cultural Politics of Emotion*, op. cit., sobre como as normas podem ser habitadas de modos diferentes.

que não podemos simplesmente transcender. Uma norma é também uma forma de viver, uma forma de se conectar com os outros por meio ou em torno de algo. Não há como "não" vivermos em relação às normas. Assim, neste capítulo, abordo como o feminismo pode ser vivenciado na forma de alienação da vida, como podemos passar pelo estranhamento da vida que vivemos no processo de reconhecimento de como nossa vida foi moldada ou tomou forma de determinada maneira. Essa análise do poder como direcionalidade me permitirá introduzir a feminista estraga-prazeres mediante outra perspectiva.

SISTEMAS DE TRÁFEGO

Quero começar com outro de meus textos companheiros, o extraordinário romance *Mrs. Dalloway*, de Virginia Woolf.[19] Recorrerei a ela ao longo deste capítulo, pois acho que esse romance deve despertar nossa curiosidade pelo fato de ocupar um lugar tão importante no imaginário feminista. A história é ambientada em um único dia. Trata-se de uma imersão em um dia, um único dia, da vida comum; um dia como qualquer outro; cada dia como qualquer outro. Mrs. Dalloway está ocupada. Vai dar uma festa. Ela anda pelas ruas de Londres para comprar flores para a festa; algo bastante comum. Lá vai ela, passeando por aí. Ela olha para o céu e vê um avião desenhando letras com fumaça. Assim como as pessoas que estão por perto, ela se esforça para decifrar as letras. Que letras serão formadas; o que elas vão dizer? Woolf capta algo aqui, que é como a socialidade pode ser alcançada temporariamente – acontece de você estar entre as pessoas que estão andando pela mesma rua ao mesmo tempo; você passa diante de outras que estão passando diante de

---

19 Virginia Woolf, *Mrs. Dalloway* [1925]. Trad. Denise Bottmann. Porto Alegre: L&PM, 2019.

você, mas por um momento, por um único momento, todas vocês olham para cima e veem a mesma coisa. Ela capta algo: a peculiaridade de uma conexão, a estranheza de um encontro.

Mrs. Dalloway tem mais o que fazer, está atarefada. Mas também pode se distrair com o que encontra, olhando para cima, não para a frente; a distração é o que a lança em um mundo comum, para fora de sua rota, de seu propósito. De repente, no transcorrer de seu dia, imersa no que está fazendo, passa a perceber a si mesma de um outro jeito. Ela se dá conta do próprio corpo como algo que porta:

> Mas agora esse corpo que ela vestia (parou para olhar uma pintura holandesa), esse corpo, com todas as suas qualidades, muitas vezes parecia nada – absolutamente nada. Tinha a sensação estranhíssima de ser invisível, de não ser vista; ignorada; agora não existindo mais casamento, não existindo mais filhos, mas apenas esse avanço surpreendente e bastante solene com os outros, subindo a Bond Street, sendo Mrs. Dalloway; nem sequer mais Clarissa; sendo Mrs. Richard Dalloway.[20]

Sendo Mrs. Richard Dalloway: ao se tornar esposa, ela perde a si mesma. Não existindo mais casamento, ela também deixa de existir: não se trata mais de se casar, não se trata mais de ter filhos; não se trata mais de se tornar mulher, não se trata mais de ser alguém. Tornar-se Mrs. Dalloway é uma forma de desaparecimento: seguir os caminhos da vida é sentir que o que está diante de você é uma espécie de "avanço surpreendente e bastante solene". Você apenas segue o mesmo caminho que as outras pessoas seguem.

Mrs. Dalloway está caminhando junto com as outras pessoas quando vislumbra seu próprio desaparecimento. Aprendemos com ela que a própria vida pode ser entendida como um caminho ou uma trajetória. Há pontos aos quais devemos chegar, pontos que fazem as vezes de pontuação:

---

20 Ibid., p. 17, trad. modif.

como nos detemos e como começamos, como medimos o quanto progredimos.[21] Avançamos em uma direção porque alcançamos certos pontos. Um caminho dá à vida determinada forma, direção, sequência (nascimento, infância, adolescência, casamento, reprodução, morte). Como começamos, como terminamos, o que acontece no caminho.

Quando compartilhamos uma direção, o tráfego flui. Subindo a Bond Street: Mrs. Dalloway – ou deveríamos chamá-la agora de Clarissa? –, ela faz parte do tráfego. Consideremos esse tráfego; tráfego humano, carros, bicicletas; vias e calçadas. O tráfego é organizado. Há regras que nos permitem viajar com mais segurança, regras que nos ajudam a evitar esbarrar uns nos outros; regras destinadas a facilitar nossa progressão. Algumas dessas regras são formais ou constam por escrito; outras são mais informais; são hábitos, maneiras de agir e estar, em relação a outras pessoas, que com o tempo se tornaram uma segunda natureza. Quando você é forasteira em um lugar – talvez como turista, ou apenas recém-chegada, e não conhece essas regras que não constam por escrito (e como poderia ser diferente, já que não há onde consultá-las?) –, pode se tornar um incômodo, um fardo, uma coisa. A sensação é a de ser inadequada, as pessoas do lugar olham de cara feia quando esbarram em você porque não está andando na direção certa, ou porque fica parada, hesita, enquanto elas não têm tempo a perder, ou porque para a fim de perguntar sobre o caminho; elas têm pressa, indo para onde quer que seja, tratando de chegar a algum lugar. É quando a própria Mrs. Dalloway está com pressa – afinal, tem que pegar as flores para a festa – que ela se distrai. Esses momentos de distração podem ter algo a revelar.

---

21 Evidentemente, também aprendemos que a gramática marca a diferença entre os gêneros: para ela, alcançar um ponto indica uma cessação: tornar-se Mrs. Dalloway, o casamento como a aquisição de um novo nome. Sabemos do motivo pelo qual o feminismo pede novas palavras, *Ms.* [abreviatura que, em inglês, possibilita não expressar o estado civil da mulher]. Mas a adição de *Ms.* não impede que a questão apareça com tanta frequência: seria *Miss* [srta.] ou *Mrs.* [sra.]? *Mr.* [sr.] é sempre *Mr.*

Uma vez que um fluxo é direcionado, ele ganha impulso. Uma multidão é muitas vezes direcionada pelo maquinário da geografia feita pelo homem, pelos horários e cronogramas, pelas economias políticas que tornam a vida e o trabalho mais separados para mais gente; o transporte passa a ser necessário para o trabalho. Há um congestionamento porque há um padrão. Um padrão é a generalização de uma tendência. Uma vez que se ganha impulso, ele é diretivo. Você pode ser levada pela força de uma direção. Quando se encaminha para a porta de saída de um trem abarrotado, há muitas outras pessoas fazendo o mesmo caminho. Um "com" pode ser ao mesmo tempo móvel e espesso. Quando há tanta gente junta, há uma multidão, um espessamento, uma densidade. O fluxo arrasta você: é possível até mesmo economizar energia ao ser levada por ele. Mas, se você deixa cair algo, se tem que parar por alguma razão, a multidão se torna mais espessa; uma multidão pode fazer cara feia. Você se torna um obstáculo; um inconveniente. É então que experimenta esse fluxo como uma coisa tangível: aquilo que impede você de parar; que retarda seu passo.

Uma multidão é direcionada. Uma vez que uma multidão é direcionada, torna-se diretiva. Somos direcionadas pelo que está a nossa frente; o que está a nossa frente depende da direção que já tomamos. Em meu livro sobre a fenomenologia *queer*, sugeri que é bom pensarmos com os caminhos.[22] Consideremos a expressão "um caminho bastante trilhado". Um caminho pode ser criado por meio da repetição de "ser trilhado". Podemos ver o caminho como um rastro deixado por viagens passadas. Quando as pessoas param de trilhá-lo, o caminho pode desaparecer. Por um lado: trilhamos um caminho porque ele está diante de nós. Por outro lado: ele está diante de nós como consequência de ter sido trilhado. Surge um paradoxo das pegadas. Um caminho se cria ao ser trilhado e se trilha ao ser criado. Podemos usar um caminho à medida que de fato fazemos uso dele. *Poder* é aqui con-

---

22 S. Ahmed, *Queer Phenomenology*, op. cit.

sequência de fazer. Se podemos porque fazemos, deveríamos então falar de *fazer poder* em vez de *poder fazer*.

Seguir uma direção é dar apoio a uma direção. Quanto mais as pessoas transitam por um caminho, mais aberto ele se torna. Observe aqui como a coletividade pode se tornar uma direção: abrir o caminho como o caminho que muitos tomam. Talvez só por isso nos sintamos encorajadas: você é encorajada a seguir determinada direção quando se torna mais fácil avançar por ela. Quando é mais custoso avançar, quando um caminho é mais difícil de seguir, você pode se sentir dissuadida de segui-lo; pode tentar encontrar um caminho mais fácil.

Lembremo-nos de Mrs. Dalloway: tornar-se Mrs. Dalloway como o avanço constante e solene de corpos que seguem a mesma direção em determinada rua. Nossa vida pode ser direcionada de certas formas, em detrimento de outras, por conta dessa facilidade de avançar. Podemos ter dificuldades de renunciar a um caminho já bastante trilhado: pode significar renunciar a um sistema de apoio. Sinto-me tentada a redescrever o que Adrienne Rich chamou de "heterossexualidade compulsória" nestes termos: a heterossexualidade compulsória é um sistema de tráfego, assim como um sistema de apoio.[23] A rota se mantém aberta graças a um trabalho coletivo: a tentativa de impedir que muitos obstáculos se interponham no caminho. Você recebe apoio quando segue o percurso: desde que escolha alguém do sexo oposto (e às vezes mais que isso: um casal adequado é com frequência da mesma classe, da mesma raça), seus amores poderão ser celebrados coletivamente; suas perdas serão lamentadas coletivamente. Parar e começar: nos mesmos pontos. O que alguns estudiosos chamam de "homonormatividade"[24] é a política de tentar fazer com que ser gay leve

---

23 Adrienne Rich, "Heterossexualidade compulsória e existência lésbica", trad. Carlos Guilherme do Valle. *Bagoas – Estudos Gays, Gêneros e Sexualidades*, v. 4, n. 5, jan.-jun. 2010.

24 Lisa Duggan, *The Twilight of Equality: Neoliberalism, Cultural Politics, and the Attack on Democracy*. Boston: Beacon, 2003; Jack Halberstam, *In a Queer Time and Place: Transgender Bodies, Subcultural Lives*. Durham: Duke University Press, 2005.

ao mesmo destino: parar e começar nos mesmos pontos. Casamento gay: (pode ser) outra forma de se chegar ao mesmo destino.

E ainda assim é importante lembrar que a vida nem sempre é linear, ou que as linhas que seguimos nem sempre nos levam ao mesmo lugar. Não é por acaso que o drama da vida, os momentos de crise que exigem que tomemos uma decisão, apareça representado pela seguinte cena: você depara com uma bifurcação numa estrada e tem que decidir qual caminho tomar. Seja lá qual rumo for, é preciso decidir. E então você toma um rumo. Talvez siga esse rumo sem ter a certeza de que ele é o rumo certo a seguir. Talvez tome esse rumo porque o caminho parece mais aberto. Quanto mais tempo você fica nesse caminho, mais difícil é voltar atrás. Então continua seguindo, com a esperança de que esteja chegando a algum lugar. A esperança é um investimento na ideia de que os caminhos que seguimos nos levarão a algum lugar. Voltar atrás coloca em risco o tempo que gastamos, como um tempo que já foi perdido ou do qual abrimos mão.

Às vezes o que acontece não é simplesmente questão de uma decisão consciente. Acontece algo inesperado que confunde você. A confusão é a sensação de ser lançada para fora da rota. Você pode ser redirecionada por um encontro inesperado; um pequeno movimento lateral pode abrir novos mundos. Algumas vezes os encontros podem se expressar como a dádiva de uma tábua de salvação; outras vezes não; podem ser vivenciados puramente como perda. O que acontece quando algo nos tira do caminho depende dos recursos psíquicos e sociais dos quais dispomos. Tais momentos podem ser vividos como uma dádiva, como a abertura de uma possibilidade; ou podem ser traumáticos, registrados como a perda de um futuro desejado, um futuro ao qual você se agarra e para o qual se volta.

Podemos sentir que uma vida tem uma forma quando ela perde essa forma. Pensemos em como Mrs. Dalloway vem a apreender a própria vida como se fosse a vida de uma estranha. Ela toma consciência de se tornar Mrs. Dalloway como um avanço inevitável e solene em direção a um ponto já alcançado. No capítulo 1, tratei de como se alcança uma consciência feminista. Talvez uma consciência feminista também signifique tomar consciência da própria vida como uma maravilha ou até mesmo como maravilhosa. O estranhamento da própria vida pode ser o modo como um mundo reaparece, ao se tornar inusitado. Você pode tomar consciência de uma possibilidade assim que a perde. Na consciência de Mrs. Dalloway, outras pessoas, outras possibilidades, surgem como lampejos de lembranças. Tornar-se consciente de uma possibilidade pode envolver um luto por sua perda. Pode-se sentir a tristeza pelo que poderia ter sido, mas não era para ser. Talvez nos demos conta: teria sido possível viver a própria vida de outra maneira. Podemos lamentar por nem mesmo termos percebido que renunciamos a algo. Podemos sentir a forma de uma vida como um tempo pretérito; como algo que só sentimos depois de ter adquirido.

Mas talvez também devamos saber do seguinte: podemos deixar uma vida. Não é tarde demais para deixar uma vida. Muitos livros feministas, aos quais me referi como clássicos feministas na introdução, são histórias de mulheres que deixaram uma vida. Alguns desses textos são clássicos lésbicos: histórias de mulheres que percebem, talvez em um estágio mais avançado da vida, que ser lésbica não é algo de que seja preciso abrir mão. Não desistir: o feminismo pode ser vivido ou narrado como algo que nos dá vida, ou que nos restitui a vida, uma vida que talvez tenhamos experimentado como uma entrega a outras pessoas, ou mesmo como aquilo que nos foi tirado pelas expectativas de outras pessoas. Talvez o mundo apareça de forma diferente quando você reconhece que sua vida não está funcionando. Pense em como você pode se preparar para deixar uma situação antes de efetivamente sair dela. Quando você começa a sair, seu corpo deixa de estar sintonizado com uma série de exigências.

Acho que um dos motivos que despertou meu interesse pela questão do direcionamento foi o fato de que, no meio da minha vida, em meio a seus desarranjos, fiz um redirecionamento drástico. Deixei um determinado tipo de vida e abracei outro. Tornei-me uma lésbica. Eu tinha experimentado a heterossexualidade. Lembrando um pouco a descrição que Mrs.

Dalloway faz de sua relação com o próprio corpo, a heterossexualidade era algo que eu vestia. Quando você precisa se esforçar para se convencer de algo, isso geralmente significa que não está convencida. A heterossexualidade não cabia bem em mim. Quando eu a vestia, sentia-me pesada. Ao percorrer parte de um caminho e depois voltar, aprendi sobre esse caminho. Deixar um caminho pode ser deixar uma vida, ainda que, ao deixar a heterossexualidade, você não deixe de viver em um mundo heterossexual. Mas foi assim que me senti ao deixar a heterossexualidade: deixando uma vida, deixando uma vida que recebe apoio; deixando um mundo onde seu ser é apoiado. Você tem que criar seus próprios sistemas de apoio, como discuto de forma mais detalhada na Parte III. Os mundos *queer* e feminista são construídos por meio do esforço para dar apoio a quem não tem apoio – por ser quem é, por querer o que quer, por fazer o que faz.

O CAMINHO DA FELICIDADE

É um circuito: somos direcionadas pelo que está a nossa frente; o que está a nossa frente depende de como somos direcionadas. E é nesse sentido que podemos pensar em como a própria felicidade é entendida como um caminho. Um caminho, lembre-se, pode ser aquele que você segue com o propósito de chegar a determinado lugar. Como você sabe qual caminho seguir? O que você espera ao seguir por ele? Conforme discuti em meu livro sobre a promessa da felicidade,[25] muitas vezes se pressupõe que a felicidade é um ponto final: como o que queremos alcançar, o sentido da vida, o propósito da vida. O caminho que devemos seguir é o caminho que pode nos levar à felicidade.

Pressupõe-se que algumas coisas, mais do que outras, levem à felicidade. Pode-se abrir um caminho pela própria expectativa de que a

---

25 S. Ahmed, *The Promise of Happiness*, op. cit.

felicidade é o que se deve alcançar. Talvez estes sejam justamente os pontos que Mrs. Dalloway sente que alcançou: casar-se, ter filhos, agora. Por exemplo, pode-se incentivar uma criança a imaginar a felicidade ao imaginar certos acontecimentos no futuro, como o dia de seu casamento. O dia de seu casamento é imaginado como "o dia mais feliz de sua vida" antes mesmo de acontecer. Talvez esse "antes" também seja como e por quê: como o dia acontece; por que acontece.

Com que rapidez aprendemos: para a criança, especialmente para a menina, seu dia mais feliz *será* o momento de se casar. O que chamei de fatalismo de gênero está ligado à felicidade: as meninas *serão* meninas; as meninas *serão* mais felizes quando se casarem. Talvez esse "serão" também possa ser ouvido não só como previsão mas como instrução moral: ela não apenas fará isso, mas fará isso e ficará feliz. O caminho da felicidade se torna um caminho reto: é o que leva você ao destino certo pelo caminho certo. Então, podemos pensar hoje que a heterossexualidade não é mais a única opção. Mas basta olhar rapidamente as imagens e narrativas de felicidade na cultura popular para observar que antigos investimentos podem se sustentar com alterações mínimas e variações de forma. As histórias felizes para as meninas continuam a ser baseadas em fórmulas de contos de fadas: vida, casamento e reprodução, ou morte (de um tipo ou de outro) e sofrimento. Talvez sejam feitas concessões; talvez haja uma diversificação de estilos de realização feminina; talvez a heterossexualidade possa agora ser praticada de mais de uma forma; mas os investimentos permanecem bastante precisos.

Encontramos essa precisão em todos os lugares. Fala-se até mesmo com crianças pequenas como se fossem ter um futuro heterossexual, muitas vezes por meio da leitura de sua conduta em termos heterossexuais ("Ele se dá bem com as meninas"; "Ele vai se dar bem com as meninas").[26] O futuro se solidifica como algo que pode ser aproveitado ou

---

26 E não apenas com as crianças. Quando apareci com uma cachorra filhote, ouvi de uma pessoa que tinha um cachorro macho que, quando minha cachorrinha crescesse, eles poderiam ser "namorado e namorada".

recusado. Quando você se recusa a aproveitar algo, muitas vezes isso é entendido como se você não tivesse conseguido. O que poderíamos chamar de heterossexualidade presumida significa que, para não ser presumida como heterossexual, você tem que se "destornar" heterossexual. Esse "destornar-se" costuma ser pensado como a perda da possibilidade de se tornar feliz. E então: presume-se que você está se esforçando muito para não ficar triste. Triste: uma consequência que devemos evitar. Um julgamento e também um sentimento. Que triste; ela está triste.

Felicidade: o que acabamos fazendo para evitar a consequência de estarmos tristes. A felicidade é uma forma de ser direcionada para aquelas coisas que fariam ou deveriam fazer você feliz. Por isso a felicidade também pode ser uma forma de pressão. A pressão nem sempre é forte. Pode começar com um toque leve. Um estímulo suave: vá por aqui, vá por ali. Seja feliz, não seja feliz. Você quer ter filhos? Quando você vai ter filhos? Um olhar preocupado. Perguntas, perguntas: a insistência em um quando: quando isso vai acontecer, isso vai acontecer quando. As perguntas podem ter um verniz de amabilidade, até mesmo de bondade: ela será muito mais feliz quando, então quando?

Não estar indo na direção certa pode significar ser colocada sob pressão, ou sob ainda mais pressão, quer essa pressão seja intencional ou não. Talvez possamos sentir esse *mais*, esse aumento gradual da pressão, com o passar do tempo. Precisamos descrever como é essa pressão: a oposição que você sofre por conta de sua própria oposição (na qual essa oposição não é algo que você quer, mas algo de que é acusada por causa do que quer). Como eu disse anteriormente, você pode deparar com um impulso contrário quando não está indo pelo caminho certo. É por isso que podemos falar da opressão como algo que pode ser sentido ou vivenciado; a opressão como uma coisa tangível. Marilyn Frye nos leva de volta às raízes da palavra *oppression* [opressão], que deriva de *press*:

A pressão [*press*] da multidão; obrigado [*pressed*] a cumprir o serviço militar; passar [*press*] uma calça; prensa [*press*] de impressão; aperte [*press*] o botão. As prensas [*presses*] são usadas para moldar ou achatar algo, ou mesmo reduzir algo a uma massa, às vezes espremendo os gases ou líquidos nele contidos. Algo prensado [*pressed*] é algo preso entre forças e barreiras cuja relação umas com as outras é tão estreita que, em conjunto, limitam, restringem ou impedem o movimento ou a mobilidade da coisa pressionada. Moldar. Imobilizar. Reduzir.[27]

Opressão: o modo como nos sentimos pressionadas a algo, por algo, por conta de como nos reconhecem como seres. Ser implica ser pressionada. A pressão pode vir das palavras de um pai, uma mãe, um/a amigo/a, ou pela maneira como a imagem de uma boa vida é colocada a sua frente; você pode vivenciar as imagens como um fardo, como algo pesado. Expectativas, olhos levantados, quando. A pressão é a magnitude de força impressa sobre uma superfície na qual ela é distribuída. Você se sente forçada ao vivenciar a imposição de uma exigência sobre você. Talvez menos pessoas se sintam mais forçadas por haver mais pessoas que se sentem menos forçadas.

Então talvez, talvez, se começar a seguir a direção certa, você sinta um alívio da pressão. Você sinta um alívio, uma diminuição ou uma eliminação da pressão, como se uma mão estivesse segurando você e a soltasse gradualmente. Pode ser que você passe a ir mais rápido conforme sua passagem vá sendo facilitada. Mais cedo ou mais tarde, você segue por esse caminho por vontade própria. Quando, para prosseguir nessa direção, você não precisa mais ser impelida por alguém, você não sente que foi impelida. Como discuto no capítulo 3, isso explica como estar disposta pode ser uma consequência da força; você se torna disposta para evitar ser forçada. Ao se dispor a prosseguir na direção correta, você se sente aliviada em relação à pressão. Com que frequência seguimos um caminho para nos aliviarmos da pressão de ser preciso ir por ele? É de se

---

27 Marilyn Frye, *The Politics of Reality: Essays in Feminist Theory*. Trumansburg: Crossing Press, 1983, p. 54.

perguntar. Mas às vezes não mudamos de direção; aceitamos a pressão; talvez até nos acostumemos a ela. Talvez a pressão se torne parte de nós quando nos aliviamos dela.

Precisamos de uma abordagem feminista de tais técnicas de redirecionamento. A felicidade é uma técnica de redirecionamento. Um garoto muito feminino que eu conhecia foi incentivado a praticar esportes. A mãe dele estava preocupada com a possibilidade de os colegas caçoarem dele por parecer "viado". Ela imaginava o futuro do filho como um futuro de infelicidade; um futuro no qual ele seria provocado, deixado de lado, ferido. Ela queria que ele agisse como homem para evitar tais consequências. Finalmente, o garotinho começou a praticar esportes; começou a adorar os esportes, a desfrutar deles. O garotinho agora pratica esportes com outros garotinhos. Ele praticamente abandonou seus brinquedos de pelúcia, deixando-os para trás como uma maneira de deixar uma versão de si mesmo para trás. Talvez ele esteja ainda mais feliz assim; quem sabe? Quando fica difícil saber; quem sabe?

O que significa redirecionar as crianças por medo de que elas não sejam felizes? É óbvio que podemos compreender esses desejos de redirecionamento; podemos compreender a angústia quanto a uma criança seguir por uma direção que pode ser mais difícil ou mais complicada. Queremos que ela seja feliz; talvez não consigamos suportar vê-la de carinha triste; quem conseguiria, afinal? Mas o que queremos quando queremos a felicidade de uma criança? O que significa dizer "Eu só quero que você seja feliz"? O que dizer isso faz? A entonação pode variar: às vezes tais palavras são ditas com frustração. Quero que você seja feliz, então não faça isso! Não seja assim! Mas, de certa forma, desejar a felicidade da criança parece oferecer a ela um certo tipo de liberdade, como se dissesse: "Não quero que você seja isso, ou que faça aquilo; só quero que seja ou faça o que for fazer você feliz". O desejo pela felicidade da criança parece estar baseado em uma espécie de indiferença. *O que for* parece uma possibilidade aberta; como dar a alguém uma caixa vazia que possa ser preenchida com o conteúdo de seu próprio desejo.

Mas lembre-se de como o medo da infelicidade deu conteúdo a um futuro: não ser menino o suficiente significava ser ferido, maltratado por outros meninos que eram meninos o suficiente. Querer a felicidade é querer evitar um certo tipo de futuro para a criança. Evitar também pode ser direcionar. Querer a felicidade pode significar querer que a criança fique na linha para evitar o custo de não estar na linha. Você quer que um menino seja um menino porque não ser um menino pode ser difícil para um menino. Ser menino aqui tem a ver com inclusão, amizade, participação, aprovação. Ser menino aqui tem a ver com evitar o custo de não ser incluído. Querer a felicidade de uma criança pode ser querer endireitá-la, heterossexualizá-la [*straighten the child out*]. Pode ser também que às vezes um garoto masculinize a si mesmo, percebendo que pode ter mais amigos, divertir-se mais, se fizer as mesmas coisas que outros garotos fazem. Voltarei às ideias de "automasculinização" e de "autofeminização" no devido momento.

Não querer que as crianças sejam infelizes pode ser traduzido como: não querer que elas se desviem dos caminhos já bastante trilhados. Portanto, não é de admirar que, em algumas reações de pais à saída do armário de uma filha ou um filho, essa infelicidade se expresse não tanto pelo fato de a criança ser *queer*, mas como infelicidade pela infelicidade da criança. A ficção *queer* está repleta de atos de fala assim, nos quais os pais expressam medo de que a criança *queer* esteja destinada a ter uma vida infeliz. Encontramos um exemplo em *Não conte nosso segredo*, romance de Julie Anne Peters, no qual uma mãe lamenta após a filha ter saído do armário: "Eu quero que ela seja feliz. Isso é tudo o que eu e o Tom sempre quisemos pros nossos filhos. [...] Queremos tanto que os filhos cresçam e conquistem as coisas que nunca tivemos. Temos grandes esperanças pra vocês. Expectativas, sonhos. E, então, uma coisa como essa...".[28] Observe como primeiro a mãe diz que a felicidade é tudo o que ela sempre quis

---

28 Julie Anne Peters, *Não conte nosso segredo* [2003], trad. Cristina Lasaitis. São Paulo: Hoo Editora, 2017, p. 174.

para a filha. A felicidade desejada passa então a ser: querer que a criança conquiste as coisas que ela não teve. Querer a felicidade passa a ser uma grande esperança: a esperança de um certo tipo de vida para a criança. Imagina-se que virar lésbica, "uma coisa como essa", comprometa não só a felicidade da criança mas também a felicidade dos pais, que desistiram de um certo tipo de vida na esperança de que a criança tivesse essa vida. Frustrar uma expectativa é se tornar uma frustração.

Podemos retomar essa relação implícita entre felicidade e dívida: se seus pais desistiram da felicidade por você, então você deve devolver a felicidade deles. É assim: se algumas pessoas vêm primeiro, a felicidade delas vem primeiro. Os pais podem querer para as filhas e filhos o que acham que lhes traria felicidade, quando na verdade estão se referindo à própria felicidade. Não à toa a disputa social nas famílias envolve uma disputa pelas causas da infelicidade. Talvez os pais sejam infelizes por pensarem que sua filha será infeliz se ela for *queer*. São infelizes por ela ser infeliz. A filha é infeliz porque eles são infelizes com o fato de ela ser *queer*. Talvez os pais possam então testemunhar a infelicidade da filha como uma confirmação do medo que sentem: de ela ser infeliz por ser *queer*. Até mesmo as pessoas *queer* felizes se tornariam infelizes a essa altura.

Talvez essas dívidas de felicidade se tornem ainda mais poderosas ou pesadas para famílias de imigrantes como a minha. Você é constantemente lembrada daquilo de que seus pais abriram mão por você: da casa, do país, da posição social, da família. Você precisa retribuir vivendo a vida da qual eles desistiram por você. Se você não fizer isso: que egoísta de sua parte; como você pode ser capaz de fazer isso; você não sabe o que nós fizemos por você? Se você se desvia de uma expectativa com alegria, é como se estivesse roubando a alegria deles. Mas a coisa é ainda mais complicada, inevitavelmente. É certo que, se você é uma filha *queer* de uma família migrante, uma família marrom, muçulmana ou parcialmente muçulmana: a coisa é ainda mais complicada. Como argumentei em um livro anterior,[29] a criança não convencional de uma família migrante proporciona uma forma convencional de esperança social.[30] A criança *queer* pode ser descrita como uma criança não convencional, que tem que lutar contra sua família para sair do armário. No caso de uma família marrom migrante, a família é imaginada como um peso morto: há uma expectativa de que a família seja mais opressiva, menos tolerante; que apoie menos a liberdade dessa filha. O caminho que conduz à felicidade é o caminho que distancia essa filha de sua família, a qual aparece no imaginário nacional como o que ou quem a restringe ou oprime. E então os costumes e a cultura se tornam coisas que essa filha *queer* marrom tem que deixar para trás; supõe-se que, para ser feliz, é necessário escapar. Tradução: supõe-se que a felicidade implique uma proximidade com a branquitude. Camel Gupta observa como às vezes se supõe que as pessoas *queer* e trans marrons são resgatadas de famílias marrons infelizes por comunidades brancas de pessoas *queer* e trans felizes.[31] Nós não somos uma missão de resgate. Mas, quando você se desvia, essas comunidades comemoram. Até mesmo as pessoas *queer* marrons felizes se tornariam infelizes a essa altura.

---

29 S. Ahmed, *The Promise of Happiness*, op. cit.

30 Elaborei esse argumento no capítulo "Melancholic Migrants", de meu livro *The Promise of Happiness*, com referência a uma análise do filme *Driblando o destino*. Nesse filme, Jess encarna uma esperança de felicidade porque seus desejos a afastam das expectativas tradicionais de sua família Sikh, do que é narrado como sendo tais esperanças. Para outras discussões importantes sobre melancolia e migração, ver Anne-Anlin Cheng, *The Melancholia of Race: Psychoanalysis, Assimilation and Hidden Grief*. Oxford: Oxford University Press, 2000; e David L. Eng e Shinhee Han, "A Dialogue on Racial Melancholia", in D. L. Eng e D. Kazanjian (orgs.), *Loss: The Politics of Mourning*. Berkeley: University of California Press, 2003.

31 Camel Gupta, apresentação na conferência Black British Feminism. Centre for Feminist Research, Goldsmiths, Universidade de Londres, 11 dez. 2014.

DESORIENTAÇÃO E DESCONTENTAMENTO

Se não mudamos de direção para não causar infelicidade, causamos infelicidade. A estraga-prazeres volta a aparecer aqui. Talvez você seja chamada de estraga-prazeres só por não querer o que as outras pessoas querem que você queira. E talvez pareça que, por não querer o que elas querem (que também é o que elas querem que você queira), você está de alguma forma rejeitando e desvalorizando os desejos delas.

Voltemos à mesa da família. A família reunida em torno da mesa; supõe-se que esses sejam momentos de felicidade. Trabalhamos muito para que esses momentos continuem a ser felizes, para manter a superfície da mesa polida, a ponto de refletir uma boa imagem da família. Esse trabalho elimina seus próprios sinais: polir é remover os vestígios de polimento. Você pode atrapalhar a felicidade da família simplesmente por não polir a superfície. Ao não desejar o que convém, você faz a superfície perder o lustre.

Não é de se admirar: eu já era uma estraga-prazeres antes mesmo de começar a dizer o que penso. À medida que eu ia crescendo, achava opressiva a exigência de ser menina. Os vestidos e os estilos de menina me irritavam. Desde a metade até o fim de minha adolescência, era comum me chamarem de maria-moleque [*tomboy*], embora, pensando hoje em retrospecto, noto que eu era apenas uma menina não tão interessada em ser feminina, em vestidos ou maquiagem, nem em falar sobre meninos (estou aludindo à heterossexualidade neste ponto porque a heterossexualidade muitas vezes aparece neste ponto). Que uma menina que não tem jeito de menina seja chamada de maria-moleque nos ensina o quão restrita a categoria *menina* pode ser para descrever uma pessoa em desenvolvimento. Se você sente a experiência de ser menina como uma restrição, você não precisa dizer nada. Disposições afetivas podem falar por você, em seu nome: por exemplo, uma cara rabugenta, dentre outros sinais não verbais de resignação, quando pedem que você use um vestido para uma ocasião especial. Eu me lembro de muitos conflitos que começaram por causa de vestidos.

festa.
vestido. ai, não.
que saco, que grande saco.

A feminista estraga-prazeres vem à tona sem que você precise dizer nada. Basta não ficar feliz pelas coisas certas para estragar prazeres. Ou talvez a questão não seja se você está feliz ou não: você deve parecer feliz nos momentos certos. Quantas vezes você já ouviu que estragou uma fotografia por causa de sua cara rabugenta? Tantos jantares arruinados; tantas fotografias; tantas férias. Basta não parecer feliz o suficiente para estragar prazeres. Se você já é conhecida como feminista, então o fato de não parecer feliz o suficiente será atribuído ao feminismo, como se não sorrir na fotografia fosse um protesto político (independentemente de você considerar isso ou não). O feminismo pode ser um problema de gênero: pelo modo como você age, pode não ser vista como uma menina – ou ser vista como uma menina que não é boa ou não é feliz.[32] Marilyn Frye argumenta que mostrar sinais de felicidade com a situação em que você se encontra é uma das exigências da opressão. Para Frye, "tudo que não for um semblante radiante nos expõe a sermos percebidas como más, ressentidas, raivosas ou perigosas".[33] As percepções podem ser bastante aferradas. Não sorrir o suficiente: ser má.

Para mim, não sorrir na festa tinha a ver com quem exigiam que eu fosse na festa: usar um vestido, ficar bonita, até mesmo cantar se me pedissem. Às vezes eu me sentia uma palhaça, outras vezes uma máquina, outras um pônei de exposição. Suspeito que minha resignação quanto ao gênero, minha percepção dessa exigência como um fardo, o fato de eu

---

32 J. Butler, *Problemas de gênero*, op. cit.
33 M. Frye, *The Politics of Reality*, op. cit., p. 2.

associar festas com experiências deprimentes (que garota mais baixo-astral!), era também uma resignação quanto aos seres humanos. Um dos motivos pelos quais gosto tanto de cavalos – há muitas histórias *queer* sobre meninas e cavalos, como mostrou Elspeth Probyn –[34] é que eles representavam uma forma de fugir dos seres humanos e, portanto, da exigência de ser menina. No kit de sobrevivência, vou apresentar a vocês meu cavalo Mulka.[35] Ele teve um papel importante em minha libertação desse sentimento de exigência. Eu era extremamente tímida quando mais nova, e meu senso de sociabilidade humana me era vedado: quase como um quarto de porta trancada, da qual eu não tinha a chave. Talvez fosse isto: o gênero parecia a chave de uma fechadura que eu não tinha, ou na qual eu não entrava. Hoje, ao pensar retrospectivamente, observo que decidi me feminizar quando fui para a universidade, pois estava exausta de não me encaixar ou não me enquadrar. Não tenho dúvidas de que a exaustão advinha da branquitude, que me cercava, e do gênero, que me alienava; uma exaustão com a diferença. Lembro-me da primeira vez que fui a um cabeleireiro mais refinado, aos dezoito anos, logo depois da escola. Foi uma decisão bastante deliberada. Ficava triste ao me olhar no espelho, esperando ver uma versão diferente de mim mesma. Eu sabia o suficiente para saber do seguinte: para ser incluída, teria talvez que ter uma disposição maior para ocupar a feminidade e torná-la minha. Eu sabia o suficiente para saber do seguinte: essa opção não estava disponível para todo mundo. Pode ser, então, que às vezes nos redirecionemos a fim de encontrar algum alívio da pressão, da tristeza de não participarmos de algo, de nos sentirmos sozinhas ou deixadas de fora. Talvez nos preocupemos quanto a estarmos nos privando de nosso próprio futuro.

Isto é difícil: não estou dizendo que se alinhar a algo seja errado ou torne seus desejos menos autênticos. Certamente não estou dizendo que, quando uma menina age de um jeito feminino, é só para se encaixar –

---

34 Elspeth Probyn, *Outside Belongings*. London: Routledge, 1996.
35 Ver, neste volume, p. 386. [N. E.]

mesmo que, para mim, tenha começado assim. Você pode até sentir obrigação de se "desfeminizar" quando ser feminina não é considerado certo ou apropriado. Como discute Ulrika Dahl, ser uma garota feminina em alguns espaços feministas pode fazer com que você se sinta deslocada;[36] para usar os termos com os quais trabalho no capítulo 3, talvez seja preciso se tornar obstinada para ser deliberadamente feminina em espaços feministas. Acho que agora posso curtir ser feminina (embora continue a não usar vestidos; eu simplesmente não gosto da sensação de vesti-los) porque não é uma exigência, nem é algo pressuposto por mim (ou por outras pessoas) como uma forma de chamar a atenção dos rapazes. Uma garota *queer* amplia o significado de *garota*.

Assim, não estou sugerindo que a autofeminização não seja autêntica. O que estou fazendo é refletir sobre como resolvemos esses momentos nos quais tomamos consciência de estarmos ou não alinhadas com as outras pessoas. O feminismo aumenta a consciência de que esses critérios de alinhamento existem e, portanto, exige que tomemos decisões antes que as decisões sejam tomadas antes de nós ou mesmo em nossa ausência. Às vezes ficamos cansadas ou vivenciamos um esgotamento antecipado: alinhamo-nos para evitar as consequências de sair da linha porque já passamos por isso e não temos mais condições de repetir a experiência. E, quando essa linha se desdobra, acontecem outras coisas no caminho. Pode ser que surjam situações em que nos demos conta: estamos dispostas a arcar com os custos de não estarmos alinhadas porque isso nos comprometeria demasiadamente. E pode ser também que descubramos que podem acontecer outras coisas no caminho.

Sabemos que o alinhamento é um mecanismo porque conhecemos a experiência de sair da linha. Tratarei do alinhamento em relação à política institucional na Parte ii. Por enquanto, quero me deter na questão de gênero. Uma vez que você não tem uma ideia certa de algo, há várias maneiras de ter uma ideia errada, e nem todas são intencionais. Muitas

---

36 Ulrika Dahl, "Sexism: A Femme-inist Perspective". *New Formations*, n. 86, 2015.

vezes tive uma ideia errada quanto ao gênero ou a outras coisas, quer eu quisesse quer não. Uma vez, quando eu tinha vinte e poucos anos, mandei um cartão de parabéns para minha irmã após ela dar à luz. Nós conversamos ao telefone, e ela disse de forma um tanto zangada: "Por que você sempre tem que ver tudo de um ponto de vista feminista?". Eu tinha enviado um cartão azul para ela. Ela tinha tido uma filha. A questão é: eu não fiz isso intencionalmente. Eu não tive a intenção de ver aquilo de um ponto de vista feminista; eu nem sequer tinha reparado na cor do cartão. Mas isso supõe, talvez, ter se tornado feminista, já ter alcançado um ponto feminista: o fato de você não reconhecer imediatamente que o sistema de cores é um sistema de gênero. Quando o sistema de gênero não se torna um hábito, é porque você foi incapaz de se habituar a ele. E é assim que o feminismo pode ser vivido: como a incapacidade de se habituar a um sistema de gênero.

Sua forma de expressar ou não o gênero não é o único aspecto que evidencia o funcionamento de um sistema de gênero: também é possível percebê-lo em sua maneira de agir em um sistema mais amplo que atribui significado e valor a pessoas e coisas. Uma vez que você tenha se habituado adequadamente a esse sistema, pode lidar com ele de forma irrefletida; pode escolher automaticamente o cartão certo. Se você não está plenamente habituada, tem que refletir sobre qual é a coisa certa a fazer para conseguir a coisa certa. Se você não pensa sobre o que é certo, provavelmente não entendeu bem o gênero que convém: entendeu errado. É assim que pode acabar levantando pontos feministas sem sequer ter a intenção. Entender errado o gênero passa a ser entender errado as coisas em geral.[37] Observe-se, então: talvez estragar prazeres não seja

---

37 Pode-se considerar que a experiência de estar fora de sintonia com um sistema de gênero contribua para fundamentar a afinidade entre feminismo e transpolítica: entender errado o gênero e passar pela vivência de si como tendo o gênero errado. Dentro dos estudos trans e *queer*, essa narrativa quanto a estar no corpo errado – e o modelo da disforia de gênero – tem sido objeto de críticas rigorosas; ver Sandy Stone, "The Empire Strikes Back: A Posttransexual Manifesto", in Susan Stryker e Stephen

algo que você faça deliberada ou intencionalmente; talvez você esteja até mesmo tentando participar da alegria dos outros. Talvez você estrague prazeres por não estar devidamente sintonizada com as exigências de um sistema social.

Outro exemplo: quando eu era mais nova, alguém me disse que, por não depilar minhas pernas, eu estava "fazendo uma declaração feminista". Se você não cumpre uma expectativa, está fazendo uma declaração. Acho que aprendemos com isso. Levantemos ou não pontos feministas, falemos ou não, o não cumprimento de códigos de aparência é entendido como um discurso, quase como se suas pernas fossem uma boca que estivesse gritando: olhe para mim! Eu não tinha pensado que estava fazendo uma declaração feminista, embora talvez ao não pressupor que minhas pernas devessem estar depiladas, eu estivesse vivendo de acordo com uma premissa feminista. Porém, de certa forma, o que se mostra impossível é a vulgaridade de as meninas terem pernas não depiladas. Qualquer atitude que não esteja de acordo com a ordem das coisas se torna uma imposição de uma agenda feminista sobre a ordem das coisas.

Entender algo errado pode significar: ser afetada pelas coisas de um jeito errado. Somos mal direcionadas pela forma como somos ou não afetadas. Arlie Russell Hochschild, em seu livro clássico *The Managed Heart* [O coração administrado], investiga o caso da noiva que, em vez de estar feliz no dia do casamento, sente-se "deprimida e aflita", experimentando,

---

Whittle (org.), *The Transgender Studies Reader*. London: Routledge, 2006, p. 228; e J. Halberstam, *Female Masculinity*. Durham: Duke University Press, 1998, p. 145. No entanto, podemos pensar nessas experiências de erro como experiências corporais associadas a não se sentir em casa em um corpo, ou seja, a não se sentir em casa na designação de gênero recebida: o errado como um não se sentir bem; errado como isso que, para alguns, a transexualidade parece ser; Jay Prosser, *Second Skins: The Body Narratives of Transsexuality*. New York: Columbia University Press, 1998, p. 8. Sentir-se mal, ou entender errado o gênero, não pressupõe que haja uma maneira certa de lidar com o gênero; são, isso sim, consequências da suposição de que há uma maneira certa.

por conta disso, um "afeto inapropriado",[38] ou sendo afetada inapropriadamente.[39] Para que a situação não desande, ela precisa se sentir de acordo com o que se espera dela: "Ao perceber uma lacuna entre o sentimento ideal e o sentimento real tolerado por ela, a noiva instiga a si mesma a ficar feliz".[40] Para a situação não desandar, a noiva deve ser capaz de convencer a si mesma ou aos outros de que está feliz. Para corrigir seus sentimentos, a noiva se desprende de um afeto anterior: ela se faz feliz, obrigando-se a não ficar triste. Evidentemente aprendemos com esse exemplo que é possível não habitar plenamente a própria felicidade, ou mesmo se alienar da própria felicidade, se o afeto anterior permanece vivo ou se o esforço para se sentir de determinada maneira deixa a pessoa desconfortável. O desconforto pode persistir no próprio sentimento de estar feliz, como um sentimento de desconforto com a felicidade em que se está.

Não podemos nos obrigar sempre a ficar felizes quando se supõe que devemos ficar. Esse *não podemos* não é necessariamente uma restrição; pode ser uma abertura. Talvez você esteja decepcionada, consigo mesma ou com um mundo, por não estar tão feliz quanto esperava. A decepção também pode ter a ver com uma narrativa angustiada de dúvida sobre si mesma (Por que não me sinto feliz com isso? O que há de errado comigo?) ou com uma narrativa de raiva contra um mundo que promete felicidade, elevando determinadas coisas à categoria de boas. Podemos estranhar nós mesmas [*become strangers*] nessas horas. Quando você se aliena [*alienated*] em virtude de como é afetada por algo,

---

38 Arlie Russell Hochschild, *The Managed Heart: Commercialization of Human Feeling* [1983]. Berkeley: University of California Press, 2003, p. 59.

39 Evidentemente, o fato de que é a noiva que deve estar feliz, que deve carregar o fardo da felicidade do dia, nos ensina algo sobre o gênero e sua distribuição desigual do que poderíamos chamar de esperanças de felicidade. Ensina-nos a perceber algo que pode parecer óbvio. Se buscamos a felicidade da noiva para confirmar a felicidade do dia, então as esperanças de felicidade das mulheres continuam ligadas ao casamento, mesmo que os roteiros de gênero tenham se tornado mais flexíveis.

40 A. R. Hochschild, *The Managed Heart*, op. cit., p. 61.

você passa a ser uma alienada dos afetos [*affect alien*]. Uma feminista estraga-prazeres é uma alienada dos afetos. Nós não ficamos felizes com as coisas certas.

UM ARQUIVO INFELIZ

É hora de retornarmos a Mrs. Dalloway. Você se lembra de como Mrs. Dalloway se dá conta da trajetória da própria vida; como ela testemunha o próprio desaparecimento ao caminhar pela Bond Street. Casar-se e ter filhos tornam-se não só coisas que ela fez, coisas que ela realizou, mas o modo como ela se perde pelo caminho; como ela deixa de ser Clarissa, com tantas possibilidades a sua frente. Casar-se e ter filhos são não apenas marcas de pontuação mas também momentos de cerimônia; o que as mulheres fazem para ser felizes. Mrs. Dalloway não se sente feliz. Pode ser que ela não saiba como se sente; pode ser que não reconheça os próprios sentimentos nem os revele para si mesma ou para outras pessoas; mas ela não se sente feliz. Ela se sente alienada da própria vida, consciente de possibilidades só depois de tê-las abandonado, possibilidades que reluzem como as velhas amizades das quais se lembra no decorrer de seu dia.

O feminismo está repleto de histórias assim: de mulheres que não ficam felizes com o que se pressupõe que deveria fazê-las felizes. Isso não quer dizer que a infelicidade esteja em toda parte, mas que a expectativa de felicidade, a expectativa de que as mulheres sorriam e de que o mundo sorria com elas, é o que deixa tantas coisas em suspenso; uma vida em suspenso. A expectativa de felicidade não gera necessariamente infelicidade, mas pode fazer com que a infelicidade seja mais difícil de suportar. No final do século xx, sociólogas feministas como Ann Oakley escreveram longamente sobre como a expectativa de que as mulheres fiquem felizes ao se tornarem mães contribuiu para patologizar a infelicidade. Ela descreve a "depressão pós-parto" como "uma etiqueta pseudocientífica para a descrição e transformação ideológica do descontentamento materno".[41] Os mitos românticos do parto como felicidade materna tornam a tristeza materna um problema tanto social como biológico.

Esse estudo feminista inicial enfatizou a importância de as mulheres contarem suas próprias histórias; histórias que desarticulam o mito da felicidade, que não tratam simplesmente de infelicidade, mas de sentimentos complexos, ambivalentes e confusos que as mulheres têm. Há também histórias de mulheres trabalhadoras, por exemplo, em *The Managed Heart*, de Arlie Hochschild; mulheres que têm que sorrir no ambiente de trabalho e que estão tão alienadas do próprio sorriso quanto quem trabalha em fábricas o está dos braços, quando esses braços são entregues a serviço da máquina industrial. Volto à questão do trabalho (e dos braços) no capítulo 3. Aqui quero discutir o modo como podem nos exigir que performatizemos a felicidade tanto nos espaços privados como nos públicos. Tenho certeza de que muitas meninas e mulheres já ouviram comentários como "Sorria, meu bem, poderia ser pior" quando andam por aí sem estampar alegria no rosto. O sorriso passa a ser uma conquista feminina. Mas sorrir também pode ser aquilo que você precisa fazer para compensar quando não é vista como suficientemente feminina. Você pode ter que suavizar a própria aparência porque (ou quando) é vista como demasiadamente dura. Uma mulher negra ou de cor talvez precise sorrir ainda mais, por ser vista como raivosa ou assertiva demais: sorrir, então, passa a ser aquilo que você tem que fazer para demover uma expectativa. O próprio esforço empreendido em demover expectativas faz com que elas se confirmem. Mesmo um sorriso pode ser assertivo demais se você, de antemão, já é vista como assertiva.

A felicidade como forma de trabalho emocional pode ser condensada na seguinte fórmula: parecer feliz para fazer as outras pessoas felizes.

---

41 Ann Oakley, *Women Confined: Towards a Sociology of Childbirth*. New York: Schocken, 1980, p. 277.

O trabalho é mais bem-sucedido quando você se sente tão feliz quanto aparenta; quanto mais você se esforçar, mais forçado parecerá seu sorriso. O feminismo pode ser aquilo de que precisamos para resistir a essa fórmula. Não quero dizer com isso que se tornar feminista teria como objetivo minar a felicidade das outras pessoas. O que acontece é que você deixa de estar disposta a parecer feliz, ou a ficar tão feliz quanto aparenta, para fazer outras pessoas felizes. É possível que o feminismo importe na outra ponta da fórmula. Com isso quero dizer: a aparência de felicidade não deixa você feliz. Adquirimos, como um sentimento feminista, solidariedade pelas mulheres que não são felizes quando se supõe que elas deveriam ser. Sentir uma solidariedade feminista implica um direcionamento diferente quanto à infelicidade. Entendemos a infelicidade não como o fracasso em ser feliz e, assim, a causa de ainda mais infelicidade, mas como uma recusa, uma reivindicação, um protesto ou, até mesmo, algo comum, a textura de uma vida que vai sendo vivida. A solidariedade diante da infelicidade é, muitas vezes, percebida como falta de solidariedade. Penso no filme *Garçonete*.[42] Jenna, uma mulher casada e infeliz, chega a um consultório médico e diz que está grávida. O médico responde solidário, dando-lhe os parabéns. A solidariedade demonstrada por ele não é uma resposta a como ela se sente (triste), e sim a como ela deveria se sentir (feliz). Ela se sente alienada pela solidariedade do médico, mesmo que essa solidariedade esteja de acordo com uma percepção comum (a de que a gravidez é um acontecimento que traz felicidade para mulheres casadas). A garçonete se sente alienada em virtude de sua reação à gravidez, de tal forma que demonstrar solidariedade diante de sua reação de alienação (oferecer condolências) significaria aqui compartilhar de seu sentimento de alienação: "Pobrezinha, não consegue se livrar dele". Uma solidariedade feminista é solidária a uma alienação da felicidade.

---

42 *Waitress*, dir. Adrienne Shelly, Estados Unidos, 2007.

As alienadas dos afetos se solidarizam com os afetos de alienação. A solidariedade pode nos alienar se é produzida de acordo com uma expectativa de como devemos nos sentir, e não em consonância com como realmente nos sentimos. Acho que isso explica o porquê de o dilema vivenciado por Mrs. Dalloway ter suscitado uma solidariedade feminista tão expressiva. O feminismo pode implicar o cultivo da solidariedade por mulheres que estão infelizes com a situação em que se encontram. É interessante que, no caso de Clarissa, o motivo de sua infelicidade não fica nítido. Para Clarissa, o estranhamento em se tornar Mrs. Dalloway – indicando uma perda de possibilidades, um "destornar-se", um tornar-se nada – não penetra sua consciência sob a forma de tristeza em relação a algo. A tristeza do livro – e, para mim, trata-se de um livro triste – não é apresentada como um ponto de vista. Mrs. Dalloway não explica as causas de seu sofrimento. Ela está ocupada demais com a preparação de sua festa. Tanta tristeza revelada na necessidade de estar ocupada. Tanto sofrimento expresso na necessidade de não se deixar abater pelo sofrimento.

E é na festa que Mrs. Dalloway é colocada em contato com o sofrimento. Não é o sofrimento dela, mas o de um estranho, um desconhecido, que a afasta da festa. Lady Bradshaw diz a Mrs. Dalloway: "'Bem no instante em que estávamos saindo, telefonaram para meu marido, um caso muito triste. Um rapaz (é isso que Sir William está contando a Mr. Dalloway) tinha se matado. Esteve no Exército'. Oh!, pensou Clarissa, no meio de minha festa aparece a morte, pensou ela".[43] No meio da festa, as palavras se acumulam como narrativa, contando a história de uma morte, de um suicídio, de um homem cujo sofrimento se tornou insuportável. Quem está lendo o livro já foi testemunha da morte e do sofrimento desse homem. Clarissa não testemunhou sua morte, mas a imagina, quase como se fosse algo que tivesse acontecido com ela mesma: "Sempre o sentia no corpo, quando lhe falavam inesperadamente de um

---

43 V. Woolf, *Mrs. Dalloway*, op. cit., p. 208.

acidente; o vestido ardia, o corpo queimava".[44] A morte se torna carne quando Clarissa ouve os detalhes: "O chão se elevara num lampejo; destroçando, contundindo, atravessaram-no os varões enferrujados. Lá jazia ele com um tum, tum, tum, no cérebro, e então um negrume sufocante".[45] A violência de um encontro se torna uma violência que ela encontra. Não se trata simplesmente de Clarissa estar sendo empática, mas, nesse momento, de uma morte se tornar real ou material, porque foi admitida no recinto. Uma morte se espalha como palavras se espalham por diferentes mundos. O que chama a atenção em *Mrs. Dalloway* é como o sofrimento entra em sua consciência pelas bordas, pela chegada de outra pessoa, de um estranho, um intruso, alguém que não foi convidado a entrar na sala. O sofrimento não adentra simplesmente ou apenas como uma consciência de si mesma – como uma consciência do próprio sofrimento – mas também como um reforço de consciência, uma consciência de mundo na qual o sofrimento de quem não pertence perturba a atmosfera.

É nesse ponto, no ponto em que a consciência se torna terrena, que se revela o que significa considerar o feminismo como um arquivo infeliz. Não estaríamos simplesmente pensando na infelicidade como um sentimento que vai de dentro para fora; a infelicidade alojada em uma figura como a da dona de casa, por exemplo; nem mesmo como um sentimento compartilhado por uma presença empática. Ao contrário, nós nos dedicaríamos a investigar como podemos nos sintonizar melhor com o que já existe no mundo; com a violência de um mundo que pode ser obscurecido pela trepidação própria da vida. A chegada do sofrimento pelas bordas nos ensina como é difícil tomarmos consciência do sofrimento. Quando se está vivendo uma vida que deveria ser feliz, mas não é, que deveria ser plena, mas é vazia, reconhecer a tristeza e a decepção requer um grande esforço. É difícil renunciar à ideia que se tem da vida quando se viveu a vida de acordo com essa ideia. Aprendemos não só que a cons-

---

44 Ibid., p. 209.
45 Ibid.

ciência da infelicidade é adquirida mas também como essa consciência nos coloca em contato com o mundo, permitindo que um mundo perfure o que chamo de selo da felicidade. O apelo da felicidade, o apelo à felicidade, ajuda a preservar inúmeras desigualdades. É como se a reação ao poder e à violência fosse ou devesse ser simplesmente ajustar ou modificar como nos sentimos; por exemplo, transformando uma relação social de exploração em um sentimento pessoal de empoderamento.

Feminismo: modo como rompemos o selo da felicidade. Mesmo quando a infelicidade é um sentimento familiar, ela pode chegar como um estranho, perfurando a quietude com o "golpe surdo" da violência. No caso de Mrs. Dalloway, é um estranho que perturba o familiar. Mas ela, ainda assim, tem algo a ver com ele. Talvez, só talvez, daí venha a importância desse dia: ela estava se preparando para trazer à tona o brilho de seu passado; ela estava se preparando para se desfazer. Rompe-se um selo por uma combinação de forças. E assim, no meio de sua festa, acontece algo distinto da felicidade. Se um estranho perturba o familiar, ser um estranho pode se tornar familiar. Retomarei às experiências de ser uma estranha no capítulo 5. Basta observar que, quando se reconhece como estranha, você se afasta não só da felicidade como também de si mesma. Você pode ser aquela pessoa cuja chegada causa perturbação. O que é perturbado, então? Audre Lorde, que nos proporcionou uma das mais poderosas críticas feministas da felicidade (abordarei diretamente sua crítica em meu kit de sobrevivência estraga-prazeres), mostra que o passado pode ser aquilo que sofre a perturbação:

As tensões nas ruas eram frequentes, como sempre são em zonas de transição multirraciais. Quando eu era muito pequena, lembro de me encolher ao ouvir um som específico, um ruído rouco e gutural, porque frequentemente significava, instantes depois, uma bola de cuspe cinza e nojenta no meu casaco ou no meu sapato. Minha mãe a limpava com recortes de jornal que sempre carregava na bolsa. Às vezes, ela reclamava das pessoas grosseiras que não tinham noção nem modos e cuspiam ao vento, não importava onde estivessem, frisando para mim que essa humilhação era algo totalmente aleatório. Nunca me ocorria duvidar da minha mãe.

Foi só anos depois, numa conversa, que perguntei:

— Você já notou que as pessoas não cospem mais tanto ao vento, como costumavam fazer?

E a expressão em seu rosto me disse que eu tinha escorregado num daqueles lugares de dor secretos que nunca mais devem ser mencionados. Mas isso era muito típico dela quando eu era jovem: se não podia impedir uma pessoa branca de cuspir nas suas filhas porque elas eram negras, ela insistia que a razão era outra.[46]

Recordar a violência é trazer para o presente o som da violência, esse "pigarro gutural áspero e rouco". Mas uma lembrança pode obscurecer a violência evocada. Como a mãe de Audre Lorde não suporta falar de racismo, cria a impressão de que a violência direcionada a sua filha negra é casual. Quando a criança lembra à mãe o que acontecia, ou o que ela achava que acontecia, por ser o que lhe diziam que costumava acontecer, quando menciona o assunto em uma conversa, ela se aventura em "um daqueles lugares secretos de sofrimento". Quando não se pode mais considerar a violência algo aleatório, vive-se a violência como direcionada: a um corpo negro, direcionada a Audre Lorde, a seu próprio corpo negro, encolhendo-se diante daquele som. Às vezes nos resguardamos do sofrimento para proteger da dor aqueles que amamos. Mas esse resguardo pode falhar. Quando o resguardo falha, o racismo vem à tona. Outra forma de dizer isso: o passado pode ser o que está selado. Quando o selo se rompe, o sofrimento transborda.

Refletir sobre como nos resguardamos do sofrimento é abordar de maneira diferente a questão da consciência explorada no capítulo 1. Estamos aprendendo sobre *como* aprendemos a não ter consciência do que

---

46 A. Lorde, *Zami: Uma nova grafia do meu nome*, trad. Lubi Prates. São Paulo: Elefante, 2021, pp. 40–41.

acontece bem na nossa frente. Mesmo quando algo nos acontece, ainda que seja traumático, não tomamos ciência disso por causa do que nos é dito a fim de dar sentido a esse acontecimento. Podemos lançar mão do termo "falsa consciência" para descrever esse processo de resguardo do sofrimento. A falsa consciência aqui não seria algo de que uma pessoa sofre individualmente: como se ela mesma filtrasse o que atrapalha a própria felicidade. Ao contrário, usaríamos esse termo para mostrar que há algo de falso em nossa consciência do mundo. A falsa consciência, portanto, é algo que podemos herdar. A consciência feminista pode ser pensada como a consciência da violência e do poder ocultos sob as linguagens da civilidade, da felicidade e do amor, em vez de simplesmente, ou unicamente, a consciência de gênero como um lugar de restrição de possibilidades. Você pode se aventurar nos lugares secretos do sofrimento ao se lembrar de algo. Você pode causar infelicidade ao reparar em algo. E, se você pode causar infelicidade ao reparar em algo, você compreende que o mundo em que está não é o mundo em que pensava que estava.

CONCLUSÃO: UMA HERANÇA FEMINISTA

A tristeza de um livro feminista: é pedagogia. *Mrs. Dalloway*: ela toca um nervo. Feminismo: viver nas proximidades de um nervo. Quando penso em como *Mrs. Dalloway* é evocada e lembrada, penso em como a tristeza pode ser uma herança, uma herança feminista. Penso em todos os livros que me chamaram a atenção não só pela tristeza que expressaram mas também pela rebeldia que ativavam ao expressá-la. Não ficar feliz com o que deveria fazer você feliz pode ser um ato de rebeldia. Essa tristeza não vem sempre, ou apenas, de uma revelação pessoal; mesmo quando os olhos ficam cheios de lágrimas, essas lágrimas nem sempre formam palavras. É uma tristeza que pode ser muito difícil de revelar para nós mesmas, quanto mais para as outras pessoas, porque é uma tristeza com o mundo e, portanto, uma tristeza no mundo. Essa tristeza frequentemente se distribui em coisas que envolvem um corpo; o corpo de uma mulher, o que permite que um espaço seja percebido como confinamento, como restrição. Assim como quando me referi ao feminismo como intrusão sensorial no capítulo 1, podemos aqui pensar em como nos tornarmos feministas nos coloca em contato com toda aquela tristeza, todas aquelas emoções que representam um fracasso coletivo de nos acomodarmos a um sistema como condição de possibilidade de se viver de outra maneira.

Quando somos complacentes, quando andamos ocupadas com nossos afazeres, talvez não percebamos certas coisas. Talvez seja por isso que as leitoras feministas captem tanto de Mrs. Dalloway: nós não estamos exatamente vivendo a vida que deveríamos estar vivendo. Consideremos o filme *As horas*.[47] Em uma determinada cena, Laura Brown, uma dona de casa infeliz dos anos 1950, está lendo *Mrs. Dalloway*. Um livro se torna uma companhia feminista; é um rastro de uma história que não desapareceu, de um passado que persiste. A sensação de companheirismo que Laura vivencia com Mrs. Dalloway vem de um desejo de não estar na vida que está vivendo, de estar suspensa em relação ao tempo e aos ritmos de sua vida: ela quer passar o tempo com o livro para não ter que passar o tempo com o marido e o filho. Trata-se de um dia, um único dia. Outro dia. É aniversário do marido de Laura, mas ela quer estar com Mrs. Dalloway. Quer levá-la para a cama. Mais tarde, quando seu marido vai embora, chega sua amiga Kitty, que lhe pergunta sobre o livro. Laura diz sobre Mrs. Dalloway: "Ela tem certeza de que todos pensam que ela está bem. Mas não está". Laura se identifica com Mrs. Dalloway porque compartilha seu sofrimento, um sofrimento que não se revela às outras pessoas. É como se ela dissesse: assim como você,

---

47 *The Hours*, dir. Stephen Daldry, Estados Unidos / Reino Unido / França / Canadá / Alemanha, 2002.

continuo aparentando, em minha vida, estar bem, uma aparência que também é um desaparecimento.

assim como você
eu não estou bem
assim como você

O que acontece quando a felicidade doméstica não produz felicidade? Laura tenta fazer um bolo. Ela quebra um ovo. Quebrar um ovo se torna um gesto comum ao longo do filme, conectando os afazeres domésticos das mulheres ao longo do tempo. Fazer um bolo deveria ser uma atividade feliz, um trabalho de amor. Em vez disso, o filme revela a sensação de opressão que perdura em cada ato de quebrar um ovo. Além de não fazerem você feliz, tais objetos incorporam uma sensação de decepção. A tigela em que você quebra os ovos espera por você. Dá até para sentir a pressão dessa espera. A tigela vazia parece uma acusação. Os arquivos feministas estão repletos de cenas de domesticidade, uma domesticidade na qual os objetos domésticos se tornam estranhos, quase ameaçadores.

Uma tigela vazia que parece uma acusação pode ser o início de uma vida feminista. Em outras palavras, dar início a uma vida feminista é ouvir uma acusação; é ouvir que as outras pessoas acham que você está faltando com o cumprimento de suas obrigações da maneira correta. Mas, apesar dessa acusação, você persiste em viver sua vida feminista. Você segue adiante. E talvez seja também por isso que você escolha um determinado livro, ou assista a um determinado filme, e encontre consolo em uma tigela vazia. É assim que você sabe que não está sozinha. Quando o selo da felicidade se rompe, quando a violência se intromete em cenas de felicidade, começamos a ouvir os fantasmas do passado feminista. Os fantasmas feministas se agitam ao nosso redor; eles nos cercam; nós os escutamos.

Romper o selo é permitir o passado no presente. Um passado feminista se aproxima, fica cada vez mais perto de você. Feminismo: o modo como herdamos a recusa das demais em viver a própria vida de maneira feliz. Mas nossos fantasmas feministas não são apenas tristes. Eles podem até dar risada nos momentos errados. Podem até rir histericamente de uma maneira totalmente inapropriada. Afinal, ficar feliz com o que não deveria fazer você feliz pode ser um ato de rebeldia, assim como seguir com alegria os caminhos que supostamente levam à infelicidade: não se casar, não ter filhos. Haverá quem diga que ela não tem filhos; ela dirá que não teve filhos por escolha própria. Ela multiplica os objetos de seus afetos. Uma alienada dos afetos fica feliz com as coisas erradas. Por isso sua felicidade é tantas vezes desacreditada: vista como egoísta, tola ou inautêntica, como uma substituta para a felicidade de verdade. Mas ela persiste. Pode ser que precise de obstinação para persistir. E é dessa obstinação que tratarei agora.

3. OBSTINAÇÃO E SUBJETIVIDADE FEMINISTA

Uma história feminista é afetiva: captamos aqueles sentimentos que não devem ser sentidos porque atrapalham uma expectativa de quem somos e do que a vida deveria ser. Não é de admirar que o feminismo adquira uma carga tão negativa: a de ser contrário à felicidade, ser contrário à vida. Não se trata simplesmente de primeiro nos tornarmos feministas e depois nos tornarmos estraga-prazeres. Antes, tornar-se feminista é estragar os prazeres dos outros; é atrapalhar os esforços dos outros. Ao viver uma vida feminista, aprendemos sobre julgamentos. Aprendemos com o modo como eles recaem sobre nós. As palavras nos cercam, carregadas de significado e intensidade. Ouvimos essas palavras. Aprendemos com aquilo de que somos chamadas. É um chamado feminista.

As palavras nos cercam, carregadas de significado e intensidade. Neste capítulo, reflito sobre a obstinação [*willfulness*] como uma dessas palavras que nos cercam, como uma palavra pontiaguda ou cortante. As feministas são frequentemente chamadas de obstinadas; julgam que somos obstinadas, que sofremos de excesso de vontades [*will*]. Por que obstinadas? Permita-me compartilhar com você uma definição típica de obstinação: "afirmar ou se dispor a afirmar a própria vontade diante de persuasão, instrução ou ordem; ser governada pela vontade em detrimento da razão; estar determinada a seguir o próprio caminho; ser insistentemente obstinada ou perversa". Ser chamada de obstinada ou perversa por não se deixar persuadir pelo raciocínio dos outros? Isso lhe parece familiar? Você já ouviu isso antes?

Isso me parece familiar. Já ouvi isso antes. A palavra *feminismo*, em si, é ouvida como uma afirmação de vontade "diante de persuasão, instrução ou ordem". Se as feministas são frequentemente chamadas de obstinadas, então o feminismo é entendido como um problema de vontade: uma maneira de seguir o próprio caminho, uma maneira de seguir pelo caminho errado. A palavra *obstinação* existe em estreita relação com outras palavras, por exemplo teimosa, insistente e contrariadora, como palavras que implicam um problema de caráter. Se as feministas falam de injustiças, o que dizem é entendido não apenas como insensato, mas como produto de uma natureza insistente e inflexível. Vou me basear no que discuti no capítulo 1, sobre sermos vistas como injustas quando denunciamos uma injustiça. Quando falo de "subjetividade feminista", então, refiro-me à maneira como o feminismo é diagnosticado como sintoma de uma subjetividade fracassada, assumida como consequência de uma vontade imatura, uma vontade que ainda não foi disciplinada nem endireitada.

Obstinação: modo de se dirigir às pessoas cuja subjetividade se torna um problema. Essa percepção de que as sujeitas feministas possuem um excesso de vontades, ou um excesso de subjetividade, ou de que são simplesmente excessivas, tem efeitos profundos na forma como nos vivenciamos, bem como os mundos com os quais deparamos. Se ser estraga-prazeres significa ser aquela que atrapalha a felicidade, então viver uma vida feminista requer estar disposta [*willing*] a atrapalhar. Quando estamos dispostas a fazer isso, somos obstinadas. Neste capítulo, trato primeiro da figura da menina obstinada, antes de refletir sobre como a obstinação tem sido, e pode ser, adotada pelas feministas em nosso trabalho coletivo. Abordo de que maneira a obstinação diz respeito a um juízo que se faz de nós e como transformarmos esse juízo em um projeto.

MENINAS OBSTINADAS

Tornar-se feminista pode muitas vezes significar procurar companhia, procurar outras meninas, outras mulheres, que compartilhem desse devir. Em meu caso, essa busca por companhia feminista começou pelos livros; eu me retirava para meu quarto com livros. Quem me chamava a atenção eram as meninas obstinadas. Algumas de minhas personagens mais queridas aparecem neste capítulo. Ao escrever meu livro sobre sujeitas obstinadas,[48] formalizei minha busca por meninas obstinadas em uma trajetória de pesquisa. Assim que comecei a procurar por essa figura, descobri que ela estava por toda parte. Foi assim que descobri novos textos, textos que tinham uma familiaridade fantasmagórica, mesmo que eu não os tivesse lido antes. Um desses textos se intitulava "A criança teimosa". É um conto sinistro [*grim*] dos irmãos Grimm. Permita-me compartilhar esta história com quem ainda não a tiver lido:

> Era uma vez uma criança teimosa que nunca fazia o que a mãe queria. Por isso, Deus não sentia prazer em cuidar dela e permitiu que adoecesse. Nenhum médico conseguiu ajudá-la, e em pouco tempo ela jazia em seu leito de morte. Ao ser colocada no túmulo e coberta por terra, seu bracinho de repente se estendeu para o alto e irrompeu do chão. De nada adiantava colocá-lo de volta sob a terra, o bracinho sempre se esticava e saía novamente. Foi então que a própria mãe teve de ir à sepultura e bater com uma vareta no bracinho; assim que ela fez isso, ele se retraiu, e a criança encontrou descanso debaixo da terra.[49]

---

48 S. Ahmed, *Willful Subjects*, op. cit.

49 Uma tradução do conto em língua inglesa, "The Willful Child", pode ser acessada em cs.cmu.edu/~spok/grimmtmp. Ver também Jacob Grimm e Wilhelm Grimm, *Household Tales*, v. 2, trad. Margaret Hunt. London: George Bell, 1884, p. 125. [N. T.: Trata-se do conto n. 117. No site grimmstories.com, é possível encontrar também o original em alemão, "Das eigensinnige Kind", e uma tradução para a língua portu-

Que história. A criança obstinada: ela tem uma história a contar. Essa história pode ser tratada como uma ferramenta didática, assim como uma forma de nos ensinar sobre ferramentas (as varetas, o maquinário do poder). Aprendemos como a obstinação é usada para explicar a desobediência: uma criança desobedece porque é obstinada, quando não está disposta a fazer o que a mãe quer que ela faça. O conto não nos revela o que a criança não estava disposta a fazer. Não se dá conteúdo à desobediência porque a desobediência como tal se torna uma falha: a criança deve fazer o que a mãe deseja. Ela não está disposta a fazê-lo, seja o que for.

O que chama atenção no conto é o modo como a obstinação persiste mesmo após a morte: deslocada para um braço, de um corpo para uma parte do corpo. O braço herda a obstinação da criança, na medida em que não se mantém sob a terra, visto que continua subindo, adquirindo vida própria, mesmo após a morte do corpo do qual faz parte. Note-se que a vareta, que encarna a vontade do progenitor, do soberano, não é considerada obstinada. A vareta se torna o meio que permite eliminar a obstinação da criança. Uma vontade julga as outras como vontades obstinadas [*willful wills*]. Uma vontade assume o direito de eliminar as outras.

Podemos observar aqui como o próprio juízo da obstinação é uma parte crucial do aparato disciplinar. É esse juízo que permite que a violência (mesmo o assassinato) seja entendida como manifestação de cuidado e também como disciplina. A vareta se torna uma técnica cujo propósito é endireitar a criança obstinada e seu braço rebelde. Voltarei a esse braço rebelde no momento oportuno. O braço também tem uma história feminista. Ele também é uma história feminista.

Esse conto dos irmãos Grimm faz parte de uma tradição de obras educativas que Alice Miller chama de "pedagogia venenosa", uma tradição que pressupõe a criança como maculada por um pecado original e que

guesa, intitulada "O menino teimoso"; note-se, porém, que o original não especifica o gênero da criança, de modo que, para a tradução livre aqui incluída, foram usados como base os textos em inglês e alemão.]

insiste na violência como forma de correção moral, como medida válida para a infância.[50] Essa história se condensa na brutalidade da máxima "poupar a vareta é mimar a criança" [*spare the rod, spoil the child*]. Basta considerar que o único momento do conto em que a criança descansa é quando está sob a terra. Entende-se, portanto, que quando a criança desistir ou abdicar da própria vontade, quando parar de lutar contra aqueles a quem deve obedecer (sua mãe, Deus), quando estiver disposta a obedecer, ela estará em paz.

Estar disposta a obedecer evitaria os custos de não estar disposta. Uma menina disposta, que não aparece nesse conto, está disposta a obedecer, ou seja, a não ter vontade própria. A menina disposta não faz parte do conto, mas é a ela que o conto se dirige: o conto é um alerta quanto às consequências de não estar disposta a obedecer. No conto original dos irmãos Grimm, a criança não tem gênero; e, às vezes, a história é traduzida para a língua inglesa com o uso de "ele", embora a criança normalmente seja "ela". Com base nesse "normalmente", eu argumentaria: a obstinação é atribuída às meninas porque elas não deveriam ter vontade própria. É óbvio que os meninos agem de maneiras que podem ser julgadas como obstinadas. Vale notar que o significado de *willfulness* [obstinação], no "sentido positivo de uma vontade forte", é descrito pelo *Oxford English Dictionary* como obsoleto e raro. Os sentidos negativos de *obstinação* são profundamente arraigados. A obstinação, portanto, tem um sentido mais feminista do que masculinista.

Talvez seja mais habitual descrever meninos como tendo vontade forte e meninas como obstinadas porque meninos são encorajados a adquirir vontade própria. Outra menina obstinada que talvez nos ajude a dar sentido ao caráter marcado pelo gênero dessa designação é Maggie

---

50 Alice Miller, *For Your Own Good: The Roots of Violence in Child-Rearing.* London: Virago, 1987.

Tulliver. Maggie aparece em *O moinho à beira do Floss*, de George Eliot,[51] e tem sido uma de minhas companheiras de viagem pelas histórias da infelicidade, bem como da obstinação. Como observei na introdução de meu livro sobre sujeitas obstinadas,[52] dei início a minha pesquisa sobre a obstinação porque fiquei muito impressionada com o uso que se fazia da vontade de Maggie como chave para explicar o que estava por trás de seus problemas. Podemos colocar isso de outra forma: Maggie parece disposta a se meter em problemas, o que não é o mesmo que afirmar que ela tenha escolha.

Quando as meninas exercem vontade própria, julga-se que são obstinadas. O romance contrasta Maggie e seu irmão Tom, não sugerindo que Maggie é obstinada e Tom não é, mas mostrando que, apesar de ambos agirem de formas que normalmente poderiam ser caracterizadas como obstinadas, Tom escapa das consequências de ser julgado assim: "Tom nunca fazia disparates como ela, pois tinha um extraordinário faro para adivinhar o que resultaria em sua vantagem ou desvantagem, e por isso acontecia que, sendo muito mais obstinado e inflexível do que Maggie, a mãe raras vezes o repreendia".[53] O narrador aqui descreve Tom como ainda mais obstinado e inflexível que Maggie, mas sem ser julgado por isso. Tom tem permissão para se safar; Maggie, não. Gênero implica consequências. As mesmas ações têm consequências diferentes para meninos e meninas.

Aprendemos com isso: sofrer o custo de um julgamento pode depender de quem você é, e não do que você faz. Maggie é considerada de antemão uma criança problemática (uma menina que não está disposta a obedecer); se há um problema, assume-se que ela está por trás dele: "Era costume da senhora Tulliver, quando ralhava a Tom, fazer recair as culpas, de uma maneira ou de outra, sobre Maggie".[54] É assim que o juízo da

51 George Eliot, *O moinho à beira do Floss* [1860], trad. Fernando de Macedo. Lisboa: Relógio d'Água, 2011.
52 S. Ahmed, *Willful Subjects*, op. cit.
53 G. Eliot, *O moinho à beira do Floss*, op. cit., p. 62.
54 Ibid., p. 96.

obstinação incide: dar forma a quem está por trás do problema cria uma figura, aquela que está por trás de um problema; você pode flagrar uma pessoa à espreita só porque espera encontrá-la ali. A obstinação recai sobre os que caem.

Se a vontade de Maggie a leva pelo mau caminho, é essa mesma vontade que lhe possibilita encontrar uma solução. Um momento-chave do texto se dá quando Maggie lê um livro cristão sobre a renúncia da vontade e tem uma epifania. A resposta para seus problemas é renunciar a sua vontade, o que para Maggie significa deixar de se colocar no centro das coisas: "Tudo isto a penetrava subitamente como a solução do problema, todas as infelicidades da sua vida de rapariga vinham de se preocupar demasiado com seu próprio prazer, como se fosse a necessidade central do Universo".[55] Maggie decide que seu sofrimento está ligado a suas inclinações; sua vontade obstinada é uma vontade que descontenta. Ela desiste voluntariamente da própria vontade como forma de desistir do que deseja.

Do ponto de vista dos pais, a filha se tornou boa porque se submeteu à vontade deles: "A mãe, com uma espécie de admiração, notou a diferença e achou que Maggie 'se estava a tornar tão boa'; e era estranho que aquela criança que tinha tal espírito de contradição se tivesse feito assim submissa e sensata".[56] Observe como se tornar boa implica não contrariar; significa endireitar os caminhos desviantes, parar de colocar a própria vontade contra a dos demais. A mãe pode amar essa filha, que pode apoiar a família ao ficar em segundo plano: "A mãe começava a gostar da sua filha, alta e marrom [*brown*], a única mobília [*furniture*] em que podia fixar a sua ansiedade e o seu orgulho".[57] Quando trata uma pessoa como mobília, você a coloca em segundo plano. Para passar para o segundo plano, é preciso renunciar a uma vontade diferente da dos ou-

55 Ibid., p. 268.
56 Ibid., p. 271.
57 Id.; trad. modif.

tros, ou aprender a desejar o que é desejado pelos outros. Essa renúncia pode ser pensada como um esforço ligado à vontade: você tem que se esforçar para recuar, ou se esforçar para passar para o segundo plano. Estar disposta a obedecer é estar disposta a recuar. Talvez a feminidade como tal seja, então, uma resolução de vontade. Se a feminidade se torna um problema de vontade, então a feminidade deve ser resolvida pela vontade. As meninas devem estar dispostas a renunciar à própria vontade.

Maggie, é evidente, não resolve seu problema; até mesmo tornar-se disposta a obedecer é julgado como um sintoma de obstinação (ela está muito disposta a estar disposta), e ela depara com seu destino infeliz. Para as meninas, a consequência da obstinação é a infelicidade ou a morte. Há outra história, sobre Jane, uma menina obstinada, que nos ensina como a obstinação é usada para descrever alguns tipos de meninas e não outros. A obstinação se transforma assim em uma advertência para as meninas: não seja esse tipo de menina. Começamos com a própria Jane: "Jane era uma menina obstinada. Ela não se submetia alegremente àqueles a quem era seu dever obedecer e estava sempre se esforçando para poder seguir o próprio caminho, tanto e tantas vezes quanto possível".[58] Note como a obediência está, nesse caso, associada ao bom ânimo: estar disposta é estar feliz em obedecer. Ela está alegremente disposta ou alegre com disposição. A menina que não se submete alegremente é a menina que insiste em seguir o próprio caminho.

Essa história da menina obstinada toma de empréstimo léxicos antigos. O que acontece? A professora diz às meninas da escola que não devem ir ao pomar. A professora dá essa ordem porque as maçãs do pomar estão maduras, então ela sabe que as meninas ficarão tentadas a comê-las. Jane desobedece: ela come as maçãs. Ela as quer, ela as tem. Comer a fruta proibida, a história de Jane, torna-se um fio na trama das histórias das

---

58 Katherine M. Trowbridge, "Jane Munson: Or the Girl Who Wished to Have Her Own Way", in Norman Allison Calkins (org.), *Student and Family Miscellany*. New York: N. A. Calkins, 1855, p. 16.

mulheres obstinadas: remetendo-nos ao *Gênesis*, à história de um início, à obstinada licenciosidade de Eva que subjaz à queda da Graça. A obstinação das mulheres se relaciona aqui não apenas com a desobediência, mas com o desejo: a força de seu desejo se torna uma fraqueza de sua vontade. Na história da obstinação, as mulheres, desejosas, sempre deixam a desejar.

Essa história nos traz outra perspectiva dos tipos de meninas que são diagnosticadas como obstinadas. Quando Jane está "decidida" a ir ao pomar comer as maçãs, ela declara sua intenção empregando a linguagem da justiça: "Declarou que era muito injusto que a professora não permitisse que elas brincassem lá".[59] A declaração de injustiça, podemos notar, torna-se, na história, mais uma prova da obstinação da criança. Também Maggie, quando fala de injustiça, é acusada de ser obstinada. Ela denuncia a injustiça da falta de compaixão de sua família estendida diante da perda do moinho pelo pai e é descrita como atrevida e ingrata.[60] Denunciar a injustiça se torna mais um sintoma de obstinação; e ser acusada disso é ser menosprezada por isso.

No final, a amiga de Jane, Lucy, tenta dissuadi-la de sua maneira de agir, mas sua "vontade obstinada" a conduz nessa direção, como se sua vontade tivesse adquirido vontade própria. A vontade a leva pelo caminho errado. A vontade se torna aqui uma fraqueza de vontade: uma incapacidade de impedir a si mesma de fazer a coisa errada. O que acontece com Jane, então? A professora, ao perceber que Jane desobedeceu sua ordem, não a trata como culpada, mas se dirige à turma de crianças, como se todas fossem culpadas. Ela lhes dá uma lição sobre o direito de algumas pessoas a governar: "A vontade de quem deve mandar nesta sala de aula?". E, então: "Vejo em seus olhos que vocês não querem ser governados pela vontade de nenhum dos alunos daqui".[61] Só então a professora fala da

---

59   Ibid., p. 17.
60   G. Eliot, *O moinho à beira do Floss*, op. cit., p. 201.
61   K. M. Trowbridge, "Jane Munson", op. cit., p. 19.

desobediência obstinada de uma criança. As crianças se identificam com a professora, transformando a obstinação de Jane em um obstáculo a sua vontade geral. A obstinação se torna, assim, o modo como uma pessoa que se desvia atrapalha a felicidade das demais. E Jane assimila essa lição de moral como uma disposição para ter vontade: "Ela também decidiu que tentaria nunca mais ser obstinada".[62] Jane assume, na firmeza de uma resolução, a vontade de eliminar a obstinação de seu caráter.

Escuto algo na história esquecida, mas familiar, de Jane. Escuto como a obstinação é usada para julgar uma menina que está se tornando feminista. A vontade dessa menina se torna uma vontade obstinada ao ser definida contra uma vontade coletiva ou geral. Entende-se que sua vontade coloca um obstáculo às vontades coletivas. Uma vontade obstinada passa a ser associada à vontade de governar os outros. Sua obstinação, em outras palavras, é interpretada como uma vontade de poder, como se protestar contra alguma coisa dissimulasse um desejo por essa mesma coisa. E, então, quando ela fala a linguagem da injustiça, esse discurso é interpretado como mais uma forma de impor sua própria vontade aos outros. A linguagem da injustiça é tratada como uma tela por trás da qual se esconde uma vontade: uma vontade que descontenta.

FEMINISTAS OBSTINADAS

A palavra *obstinação* nos rodeia quando nos tornamos feministas. Basta considerarmos o destino infeliz de três meninas obstinadas do folclore e da literatura para entendermos o porquê disso. Ser obstinada é ter uma vontade que descontenta. Por implicação, as feministas são julgadas mulheres obstinadas, uma forma de se menosprezar o feminismo como uma tela atrás da qual se esconde uma vontade: uma vontade que descontenta.

62 Ibid., p. 20.

A palavra *obstinação* implica que o problema de ser feminista é o próprio ser feminista. Ser tomada por uma vontade é ser esvaziada de pensamento: como se falar de injustiça, de poder, de desigualdade, fosse apenas mais uma forma de só fazer o que se quer. Julga-se quem atrapalha como alguém que só faz o que quer. É uma forma de dizer que a crítica e a oposição obedecem a um interesse pessoal (ter excessiva subjetividade, ser excessiva). Não é de admirar que essa figura da menina obstinada, aquela que está se tornando feminista, que fala a linguagem da injustiça para mascarar seu próprio desejo ou vontade de poder, impressione tanto.

Ela certamente me impressionou. Vivi com essa impressão. Escolhi a figura da menina obstinada e a coloquei em palavras porque eu fui ela. Eu também fui chamada de criança teimosa. Não são apenas os conceitos que encontram dificuldades; as figuras também; elas se tornam recipientes daquilo que é difícil, até mesmo excruciante. Uma figura é evocada por uma única palavra porque essa palavra carrega uma história. Eu me lembro do que aquela palavra me fazia sentir. Lembro-me de como ela recaía sobre mim, dura como uma acusação. Sei como essa palavra é usada porque foi usada contra mim. As palavras podem ser ferramentas. As palavras podem ser armas.

Meu pai muitas vezes me chamava de teimosa quando era violento. Eu era uma de três irmãs, mas a única com a qual meu pai era fisicamente violento; eu vivenciei essa violência de maneira seletiva. Hoje acho difícil separar essa violência de minhas lembranças de me tornar feminista. Houve uma vez em que apanhei com minha própria régua. A régua tinha buracos de diferentes formas que podiam ser traçadas no papel; quadrados, círculos, triângulos. Essas formas acabaram marcadas na minha própria pele; quadrados, círculos, triângulos. Lembro-me dessa sensação de estar marcada pela violência com as mesmas formas de minha infância. Essa história presente em nosso corpo é algo que carregamos conosco.

Penso nessa história encarnada como minha própria história de obstinação. E isso também coloca em questão o discurso da figura do estranho perigoso, que pressupõe que a violência se origine fora de casa. A figura do estranho perigoso poderia ser usada para contar essa história de outra maneira, como a história da violência de um pai muçulmano. É nesse ponto que a história se complica: é um tipo de complicação relacionado a uma feminista de cor. Quando falamos da violência que sofremos, sabemos quão rapidamente essa violência pode ser racializada; sabemos como o racismo explica essa violência como expressão cultural, que é como o racismo e a religião acabam se enredando. Apareceria novamente o pressuposto de que a violência se origina de pessoas desconhecidas. Algumas formas de violência se tornam culturais, outras permanecem individuais e idiossincráticas: o *algumas* que marca essa distinção é o racismo. Voltarei ao racismo presente nessa possível reformulação de minha própria história no capítulo 7. Devemos seguir contando essas histórias de violência por causa da rapidez com que tal violência é ocultada e reproduzida. Devemos sempre contá-las com cuidado. Mas é arriscado: quando elas são tiradas de nossas mãos, podem se tornar outra forma de apanharmos.

A obstinação surge em parte como um mecanismo para justificar a violência por parte daqueles que são violentos. E o motivo de eu mencionar isso aqui, essa experiência muito comum de violência que meninas e mulheres sofrem nas mãos de pais e maridos dentro da suposta segurança do lar (e o fato de isso ser comum é a razão pela qual temos que falar a respeito), é que as pancadas que meu próprio pai me dava sempre eram acompanhadas de palavras. Ele fazia insistentemente perguntas punitivas: por que você quer tanto? Por que você nunca está satisfeita? Por que você não vai melhor na escola? Em outras palavras, acusar-me de obstinação era uma técnica para justificar a violência em meio a um ato de violência. Você é castigada por sua subjetividade, por ser o ser que você é. Você pode apanhar por causa de um julgamento.

Você, consequentemente, se torna a causa da violência direcionada contra você. Procurei formas de evitar apanhar de meu pai. Comecei a gritar bem alto quando ele vinha atrás de mim. Ele parava imediatamente assim que eu gritava. Por que isso funcionava?[63] As pessoas muitas vezes não reconhecem suas ações como violentas; sabemos disso. Bater em uma menina teimosa, afinal, encontra justificativa como forma de disciplina e instrução moral: é para seu próprio bem. Ao gritar, eu anunciava a violência de meu pai. Tornava-a audível. Também aprendi com isso: tornar-me feminista era tornar-me audível, o feminismo como um grito para se fazer ouvir; o grito como uma maneira de tornar a violência visível; o feminismo como a aquisição de uma voz.

A obstinação: a aquisição de uma voz como recusa a apanhar. Minhas lembranças de ser chamada de teimosa se relacionam a experiências tanto escolares como domésticas. Em um dos casos, lembro-me de contradizer uma professora (em algo relacionado a gramática). Aprendi que a professora tem o direito de estar certa e que esse direito significava que, mesmo que ela estivesse errada, ela continuava estando certa. Aprendi a injustiça por trás desse direito. Fui mandada para a sala da diretora por minha atitude de desrespeito à autoridade da professora. Muitas vezes acabei naquela sala: o destino de várias crianças teimosas, suspeito. Acho curioso que a questão delicada que me colocou naquela posição tenha sido relativa à gramática. Talvez essas experiências tenham sido uma lição da gramática da vontade.

Houve outra ocasião, durante uma aula de educação física (como eu odiava aulas de educação física!), em que algumas das crianças tivemos problemas por atrapalhar a aula. Não consigo lembrar como ou por que estávamos atrapalhando, embora eu saiba que costumava tentar escapar dos esportes sempre que podia. Mas, em vez de punir algumas de nós, a professora nos puniu a todas (a história de Jane me fez lembrar dessa experiência). Fomos todas mandadas à biblioteca para escrever um ensaio sobre esportes. Eu preferia mil vezes a biblioteca à quadra de esportes e escrevi com alegria uma redação sobre equitação. Fiz o texto

---

63 Obviamente, essa estratégia não funcionaria para todas as pessoas. Às vezes, o que se pretende é soltar um grito.

com esmero e orgulho. Mas, no meio da redação, escrevi um parágrafo sobre por que achava errado punir todas pelo erro de algumas. Minha professora viu esse parágrafo. Ela não conseguia entender por que cumpri a tarefa ao mesmo tempo que protestei contra a tarefa. Novamente: de volta à sala da diretora. Essas experiências são desgastantes: você se dá conta de que é julgada como estando errada justamente por apontar um erro. Você se torna aquela que estraga prazeres por esporte. Não se trata só do fato de arruinarmos o jogo deles. Ser chamada de obstinada é uma explicação do porquê de arruinarmos as coisas. Presume-se que causemos nossa própria ruína, assim como que arruinemos as coisas para os outros. Essa suposição se expressa no provérbio da vareta e da criança; como se só fizéssemos o que queremos porque nos foi permitido só fazer o que queríamos. De fato, é a percepção de que só fazemos o que queremos que nos leva a não ser poupadas; que nos leva de fato à vareta, à lei, ao castigo.

Uma história de obstinação é uma história de violência. Uma experiência de violência pode nos fazer achar que as coisas estão erradas, e, quando achamos que as coisas estão erradas, somos punidas com violência. Uma história feminista, portanto, é também uma história de desobediência, da violência à qual nos expomos por acharmos que alguma coisa está errada. Essa história parece se condensar em uma série de figuras: de Eva a Antígona. Essas figuras não constituem a história como um todo, mas têm uma história, uma história feminista como uma história de mulheres que vibram com vitalidade diante da lei.

Se as feministas são mulheres obstinadas, então o feminismo é julgado como produto de mulheres que têm demasiada vontade ou demasiada vontade própria. Esse juízo entende o feminismo como algo errado, mas também explica o feminismo em termos de motivação: o ato de denunciar uma injustiça é entendido como motivado por interesse próprio, como uma forma de conseguir o que você quer ou deseja. Virginia Woolf escreveu sobre termos um quarto próprio [*a room of one's own*], um quarto pelo qual é preciso lutar.[64] Podemos pensar no feminismo como a necessidade de lutar para adquirir uma vontade própria.

É evidente que, quando ouvimos a expressão "uma vontade própria", pode parecer que ela está reafirmando a primazia de um indivíduo. Mas *própria* pode ser um termo de rebeldia em um mundo que pressupõe que alguns seres são propriedade de outros (como se fossem *para* outros): afirmar que se é dona de si própria ou se tem vontade própria pode significar uma recusa a estar disposta, com boa vontade, a trabalhar ou a prestar serviços para outros. Talvez o fato de uma mulher mostrar disposição indique estar disposta a *ser para* outras pessoas. Quando se pressupõe que você *é para* as outras pessoas, não corresponder a essa expectativa pode levá-la a ser acusada de *ser para si própria*. Talvez seja possível resumir a obstinação assim: não estar disposta a ser propriedade de ninguém. Quando você não está disposta a ser propriedade de ninguém, é acusada de seguir a própria vontade. É por isso que a obstinação como um modo de julgamento recai sobre algumas pessoas e não sobre outras. É somente para algumas que seguir a própria vontade é um ato de rebelião; somente em alguns casos a obstinação é condenada. Lembre-se de Maggie e Tom: quando os meninos são inflexíveis, é porque estão se tornando eles mesmos, tornando-se eles próprios ao receberem apoio, e não ao serem obrigados a apoiar. Para alguns, ser si próprio consiste não só na ordem de se apropriar de si mas também na de apropriar-se de si através dos outros.

Compreendemos o motivo pelo qual a obstinação é uma acusação tão útil. Graças a essa acusação, nós, feministas, nos tornamos a causa do problema que causamos; praticamente como se disséssemos que se tornar feminista é causar um problema para si própria, fazendo de si sua própria causa. A subjetividade (como fantasia de autocausalidade)

---

64 V. Woolf, *A Room of One's Own*. London: Hogarth, 1929 [há diversas edições brasileiras, por exemplo: *Um teto todo seu*, trad. Bia Nunes de Souza. São Paulo: Tordesilhas, 2014; *Um quarto só seu*, trad. Júlia Romeu. Rio de Janeiro: Bazar do Tempo, 2021].

se torna algo de que devemos abrir mão. Consequentemente, uma solução possível passa a ser: não causar problemas a si própria, fazendo de si a causa de si própria, ou fazendo de si própria a própria causa. Consequentemente, outra solução possível passa a ser: fazer da própria causa a causa de outras pessoas, fazer da própria causa a felicidade de outras pessoas. A estraga-prazeres é alguém que não faz da felicidade de outras pessoas sua própria causa. Quando ela não está disposta a fazer da felicidade de outras pessoas sua causa, ela causa infelicidade. Meu manifesto estraga-prazeres se baseia nesses princípios.

Há dois sentidos de causalidade em jogo aqui. Algo se configura como causa quando traz certos efeitos, e algo se configura como causa quando é perseguido. Suspeito que, quando a obstinação se torna um diagnóstico de caráter feminista, ambos os sentidos de *causa* estão em jogo. Uma feminista é causada por sua própria vontade (tal vontade é uma vontade deliberada [*willful*], um erro de motivação em nossa maneira de começar ou proceder) e toma como causa sua própria vontade (tal vontade é uma vontade deliberada, um erro de consequência na finalidade que se está tentando alcançar). Quando uma vontade feminista é descrita como uma vontade deliberada, o diagnóstico que se faz de uma feminista é o de que ela mesma se situa como ponto de partida ou ponto final. Supõe-se que sua deliberação ou obstinação signifique que ela se coloca como centro do mundo.

Isso explica que se tornar feminista implique ser identificada como obstinada: você não está disposta a retroceder. Os custos da obstinação como diagnóstico são altos; acho que sabemos disso. E, a partir de nossa própria experiência desses custos, aprendemos também como o poder funciona: como o poder funciona através da vontade, não simplesmente contra a vontade. Pode ser que você esteja disposta a evitar os custos da obstinação. No capítulo 2, tratei de como os corpos são direcionados para certos fins. Certamente podemos repensar esses processos em termos de vontade. Alguém diz: "Você vai me deixar fazer o que quero ou será que devo obrigar você?". Podemos identificar nessa frase uma diretriz de vontade: se você não estiver disposta, será forçada. Ser forçada a fazer algo seria pior do que fazer algo por vontade própria, mesmo que você não esteja com vontade de fazer algo. Quando a vontade é uma forma de evitar a consequência de ser forçada, a vontade é uma consequência da força. Uma vez que você está disposta a fazer o que foi obrigada a fazer, diminui a quantidade de pressão que precisa ser exercida sobre você. Mostrar disposição para fazer algo traz alívio em relação à pressão. Recusar-se a estar disposta, por outro lado, implica aceitar uma pressão cada vez maior (o esforço para fazer com que você faça o que não está disposta a fazer). Para que alguém se recuse a estar disposta, a obstinação pode se fazer necessária.

A vontade como tal se transforma em uma tecnologia moral. Podemos voltar ao conto dos irmãos Grimm. A história adverte as meninas quanto ao perigo de terem vontade própria. De fato, podemos notar que o diagnóstico do conto é tanto médico como moral: estar disposta seria evitar ficar doente. A obstinação se torna aquilo que compromete a saúde ou o bem-estar da criança. Se o feminismo incentiva as meninas a terem vontade própria, então o feminismo se torna ruim para a saúde, assim como para a felicidade. O feminismo se torna um diagnóstico: aquilo que impede ou evita que as meninas desistam de sua vontade, ou aquilo que, ao dar às meninas permissão para desejar, faz com que elas entrem em um estado de agitação por conta de seus desejos. Aqui, tornar-se disposta significa: aceitar o próprio destino, a vontade como fatalidade. O feminismo como uma forma de atividade passa a ser visto como a causa da doença. Pode ser que nossa doença decorra do próprio diagnóstico. São muitas as mulheres feministas que viveram a vida no limite da sanidade. As feministas pagaram um alto preço por não abrirem mão de sua vontade e de seu desejo. Por isso, é difícil dissociar uma história feminista de uma história de diagnóstico, de uma história louca ou uma história da loucura.[65] As feministas têm sido não apenas agitadoras:

---

65 Devo notar aqui que há uma tradição na crítica literária feminista que trata a loucura principalmente como uma metáfora da rebelião feminina. Elizabeth J. Do-

muitas têm, em estado de agitação, atravessado a fronteira entre sãs e loucas, um cruzamento que levou ao confinamento e à morte. Muitas feministas se tornaram o que Shayda Kafai, de modo perspicaz, chama de "corpos na fronteira da loucura", corpos que expõem a instabilidade da distinção entre sanidade e loucura na forma como se deslocam pelo tempo e pelo espaço.[66]

Quero voltar aqui a outro dos textos que me acompanham: *O papel de parede amarelo*, de Charlotte Perkins Gilman.[67] *O papel de parede amarelo* pode ser lido como uma reescrita feminista do conto dos irmãos Grimm. Gilman foi, ela própria, diagnosticada com neurastenia, um transtorno do sistema nervoso, e desde então passou a ser vista como

naldson argumentou, de maneira bastante convincente, que tal metáfora pode ser problemática não só pela forma como romantiza a doença mental mas também por apagar a doença mental como uma experiência vivida; "Revisiting the Corpus of the Madwoman: Further Notes toward a Feminist Disability Studies Theory of Mental Illness", in Kim Q. Hall (org.), *Feminist Disability Studies*. Bloomington: Indiana University Press, 2011, p. 94. Merri Lisa Johnson também abordou a "precipitação para a metáfora" dentro da teoria *queer* (o uso de metáforas relacionadas a cortes, por exemplo), pedindo a "teóricos *queer* que reconheçam o privilégio do corpo capaz/mente capaz como possível fator de distorção em suas interpretações de textos marcados pela doença e pela deficiência"; "Bad Romance: A Crip Feminist Critique of Queer Failure". *Hypatia: A Journal of Feminist Philosophy*, v. 30, n. 1, 2014. Aprendi com esse importante trabalho e reconheço que minha breve análise de *O papel de parede amarelo*, de Charlotte Perkins Gilman, corre o risco de se precipitar para a metáfora. Acho, também, que o texto nos remete a uma história feminista da doença mental (não apenas do feminismo como doença mental) que está sendo abordada no *corpus* de trabalho chamado estudos feministas da deficiência, que tanto tem me ensinado. Para o que diz respeito à discussão sobre o capacitismo na obra de Gilman, mas também sobre como ela começou gradualmente a "entender a origem de sua deficiência como construto social", ver Sharon Lamp e W. Carol Cleigh, "A History of Ableist Rhetoric in American Feminism from the Eugenics Period", in K. Q. Hall (org.), *Feminist Disability Studies*, op. cit., p. 184.

66 Shayda Kafai, "The Mad Border Body: A Typical In-Betweeness". *Disability Studies Quarterly*, v. 33, n. 1, 2012.

67 *O papel de parede amarelo* [1892], trad. Diogo Henriques. Rio de Janeiro: José Olympio, 2018.

alguém que sofria de depressão pós-parto. O tratamento para a neurastenia consiste em repouso, em reduzir os estímulos. O tratamento de uma enfermidade mental se aproxima dos requisitos da feminidade entre as mulheres das classes média e alta: as atividades passam a ser consideradas perturbações; os pensamentos passam a ser considerados agitações; a vida, uma série interminável de distrações da tarefa de ficar bem ou estar bem. *O papel de parede amarelo* é a história de uma mulher sem nome que sofre justamente desse diagnóstico; cujo marido é médico; uma mulher cuja cura consiste em repouso. Desde o início, ela exerce as faculdades que supostamente deve deixar em repouso: ela está "absolutamente proibida de 'trabalhar'". Ela conta: "Pessoalmente, discordo da opinião deles. Pessoalmente, acredito que um trabalho adequado, com estímulos e variedade, iria me fazer bem".[68] Essa repetição de *pessoalmente* é cortante, pois torna explícito que falar pessoalmente é rebelar-se contra a impessoalidade de um diagnóstico médico.

Essa história é uma história de como a rebelião feminina e feminista é uma rebelião contra as restrições, uma rebelião que requer que as paredes que abrigam a feminidade ganhem vida. Ela é escritora; ela escreve a história para nós; uma vida feminista ganha existência por meio da escrita. Até mesmo a escrita em si é rebelião, e ela precisa fazer isso veladamente, caso contrário terá que "enfrentar forte oposição".[69] Quando uma atividade encontra oposição, ela se torna ainda mais trabalhosa. Escrita feminista: escrever enfrentando oposição.

Pode-se notar imediatamente como o próprio feminismo passa a ser considerado um transtorno nervoso. O feminismo é muito estimulante. A narrativa é também uma narrativa que trata do papel de parede, de um papel de parede obstinado. A princípio, quando ela depara com o papel de parede, não gosta nem um pouco dele. É revoltante. É "demasiado" para suportar, excessivo para seus sentidos. Ela chega a sentir o cheiro

68 Ibid., p. 13, trad. modif.
69 Ibid.

do amarelo. Os objetos adquirem propriedades que confundem nossas formas de dividir os sentidos: cores que cheiram; cheiros que têm cores. O fato de as coisas se recusarem a respeitar a precisão de nossas divisões humanas nos parece ameaçador. O papel de parede olha de volta para ela, "Esse papel de parede olha para mim como se *soubesse* da terrível influência que exerce".[70] O papel de parede tem vida; é animado. Para o médico, obviamente, tal forma de sentir o papel não faz sentido; é fantasiosa. Uma consciência feminista da vivacidade das coisas pode ser diagnosticada por outros como fantasiosa. Quando ela sente uma restrição, ela é demasiada; ela capta demais; ela transborda de seu recipiente.

ela é demasiada.
ela é demasiada demais. ela é demasiadamente demasiada.

Ela está no papel, uma mulher que luta para sair, outra mulher: "O padrão em primeiro plano *de fato* se move... e não é de surpreender! A mulher ao fundo o balança".[71] O padrão se mexe porque a mulher ao fundo dele o balança. Ela se torna a mulher ao fundo. Assim, sua própria vida, sua própria liberdade em relação à restrição imposta pelo repouso, torna-se ligada à vida do papel de parede. Ela consegue sair ao arrancar da parede o papel, mudando o padrão: "'Finalmente consegui sair', respondi, 'apesar de você e de Jane'. E arranquei a maior parte do papel, então você não vai poder me colocar de volta'".[72]

O que no conto dos irmãos Grimm é narrado como morte se transforma, nessa reescrita feminista, em libertação; debaixo da terra, no fundo da parede. Ela escapa assumindo a própria designação que lhe foi dada, ficando doente, estimulando a própria vontade e o próprio desejo com atividades. Obstinação feminista: quando mudamos o padrão, to-

---

70 Ibid., p. 23.
71 Ibid., p. 55.
72 Ibid., p. 69.

mamos consciência também de outras mulheres, cuja obstinação pode estar por trás de como o mundo balança. Se, como discuti no capítulo 2, podemos nos sintonizar com os fantasmas dos sofrimentos passados, também podemos sentir a energia das palavras já escritas. Podemos sentir a energia da recusa coletiva a largar a caneta. A escritora feminista pode ser incluída como parte de uma história feminista de obstinação. Na próxima seção, abordo como a obstinação pode ser reivindicada como fonte coletiva de energia, uma maneira de ser motivada pela força vital de outras pessoas, e como essa reinvindicação requer que o drama da obstinação transcenda a esfera doméstica.

REIVINDICANDO A OBSTINAÇÃO

A obstinação é usada para explicar como as sujeitas se tornam a causa de sua própria infelicidade. Talvez então o feminismo implique estar disposta a ser obstinada. Reivindicar a própria obstinação ou descrever a si mesma ou a sua postura como obstinada é reivindicar a própria palavra que tem sido historicamente usada como uma técnica de menosprezo. Não surpreende que as histórias feministas sejam repletas de mulheres que se autodeclaram obstinadas. Pensemos no exemplo do Heterodoxy Club [Clube Heterodoxia], que no início do século XX reunia mulheres não ortodoxas no bairro de Greenwich Village, em Nova York. Elas se descreviam como um "pequeno bando de mulheres obstinadas".[73] A "heterodoxia", por definição, refere-se ao que "não está em conformidade com as crenças aceitas". Ser obstinada, aqui, é estar disposta a anunciar a própria discordância e posicionar-se de acordo com ela. As histórias feministas, *queer* e antirracistas podem ser pensadas como histórias da-

---

[73] Judith Schwarz, *Radical Feminists of Heterodoxy*. Hereford: New Victoria, 1986, p. 103.

quelas pessoas que, ao estarem dispostas a ser obstinadas, transformam um diagnóstico em um ato de autodescrição.

Obstinação: um ato de autodescrição. Alice Walker descreve uma "mulherista" da seguinte forma: "Uma feminista negra ou uma feminista de cor [...]. Geralmente, refere-se a um comportamento ousado, audacioso, corajoso ou *obstinado*. Interessada em ir além daquilo considerado 'bom' para si. [...] Responsável. No comando. *Determinada*".[74] Alice Walker sugere aqui que a palavra *obstinada* transmite o que é ser uma feminista negra ou feminista de cor. Feministas negras e feministas de cor podem adquirir certas qualidades por conta da luta que empreendem. Os próprios comportamentos que são menosprezados como manifestações de fraqueza ou imaturidade tornam-se sinais não apenas de força como de não estarem dispostas à subordinação. Ela é determinada, ela sabe das coisas; ela é responsável.

Uma *mulherista* é uma mulher obstinada. Reivindicar a obstinação como *mulherista* traz um comentário alternativo sobre a história sombria da vontade. Como observa James Saunders, "A ênfase está em 'obstinada' porque, durante muito tempo, inúmeras mulheres negras foram consideradas desprovidas de vontade própria".[75] Toda vontade é uma vontade obstinada quando se supõe que você não tem vontade própria. Quando se supõe que você não tem vontade própria, faz-se necessária uma vontade obstinada. E mais: a obstinação passa a ser um julgamento projetado sobre você quando você se nega a ser propriedade de alguém.

Alice Walker identifica explicitamente as feministas negras ou feministas de cor ao evocar o que é o *mulherismo*. Eu, como feminista não negra de cor, reflito sobre suas palavras considerando a generosidade da implicação

---

74 Alice Walker, *Em busca dos jardins de nossas mães: Prosa mulherista* [1983], trad. Stephanie Borges. Rio de Janeiro: Bazar do Tempo, 2021; ênfase do original.

75 James Robert Saunders, "Womanism as the Key to Understanding Zora Neale Hurston's Their Eyes Were Watching God and Alice Walker's The Color Purple". *Hollins Critic*, v. 25, n. 4, 1988.

de que as feministas de cor fazem parte dessa tradição.[76] Como receptora dessa implicação, preciso ser responsável; preciso reconhecer que existem diferenças importantes em nossas histórias. Porque Walker também evidencia que o mulherismo deriva especificamente da cultura, da linguagem e da história negras. *Mulherista* [*womanist*] vem da "expressão popular que as mães negras usam para falar com suas filhas: 'você está agindo como o mulherio [*womanish*], ou seja, como uma mulher'".[77] Ser mulher não é ser menina ou ter meninice, ou seja, "algo frívolo, irresponsável, sem seriedade".[78] A expressão popular negra pode proporcionar uma alternativa ao conto dos irmãos Grimm. No conto, a filha é considerada teimosa por desobedecer à mãe. É bem provável que a filha seja entendida como irresponsável e tola. Na expressão popular negra, a obstinação da filha é

---

76 Quero chamar a atenção para o significado de ser "não negra" como pessoa de cor/asiático-britânica. Já comentei em trabalhos anteriores como *negro* [*black*] era usado de forma diferente no Reino Unido, de modo a significar todas as pessoas de cor; ver meus livros *The Promise of Happiness* e *On Being Included*. Alguns chamaram de "negritude política" esse uso da negritude. Houve razões para que ele se desenvolvesse no contexto europeu: o termo *negro* era usado não só como expressão de solidariedade mas também em resposta às condições comuns de chegada ao centro imperial das antigas colônias ("Nós estamos aqui porque você esteve lá") após a chamada "descolonização". Essa solidariedade foi particularmente importante para ativistas antirracistas do subcontinente e do Caribe. Entretanto, tal uso da negritude tornou-se cada vez mais insustentável no contexto europeu (embora ainda seja feito pelas velhas gerações de ativistas e por grupos ativistas atuais, como Southall Black Sisters). Acho que essa mudança tem a ver, em parte, com o crescente reconhecimento do racismo antinegro nas comunidades de cor, incluindo as comunidades asiáticas. É também um reflexo da mudança das conjunturas raciais na Europa: a experiência da colonização por países europeus não implica que se esteja em um terreno comum como anteriormente já implicou. Assim, a expressão *pessoa de cor* [*person of color*] (antes entendida como um termo estadunidense) está sendo cada vez mais adotada na Europa, assim como a palavra *marrom* [*brown*], cada vez mais usada como indicador de uma posição racializada.

77 A. Walker, *Em busca dos jardins de nossas mães*, op. cit.

78 Ibid.

mulherista: responsável e determinada. O mulherismo dá expressão não à desobediência da filha, mas à forma como ela está se tornando mulher.

O mulherismo obstinado nos traz, assim, outro jeito de lidar com a história da menina obstinada. No conto dos irmãos Grimm, a menina considerada teimosa (do ponto de vista oferecido pela fábula) manifesta sua obstinação com seu próprio membro; ela se separa de sua família, um ato de separação sustentado pela transferência da obstinação para seu braço, que aparece como um membro por si mesmo. A mãe aparece ao lado da vareta / Deus: ela pega a vareta para impedir que o braço de sua filha suba. Em uma reescritura mulherista do conto, a mãe ficaria do lado da filha. A obstinação se torna um *tecido conector* entre mães e filhas; é um estilo de ser ou um comportamento que as mães reconhecem nas filhas, "um comportamento ousado, audacioso, corajoso ou *obstinado*".[79] Essa conexão pode até ser a fonte da desobediência. Afinal, como nos lembra Christina Sharpe, "na escravidão norte-americana, as mulheres negras eram regularmente separadas de seus filhos, que eram vendidos ou entregues aos cuidados de outras mulheres nas plantações".[80] Quando as histórias exigem uma separação (mães de filhas, pessoas de pessoas), a obstinação para recusar ou resistir a essa separação pode se fazer necessária. Dessa perspectiva, reivindicar a obstinação envolveria não apenas um protesto contra a violência mas também a exigência de um retorno: o retorno da filha que havia sido arrancada de sua família; um retorno do braço desconjuntado.

Quando a separação se torna uma ordem, o que retorna é a obstinação; a obstinação não como ruptura, mas como perseverança. Quando o braço persevera, quando continua a subir, sustenta uma conexão; o mulherismo obstinado pode ser compreendido como uma manifestação dessa conexão. Afinal, Alice Walker insiste que ser *mulherista* não é ser

79 Ibid.
80 Christina Sharpe, *Monstrous Intimacies: Making Post-slavery Subjects*. Durham: Duke University Press, 2010, p. 18.

separatista.[81] Ela está se referindo, é evidente, à acusação de que uma *mulherista*, como feminista negra, separa-se dos homens negros. Em toda sua obra, Walker insiste que apontar a violência cometida contra as mulheres negras por homens negros, dentro de casa e da comunidade, não se trata de separatismo; mesmo que esse ponto possa ser entendido como separatismo, mesmo que continue sendo arriscado e complicado apontar essa violência, tendo em conta a persistência do racismo contra os homens negros, assim como contra as mulheres negras. É justamente porque uma *mulherista* obstinada é responsável e está no comando que ela expõe a violência sexual, assim como a violência racial, onde e quando ela acontece; ela expõe a violência porque se preocupa com a sobrevivência das pessoas. Se ela aparece porque é necessária para a sobrevivência coletiva, então ela é um documento dessa sobrevivência.

No conto dos irmãos Grimm, o drama da obstinação pode parecer restrito ao drama da família. No entanto, outras fontes de autoridade são evocadas: o médico, Deus. A polícia não aparece no conto porque a polícia é a vareta.[82] São essas outras fontes que ampliam o que significa reivindicar a obstinação. Se pensarmos no mulherismo obstinado como uma reescrita do conto da menina teimosa, dos irmãos Grimm, mostraremos como a pedagogia venenosa tem raiz no domínio das pessoas, assim como na dominação das crianças.[83] Sabemos, afinal, que os escravizados e os colonizados foram posicionados como crianças, como pessoas para as quais a disciplina era uma instrução moral, que não deveriam ter vontade própria; que deveriam estar dispostas a obedecer.

---

81 A. Walker, *Em busca dos jardins de nossas mães*, op. cit.

82 Retorno à ideia de polícia como vareta no capítulo 8, sobre o estalo feminista.

83 Podemos também descrever a dominação de crianças como uma técnica primária de dominação de pessoas. Como diz Eli Clare, "Que melhor maneira de manter uma estrutura de poder – a supremacia branca, o patriarcalismo, o capitalismo, um sistema de gênero binário e rígido – do que inculcar as lições sobre quem domina e quem se subordina no corpo das crianças?"; *Exile and Pride: Disability, Queerness, and Liberation* [1999]. Durham: Duke University Press, 2015, p. 150.

**a história dos irmãos Grimm está aí.
ela está aí; ela está bem aí.
aí está ela.**

A educação foi, naturalmente, uma das tecnologias cruciais do domínio colonial.[84] Também se poderia entender que o conto da criança teimosa, dos irmãos Grimm, circulava por todo o império. A criança teimosa é também a história dos subalternos: ela é tratada como uma membra da classe subalterna. Ela é insubordinada quando se recusa a ser membra dessa classe. A exigência de estar disposta é aqui articulada como a exigência de obedecer ao colonizador (que toma o lugar dos pais): a vareta encarna a vontade soberana do colonizador. A criança teimosa funcionaria como um sistema de alerta precoce para subalternos em geral: ela é advertida quanto às consequências da insubordinação; seu destino é um aviso. Ao persistir, ela converte esse aviso em uma promessa: ela não está disposta a ser subordinada. De acordo com o conhecido argumento de Gayatri Spivak, o subalterno não fala.[85] Poderíamos acrescentar: não fala conosco diretamente por meio dos arquivos que o folclore e as fábulas nos proporcionam. Talvez o braço da criança teimosa fale. Mesmo assim, o braço não pode ser entendido como testemunho. Se ouvimos braços, só o fazemos por meio de outros membros. Braço: fantasma, ameaça, rastro.

Se ela persiste, é obstinada. E o braço dela se levanta. Quando uma história ainda não acabou, o braço se levanta. O braço atesta a sobrevi-

---

84 Em 2014, dei uma palestra com base neste material na Universidade de Alberta, em Edmonton. Mencionei que o conto dos irmãos Grimm poderia ser pensado como uma forma de domínio colonial, que poderíamos entender que a criança teimosa denota os colonizados. Maria Campbell, uma autora e ativista métis, ficou de pé após minha fala. Ela compartilhou conosco que as freiras de seu internato haviam contado a história da menina e de seu braço teimoso, mas que ela não sabia de sua origem. Aí está a história. Aí está ela.

85 Gayatri Spivak, *Pode o subalterno falar?* [1988], trad. Sandra Regina Goulart Almeida, Marcos Pereira Feitosa e André Pereira Feitosa. Belo Horizonte: Ed. UFMG, 2010.

vência da obstinação após a morte do corpo de que faz parte. É por isso que a obstinação adquire valências diferentes quando entendida como uma herança feminista negra e feminista de cor. A violência à qual temos que sobreviver não é apenas a violência de gênero, ou a violência que pode ocorrer em casa; embora inclua essas formas de violência. É a violência da escravidão, da colonização, do império. É a exigência de desistir do parentesco, da cultura, da memória, da língua, da terra. Reivindicamos a obstinação ao nos recusarmos a desistir; e ao nos recusarmos a esquecer as rupturas que foram realizadas e narradas como um iluminar dos cantos escuros da terra; perseverar é encarnar essa recusa.

Temos que encarnar essa recusa. As histórias não se movem. No Reino Unido hoje, o tratamento dispensado a descendentes negras/os e marrons de (antigas/os) colonizadas/os ainda é orientado pelo exercício da figura da criança teimosa. Essa figura funciona para justificar a violência: a administração da vontade soberana como eliminação da obstinação. Por exemplo, no verão de 2011, quando aconteceram os chamados motins em Londres – ou seja, os protestos em resposta ao assassinato por policiais de um negro desarmado, Mark Duggan, assassinato esse mais tarde justificado por lei como lícito –, a criança teimosa rapidamente se mobilizou. No capítulo 6, volto ao significado de estar desarmado. Basta observar: os protestos foram explicados por políticos e pela mídia *mainstream* como resultado de um fracasso em disciplinar as crianças, como resultado de um fracasso em usar a vareta.[86] A máxima brutal "poupar a vareta é mimar a criança" torna-se "poupar a vareta é estragar a nação". A vareta reaparece como um objeto melancólico, um objeto perdido: como aquilo que deve ser usado porque foi descartado muito rapidamente, como aquilo que daria coerência ao corpo nacional, endireitando a criança rebelde.

---

86 Para uma discussão mais extensa do uso dessa figura da criança teimosa em reações aos chamados motins, veja "The General Will", terceiro capítulo de meu livro *Willful Subjects*, op. cit.

Temos que aprender de onde e quando a criança obstinada vem à tona. Assim que ela aparece, a vareta chega logo em seguida. Ela nos diz o que pode acontecer se nos recusarmos a desistir. Ela nos diz o que nos tornamos quando continuamos a subir, quando protestamos contra a violência da vareta, quando desafiamos como alguns são espancados como se espancamento fosse um direito: corpos negros, corpos marrons. Alguns têm que se tornar obstinados para sobreviver a uma história. Não podemos "não" começar aí, ou seja, aqui. Temos que nos tornar obstinados para dizer que essa história permanece; que não se foi; que continua. No capítulo 6, volto a como é necessária a obstinação para insistir no que não acabou. Podemos apenas dizer, aqui, escute: o braço rebelde nesse conto sinistro está falando conosco. Ele está tentando falar conosco. Ele tem algo a nos dizer. Escute.

Uma história da vontade é a história da tentativa de eliminar a obstinação das pessoas; aquelas consideradas de uma classe diferente, uma raça diferente. Diante disso, a vontade pode ser necessária para se recuperar da tentativa de sua eliminação. A obstinação não é apenas um julgamento que leva ao castigo; é um castigo. A obstinação também pode ser um protesto contra a punição; protesto e punição compartilham os mesmos termos. O termo *obstinação* é uma carga não apenas no sentido de um fardo e uma acusação mas também no sentido de um encargo e uma responsabilidade: é a forma como levamos algo adiante. Quando nos atribuem a obstinação, podemos aceitar e mobilizar essa acusação [*charge*]. A obstinação se torna então um encargo [*charge*] no sentido de Alice Walker: estar no comando, ocupar um cargo [*in charge*]. Aceitar uma carga não é simplesmente concordar com ela. Aceitação pode significar estar disposta a receber.

Uma carga pode ser a energia que se recebe. No capítulo 2, falei do impulso de uma multidão. Vamos pensar mais sobre a experiência de caminhar no sentido contrário em meio a uma multidão. Todo mundo parece estar seguindo o caminho oposto ao seu. Ninguém tem que lhe dar um empurrão para que você sinta o impulso coletivo da multidão empurrando. Para seguir adiante, você tem que empurrar com mais força do que qualquer uma das pessoas que estão indo na direção certa. O corpo que segue a direção contrária atrapalha a vontade adquirida como impulso. Para alguns corpos, a mera persistência, "seguir com firmeza", requer um grande esforço, um esforço que pode parecer teimosia ou obstinação para outras pessoas, como se fosse uma insistência em ir contra a corrente. É preciso ser insistente para ir contra a corrente. Julga-se que você vai contra a corrente por ser insistente.

Obstinação: um paradoxo de vida. Talvez você tenha que se tornar aquilo que julgam que você seja. Você pode ter que se tornar aquilo que julgam que você seja para sobreviver àquilo que julgam que você seja. A consequência do julgamento requer que cumpramos esse julgamento. Não seguir o fluxo pode nos demandar energia e esforço. Podemos, assim, distinguir entre a obstinação como um diagnóstico de caráter (como o que está por trás de uma ação) e a obstinação como o efeito de um diagnóstico (como o que é exigido para que se complete uma ação). Às vezes você só consegue se levantar se permanecer firme. Às vezes você só consegue se segurar ao tornar-se teimosa.

A obstinação passa a ser um estilo de política quando não estamos dispostas a seguir o fluxo; quando estamos dispostas a causar sua obstrução. No entanto, essa não é a história de uma pessoa que luta sozinha contra a maré do tráfego social. Não: não é dessa história que falo. Se persistirmos em ser o que somos ou em fazer o fazemos, talvez mobilizem a solidão para nos ameaçar. Não devemos nos deixar intimidar pela ameaça de uma perda, seja de algo ou de alguém. A reivindicação da obstinação é o modo como um *nós* pode vir à tona graças à disposição de seguir o caminho errado. Alice Walker enfatiza como o *mulherismo* também diz respeito a conexões entre mulheres, conexões amorosas, entre aquelas que reconhecem essa postura obstinada uma na outra.[87] As conexões amorosas são conexões cheias de vitalidade, cheias de eletricidade. Pode ser que você receba uma carga por conta da proximidade com

---

87 A. Walker, *Em busca dos jardins de nossas mães*, op. cit.

outras que receberam essa carga. Talvez a proximidade seja aquilo pelo que você luta; a separação, aquilo contra o que você luta. Em outras palavras, a própria carga pode ser uma conexão: uma forma de se relacionar com outras que têm em si uma carga semelhante. A linguagem pode ser nosso condutor: se a obstinação é uma corrente elétrica, ela pode passar por cada uma de nós, ligando-nos. A obstinação pode ser uma faísca. Podemos ser iluminadas por ela.

Podemos ser iluminadas por ela. E assim: nós nos manifestamos; nós entramos em greve. As manifestações e as greves só funcionam quando há corpos suficientes. O objetivo é parar as coisas: o fluxo de uma economia, as pessoas a caminho do trabalho, o trânsito. Os corpos, ao se tornarem barreiras, impedem o movimento de algo que, em outras circunstâncias, estaria se movendo. Uma barreira só é possível se gente suficiente se reunir; você só pode contrariar um impulso se conseguir gerar um contraimpulso.

Podemos também estar dispostas a interromper o fluxo de uma conversa. É por isso que as estraga-prazeres são sujeitas obstinadas: quando falamos, um fluxo é interrompido. Talvez um fluxo feminista seja aquilo que interrompemos. E é por isso que a reivindicação da obstinação como herança feminista exige que nos concentremos nas experiências das mulheres negras e das mulheres de cor. Porque, com muita frequência, somos ouvidas como se estivéssemos interrompendo o fluxo de uma conversa feminista. Como Audre Lorde descreve tão bem,

> Quando mulheres de cor se manifestam sobre a raiva que abrange boa parte dos nossos contatos com as mulheres brancas, com frequência nos dizem que estamos "criando um clima de desesperança", "impedindo as mulheres brancas de superarem a culpa" ou "dificultando a comunicação e a ação baseadas em confiança".[88]

---

88 A. Lorde, *Irmã outsider*, op. cit., p. 165.

Falar a partir da raiva que decorre do racismo é ser ouvida como aquela que atrapalha, que bloqueia o fluxo de comunicação, que impede o progresso às vezes descrito como reconciliação. Temos que ser obstinadas em trazer o racismo à tona no âmbito do feminismo, como discuto em mais detalhes no capítulo 7.

Talvez tenhamos de nos tornar obstinadas para continuar seguindo, para continuar subindo. Assim, a obstinação se faz necessária em lugares comuns: onde vivemos; onde trabalhamos. A obstinação também é lição de casa. Ao longo deste livro, compartilho exemplos da obstinação que se faz necessária apenas para ser algo ou para fazer algo (veja especialmente os capítulos 5 e 9). Às vezes: para ser algo ou fazer algo, você luta contra algo. É importante, no entanto, que não se reduza a obstinação à contrariedade. Há uma família de palavras em torno da obstinação (*teimosa, tenaz, desafiadora, rude, imprudente*) que cria uma estrutura de semelhança (achamos que sabemos como ela é). Isso também explica a facilidade com que se confunde e se reduz a obstinação ao individualismo. Precisamos resistir a essa redução. A redução é um modo de menosprezar as sujeitas obstinadas.

E, ainda assim, o menosprezo pode ser uma oportunidade. É precisamente o pressuposto de que a obstinação implica chamar a atenção, ser marcante, que faz com que seja possível agir obstinadamente sem, para isso, chamar a atenção. Ela pode estar conspirando. Ela pode saber como as pessoas a percebem (o que ela diz, o que ela faz). Ela pode resistir a uma tendência que não é dela. Ela pode fazer uma greve de sorrisos, ou pode sorrir como modo de fazer greve. Ela pode *passar* por uma mulher disposta como forma de ser obstinada. Retomarei a questão desse *passar* obstinado no capítulo 4.

De fato, devemos notar aqui que, mesmo que ser obstinada [*willful*] signifique ter muita vontade [*will*], muitas vezes somos chamados de obstinadas quando não estamos dispostas [*willing*]. Se a vontade feminista é uma vontade que descontenta, a vontade feminista também é uma vontade que não está disposta. Quando não estamos dispostas a participar da cultura sexista, somos obstinadas. Quando não estamos dispostas a participar da cultura racista, somos obstinadas. Quando não estamos dispostas a nos ajustar, somos desajustadas. Talvez a obstinação transforme o diagnóstico em um chamado: não se ajuste a um mundo injusto! Como em outros atos políticos de reivindicação de termos negativos, a reivindicação da obstinação não se baseia necessariamente em uma conversão afetiva, ou seja, na conversão de um termo negativo em um termo positivo. Pelo contrário, reivindicar a obstinação pode envolver não apenas ouvir a negatividade dessa acusação como também insistir nessa negatividade: essa acusação, afinal, é o que nos mantém próximas às cenas de violência. Ao recebermos de boa vontade a acusação de obstinação, ficamos próximas dessas cenas de violência; e assim deve ser.

CONCLUSÃO: UM EXÉRCITO FEMINISTA

O braço: ele surgiu em uma história de violência. O braço marcante do conto dos irmãos Grimm: o braço ganha vida após a morte. O braço é vida após a morte. Antes do fim sombrio, o braço se ergue em um momento de suspensão. O braço se torna, apesar da natureza mórbida da história em questão, um significante de esperança; o braço em suspensão continua se levantando. Mesmo depois que a criança teimosa é enterrada, alguma coisa, alguma faísca, algum tipo de energia, persiste. O braço dá carne a essa persistência. O braço tem que perturbar a terra, subir, sair do túmulo, daquele túmulo, daquele enterro. A obstinação é a persistência diante de ter sido derrubada. Temos que levantar o braço para captar essa faísca, para sentir o pulso de sua frágil vida. Apanhamos o braço nesse momento de suspensão.

A mera persistência pode ser um ato de desobediência. E então: você tem que persistir em ser desobediente. E então: existir é desobediente.

E não se trata de a criança ser teimosa porque desobedece; para desobedecer, é preciso que a criança seja teimosa. Para persistir em sua desobediência, a criança se torna o próprio braço. Talvez não se trate de o braço herdar a obstinação da criança. Talvez ela herde a obstinação do braço. O braço da criança: um devir obstinado. Ela reivindica o braço como seu. Não admira que o braço no conto dos irmãos Grimm apareça sozinho. É assim que a narrativa opera como ideologia de maneira mais poderosa: pela implicação de que a desobediência é solitária e carece de apoio. Podemos escutar voluntariamente essa história como súplica: para nos darmos as mãos, para mostrarmos que nossos braços estão unidos. Reunimos um exército feminista em resposta a essa súplica. Um exército de braços feministas [*feminist army of arms*] pulsaria com vida e vitalidade compartilhadas. Os braços feministas não emprestam suas mãos para apoiar a ordem familiar ou social. Apoiamos quem não apoia a reprodução dessa ordem. O braço que continua se levantando pode não estar disposto a realizar as tarefas domésticas, a cuidar da casa do homem, a liberar o tempo do homem para o pensamento. Quando nós, mulheres, nos recusamos a ser mãos servis, quando nos recusamos a limpar para o homem, a arrumar as coisas para o homem, quando nos recusamos a ser a secretária do homem, guardiã dos segredos do homem, mão direita do homem, nós nos tornamos sujeitas obstinadas.

Podemos entender por que, dentre todos os seus membros, o braço importa. É um braço que lhe permite alcançar, carregar, segurar, exercer certos tipos de tarefas. Os braços são identificados ao longo da história como membros que se destinam ao trabalho ou mesmo membros identificados com a classe trabalhadora. Supõe-se que os braços estejam dispostos a trabalhar. Mas nem todos os braços. Arlie Hochschild descreve como

> o braço do peão de fábrica funcionava como uma peça de maquinaria usada para produzir papel de parede. Seu empregador considerava esse braço um instrumento, reivindicava controle sobre sua velocidade e seus movimentos.

Nessa situação, qual era a relação entre o braço do peão e sua mente? Seria seu braço, em algum sentido, *seu*? [89]

Quando os braços de trabalhadoras/es se tornam ferramentas a serviço da criação de riqueza, trabalhadoras/es perdem seus braços. Tornar-se o próprio braço significa perdê-lo. O dono da fábrica não adquire apenas braços de trabalhadoras/es; ele tem os próprios braços liberados. Podemos perceber outro sentido no qual os braços entram em greve. Entrar em greve é cerrar o punho, é recusar-se a colocar as mãos à obra. Quando trabalhadoras/es se recusam a permitir que seus braços sejam a ferramenta do mestre, entram em greve. O punho cerrado continua sendo um signo revolucionário do movimento operário em todo o mundo. O braço do conto sinistro dos irmãos Grimm também faz parte dessa história: o braço é um membro revolucionário; uma promessa do que está por vir, de como a história permanece inconclusa.

Uma feminista não lhe empresta a mão; ela também cerra o punho. O punho cerrado contido dentro do símbolo feminino é uma imagem fundamental do movimento de libertação das mulheres. O punho cerrado é um protesto contra o signo *mulher* (por estar no signo *mulher*), assim como uma ressignificação das mãos do feminismo como mãos que protestam. As mãos feministas não são mãos servis, pois não ajudam as mulheres a servir. Quando uma mão se cerra como punho feminista, ela é uma mão em movimento.

Os braços também nos lembram que o trabalho, quem trabalha para quem, é uma questão feminista. O trabalho inclui o trabalho reprodutivo: o trabalho de reproduzir a vida; o trabalho de reproduzir as condições que permitem que outras pessoas vivam. Mulheres negras e mulheres de cor; mulheres da classe trabalhadora; mulheres migrantes; mulheres que trabalharam nas fábricas, no campo, em casa; mulheres que cuidam de suas próprias crianças, assim como de outras crianças; tais mulheres se

---

89 A. R. Hochschild, *The Managed Heart*, op. cit., p. 7; ênfase do no original.

tornaram os braços de outras mulheres, de modo que estas pudessem liberar seu tempo e sua energia. Qualquer feminismo que faça jus ao próprio nome não liberará algumas mulheres de serem braços empregando outras mulheres para ocupar seu lugar. O feminismo precisa recusar essa divisão do trabalho, essa liberação de tempo e energia de algumas calcada no emprego dos braços de outras. Se a liberação de nosso tempo e energia depende do trabalho de outras pessoas, estamos simplesmente nos limitando a transferir nossa exaustão para outras pessoas. Lembremos da crítica que bell hooks faz a Betty Friedan quanto à solução que esta encontra para a infelicidade da dona de casa, para o "problema que não tem nome". Diz hooks: "Não referiu quem seria chamado a tomar conta das crianças e a cuidar do lar se mais mulheres como ela fossem libertadas dos seus trabalhos domésticos e beneficiassem da igualdade de acesso às profissões como os homens brancos".[90]

Quando ser liberada do trabalho exige que outras trabalhem, outras estão pagando o preço de sua liberdade. Isso não é liberdade. Um exército feminista que dá vida e vitalidade aos braços de algumas mulheres ao tirar vida e vitalidade dos braços de outras mulheres está reproduzindo desigualdade e injustiça. Isso não é liberdade. Para que o feminismo seja um chamado à ação dos braços, temos que nos recusar a permitir que

---

90   b. hooks, *Teoria feminista*, op. cit., p. 1.

os braços se tornem trabalho morto. Temos que nos recusar a apoiar o sistema que suga o sangue, a vitalidade e a vida dos braços de trabalhadoras/es. Precisamos ouvir os braços nesse chamado. Um chamado é também um lamento, uma expressão passional de pesar e tristeza. Sugeri anteriormente que a obstinação poderia ser não apenas um protesto contra a violência mas também uma exigência de retorno: um retorno da criança, um retorno de seu braço. Podemos começar a entender o que se exige: uma exigência de retorno é também uma exigência de reconhecimento do roubo da vida e da vitalidade dos corpos; dos braços. É uma exigência de reparação.

Um chamado [*call*] de braços feministas, portanto, chama algo de volta [*recall*]. Podemos nos lembrar de Sojourner Truth falando às sufragistas, precisando insistir em ser mulher como negra, antes escravizada: "E não sou eu uma mulher?". "Olhem para mim", diz ela, "olhem para meu braço". Conta-se que Sojourner Truth, durante seu discurso insistente, "levantou a manga do braço direito até o ombro, revelando uma tremenda força muscular".[91] Em *Mulheres, raça e classe*, Angela Davis observa como Truth, ao apontar para o próprio braço, está colocando em questão os argumentos do "sexo frágil" que estavam sendo usados por aqueles que se opunham à causa sufragista. Eram argumentos baseados em evidências frágeis de corpos frágeis: "era ridículo que as mulheres desejassem votar, já que não podiam sequer pular uma poça ou embarcar em uma carruagem sem a ajuda de um homem".[92] Sojourner Truth, em seu discurso, tal como foi registrado por outras pessoas, evoca sua própria história de trabalho: "Arei a terra, plantei, enchi os celeiros, e nenhum homem podia se igualar a mim! [...] Dei à luz treze crianças e vi a maioria ser vendida como escrava [...]".[93] A musculatura de seu braço é

---

[91] Teresa Zackodnik, *Press, Platform, Pulpit: Black Feminist Publics in the Era of Reform*. Knoxville: University of Tennessee Press, 2011, p. 99.
[92] Angela Davis, *Mulheres, raça e classe* [1981], trad. Heci Regina Candiani. São Paulo: Boitempo, 2016, pp. 70–71.
[93] Ibid., p. 71.

uma herança da história; a história da escravidão mostrada na força do braço, o braço que se requer para arar, plantar, conceber as crianças que acabam sendo propriedade do senhor.

Os braços das/os escravizadas/os pertenciam ao senhor, assim como as/os escravizadas/os, como aquelas/es que supostamente não deveriam ter vontade própria. Lembre-se: toda vontade é uma vontade obstinada quando se supõe que você não tem vontade própria.[94] É óbvio que não podemos simplesmente tratar o braço evocado aqui como o braço de Truth. O braço não dá um testemunho próprio. Foi Frances Dana Barker Gage, uma importante feminista branca, reformista e abolicionista, que nos trouxe esse conhecido relato do discurso de Truth, bem como o testemunho de seu braço. Esse relato é em si uma citação: nosso acesso ao discurso de Sojourner Truth só é possível por meio do testemunho de outras pessoas; para ser mais específica, por meio do testemunho de mulheres brancas.[95] Aprendemos com isso a ser cautelosas quanto a nossa capacidade de testemunhar o trabalho e o discurso dos braços na história: talvez possamos escutar o chamado dos braços somente pela media-

94 A/o escravizada/o é tanto pessoa como propriedade; uma propriedade da vontade que tem vontade. Saidiya V. Hartman observa este paradoxo no que concerne à mulher cativa: ela deve, ao mesmo tempo, "ter menos vontade e estar sempre disposta"; *Scenes of Subjection: Terror, Slavery and Self-Making in Nineteenth-Century America*. New York: Oxford University Press, 1997, p. 81. Hartman descreve a "negação da vontade do captor" como "submissão *voluntária* [*willful*] ao mestre" (ibid.; ênfase do original). Uma submissão voluntária é aquela em que escravizadas/os estão dispostas/os a prolongar a vontade do mestre: "As paixões supostamente vinculantes das relações senhor-escravizada/o foram baseadas na incapacidade da/o escravizada/o de exercer a própria vontade de qualquer outra forma que não seja servindo ao seu senhor" (ibid., p. 84). Ver também Hortense Spillers quanto a uma importante discussão sobre como o corpo da/o escravizada/o é separado da "sua vontade motriz"; "Mama's Baby, Papa's Maybe: An American Grammar Book". *Diacritics*, v. 17, n. 2, 1987, p. 67.
95 Teresa Zackodnik, por exemplo, observa que outros relatos desse acontecimento não incluem referências a Truth levantando a manga para mostrar o braço; op. cit., p. 99.

ção de outros membros. Essa mediação não significa que não possamos escutar a verdade. Patricia Hill Collins identifica nessa falta de acesso uma "limitação" em sua abordagem do discurso de Truth: "Apesar dessa limitação, Truth teria apresentado nesse discurso uma análise incisiva da definição do termo *mulher* em meados do século XIX".[96] Collins trata, assim, o discurso de Truth como exemplo de um/a intelectual em ação: Truth desconstrói a categoria mulher ao expor a lacuna entre suas experiências corporificadas como mulher afro-americana e a própria categoria "mulher".[97]

Em mãos diferentes, os braços podem se tornar membros de desconstrução ou pontos interseccionais. Os braços podem encarnar nossa impossibilidade de habitar uma categoria. Os braços podem ser a forma como insistimos em habitar uma categoria que supostamente nos é impossível habitar. Os braços podem colocar uma categoria em crise. Os braços entram em greve quando se recusam a trabalhar; quando se recusam a fazer parte de sua própria subordinação. Não à toa, devemos *olhar para o braço* se quisermos entender a história daquelas pessoas que se levantam contra a opressão. Os braços: eles vão continuar se levantando.[98] Obstinação: modo como alguém se levanta utilizando os mesmos membros que foram moldados por sua subordinação. Além disso: são aquelas mulheres que têm que insistir em ser mulheres, aquelas que têm que insistir obstinadamente em fazer parte do movimento feminista, às vezes mostrando os próprios braços, que trazem a melhor esperança de uma revolução feminista.

Os braços que construíram a casa são os braços que vão derrubá-la.

---

[96] Patricia Hill Collins, *Pensamento feminista negro: Conhecimento, consciência e a política do empoderamento* [1990], trad. Jamille Pinheiro Dias. São Paulo: Boitempo, 2019, p. 51.
[97] Ibid.
[98] Voltarei ao significado dos braços como forma de interseccionalidade carnal na conclusão de meu último capítulo.

PARTE II
O TRABALHO DE DIVERSIDADE

Na primeira parte deste livro, tratei de algumas das experiências que tive ao me tornar feminista. Venho discutindo o modo como produzimos teoria feminista ao viver uma vida feminista. A vida pode ser nosso trabalho. Nós trabalhamos em nossa vida. Viver uma vida feminista também é ser feminista no trabalho. Assim, na Parte II, vou me concentrar na questão do trabalho feminista. Minha própria vida profissional tem se dado em universidades: fui estudante por cerca de dez anos e acadêmica por mais de vinte. Meus conhecimentos são moldados pelos lugares onde me situei. Desse modo, a universidade é o cenário no qual transcorreram muitos dos exemplos apresentados nesta parte (mas não todos). Espero, no entanto, que o que discuto sobre ser feminista no trabalho seja relevante para outros ambientes profissionais. A maioria de nós, que temos compromissos feministas, acaba trabalhando para organizações que não têm tais compromissos. Muitas vezes assumimos compromissos para fazer algo por conta do que não está sendo feito. Trabalhar como feminista muitas vezes significa tentar transformar as organizações que nos empregam. Esse fato bastante óbvio tem algumas consequências reveladoras. Aprendi sobre o funcionamento do poder pelas dificuldades que vivenciei ao tentar questionar o poder.

Nesta parte, portanto, abordo algumas de minhas próprias tentativas de transformar as universidades. As universidades muitas vezes descrevem a missão que empreendem recorrendo às linguagens da diversidade e da igualdade. Porém, o uso de determinada linguagem não se traduz na criação de ambientes diversos ou iguais. Essa "não tradução" é algo que vivenciamos: é uma lacuna entre um compromisso simbólico e uma realidade vivida. Pode ser, inclusive, que compromissos sejam assumidos porque não trazem mudança alguma. De fato, a igualdade e a diversidade podem ser usadas como máscaras para criar uma aparência de transformação.

Precisamos questionar essa aparência. Para isso, eu me sirvo de minhas experiências como uma mulher acadêmica de cor. Dentre minhas inspirações estão Chandra Talpade Mohanty, M. Jacqui Alexander e Heidi Mirza, que fazem importantes análises sobre os usos da diversidade dentro da academia como forma de construir um conhecimento contrainstitucional de base feminista de cor e feminista negra.[1] Também me inspiro na monumental coleção *Presumed Incompetent: The Intersections of Race and Class for Women in Academia* [Julgada incompetente: As intersecções de raça e classe para as mulheres na academia], que, ao trazer reflexões de alunas e professoras de cor sobre suas experiências no meio acadêmico, nos proporciona novos e importantes *insights* sobre como a academia funciona.[2] Precisamos compartilhar as histórias de como chegamos e progredimos na academia; de como entramos, saímos, avançamos e ficamos presas.

Todos os capítulos desta parte se baseiam em dados sobre o trabalho de diversidade no ensino superior que coletei de 2003 a 2006. Apresentei esses dados pela primeira vez em um livro anterior, no qual entrevistei pessoas que trabalhavam em universidades escrevendo e dissemi-

---

1 Chandra Talpade Mohanty, *Feminism without Borders: Decolonizing Theory, Practicing Solidarity*. Durham: Duke University Press, 2003; M. Jacqui Alexander, *Pedagogies of Crossing: Meditations on Feminism, Sexual Politics, Memory, and the Sacred*. Durham: Duke University Press, 2005; Heidi Mirza, "Decolonizing Higher Education: Black Feminism and the Intersectionality of Race and Gender". *Journal of Feminist Scholarship*, n. 7, 2015.

2 Gabriella Gutiérrez y Muhs et al. (orgs.), *Presumed Incompetent: The Intersections of Race and Class for Women in Academia*. Boulder: University Press of Colorado, 2006.

nando políticas de igualdade racial e diversidade.[3] Também fiz parte do que poderíamos chamar simplesmente de o mundo da diversidade, indo a reuniões e conferências que eram voltadas ou destinadas a profissionais de diversidade que trabalham em todo o setor público. Foi minha primeira experiência com pesquisa qualitativa, tendo trabalhado anteriormente com textos (não apenas textos literários e cinematográficos mas também documentos que tratavam de diretrizes políticas).[4] Quando rememorei esse projeto (assim como o livro), ele me pareceu pertencer a uma fase distinta de minha carreira e de minha trajetória de pesquisa, ou mesmo uma saída ou desvio do trabalho que costumo fazer. Ao escrever *Viver uma vida feminista*, percebi que essa forma de pensar não era exatamente acertada. Embora tenha sido nesse projeto que pela primeira vez conduzi entrevistas oficialmente e embora o livro tenha sido o primeiro em que foram citados exemplos a partir de dados que eu mesma tinha coletado, percebi que venho reunindo histórias relacionadas a diversidade e igualdade dentro das universidades desde que ingressei na academia. E eu diria que as mulheres de cor são, de antemão, etnógrafas das universidades; fazemos parte destas, sim, mas também estamos observando, muitas vezes porque se presume que não pertencemos aos lugares nos quais acabamos trabalhando. Grande parte de nosso humor coletivo vem de compartilharmos observações sobre "os nativos" das universidades – os costumes um tanto peculiares do heteropatriarcado branco.

Estamos fazendo o que chamo de trabalho de diversidade, independentemente de nos darmos conta disso ou não. Mobilizo a expressão *trabalho de diversidade* em dois sentidos correlatos: primeiro, refiro-me ao trabalho de diversidade como aquele que fazemos quando estamos tentando transformar uma instituição; segundo, como aquele que fazemos

---

3 S. Ahmed, *On Being Included: Racism and Diversity in Institutional Life*. Durham: Duke University Press, 2012.

4 Para saber mais sobre como terminei fazendo o projeto, ver a introdução de *On Being Included*, op. cit.

quando não habitamos bem as normas de uma instituição.[5] Estruturo esta parte do livro abordando cada um desses sentidos de trabalho de diversidade de uma vez, o que me permite mostrar como esforços para transformar organizações como as universidades se relacionam com a existência cotidiana. Às vezes esses esforços se voltam para a transformação de uma existência (capítulo 4). Às vezes a própria existência se torna o esforço (capítulo 5). No capítulo 6, considero, então, o que aprendemos sobre os mundos a partir de nossos esforços para transformar uma existência, ou com nossos esforços para existir. Mostro como profissionais de diversidade deparam com paredes de tijolos e me pergunto o que essas paredes nos ensinam sobre a materialidade do poder. Descrevo tais paredes como "os endurecimentos da história", os materiais de construção do poder.

Meu objetivo ao longo de toda esta parte do livro é mostrar que é o trabalho de diversidade que constitui a teoria feminista: aprendemos sobre as técnicas do poder ao tentar transformar as normas institucionais, ou ao tentar estar em um mundo que não comporta nossa existência.

---

5 Tratei brevemente dessas duas acepções do trabalho de diversidade na conclusão de *On Being Included*, op. cit. Desenvolvo os argumentos com base nesse livro considerando ambas as acepções e verificando o que têm em comum.

4. TENTANDO TRANSFORMAR

Neste capítulo, reflito sobre o trabalho de diversidade em seu primeiro sentido: o trabalho que realizamos quando tentamos transformar uma instituição; ou, para ser mais específica, o trabalho que fazemos ao tentar abrir as instituições às pessoas que delas foram historicamente excluídas. Tenho como base entrevistas e conversas informais com profissionais designados por universidades como profissionais de diversidade, assim como algumas de minhas próprias experiências como membra de comitês de diversidade e igualdade racial. Um de meus compromissos centrais neste capítulo é com a práxis: é por meio de nossos esforços para transformar instituições que geramos conhecimento sobre elas.

Talvez pareça que desenvolvo ideias que tive como acadêmica a fim de aprimorar minha atuação como profissional de diversidade, ou seja, que a academia me proporcionou teorias que depois implementei como profissional de diversidade. Não se trata disso. Na verdade, o contrário seria mais preciso: meu conhecimento teórico sobre o funcionamento das instituições foi moldado por meu trabalho de diversidade bem como por minha escuta de outros profissionais sobre o trabalho que realizam. Quando tentamos intervir na reprodução do poder, temos que pensar de outra forma; temos que pensar aqui e agora. Suspeito que uma ilusão acadêmica (talvez até uma presunção acadêmica) seja a de que teoria é aquilo que fazemos porque podemos nos abster da necessidade de agir com prontidão; presume-se que o tempo de contemplação nos distancie da ação. Nos círculos acadêmicos, há uma tendência a entender estratégia como algo que você faz ao parar de pensar. Aprendi com profissionais de diversidade que a estratégia pode não apenas ser pensada durante a ação como também apurada pela ação.

Quando precisamos pensar estrategicamente, precisamos igualmente aceitar o fato de que somos cúmplices: abdicamos de qualquer ilusão de pureza; desistimos da segurança da exterioridade. Se não estamos em uma posição de exterioridade em relação ao problema em investigação, nós também somos o problema em investigação. O trabalho de diversidade é um trabalho confuso, até sujo, por assim dizer. O trabalho de diversidade gera conceitos suados, conceitos que vêm do esforço dedicado a transformar instituições que frequentemente não respaldam tanto essa transformação quanto aparentam.

MANOBRANDO O SISTEMA

Ser designada como profissional de diversidade ou ter a diversidade e a igualdade atribuídas como parte de suas obrigações é ser colocada em uma relação enviesada com a instituição. Você é designada por uma instituição para transformar a instituição. Nesse sentido, tal função pode significar que a instituição está aberta a ser transformada. No entanto, pelo que aprendi com minha própria experiência e com conversas com outras/os profissionais, ser designada para a função de transformar uma instituição não significa necessariamente que a instituição esteja aberta a ser transformada.

Dei início a minha pesquisa qualitativa sobre diversidade e ensino superior logo após uma mudança na legislação relativa à igualdade do Reino Unido, a Emenda à Lei das Relações Raciais, do ano 2000 [*The Race Relations (Amendment) Act 2000*], que exigia que todas as organizações públicas locais tivessem e disseminassem políticas de igualdade racial. A emenda à legislação fez com que muitos profissionais fossem designados como especialistas em diversidade no ensino superior. Isso aconteceu não só para que as organizações cumprissem a lei (e fazer algo apenas para cumprir a lei geralmente significa não ter real disposição para fazê-lo) mas também para que alguém dentro da organização fosse responsável por garantir o cumprimento dos requisitos. Profissionais de diversidade passam, então, a encarnar o trabalho de diversidade: as instituições fazem esse trabalho na medida em que empregam alguém para fazer esse trabalho. Isso ocorre da seguinte maneira: uma instituição disposta a designar alguém (para transformar a instituição) não é o mesmo que uma instituição disposta à transformação (por alguém contratado para isso). Pode-se, inclusive, contratar alguém pelas aparências: o fato de alguém ocupar uma função voltada à diversidade pode ser a forma pela qual uma instituição aparenta estar disposta a ser transformada.

Nós aprendemos com as condições do cargo que ocupamos. A maior parte de minhas entrevistas começava com profissionais compartilhando histórias sobre sua designação para exercer essa tarefa. Como no relato a seguir:

> Cheguei à [universidade] há três anos e meio, e a razão de terem designado alguém para essa função, creio, foi para cumprir a Emenda à Lei das Relações Raciais. Você assume um cargo assim, mas as pessoas não sabem que caminho isso tomará. Não há praticamente apoio algum. É um trabalho desprovido de mecanismos de apoio, e você sabe que talvez só esteja ocupando essa vaga porque, se não estivesse, a universidade não poderia dizer que está cumprindo a lei.

Uma designação pode significar não receber apoio institucional, como se "estar lá" fosse suficiente.

Muitas/os dessas/es profissionais descrevem suas tarefas como voltadas à integração e à incorporação da diversidade no trabalho cotidiano e nas rotinas diárias da instituição. Em outras palavras, querem generalizar o que fazem para que toda a instituição também o faça. Como neste outro relato:

Minha função é fazer com que a equidade e a diversidade sejam incorporadas às práticas cotidianas desta universidade. Em outras palavras, ao cumprir idealmente os objetivos desse trabalho, em algum momento se tornaria desnecessário que eu continuasse a exercê-lo, mas suspeito que isso não vá acontecer em curto prazo, então não quis avançar nesse propósito e, seja como for, não tenho a equipe nem o dinheiro para fazê-lo.

Profissionais de diversidade têm emprego justamente porque a diversidade e a igualdade não são práticas cotidianas. Quando sua tarefa é eliminar a necessidade de sua existência, sua existência é necessária para a tarefa.

Incorporar diversidade no âmbito de uma instituição implica trabalhar com a instituição como entidade física: introduzir a diversidade no fluxo organizacional das coisas. Para produzir diversidade, é necessário expandir os meios de circulação de informações; para as/os profissionais, o trabalho de diversidade muitas vezes diz respeito a desenvolver estratégias diversas de comunicação. Podemos, inclusive, dizer que profissionais de diversidade são profissionais da comunicação. Evidentemente, todo trabalho institucional envolve o refinamento gradual de sistemas que transmitem informações a funcionárias/os da instituição. Mas, quando a tarefa é disseminar informações menos valorizadas por uma instituição, as técnicas para passá-las adiante se tornam ainda mais importantes. O trabalho voltado à diversidade passa a consistir em diversificar as vias para que as informações cheguem ao destino certo. Um relato sobre a estratégia de comunicação diz o seguinte: "Tenho uma circulação geral de ideias que alcança grupos diversos de pessoas, e, se não atinge um, vai atingir outro. Ao utilizar duas ou três estratégias de circulação, a informação chega, por fim". Quanto mais caminhos estiverem bloqueados, mais caminhos você precisará abrir. Podemos começar a enxergar uma conexão entre o trabalho de diversidade e minha discussão, no capítulo 2, sobre ser direcionada. Abre-se caminho não só para os corpos mas também para a informação. A informação que questiona quais caminhos são preservados e quais se mantêm abertos pode ser justamente aquela que se encontra bloqueada.

Fazer o trabalho de diversidade é fazer um trabalho que recebe menos apoio. Outro relato de profissional de diversidade descreve como é preciso persistir: "Você precisa de persistência, acho que é nisso que você precisa focar, porque nem todo mundo se interessa por questões de equidade e diversidade. Então, acho que é importante colocá-las para as pessoas – bom, não exatamente na cara das pessoas, mas certamente em pé de igualdade com outros temas, de modo que as questões de diversidade e igualdade estejam sempre presentes, até que as pessoas finalmente pensem nelas automaticamente e as levem em consideração". O objetivo é fazer com que pensar em igualdade e diversidade seja automático. Profissionais de diversidade devem ser persistentes, porque esse tipo de assunto não vem ao pensamento automaticamente. Temos que persistir, pois existe uma resistência por parte das instituições. O requisito da persistência se torna um requisito desse trabalho.

Mesmo quando você é escolhida para implementar certos tipos de mudança, encontra resistência às ações que tenta colocar em prática. Uma expressão recorrente em muitas de minhas entrevistas é a de que as instituições são como "paredes de tijolos". Um dos relatos descreve bem o termo: "Na maior parte do tempo, é um trabalho que consiste em bater a cabeça contra uma parede de tijolos". A descrição de um trabalho se transforma na descrição de uma parede. A sensação de exercer o trabalho de diversidade é a de estar lutando contra algo que não se move; algo sólido e tangível. Ainda que a profissional tenha sido escolhida por uma instituição para transformá-la, ela vivencia a instituição como uma parede, como aquilo que bloqueia seus esforços. Talvez seus esforços sejam bloqueados não apesar de ter recebido uma tarefa, mas justamente por meio da tarefa recebida. Observe, portanto, que a instituição se torna aquilo contra o que você se choca. O desejo oficial de institucionalizar a diversidade não significa que a instituição esteja aberta a fazê-lo. Na verdade, a parede pode ficar ainda mais aparente, um signo de imobilidade cada vez maior, quanto mais aberta a instituição se apresentar.

Quando as coisas não funcionam, quando o que você busca não acontece, você tem que verificar o que está acontecendo. Você tem que manobrar [*work*] o sistema lidando com os mecanismos pelos quais o sistema não se transforma. Você tem que entender o ponto em que as coisas deixam de fluir. Podem-se descrever profissionais de diversidade como encanadoras/es institucionais: desenvolvem um conhecimento profundo sobre como as coisas ficam presas, sobre onde elas ficam presas. Profissionais de diversidade desenvolvem um conjunto de conhecimentos diferentes sobre as instituições: adquirem conhecimento prático sobre os mecanismos que permitem que algumas coisas aconteçam e outras não. Como no seguinte relato: "Há influências informais que funcionam como agentes bloqueadores que impedem até mesmo que determinadas conversas aconteçam". O aspecto mecânico do trabalho de diversidade [*diversity work*] se revela de maneira explícita quando o sistema funciona [*is working*]. Em outras palavras, um sistema funciona quando uma tentativa de transformá-lo é bloqueada.

FIGURA 1 A descrição de um trabalho

TRABALHO ESTRATÉGICO

O trabalho de diversidade pode ser frustrante, já que toma a forma de encontros reiterados com o que não se move nem se moverá. O trabalho de diversidade é geralmente penoso [*trying*], um trabalho que implica muitas tentativas [*trying*], ou seja, que não apenas envolve esforço como também *consiste* no esforço necessário para implementar certos tipos de mudança. Profissionais de diversidade podem encontrar, dentro de uma instituição, pessoas que participam desse esforço, capazes de o impulsionar ou contraimpulsionar, ou seja, de gerar um impulso contrário ao que uma dessas profissionais chamou de "inércia institucional".

Por *penar* talvez entendamos tentar fazer algo; empenhar-se para algo ou levar algo a cabo. Mas essa palavra também pode ser usada para descrever algo irritante e difícil, ou que drena a paciência ou a boa vontade de alguém. Trato da questão da paciência no capítulo 8. Às vezes, dizemos *penar* para separar um esforço de um resultado ou para valorizar um esforço mesmo quando ele não traz resultado ("pelo menos ela tentou"). Acho que todos esses sentidos captam a experiência do trabalho de diversidade como algo penoso. O esforço de trazer algo à tona traz certas dificuldades: o trabalho de diversidade geralmente está associado à experiência dessas dificuldades. É justamente porque algo não está funcionando que você precisa continuar tentando.

Profissionais de diversidade tomam consciência da resistência a seu trabalho. Uma estratégia é aquilo que se desenvolve pelo esforço de superar essa resistência. Assim, profissionais de diversidade podem "experimentar" diferentes estilos ou métodos de argumentação (o argumento econômico em defesa da diversidade, o argumento da justiça social, e assim por diante), bem como diferentes palavras ou mesmo formas de se vestir por causa dessa resistência. Muitas das pessoas que executam esse trabalho têm a consciência crítica de que uma grande parte do que conta como trabalho de diversidade para as instituições não diz respeito a uma transformação estrutural:

a diversidade funciona muitas vezes como uma técnica para reorganizar as coisas, de modo que as organizações possam parecer melhores ou mais felizes. Uma dessas pessoas observa: "Vamos agora falar de diversidade, o que significa que todos são diferentes, mas iguais, e é tudo agradável e fofinho, então podemos nos sentir bem com isso, como se tivéssemos resolvido a questão, quando na verdade não estamos nem perto de resolvê-la". A diversidade é uma forma de reorganizar uma série de coisas sem de fato alterá-las. Por isso é possível falar de uma imagem de diversidade de modo que todos saibam a que você se refere.

Para quem é profissional de diversidade, as palavras se tornam ferramentas; coisas com as quais você pode fazer coisas. Isso significa que algumas estratégias podem ter como objetivo não perturbar demais. Decisões relativas a palavras dizem respeito a utilidade: você usa palavras que são úteis, palavras que chegam mais longe ou que lhe permitam transmitir uma mensagem. Muitas pessoas que executam o trabalho de diversidade me falaram de como certas palavras sofrem desgaste de tanto que são utilizadas. Quanto mais as coisas não funcionam, mais você usa as palavras. Mas quanto mais você usa as palavras, menos efeito elas parecem surtir. Como no relato a seguir:

> Acho que o termo [equidade] sofreu um desgaste porque foi excessivamente utilizado,[6] acredito que... bem, não sei... como nosso título é "equidade e justiça social", outro dia alguém me disse, "Ah, as pessoas estão exaustas de equidade. Ninguém aguenta mais a palavra *equidade*"... Tá, beleza, nós passamos pela igualdade de oportunidades, pela ação afirmativa – as pessoas estão cansadas de equidade –, então agora como devemos nos referir a nós?!

---

[6] Palavras como *equidade*, mesmo quando desgastadas, ainda grudam. Ver, por exemplo, a discussão de Malinda Smith sobre como a equidade é usada por feministas brancas apenas para se referir à equidade de gênero; "Gender, Whiteness, and 'Other Others' in the Academy", in S. Razack, M. Smith e S. Thobani (orgs.), *States of Race: Critical Race Feminism for the 21st Century*. Toronto: Between the Lines, 2010. Com agradecimentos a Malinda Smith por seu importante trabalho crítico.

As pessoas estão cansadas de *equidade* porque temos de continuar falando nisso, já que elas não estão colocando a equidade em prática [risos].

O cansaço ou mesmo o esgotamento em relação a determinados termos é aqui sintoma de uma certa relutância institucional: é preciso repeti-los porque não estão sendo colocados em prática e, como não estão sendo colocados em prática, é preciso repeti-los. O que está implícito nos argumentos sobre a exaustão quanto ao uso do termo *equidade* é que, ao usar palavras menos desgastadas, as pessoas que atuam nessa área profissional podem voltar a se animar ou ser vistas como novamente animadas: "Esses termos se desgastaram, e acho que tem algo do tipo, 'se uma coisa se desgasta, parece que você também se desgastou'". Aqui a estratégia consiste em reiniciar, gerar mais ânimo ou evitar o esgotamento. A esperança é que, quando a/o profissional de diversidade reinicia, o próprio sistema reinicie.

Você pode bloquear o esforço de transformar as instituições ao não dar ouvidos às pessoas contratadas para levar adiante esse esforço. Não ouvem você porque esperam que você fale de determinada maneira. A profissional de diversidade poderia ser descrita como uma estraga-prazeres institucional. Como no relato de uma delas: "Sabe como é, nesse tipo de trabalho acontece de você falar algo e já saber que vai ouvir as pessoas dizendo 'Ih, lá vem ela de novo'". Nós duas rimos, dando-nos conta de que ambas reconhecemos essa cena. Essa cena tão familiar: cheguei a ver os olhos revirando. No capítulo 1, introduzi a seguinte equação:

revirar os olhos = pedagogia feminista.

Vale a pena compartilhar aqui que comecei a colocar essa equação em palavras quando ouvi profissionais de diversidade e refleti sobre suas palavras. É interessante para mim, pensando nisso, que possam ser outras pessoas a colocar em palavras algo que você tenha vivenciado. Uma estraga-prazeres: tantas vezes ela pega palavras emprestadas de outras pessoas. Então, sim, nos demos conta de que ambas reconheciam aquela cena. Essa familiaridade, para mim, veio em parte de minha experiência nos estudos de mulheres, de ser a feminista à mesa, mas também de minha experiência de ser uma feminista estraga-prazeres nas reuniões de família, como descrevi no capítulo 1. Como observei àquela altura, aquela que fala como feminista, não importa como fale, geralmente é vista como a causa das brigas. *Outro jantar arruinado.* As instituições também têm mesas em torno das quais os corpos se reúnem. Algumas pessoas se sentem mais em casa do que outras nessas reuniões. A profissional de diversidade pode ser vista como um obstáculo para o espaço de conversa antes mesmo de abrir a boca: ela também constitui um problema porque continua expondo um problema. *Outra reunião arruinada.*

O fato de ser percebida assim (como um problema, como a causa de um problema) pode ser aquilo que impede você de transmitir uma mensagem. Você se torna, digamos assim, de tal forma identificada como ponto de bloqueio que pode até parecer que é você que está impedindo a si mesma de transmitir essa mensagem. Se é assim, o que resta a fazer? Uma estratégia que pode ser empregada pela profissional de diversidade é mudar a forma como é vista pelas outras pessoas da organização. O trabalho de diversidade se torna uma forma de gestão da imagem: a profissional de diversidade tem que gerir como as demais pessoas a veem. Escutemos as palavras de uma profissional: "Esta secretaria, há dois anos e meio, quando comecei aqui, era a secretaria de equidade de gênero. Tinham feito um bom trabalho, e eu não quero de forma alguma minimizar nem difamar minhas antecessoras, mas acho – para ser totalmente honesta – que o departamento tinha se tornado um pouco datado e realmente começado a se alienar e a ficar marginalizado em relação às atividades da universidade".

Não surpreende que a expressão *datado* apareça relacionada a *alienação*; o trabalho de equidade torna-se alienado das principais atividades da universidade. A palavra *diversidade* pode parecer mais atraente por estar sintonizada com a linguagem empregada pelas universidades para falar sobre o que fazem. A diversidade pode até ser descrita como uma forma de sintonização. A antiga secretaria estava defasada e fora de sintonia; a tarefa da profissional de diversidade é reverter a marginalização. Essa profissional, portanto, pode afirmar que a universidade é sua casa (ou que se sente mais em casa na universidade) ao se dissociar do trabalho histórico da secretaria de igualdade: "Olha, teve gente que me disse que achava que elas eram as feminazis da secretaria, e por isso havia bastante resistência e as pessoas simplesmente não eram incluídas. Elas eram vistas apenas como periféricas. Em geral, a secretaria não estava envolvida com a comunidade universitária de uma forma muito boa". Nessa entrevista, impactou-me a disposição a repetir estereótipos violentos sobre a atuação feminista e em defesa da igualdade, a fim de abrir espaço para outro tipo de atuação ("feminazis"). Há sem dúvida um consenso na repetição: um consenso a respeito da ideia de que certos tipos de atuação feminista e em defesa da igualdade não funcionavam porque eram muito extremos. Em vez de colocar em questão essa percepção, a estratégia passa a ser produzir uma imagem diferente. Se é assim que essas profissionais são entendidas, então é preciso modificar tal entendimento por meio da criação de uma nova imagem. Aquelas que estão tentando transformar um mundo são obrigadas a se modificar a fim de seguir em frente nesse mundo.

Quando não fala em uma linguagem problemática ou com uma linguagem de problemas, a profissional de diversidade pode ocupar um lugar à mesa. Por isso, há profissionais que procuram, explicitamente, evitar os problemas que descrevi na Parte I: tentam evitar se transformar no problema ao não nomear o problema. Em vez disso, procuram redefinir a relação entre o trabalho de diversidade e o trabalho institucional em termos menos problemáticos ou mais positivos. Como descreve uma profissional: "Suspeito que já começar dizendo 'Estou aqui para mudar seus valores' não seja uma maneira muito útil de desenvolver uma relação de trabalho colaborativa". Assim, a mudança da linguagem da igualdade para a linguagem da diversidade se vincula à mudança de um modelo de trabalho conflituoso para um modelo colaborativo. Usar a linguagem da diversidade pode ser uma forma de evitar o conflito. Mas o que mais estamos evitando se evitamos o conflito?

Seja como for, parece-me importante assinalar que a identificação com a instituição e seus valores fundamentais pode ser apenas uma impressão. Uma impressão pode ser estratégica. A profissional também descreve a si mesma como uma "trabalhadora contra-hegemônica". Para redefinir a relação entre a secretaria de igualdade e a instituição, o que ela fez foi criar a ilusão de que trabalhava a favor das normas institucionais ou aliada a elas para conseguir trabalhar contra elas e contra os valores institucionais de forma mais eficaz. De fato, seu objetivo era criar uma impressão de identificação: e criar essa impressão pode ser uma forma de desidentificação. O alinhamento da diversidade com a instituição se mantém apenas no nível da aparência. Para retomarmos os termos do capítulo 3: ela pode aparentar uma boa disposição para sustentar sua obstinação.

Dessa forma, vemos que algumas profissionais de diversidade procuram se distanciar ao máximo da figura da estraga-prazeres institucional. Duas integrantes de um departamento de igualdade com quem conversei informalmente falaram sobre como sorriram quando passaram a ocupar seus novos cargos. A diretora do departamento disse: "A primeira coisa que fizemos quando chegamos aqui foi sorrir muito, usar roupas elegantes e dizer sim para tudo". Sorrir se torna uma estratégia; sorrir é parecer estar bem-disposta, não obstinada; feliz, não infeliz; amiga, não inimiga; familiar, não estranha. No capítulo 2, fiz referência ao trabalho de Arlie Hochschild sobre como sorrir se torna uma forma de trabalho emocional no setor de serviços. Para a comissária de bordo, diz Hochschild, sorrir se torna "parte do trabalho" e, assim, uma maneira pela qual as trabalhadoras se alienam do próprio sorriso.[7] Para a profissional de diversidade, os sorrisos podem não ter exatamente o mesmo valor de troca: ela não é obrigada a sorrir para agradar a clientela. Em vez disso, sorrir se torna uma estratégia, visto que a trabalhadora é alienada da instituição em vir-

---

7   A. R. Hochschild, *The Managed Heart*, op. cit., p. 8.

tude do tipo de trabalho que está fazendo. Ela sorri para influenciar o modo como a diversidade é vista. Ela pode certamente se alienar em decorrência dessa necessidade de sorrir, mas sente que sorrir é necessário para contrariar a percepção de que as profissionais de diversidade seriam hostis ou antipáticas.

Talvez a palavra *diversidade* seja um sorriso.[8] Para algumas profissionais de diversidade, a palavra *diversidade* tem, portanto, um efeito prático: se o termo é menos ameaçador, pode ser uma maneira de atravessar as defesas das pessoas. Como neste outro relato: "Acho que é bastante difícil: se você usa um termo que não é aceito, não consegue fazer nada. De certa forma, se você quer trabalhar com determinadas pessoas, precisa usar um termo que não faça com que elas se sintam ameaçadas". *Diversidade* substitui outros termos menos aceitáveis que podem fazer as pessoas se sentirem ameaçadas. Outra profissional explica que usa *diversidade* porque "não é uma palavra assustadora". Creio que a palavra *diversidade*, em parte, adquiriu maior mobilidade por afetar menos: as palavras que circulam mais são as que afetam menos (diversidade), enquanto as palavras que circulam menos são as que afetam mais (racismo). Ironicamente, então, escolher palavras que afetam menos se torna uma estratégia, quase como se disséssemos: fazer menos é o máximo que podemos fazer.

O que acontece quando as palavras que usamos nos permitem ignorar as razões pelas quais as usamos? Algumas profissionais não usam *diversidade* precisamente porque é um termo mais positivo: "A diversidade obscurece as questões... Ela pode ser... a diversidade é como uma grande maçã vermelha brilhante, certo? E tudo parece maravilhoso, mas, se você realmente cortar aquela maçã, tem um miolo podre lá dentro. E você sabe que tudo está apodrecendo, de fato, e não está sendo realmente abordado. Tudo parece maravilhoso, mas as desigualdades não estão sendo abordadas".

---

8 Ver Elaine Swan, "Commodity Diversity: Smiling Faces as a Strategy of Containment". *Organization*, v. 17, n. 1, 2010.

Quando ouvi essa profissional, lembrei da crítica de Betty Friedan à imagem da dona de casa feliz cujo sorriso radiante esconde uma infecção.[9] Podemos pensar no trabalho de criar superfícies brilhantes; podemos pensar no que essas superfícies brilhantes fazem com que não enxerguemos. A diversidade também é uma forma de polimento institucional: quando o trabalho é bem-sucedido, a imagem é brilhante. O trabalho remove os próprios vestígios do trabalho. Quando algo é tão brilhante, muito não é refletido, assim como no caso da família feliz discutido no capítulo 1. Criar uma superfície brilhante é o modo pelo qual uma organização pode refletir de volta uma boa imagem de si mesma. A diversidade torna-se uma técnica para não abordar as desigualdades ao permitir que as instituições pareçam felizes. Para algumas profissionais, a positividade do termo *diversidade* faz dele um meio útil de levar as pessoas para a mesa; para outras, a positividade é um problema por permitir que se obscureçam as razões pelas quais você quer que as pessoas estejam à mesa. Enquanto algumas profissionais participam do polimento, outras tentam manchar a imagem. Eu descreveria a diferença fundamental aqui como uma diferença de estratégia: ou seja, são maneiras diferentes de tentar desbloquear um bloqueio.

MANDANDO A REAL

Estratégias são o que profissionais de diversidade desenvolvem por conta dos bloqueios em um sistema. O que aprendi trabalhando com diversidade e conversando com outros profissionais da área é que a forma que você apresenta para desbloquear um sistema pode ser utilizada para rebloquear o sistema. É por isso que é importante teorizar com base em

9 Betty Friedan, *A mística feminina* [1963], trad. Carla Bitelli et al. Rio de Janeiro: Rosa dos Tempos, 2020.

nosso próprio trabalho encarnado: aprendemos com o que acontece com aquilo que propomos. Penso no processo mais ou menos assim: você manda a real e observa o que acontece a partir do que disse. Essa observação permite que você desenvolva e refine seu entendimento. O processo pode não ser sempre tão refinado. Você pode se desestabilizar com as coisas que desestabiliza. Em outras palavras, nós mudamos como pensamos, ou até o que pensamos, por conta das mudanças que não são provocadas pelo que dizemos.

O que aprendemos sobre o quanto uma estratégia pode ser ineficaz é isto: instituições podem nomear algo ou aceitar algo para evitar fazer algo. Nós também, como profissionais de diversidade, podemos trabalhar para algo (uma nova política, um novo documento) que acabe por oferecer ainda mais técnicas para que as instituições pareçam fazer algo sem fazer nada de fato. Isto é difícil: nossos esforços para transformar instituições podem ser usados por instituições como evidência de que foram transformadas.

Uma de minhas primeiras experiências com esse mecanismo: eu fazia parte de um grupo de trabalho criado em 2001 para montar a política de igualdade racial da nossa universidade. A elaboração dessa política coincidiu com a chegada de um novo vice-reitor à universidade. Ele marcou reuniões com membras/os da universidade, o que constituiu um discurso oficial. Fiquei surpresa, em uma dessas reuniões, quando o vice-reitor, com uma carta nas mãos, referiu-se à política de igualdade racial que havíamos redigido. Com um sorriso extravagante e acenando a carta na nossa frente (de certa forma a fisicalidade desse gesto importava), ele falou sobre o conteúdo da carta, o que assumiu a forma de uma congratulação (ou ele deu a isso a forma de uma congratulação), informando que a universidade tinha obtido a posição mais alta no quesito de sua política de igualdade racial. "Somos bons em igualdade racial", disse ele, apontando para a carta. Foi um momento de euforia, mas aqueles de nós que escreveram o documento não se sentiram tão eufóricos. O documento que documentava a desigualdade da universidade poderia ser usado como medida de bom desempenho.

Quando conduzi minha pesquisa sobre a diversidade dentro das universidades, conscientizei-me de como a diversidade pode ser usada pelas organizações como uma forma de relações públicas. Como já comentei, a maioria das entrevistas que fiz ocorreu após a Emenda à Lei das Relações Raciais (2000), que exigia que todas as organizações do setor público escrevessem e disseminassem políticas e planos de ação para a igualdade racial. À lei se seguiram muitas outras e, finalmente, foi decretada a Lei da Igualdade [*Equality Act*] (2010), a qual exigiu que todas essas políticas distintas fossem reunidas num único documento: o Sistema Único de Igualdade [*Single Equality Scheme*]. Assim, durante uma década, a maior parte do trabalho dos profissionais de diversidade consistiu em escrever documentos. Em vários pontos, a Unidade de Desafios para a Igualdade [*Equality Challenge Unit* – ECU], que supervisiona a igualdade no ensino superior, avaliou e classificou esses documentos; como já observei, momentos de avaliação podem ser usados por instituições que se saíram bem como um sinal de que estão se saindo bem.

Mas o que está sendo medido pela avaliação desses documentos? Fiz essa pergunta a uma pessoa que executa o trabalho de diversidade, e ela respondeu: "Nós somos bons em escrever documentos". Eu redargui, sem pensar, "Pois é, quem imaginaria", e rimos. Nós nos perguntamos se o que é medido por meio desses documentos é o grau de competência da escrita. As organizações são capazes de traduzir sua competência em escrita para uma competência em igualdade. Como a mesma pessoa descreveu em seguida:

> Eu estava bem ciente de que não era muito difícil para mim e para algumas outras pessoas escrever um maravilhoso documento de ambições. Acho que todos temos grandes habilidades de escrita e que podemos fazer isso simplesmente porque somos bons nisso. É nisso que somos especialistas. E, junto com essa consciência, vem uma verdadeira ansiedade de que a escrita se torne um fim em si mesma. Digamos que a realidade esteja sendo corroborada, por exemplo, porque nossas políticas foram elogiadas e, quando a

ECU revisou nossos Planos de Implementação, no ano passado, houve sérias críticas por atrasos no cronograma, por não estarmos alcançando o grande público, pelo fato de que as questões não tinham realmente permeado a instituição, pelo dinheiro empregado em áreas específicas. E não se tratava de hostilidade; era muito mais sobre esse sentimento de marshmallow.

Ser bom em escrever documentos torna-se uma competência que também é um obstáculo para o trabalho de diversidade, porque significa que a universidade é julgada como boa por causa do documento. É esse mesmo julgamento sobre o documento que bloqueia a ação, produzindo uma espécie de "sentimento de marshmallow", o sentimento de que estamos fazendo o suficiente, ou fazendo bem o suficiente, ou mesmo de que não há mais nada a ser feito. Marshmallow, uma substância suave, branca, pegajosa e grudenta, parece uma boa forma de expressar como as coisas param de acontecer ao se tornarem muito confortáveis.

Muitos profissionais e acadêmicos se preocupam com como a escrita de documentos e políticas pode se tornar um substituto da ação. Conforme uma das pessoas que entrevistei coloca: "Você acaba escrevendo o documento em vez de fazer o que deve ser feito". Documentos são tudo o que profissionais de diversidade têm tempo para fazer. Então, documentos circulam dentro das organizações, geralmente fazendo referências uns aos outros, criando uma família de documentos. Eles criam um rastro de papel, uma trilha de onde estiveram. De certa forma, o objetivo de um documento é deixar um rastro.

trabalho de diversidade: rastro de papel.

O próprio foco em escrever bons documentos pode impedir ações, já que documentos são vistos como evidência de que "tudo está feito". Como neste outro relato: "Bom, acho que, em termos de políticas, a opinião das pessoas é 'Agora que temos isso, então está pronto, está feito'. Na verdade, penso se talvez isso não seja ainda pior do que não ter nada; a ideia na cabeça das pessoas de que lidamos com a questão racial, quando obviamente não lidamos". A ideia de que um documento está fazendo algo é o que permite a uma instituição não reconhecer o trabalho que deve ser feito. A ideia de que um documento pode lidar com a questão racial significa que as pessoas acham que a questão racial foi encarada, quando não foi. A ideia de que estamos lidando com a questão racial é a razão de não estarmos lidando com a questão racial.

Uma das consequências de a igualdade ter se tornado parte da cultura de auditoria é que a igualdade em si se torna um desempenho positivo da instituição, ou uma forma de a instituição ter bom desempenho. Quando uma política de igualdade é classificada de modo positivo, essa classificação é vista como sinal de igualdade, e é assim que os sinais de desigualdade desaparecem de vista. Igualdade e diversidade são usadas como indicadores de desempenho para passar uma boa imagem da organização. A diversidade é exercitada, então, como forma de relações públicas: "O esforço planejado e continuado em estabelecer e manter a boa vontade e o entendimento entre uma organização e seu público".[10]

Em uma entrevista que realizei com membras/os da equipe de um departamento de RH, discutimos um projeto de pesquisa que estava coletando o que se costuma chamar, no setor de igualdade, de "dados de percepção", ou seja, dados que indicam como o público externo enxerga uma organização. Esse projeto foi financiado como parte da política de igualdade da universidade. O que se descobriu?

Certo, era sobre revelar percepções a respeito [da universidade] como empregadora. [A universidade] era vista como uma clássica rede de contatos masculina, como foi chamada, dominada por homens brancos. E eles não tinham as percepções certas sobre [a universidade] em termos do que ela

10 Essa definição vem do Chartered Institute of Public Relations, "About PR", cipr. co.uk.

oferece e do que ela traz à academia. Eu acho que a maior parte do público externo tinha a impressão errada sobre [a universidade].

Esta é outra maneira pela qual a diversidade envolve gestão de imagem: o trabalho de diversidade passa a dizer respeito a gerar a imagem certa para a organização ao corrigir a imagem errada. Aqui, vê-se como errada a percepção de que a universidade é branca; para corrigir tal impressão, você muda a imagem. Diversidade passa a dizer respeito mais a mudar as percepções de branquitude do que a desafiar a branquitude das instituições. Podemos ver uma dificuldade-chave aqui: ainda que a diversidade seja uma tentativa de transformar a instituição, ela também pode se tornar uma técnica para manter as coisas inalteradas. É exatamente a aparência de transformação (um rosto novo e mais colorido para a organização) que impede algo de acontecer.

Uma nova política pode ser aceita sem que nada mude. Uma nova política pode ser aceita como uma forma de nada mudar. Outra profissional conversou comigo sobre o que parecia ser uma história de sucesso institucional: a decisão de que a totalidade de membras/os dos júris para nomeação acadêmica passassem por treinamento de diversidade foi tomada e aceita pelos comitês universitários de igualdade e diversidade. Essa decisão poderia ser descrita como exemplo de boas práticas. A decisão de fato foi tomada pelo comitê autorizado a isso (o comitê de igualdade e diversidade), que incluiu membras/os da equipe sênior de gerência (Senior Management Team – SMT). As atas foram enviadas para a aprovação do conselho, que sozinho tinha a autoridade de fazer da recomendação uma política:

> Quando cheguei aqui, existia uma política segundo a qual deveria haver três pessoas treinadas previamente em cada júri. Mas, logo que cheguei, foi tomada a decisão de que a totalidade de membras/os de todos os júris deveria receber treinamento, ao menos quem ocupa essa posição internamente. Levaram essa decisão ao comitê de igualdade e diversidade, ao qual diversos

membros sêniores estavam presentes. Mas aí o diretor de RH soube disso e decidiu que não tínhamos os recursos necessários para apoiar a iniciativa, então a decisão não seguiu para o conselho, que foi informado de que estavam satisfeitos com apenas três membras/os. Somente uma pessoa no conselho, que era membra externa do comitê de diversidade, se exaltou – sem brincadeira, se exaltou – e disse que as atas não refletiam o que realmente havia sido decidido na reunião (e eu nem levei as atas, aliás). Então tiveram de aceitar e reverter. E a decisão do conselho foi de que todas/os deveriam ser treinadas/os. Apesar disso, desde então fui a reuniões nas quais continuaram dizendo que basta que três pessoas do júri sejam treinadas. E eu digo que não, que o conselho mudou de opinião, que posso mostrar as atas, mas olham para mim como se eu estivesse dizendo alguma besteira. Isso continuou por muito tempo, mesmo que as atas realmente dissessem que a totalidade de membras/os do júri deveria receber treinamento. Para falar a verdade, às vezes você só desiste.

É como se houvesse uma decisão institucional. Indivíduos de dentro da instituição devem agir como se a decisão tivesse sido tomada para que ela de fato o seja. Se não, ela não será. Uma decisão tomada no presente em relação ao futuro (sob o signo promissor do "vamos fazer") pode ser encoberta pelo impulso do passado. O passado se torna algo como a multidão discutida na Parte I deste livro: um impulso se torna não só uma direção, mas uma diretriz. Não é necessário que seja dado um comando para garantir que as coisas ocorram de determinada forma; e, de fato, um comando não impediria que as coisas ocorressem de determinada forma. Talvez se possa dizer *sim*, porque o peso do passado não permitirá que esse *sim* alcance a força necessária para fazer com que algo aconteça. Eu chamo esse mecanismo de não performatividade: quando nomear algo não faz com que algo aconteça ou (mais precisamente) quando algo é nomeado para que não aconteça. Quando o *sim* não faz com que algo aconteça, esse *sim* esconde tal inefetividade sob a aparência da efetividade.

Um *sim* pode até ser mais pronunciável quando tem menos força; um *sim* pode ser pronunciado ao ser esvaziado de força. Em outras palavras, pode ser mais fácil para uma instituição ou para indivíduos dentro dessa instituição dizer *sim* porque não há nada por trás desse *sim*. Eu volto a esse exemplo no capítulo 6 porque ele tem muito a nos ensinar sobre paredes institucionais.

O TRABALHO DE EMPURRAR

Venho descrevendo como o mundo pode ganhar determinada aparência quando você é nomeada para mudá-lo. Profissionais de diversidade têm, então, uma relação enviesada com a instituição. Instituições são também dispositivos de alinhamento: quando as coisas estão alinhadas, elas recuam. Pense em um papel vegetal: quando tudo está alinhado, só se pode ver um conjunto de linhas. Em virtude de sua nomeação, uma profissional de diversidade começa a testemunhar os mecanismos que geram um conjunto de linhas, ou uma linha institucional. Não é de admirar que as coisas pareçam tortas. Ela parece torta.

Aprendemos por meio do que acontece com as coisas que estão em jogo. Aprendemos, por exemplo, que, mesmo quando o trabalho de diversidade faz com que novas políticas sejam adotadas, elas não são necessariamente implementadas. Dentro das organizações existe um vão entre palavras e ações, entre o que as organizações dizem que farão, o que estão comprometidas a fazer e o que estão fazendo. Por mais que as palavras se tornem substitutas da ação, elas ainda podem ser úteis. Uma profissional falou sobre utilizar "declarações de compromisso" como princípios que "a universidade deveria atingir". Então, se as organizações dizem o que estão fazendo, você pode mostrar a elas que não estão fazendo o que dizem. Profissionais de diversidade muitas vezes vivem nesse vão entre as palavras e as ações, tentando fazer com que as organizações alcancem as palavras que lançam.

trabalho de diversidade: cuidado com o vão.

Outra forma de dizer isso: as organizações não sustentam muitas das políticas implementadas como resultado dos esforços de profissionais de diversidade. *Sustentar*, nesse caso, refere-se a um compromisso substancial.

pense com corpos. corpos pensam.

Quanto mais um corpo sustenta uma ação, menos esforço consciente é necessário para provocar algo. Quando você está comprometida, digamos, com uma jogada específica de tênis, o impulso para sustentar a ação é suficiente para completar essa ação (na realidade, seria necessário mais esforço para interromper a ação do que para completá-la). O fato de profissionais de diversidade terem de instigar, lembrar, pressionar demonstra a falta de compromisso institucional com o que estão tentando trazer à tona. Como resultado, mudanças mais estruturais ou substanciais (e creio que qualquer mudança relacionada a nomeações seja estrutural, assim como o são os mecanismos pelos quais um corpo coletivo é remontado) são frágeis ou precárias: tais mudanças de procedimento podem ou nunca se tornar operantes e funcionais ou então deixar de sê-lo.

Assim, profissionais de diversidade têm que continuar a pressionar, mesmo quando são adotadas políticas que elas/es criaram. Uma política pode ser tratada como algo estranho à organização, ainda que a organização tenha adotado essa política. Uma das profissionais que entrevistei não era chamada de agente de igualdade ou agente de diversidade na universidade em que trabalhava. Ela era gerente de recursos humanos, e a diversidade e a igualdade estavam entre seus muitos deveres. A pessoa que estivera antes no cargo era chamada de agente de equidade. Por que mudar o nome do cargo? Ela me explicou a razão: "Nosso gerente geral não queria que eu fosse vista como a pessoa da equidade". Tornar-se "a pessoa da equidade" pode ser um problema, pois pode significar que a equidade acaba e começa em uma pessoa. Quando uma pessoa se torna a pessoa da equidade, outras não precisam sê-lo. A lógica utilizada aqui foi a da padronização [*mainstreaming*]: a igualdade e a diversidade foram tratadas por essa universidade como algo que todos os funcionários deveriam seguir. Não haveria mais uma profissional ou um escritório para a igualdade e a diversidade; o que estavam tentando fazer era "compartilhá-las em todas as direções".

Padronizar não funcionou. Essa profissional não deu mais detalhes do que o necessário para explicar por que não funcionou: "Não fomos capazes de dar tanta atenção quanto gostaríamos". A menos que a igualdade e a diversidade sejam designadas como tarefas, elas tendem a não ser atendidas. Entre as/os profissionais com quem falei, muitas/os suspeitavam do uso da padronização como um exercício de redução de custos, uma forma de não dar recursos para apoiar a igualdade e a diversidade (notei que as nomeações podem ser feitas sem mecanismos de apoio, mas elas ainda podem ser necessárias para criar um mecanismo de apoio). Como outra pessoa da área descreveu, a padronização é usada por gerentes para sugerir que "não é necessário que as pessoas sejam especialistas como nós e tudo bem. Não é o caso; sabemos que, especialmente no que diz respeito à questão racial, esse não é o caso". A diversidade e a igualdade não são o padrão, e tratá-las como se fossem significa simplesmente que a mensagem não será transmitida. Sem pressão institucional, sem quem pressione, nada acontece. A diversidade e a igualdade tendem a sair da agenda, a menos que alguém as force para dentro da agenda, e esse alguém é geralmente a/o profissional de diversidade ou de igualdade. Obviamente, se é preciso forçar para que algo entre na agenda, então esse algo não é o padrão. Você não precisa forçar o que é padrão; algo é padrão quando faz parte do fluxo organizacional (o modo como as coisas acontecem). A padronização, portanto, falha em descrever o tipo de trabalho que o trabalho de diversidade implica: ter que pressionar ou impulsionar agendas às quais as organizações muitas vezes dizem que são favoráveis, mas que na prática não sustentam.

A diversidade e a igualdade exigem escritórios e profissionais que continuem a pressionar; senão as coisas não acontecem. Como observei no capítulo 3, se você está indo na direção contrária em meio a uma multidão, precisa pressionar mais forte do que qualquer pessoa que esteja indo na direção certa. O esforço necessário para fazer as coisas está distribuído de forma desigual. Pressionar é, portanto, pressionar contra uma direção. É por isso que o gesto de pressionar tem um tipo único de temporalidade, bem como uma qualidade afetiva (creio que pressionar seja uma temporalidade distensora, você precisa se distender em direção a um futuro). Quando você pressiona, muitas vezes está pressionando por algo; uma possibilidade pode ser aquilo pelo que estamos pressionando. Se você não pressiona, parece, pelo menos às vezes, que a possibilidade desaparece. Algumas possibilidades, para se tornarem reais, requerem uma pressão maior do que outras. A necessidade de pressionar é uma consequência do que se tornou árduo ou endurecido com o tempo, como observo em mais detalhes no capítulo 6. Você precisa pressionar com mais força para deslocar o que endureceu.

Alguns trabalhos são mais difíceis que outros, porque algumas coisas são mais difíceis de deslocar do que outras. O trabalho de diversidade é um trabalho de pressão porque você precisa pressionar contra o que já está construído. Nós precisamos fazer ajustes em um arranjo existente de modo a abrir as instituições a quem elas historicamente excluíram. É a própria necessidade de fazer ajustes que nos ensina como as organizações são construídas. Acesso é pedagogia. Devem ser feitos ajustes em espaços e prédios porque estes presumem corpos específicos; a calçada pode precisar ser ajustada para receber a passagem de quem usa cadeiras de rodas; um palanque pode precisar ser ajustado para receber quem não tem a altura esperada; um horário pode precisar ser ajustado para receber quem é responsável pelo cuidado de crianças; e daí por diante.

O trabalho de diversidade é sobre reconstruir instituições para torná-las mais acessíveis. Como Tanya Titchkosky observa, o acesso não é somente um processo burocrático, ele mostra como os espaços são orientados para alguns corpos.[11] O acesso pode estar nos requerimentos formais de que você precisa para entrar em um mundo. Mas acessibilidade e inacessibilidade também são resultado de histórias que se solidificaram como hábitos ou rotinas compartilhadas. E frequentemente essas histórias são sobre o estreitamento ou a restrição do que os corpos fazem. Digamos, por exemplo, que seja rotineiro ter longas reuniões à mesa. Essa rotina presume um corpo que possa sentar-se dessa forma, um corpo que não precise de pausas. Perceba aqui que a acessibilidade, em sentido amplo, pode significar uma diversificação de estilos de comportamento e conduta. A acessibilidade diria respeito a afrouxar a lista de requisitos.

Existe uma intimidade, portanto, entre a necessidade de pressionar e o estreitamento de uma restrição. Você precisa pressionar para abrir espaço para quem não é acomodada/o pela restrição. Quem recebe oportunidades em meio à restrição vê a pressão exercida por profissionais de diversidade. A figura da feminista estraga-prazeres (e a da profissional de diversidade como uma estraga-prazeres institucional) é, então, relacionada a outra figura: a da feminista insistente [*pushy*]. Se estamos fazendo nosso trabalho, nós feministas devemos pressionar [*push*]. Temos que continuar pressionando mesmo quando parece que alcançamos algo. Feministas são profissionais de diversidade no primeiro sentido do termo: estamos tentando transformar as instituições ao desafiar aqueles a quem elas se destinam. Nós temos centros feministas e programas feministas porque não temos universidades feministas: quer dizer, porque sexismo, desigualdade de gênero e assédio sexual continuam estruturando ambientes universitários. Nós temos centros e programas feministas porque precisamos pressionar com mais força para atravessar o que

---

11 Tanya Titchkosky, *The Question of Access: Disability, Space, Meaning*. Toronto: University of Toronto Press, 2011.

endureceu. O trabalho de uma feminista também é "o trabalho de bater a cabeça contra uma parede de tijolos". A descrição de nosso trabalho é a descrição de uma parede.

Como relatei na parte anterior, as ferramentas que você insere para resolver um problema podem ser usadas como indicadores de que um problema foi resolvido. Em minha universidade, nós desenvolvemos um novo centro feminista em parte como resposta a um problema de sexismo, assédio sexual e desigualdade de gênero. Em uma reunião, a própria existência do centro foi vista como evidência do compromisso da universidade com valores de igualdade e feminismo. Um programa desenvolvido em resposta a um problema foi visto como solução do problema. Quando o problema não é resolvido, a resolução se torna o problema.

A resolução se torna o problema. Nos próximos capítulos, descrevo o trabalho que temos feito em torno do assédio sexual e minha decisão de deixar o cargo de professora, em protesto contra o fracasso em tratar do problema do assédio sexual. Como a universidade respondeu à minha carta de demissão? Ela fez sua própria declaração, pontuando compromissos, valores e credenciais no que se refere à igualdade: "Levamos o assédio sexual a sério"; "Inclusão é um tema importante"; "Somos um dos principais provedores de programas de gênero, sexualidade, raça e etnias no Reino Unido". A declaração se refere a uma conferência organizada pelas ativistas feministas Anna Bull, Tiffany Page e Leila Whitley como evidência de que o problema do assédio sexual estava em pauta. Como elas apontaram em sua resposta à declaração: "Foi porque ninguém estava disposto a organizar um evento sobre assédio sexual que nós mesmas nos encarregamos disso".[12] Um evento que aconteceu por-

---

12 A "Statement on Sexual Harassment" [Declaração sobre assédio sexual] da Goldsmiths, de junho de 2016, está disponível online em gold.ac.uk/governance/official-responses/statement-on-sexual-harassment/. A resposta de Anna Bull, Tiffany Page e Leila Whitley, "Sexual Harassment in Higher Education (SHHE) [Declaração sobre assédio sexual no ensino superior], está disponível para leitura no site da conferência: shhegoldsmiths.wordpress.com/statement/.

que a universidade não estava fazendo algo se tornou prova de que ela estava fazendo algo. O trabalho feminista de demonstrar falhas institucionais é usado como evidência de sucesso institucional. O próprio trabalho de crítica feminista acaba servindo de suporte para o que você critica. O trabalho que você faz para expor o que não está sendo feito é usado como prova do que foi feito.

**continuamos a pressionar
contra isso**

As feministas no mundo acadêmico têm pressionado, ao longo de décadas, por mudanças nos currículos. Mostramos como a universidade equivale, muitas vezes, a estudos de e sobre homens. Universal = homens. Gloria Wekker, em sua importante crítica da branquitude como "arquivo cultural", mostra que a branquitude torna-se um ponto de referência em estudos de mulheres e em estudos de gênero mediante a isenção e o deslocamento da raça e do racismo: certos corpos e palavras não são admitidos no campo ou na sala de aula.[13] Como resultado, os estudos de mulheres e de gênero podem exercitar seu próprio universal. UNIVERSAL = BRANCO. Um universal pode ser uma combinação de forças diferentes. Podemos especificar uma combinação na seguinte fórmula: UNIVERSAL = HOMENS BRANCOS. Ao fazer essa equação, mostramos como um universal não só universaliza *a partir* de corpos específicos mas também é um convite *para* esses mesmos corpos, proporcionando um espaço no qual eles podem ser acomodados. Universal: como alguns têm passagem. No capítulo 6 eu mostro como o "homem branco" é, assim, uma instituição: um corpo que veio a existir ao longo do tempo. Também podemos pensar na poderosa arqueologia de Sylvia Wynter sobre o surgimento do Homem. Ela mostra como o homem

---

13 Gloria Wekker, *White Innocence: Paradoxes of Colonialism and Race*. Durham: Duke University Press, 2016, pp. 75–76.

europeu é "super-representado", como se ele fosse "o humano em si".[14] Katherine McKittrick, em um texto sobre o trabalho de Wynter, descreve como essa "figura do homem" se torna a "régua com a qual todos os outros seres são medidos".[15] Quando damos a essa figura sua história, ela já não desempenha a mesma função disciplinar.

Era de se esperar que décadas de críticas contundentes ao modo como os assuntos são transformados em disciplinas tivessem transformado a própria natureza de tais disciplinas.[16] Em meu departamento, sempre ministrei um curso sobre raça, que focaliza o surgimento do conceito de raça a partir de histórias sobre o imperialismo europeu.[17] Parto da obra

14 Sylvia Wynter, "On How We Mistook the Map for the Territory, and Reimprisoned Ourselves in Our Unbearable Wrongness of Being, of *Désêtre*: Black Studies toward the Human Project", in Lewis R. Gordon e Jane Anna Gordon, *Not Only the Master's Tools: African American Studies in Theory and Practice*. Boulder: Paradigm, 2006, p. 119.

15 Katherine McKittrick, "Yours in the Intellectual Struggle: Sylvia Wynter and the Realization of the Living", in *Sylvia Wynter: On Being Human as Praxis*. Durham: Duke University Press, 2015, p. 3.

16 Essa seria, obviamente, uma expectativa otimista demais, especialmente no Reino Unido (embora o excesso de otimismo das expectativas ainda possa nos ensinar alguma coisa). No Reino Unido, todos os programas especiais [*honors*] em estudos de mulheres nos cursos de graduação foram encerrados (embora tenhamos alguns programas de pós-graduação em estudos de mulheres). Nenhum programa de crítica racial ou crítica étnica nem graduação de estudos negros surgiu durante esse período (embora tenham sido criados alguns centros de pesquisa e programas de pós-graduação). Os apelos para decolonizar o currículo no Reino Unido são muito recentes: um exemplo seria a iniciativa "Why Is My Curriculum White?" [Por que meu currículo é branco?], criada na University College London em 2014; ver o vídeo no canal do YouTube da UCLTV: youtu.be/Dscx4h2l-Pk.

17 Como expliquei na introdução de *On Being Included*, tive duas nomeações acadêmicas em minha carreira, ambas para ministrar cursos sobre raça (um na área de estudos de mulheres, outro na de mídia e comunicação). É muito fácil tornar-se uma pessoa que fala unicamente de raça quando você aceita essas nomeações. Temos que contar nossas histórias de chegada. Em ambos os casos, a experiência soou como receber uma nomeação da branquitude: pessoas de cor sendo entrevistadas por júris brancos para empregos ligados à raça, falando para o público branco sobre nosso

de autoras/es negras/os e de cor, especialmente de feministas negras e feministas de cor. Em todos os anos nos quais ministrei esse curso, estudantes negras/os e estudantes de cor vieram a meu escritório para dizer que aquela era a primeira vez que aprendiam conteúdos relacionados à própria experiência. Trata-se de um departamento moldado pelas tradições intelectuais dos estudos culturais britânicos e, particularmente, pelo legado do teórico negro britânico Stuart Hall. Aqui a branquitude continua a ser o padrão; e o padrão da educação. Ainda temos que fazer o trabalho de diversidade aqui, porque a fundação sobre a qual a casa foi construída cria estranhos; aquelas/es que passam às margens da experiência social; aquelas/es que, quando se encontram nos conteúdos, sentem o pesar de não terem se encontrado antes.[18]

E, ao longo dos últimos anos, muitas estudantes me informaram ter tido dificuldade em acessar a teoria feminista ou em fazer projetos feministas em seus próprios departamentos (até mesmo em departamentos conhecidos por ter um grande número de docentes feministas). Algumas estudantes me disseram que o feminismo em si tende a ser visto como fora de moda. É por causa dessa impressão do feminismo como "datado" que ele acaba não sendo ensinado. Há uma fantasia de digestão feminista,

---

trabalho. Na verdade, em ambos os casos, a experiência me fez desenvolver solidariedade para com quem tem que enfrentar essa situação. A branquitude pode ser uma situação que temos ou na qual estamos; e, quando podemos dar nome a essa situação (e até mesmo fazer piadas sobre ela), reconhecemo-nos como estranhas/os à instituição e criamos um vínculo por meio desse estranhamento. Naturalmente, ao mesmo tempo, gostaria de salientar aqui que queremos que haja posições de trabalho relacionadas a raça e etnia. Mas queremos também que haja mais de uma, queremos não ser a única pessoa. Nos últimos anos, ocorreu uma série de nomeações de pessoas negras e pertencentes a minorias étnicas em meu departamento – colegas que trabalham com a questão da raça em diferentes perspectivas. Embora não possamos reduzir a diversidade a uma contagem de corpos, os corpos contam. Tem sido um alívio não ser tão singular.

18 Gostaria de agradecer a colegas que participam desse esforço para radicalizar nosso currículo, em particular a Lisa Blackman e Richard Smith. O cânone é como uma parede: nós temos que martelar, martelar, martelar.

como se o feminismo já tivesse sido absorvido e assimilado por um corpo e, portanto, não fosse mais necessário. A fantasia da digestão feminista é mais ou menos como a diversidade: uma fantasia de incorporação.[19] É devido à fantasia de serem incorporados que alguns corpos ficam de fora.

Em outras palavras, uma fantasia de inclusão é uma técnica de exclusão. Recentemente, quando examinei mais de perto os programas de estudos culturais, fiquei impressionada com o número de cursos organizados em torno de (ou mesmo como) uma genealogia masculina branca europeia. Olhando mais a fundo, parece que acontece até mais do que antes; que alguns programas se tornaram menos diversos ao longo do tempo. Parece que, uma vez retirada a pressão para modificar o formato das disciplinas, elas voltam muito rapidamente à forma antiga. Temos que continuar pressionando; caso contrário, as coisas serão rapidamente revertidas ao que eram antes. Pode ser necessário pressionar para impedir uma reversão. Mesmo quando uma nova política é adotada, ou novos livros são colocados na bibliografia, sabemos que é preciso continuar lutando por eles; uma conquista pode ser frágil e precária. Se não continuarmos a lutar, mesmo depois de algumas coisas terem sido acordadas, logo podem ser abandonadas. Para que o que surgiu não desapareça, temos que manter a pressão; temos que nos tornar pontos de pressão.

Essa foi também minha experiência de trabalho nos estudos de mulheres: tivemos de continuar a pressionar para que as coisas se mantivessem. Os estudos de mulheres, como projeto, não terminam até que as universidades deixem de ser feitas para os estudos de homens. Não é surpreendente que os estudos de mulheres tenham fundações instáveis. Construir os estudos de mulheres é construir em ambientes que precisam ser transformados pelos estudos de mulheres; o objetivo dos estudos de mulheres é transformar o próprio terreno em que os estudos de mulheres são construídos. Nós temos que sacudir as fundações. Mas, quando sacudimos as fundações, é mais difícil ficar de pé.

19 S. Ahmed, *On Being Included*, op. cit., p. 163.

Quando nosso trabalho cria algo frágil, temos que ter cuidado para não danificar o que fazemos. Volto à fragilidade dos estudos de mulheres no capítulo 7. Mas note quanto trabalho pode ser necessário para manter as coisas que nós mesmas alcançamos. Temos que continuar a pressionar: para continuarmos, para o trabalho continuar. Talvez estejamos dispostas a fazer isso. Ou talvez fiquemos exaustas e decidamos fazer outra coisa. A história desse mecanismo elástico é impossível de separar da história de nossa exaustão como profissionais de diversidade. O que também quer dizer: a própria necessidade de pressionar para que certas coisas sejam possíveis pode ser o que as torna (eventualmente) impossíveis. Se não podemos sustentar o trabalho necessário para que certas coisas aconteçam, elas não podem acontecer. Alguma coisa pode não acontecer não porque fomos impedidas de fazê-la (podemos até ter sido oficialmente encorajadas), mas porque o esforço necessário é grande demais para ser suportado.

CONCLUSÃO: O TRABALHO DE DIVERSIDADE COMO UM TRABALHO OBSTINADO

Quando há resistência ao que você está tentando fazer, você precisa ser obstinada para continuar tentando. Assim, o trabalho de diversidade poderia ser descrito como um trabalho obstinado. Você precisa persistir porque há resistência. E quem trabalha com diversidade tende a ser julgada/o como obstinada/o: como se estivéssemos impondo nossa própria vontade por acreditar que algumas coisas possam ou devam ser modificadas. Aprendemos com isto: como de costume, a obstinação é nossa forma de saber. Notar a necessidade de modificar espaços para torná-los acessíveis revela como os espaços já são moldados pelos corpos que os habitam. O que já é aceito não é visto como imposição. As modificações necessárias para que espaços sejam abertos a outros corpos são muitas vezes registradas como imposições àqueles que estiveram aqui primeiro. Profissionais de diversidade acabam desafiando o que oferece segurança, conforto, lugar e posição. Tornam-se estraga-prazeres institucionais, não importa o que pretendam, não importa quanta boa-vontade pareçam ter, não importa como falem ou se vistam. Fazer o trabalho de diversidade é receber esse tipo de designação. Se, quando fazemos o trabalho de diversidade, estamos tentando modificar algo que existe há algum tempo, então o trabalho de diversidade é julgado não só como vindo de fora para dentro mas também como trazido por pessoas intrusas (mesmo que tenham sido oficialmente nomeadas para fazer esse trabalho). Experimentar a resistência ao trabalho de diversidade torna-se intrínseco ao que faz esse trabalho funcionar. Você fala as línguas mais felizes da diversidade por conta do que encontra. Quanto mais resistência você encontra, mais você sorri. Você precisa descobrir outras formas de obter passagem. Quanto mais impedimentos você encontra, mais precisa exercer sua criatividade.

Temos que continuar a insistir se quisermos abrir espaços a quem ainda não encontrou um lugar. Ou quem não encontrou um lugar têm que continuar pressionando mesmo depois de, aparentemente, tê-lo encontrado. Por exemplo, mesmo quando as universidades têm políticas de acessibilidade, muitas vezes ainda deixam a cargo de estudantes com deficiência a tarefa de descobrir essas políticas, perguntando sobre recursos de acessibilidade a cada evento.[20] O próprio esforço necessário para se informar sobre a acessibilidade pode acabar tornando tais eventos inacessíveis. O acesso pode tornar-se inacessível. A diversidade torna-se um trabalho para quem não encontra lugar no sistema existente, quer seu objetivo seja ou não o de modificar esse sistema. É a isso que me refiro como o segundo significado do trabalho de diversidade. E é sobre esse significado que me debruço a seguir.

---

20 Devo muito ao post "Event Organizers: Give Access Information up Front. Please?" [Organizadores de evento: informem sobre acesso antes. Por favor?], do blog PhDisabled, 30 out. 2014. Agradeço às/aos doutorandas/os envolvidas/os no blog e no projeto.

5. ESTAR

EM QUESTÃO

Uma norma é algo que pode ser habitado. Penso em uma norma como um quarto ou uma moradia: um modo de dar casa aos corpos. Neste capítulo, exploro o trabalho de diversidade como aquele que fazemos quando não habitamos por completo as normas de uma instituição. Não habitar uma norma (ou não habitá-la por completo) é uma experiência de não morar facilmente no lugar onde você reside. Podem fazer muitas perguntas para você; podem fazer com que você se sinta questionável, então você sente que não faz parte dos lugares onde vive, dos lugares que vê como sua casa; você pode aparecer e não receber autorização ou sentir muito desconforto em ficar. Na verdade, vou explorar como as normas são frequentemente mantidas mediante o tratamento recebido por quem não habita as normas. Normas podem ser produzidas por organizações (como um conjunto de regras ou acordos formais), mas também operam nas situações cotidianas em que os corpos são despejados. De fato, não habitar uma norma (ou não habitá-la por completo) muitas vezes equivale à experiência de despejo.

Muitas vezes, o trabalho de diversidade é o trabalho que temos que fazer porque fomos despejadas/os. Neste capítulo, aprofundo meu relato sobre o trabalho de diversidade, pensando em como a própria existência se torna uma forma de trabalho político. Estar em questão é tentar ser; estar em questão faz de "ser" um esforço. Exploro especificamente como estar em questão é muitas vezes sobre passar: a fim de passar por (uma rua, um bairro, uma organização), você tem que se passar por algo que se supõe que você não seja.

DE ONDE VOCÊ É?

Somos todas/os, num sentido profundo, residentes temporárias/os. Chegamos a um mundo só para partir novamente. A vida é o que vem e o que vai e o que acontece no meio. Passamos por um mundo. Quando estamos de passagem, algumas/ns de nós são paradas/os e questionadas/os. Para passar, você pode ter que passar em outro sentido: passar-se por algo. Pode ser que nos parem se não conseguimos passar. Aqueles que não são parados podem ser considerados os residentes certos; tornam-se residentes permanentes, mesmo que não haja nada permanente em sua residência.

Podemos começar com as perguntas. Elas podem nos engessar. Quantas vezes já lhe perguntaram: de onde você é? Aí vai só uma delas.

Eu estava descendo a rua em Cardiff [no País de Gales]. Alguém me parou; ele estava andando na outra direção. Parecia tão interessado. No quê? O que eu sou? "Ei, de onde você é?" A pergunta é feita com um sorriso curioso. Fico inquieta. É uma pergunta familiar, mas de uma familiaridade desconfortável. Sei o que a pergunta pede de mim. Resisto a dar a resposta que pedem que eu dê. "Austrália", digo. Não, originalmente, quero dizer. "Nasci em Salford [na Inglaterra]." O rosto do interlocutor aparenta irritação. "De onde são seus pais, então?" Ele sabe que eu sei o que ele está perguntando. Desisto, querendo seguir em frente. "Meu pai é do Paquistão." É isso. A conversa acabou. Dei a resposta certa, a resposta que ele estava esperando, pela qual estava inclusive torcendo.

Ser incitada a prestar contas sobre você mesma, a contar sobre você mesma; sentir que você precisa se justificar. Qual o peso das perguntas? Sobre quem elas pesam? Para muitas/os de nós, momentos como esse acontecem repetidamente ao longo do tempo. Ainda me fazem esse tipo de pergunta, embora com muito menos frequência do que antes, e raramente partindo de pessoas com quem cruzo na rua, no dia a dia. Agora, com mais frequência, a pergunta me é feita quando digo meu sobrenome, ou por alguém que vejo mais regularmente, mas com quem não tenho intimidade.

Ser questionada e ser questionável às vezes pode parecer uma casa: uma pergunta se torna algo em que você mora. Morar numa pergunta pode dar a sensação de não estar onde você está. Você não é daqui, certo? Ou, talvez, tornar-se o *não* signifique ser engessada por uma afirmação. Quando lhe perguntam "De onde você é?", é uma forma de dizer que você não é daqui. O questionamento, o interrogatório, só tem fim quando você se explica. Para mim, explicar-me, explicar de onde venho, não é só explicar que não sou daqui (não ser daqui, mas ser da Austrália, não seria suficiente; ter nascido no Reino Unido não seria suficiente), é explicar por que minha pele é marrom. A pele marrom é vista como estrangeira; marrom, de qualquer outro lugar.

De onde mais? O maravilhoso capítulo "On Not Speaking Chinese" [Sobre não falar chinês], de Ien Ang, descreve as conversas que se desenrolam a partir da pergunta "De onde você é?", geralmente seguida por "Mas de onde você realmente é?". Ela sugere que tais perguntas são "clássicas" para pessoas não brancas que vivem na Europa.[21] Elas parecem ser apenas perguntas, mas, na verdade, funcionam como afirmações. Quando param você, reafirmam o direito de fazê-lo. Ao responder assertivamente, sua fala torna você questionável, faz de você alguém que pode ser questionada/o, alguém que deveria estar disposta/o a responder a uma pergunta. Um corpo pode se tornar um ponto de interrogação. E aprendemos com perguntas que assumem a função de afirmações. Algumas pessoas não são paradas, algumas podem seguir em frente, porque sua aparência é consistente com uma expectativa do que ou de quem está aqui. O aqui pode ser transformado em uma afirmação, não só por quem é parada/o, mas por quem não é.

Ser transformado em um estranho: o que quero dizer com isso? No capítulo 1, retomei uma experiência de ser questionada pela polícia: "Você é aborígene?". Relembrar essa experiência me ajudou a pensar so-

---

21 Ien Ang, *On Not Speaking Chinese: Living between Asia and the West*. London: Routledge, 2001, p. 29.

bre como o estranho não é qualquer um, mas alguém; como a figura do estranho aponta para alguns corpos. O estranho como uma figura anônima é mostrado em campanhas de "cuidado com estranhos". A palavra *anônimo* deriva da palavra *nome*: um estranho não tem nome. Mas apenas alguns inominados serão parados; apenas alguns inominados serão julgados ilegítimos. Ser visto/a como um/a estranha/o é ser visto/a como não sendo daqui, não tendo o direito de estar aqui. Você é vista como uma pessoa que coloca em risco quem está aqui. Um resumo desse argumento: *não ser daqui* ameaça o *aqui*. Ou seja, julgar alguém como perigoso é uma forma de fazer alguém não ser daqui.

Tornar-se um/a estranho/a é não ter passagem. Para ter passagem, geralmente é necessário sair da figura do estranho. Minha própria história de ser uma estranha, contada no capítulo 1, é, na verdade, uma história de passagem. Ainda que tenha sido inicialmente vista como uma estranha (assaltos haviam acontecido na área), ainda que tenha sido questionada, pude seguir em frente. Por quê, como? Quando me perguntaram se eu era aborígene, respondi que não. Se eu fosse aborígene e tivesse me identificado como tal, não teria sido autorizada a seguir em frente. A pergunta teria levado a um interrogatório. Em outras palavras, ser capaz de seguir adiante era uma forma de privilégio racial: embora seja marrom, sou descendente de colonizadores. Ser uma colonizadora marrom ainda equivale a ser uma colonizadora.

A raça é um lugar complicado. O segundo policial então perguntou, num tom sarcástico: "Ou é apenas um bronzeado?". Aqui a cor torna-se *tudo* (é tudo sobre isso). A cor torna-se algo que tem que ser explicado ou justificado. A pergunta é uma explicação. Um bronzeado explica a cor como cor domesticada. Uma mulher bronzeada seria uma mulher que adquire sua cor da forma como fazem outras australianas: sua cor não é uma mancha em sua existência; sua cor não é estrangeira; sua cor é até mesmo uma expressão de nacionalidade, do que fazemos no tempo livre.

Às vezes deixamos de estar em questão ao dar uma explicação que não é nossa. Eu era então capaz de seguir adiante, de começar de novo, ao ter como me passar por branca (a mulher bronzeada é aquela que escolhe sua cor) e, assim, passar para o espaço branco. Ser uma mulher branca com uma cor é estar bronzeada em vez de ser marrom. Me lembro de ouvir inúmeros comentários, quando era mais nova, sobre estar bronzeada, muitas vezes comentários superficialmente admirados ou positivos: "Ah, como você é sortuda de ficar morena tão fácil, que sortuda você é. Como eu queria, olha só minha pele branca queimada, rosa e vermelha".

como eu queria, queria, queria
sorrindo

Quando a admiração é dada como uma compensação, não é admiração. O esforço para não ter pena é uma forma de ter pena.

ah, querida
mas que sorte a sua, querida

Comentários assim devem ser agrupados como racismo cordial [*polite racism*], um gênero que opera para desviar a atenção da raça, como se a raça fosse uma vergonha, algo que não poderia ou não deveria ser trazido à tona em uma sociedade educada. Tais atos de fala podem ser traduzidos como: sua cor não é uma mancha em sua existência, nós lhe daremos o benefício da dúvida ao considerar que você é originalmente branca, ou pelo menos fingiremos que você é originalmente branca, porque seria mais difícil, seria difícil, não fingir.

branquitude: quando a cor é algo que se adquire
tornar-se marrom, e não ser marrom
tornar-se, e não ser

No capítulo 2, eu me referi à "heterossexualidade presumida", a presunção "bem-intencionada" de que você é heterossexual a menos que você afirme o contrário. O racismo cordial opera para criar a branquitude presumida. É considerado mais educado presumir que você é branca/o. Na verdade: é mais educado presumir que você é branca a menos que você pareça negra. A ambiguidade racial é tratada como uma promissória: a branquitude presumida aproveita a conveniência da distância da negritude. Tais comentários também implicam: eu não enxergo você como se você fosse marrom, mas bronzeada, como eu. O que normalmente significa: eu não enxergo você. Quando as pessoas afirmam que não enxergam a raça, isso muitas vezes significa que não enxergam quem traz a raça consigo (branco: não de cor; negro: de cor). "Não vejo raça", portanto, é traduzido como "não vejo pessoas que não são brancas como não brancas", o que se traduz como "não vejo o que não é branco". Para não desaparecer, você tem que afirmar obstinadamente o fato de ser marrom. De novo: algumas pessoas têm que se tornar obstinadas apenas para ser vistas.

Há mais coisas em jogo no modo como fui capaz de passar por aquele encontro. Também acho que, ao falar com minha voz, com a voz que eu tenho, me identifiquei como sendo de classe média, como alguém que pertence a este bairro, como alguém que a polícia protege, e não policia. Isto é o que interseccionalidade pode significar na prática: ser parada pelo modo como você é vista em relação a algumas categorias (não branca, aborígene; não pertencente à classe média), ser capaz de seguir adiante por conta do modo como você é vista em relação a outras (não aborígene; pertencente à classe média, branca).[22]

[22] Interseccionalidade é um conceito-chave do feminismo negro: foi introduzido por Kimberlé Williams Crenshaw, embora a interseccionalidade existisse como método e política antes da chegada do termo em si; K. W. Crenshaw, "Demarginalizing the Intersection of Race and Sex: A Black Feminist Critique of Antidiscrimination Doctrine, Feminist Theory and Antiracist Politics". University of Chicago Legal Forum, n. 1, 1989. Uma série de críticas à interseccionalidade a associaram à identidade e à estabilização (por exemplo, Jasbir Puar, *Terrorist Assemblages: Homonationalism in Queer Times*. Durham: Duke University Press, 2007). Acredito que tais críticas seriam mais bem entendidas enquanto críticas à institucionalização da interseccionalidade (ver Sirma Bilge, "Intersectionality Undone: Saving Intersectionality from Feminist Intersectio-

A interseccionalidade é confusa e corporificada. Em um maravilhoso artigo dialógico, Ruth Frankenberg e Lata Mani refletem sobre o pós-colonialismo como uma política de localização que é moldada por múltiplas trajetórias históricas. Uma localização é instável; uma história individual é moldada por histórias mais longas de colonialismo. Em sua parte, Lata Mani (que escreve do ponto de vista de uma feminista indiana trabalhando nos Estados Unidos) trata de dois momentos em que chegou à universidade depois que estava fechada. No primeiro, um professor branco abre a porta e recusa-se a deixá-la entrar: "Ele não pode deixar ninguém que estava na rua entrar, sabe-se Deus o que você pode fazer". No segundo, uma mulher filipina, funcionária de limpeza, está trabalhando no corredor: "Ela olha para mim, sorri e, sem dizer nada, abre a porta".[23]

ninguém: ralé.

alguém: sorriso, entre.

interseccionalidade: parar, começar, ninguém, dentro, alguém, fora.

Em um momento, você não está autorizada a entrar por causa de modo como é vista (você é uma estranha; você é marrom; você é ninguém). Em outro momento, você está autorizada a entrar por causa do modo como é vista (você é uma professora; você é marrom, mas é de uma classe mais alta; você é alguém). Dependendo de quem encontra quem: ou você está

---

nality Studies". *Du Bois Review: Social Science Research on Race*, v. 10, n. 2, 2013). A palavra e o conceito não são invalidados pelas críticas: a interseccionalidade pode nos trazer de volta à vida porque está cheia de vida. Sobre como a interseccionalidade funciona de modo a colocar em questão "modelos aditivos", ver Rose M. Brewer, "Theorizing Race, Class and Gender: The New Scholarship of Black Feminist Intellectuals and Black Women's Labor", in Stanlie Myrise James & Abena P. A. Busia (orgs.), *Theorizing Black Feminisms: The Visionary Pragmatism of Black Women*. London: Routledge, 1993. Para uma excelente abordagem "cartográfica" do tema, ver Avtar Brah, *Cartographies of Diaspora: Contesting Identities*. London: Routledge, 1996.

23 Ruth Frankenberg e Lata Mani, "Crosscurrents, Crosstalk: Race, 'Postcoloniality' and the Politics of Location". *Cultural Studies*, v. 7, n. 2, 1993, p. 296.

dentro ou não. E obviamente é o professor, e não a faxineira, que guarda, por assim dizer, a porta da instituição: que decide quem pode se sentir em casa ali, quem pode ser legitimamente empregado por ela. Dependendo de quem encontra quem; a passagem surge quando você não passa. Quando falamos de passagem, estamos falando de portas. Para algumas pessoas passarem pela porta, entrarem numa sala, é necessária a permissão daquelas que guardam aquela porta. Uma porta não é apenas uma coisa física que se move por meio de dobradiças, mas um mecanismo que permite uma abertura e um fechamento. Algumas pessoas devem passar quando esse mecanismo está em funcionamento.

Por *algumas pessoas* quero dizer: nem todas. Não funciona dizer "Estamos todas/os passando", mesmo que de algum modo todas/os estejamos de passagem, porque somos todas/os, como sugeri antes, residentes temporárias/os. Poderíamos dizer, por exemplo, que todas as mulheres estão se passando por mulheres: passamos para a categoria "mulher" por sermos designadas ou nos designarmos como "ela". Mas se não colocam sua legitimidade em questão constantemente, se não perguntam se você é mulher constantemente, repetidamente, se não fecham a porta na sua cara quando você tenta entrar nesse espaço, então você não precisa se passar por mulher da mesma forma que outras. Passar-se é o que você tem que fazer se ou quando sua legitimidade está em questão. As mulheres trans podem ter que se passar de uma forma que algumas mulheres cis não precisam: devido a esse constante questionamento de legitimidade. "Passar-se" não significa, nesse caso, "passar-se por mulher", necessariamente, como se as mulheres trans não fossem mulheres: ainda que a percepção de que mulheres trans não sejam mulheres tenha consequências materiais na vida. Juliet Jacques, com base em Julia Serano, explora precisamente este problema: como a narrativa de "passar-se por" coloca mulheres trans na posição de mentirosas e fraudulentas.[24] Mas

---

24 Juliet Jacques, "Confidence Is the Key to Passing: Or at Least to Silencing the Hecklers". *The Guardian*, 28 jul. 2010; Julia Serano, *Whipping Girl: A Transsexual*

às vezes, como a própria Jacques observa, passar-se pode ser o que você precisa fazer para evitar a perseguição. Passar-se por cis é passar sem ser detectada: ou uma tentativa de não ser detectada. Passar-se pode exigir, então, um tipo de confiança: criar a impressão de ter o direito de estar onde você está.

Você vivencia uma imposição para justificar sua existência do modo como ela é. O trabalho de diversidade pode acabar dizendo respeito a um modo de ser. O trabalho de diversidade pode acabar dizendo respeito a modos.

SER UMA PERGUNTA

Às vezes, façam-lhe ou não uma pergunta, você se sente questionável. Talvez você tenha sido questionada muitas vezes; você já espera por isso; você começa a viver sua vida como uma pergunta. Você se sente como um ponto de interrogação; sente-se marcada por perguntas. Às vezes você pode ser questionada por causa da pessoa com quem está; ou pela forma como se relaciona com quem você está. Tantas vezes me perguntam quando entro em uma loja das redondezas com minha namorada: "É sua irmã?". Quem é ela? É uma forma de dizer: qual é a relação entre vocês? Uma relação pode ser questionável. Irmã: uma forma de ver ou de não ver as lésbicas? Irmã: uma maneira de evocar uma intimidade sem dar nome a ela, irmã como um eufemismo? Um casal de lésbicas foi questionado por pessoas recém-chegadas à vizinhança: "O que vocês são?". Uma relação pode parecer um objeto obstinado, algo que se intromete, que se destaca.

Woman in Sexism and the Scapegoating of Femininity. Berkeley: Seal, 2007; ver também J. Jacques, *Trans: A Memoir.* London: Verso, 2015, pp. 182–89.

Quando você é heterossexual, não é inquirida/o sobre como se tornou heterossexual. Quando você sai do armário como lésbica, gay ou bissexual, pode ser inquirida/o e ter que se justificar. A ciência da sexologia institucionalizou esta exigência: como explicar o desvio? Quais são as origens do desvio? Quem são as/os desviadas/os? Você é desviada/o? Ou talvez possamos dizer: ao se desviar, você se torna questionável, aquela/e cuja biografia se torna um testemunho. Cada pedaço de você pode se tornar uma revelação.

Quando você se desvia de uma linha reta, é o desvio que tem que ser explicado. Em um livro anterior,[25] contei uma anedota sobre ter sido inquirida por uma vizinha. Vou contá-la outra vez.

Chego em casa. Estaciono o carro e vou em direção à porta da frente. Uma vizinha me chama. Me viro, um pouco nervosa. Ainda não estabeleci uma relação próxima com a vizinhança. Não faz muito tempo que moro aqui, e o aspecto semipúblico da rua ainda não é algo confortável. Ela murmura algumas palavras que não consigo ouvir e, depois, pergunta: "É sua irmã ou seu marido?". Não respondo e entro rápido em casa.

Há duas mulheres morando juntas, duas pessoas sozinhas numa casa. Então, o que você enxerga? A primeira pergunta sugere que as duas mulheres são irmãs. Vendo-nos como irmãs, a pergunta nos constrói como similares: como irmãs. Dessa forma, a leitura ao mesmo tempo evita a perspectiva de lesbianidade e a substitui, já que repete a construção social familiar de casais lésbicos como irmãs. Lésbicas, por vezes, são representadas como se pudessem ser irmãs porque é assim que se assemelham a famílias. A fantasia da similaridade entre irmãs (que é uma fantasia no sentido de que buscamos a similaridade como sinal de uma ligação biológica) toma o lugar de outra fantasia, a do casal lésbico como sendo formado por duas pessoas similares, tão similares que ameaçam se fundir em um só corpo. Certa vez, quando contei essa anedota em uma conferência, uma mulher na plateia comentou: "Mas isso é

25 S. Ahmed, *Queer Phenomenology*, op. cit.

surpreendente – vocês são de raças diferentes!". Eu não colocaria exatamente dessa forma, mas o comentário mexeu comigo. Minha namorada é branca. Eu sou marrom. Ver-nos como iguais ou como irmãs significa ignorar sinais de diferença.

A passagem da primeira pergunta para a segunda, sem nenhuma pausa nem esperar pela resposta, é fascinante e até agora me fascina. Se não irmã, então marido. A segunda questão resgata a interlocutora, posicionando a parceira não como mulher (que mesmo na posição de irmã deixa em aberto o risco daquilo que não deve ser nomeado), mas como homem. A figura do "meu marido" opera como um outro sexual legítimo, a outra metade, um parceiro sexual com uma face pública. Ou a pergunta poderia ter sido mais brincalhona, com a figura do marido não se referindo necessariamente a "homem": ou seja, o *marido* poderia ser uma referência à *butch*, à parceira com aparência masculina. A *butch* só seria visível nesse sentido na medida em que tomasse o lugar do marido. De qualquer forma, o enunciado remodela a forma oblíqua do casal lésbico, já que endireita essa forma para que ela pareça reta / heterossexual [*straight*]. Na verdade, os enunciados nem sequer passam de um ângulo estranho [*queer*] a uma linha reta. A sequência de enunciados oferece duas leituras do casal lésbico, ambas funcionando como dispositivos de endireitamento, de heterossexualização [*straightening*]: se não irmãs, então marido e mulher.

Muito tempo se passou desde esse dia. Mas, quando andamos pela rua, as perguntas continuam a nos seguir. Ou, devo dizer, as perguntas seguem minha parceira, e me seguem, como parte de nós, uma de duas. "Você é homem ou mulher?", perguntam a ela, dessa vez com um tom de piada e hostilidade. Uma questão que paira sobre o gênero: não ser alojada no gênero, ser desalojada pelo gênero. Algumas dessas perguntas tiram você do corpo que sente que habita. Uma vez que você começa a recebê-las, espera por elas; esperar para ser desalojada/o muda sua relação com o alojamento. O gênero pode ser revisto em termos concretos de acomodação.

Você pode não se sentir em casa em uma designação existente. Para se sentir em casa, talvez tenha que se tornar insistente. Se você é transgênera/o e/ou não está em conformidade com seu gênero, pode ter que insistir em ser "ele" ou "ela" ou não ser "ele" ou "ela" quando tratarem você pelo pronome errado; pode ser que tenha que continuar insistindo porque não escutam você quando mostra sua preferência. Estar em uma relação homossexual também pode envolver a luta pelo pronome, uma luta que é tanto pessoal como política: quando seu parceiro ou sua parceira é tratado/a por "ele" ou "ela", você tem que corrigir a suposição, e o próprio ato de correção é visto como uma exigência, uma imposição ou uma demanda sobre os outros. Ser visto como exigência: há toda uma história aqui de como as mudanças necessárias para a existência de algumas pessoas são vistas como fazer exigências a outras. É dessa forma que o politicamente correto é usado: como imposição de uma ordem que regula o comportamento dos outros. A existência de algumas pessoas é uma imposição ou uma restrição à liberdade de outras. Esse é um trabalho extenuante, que é necessário porque certas normas ainda estão em funcionamento para dizer como as pessoas devem ser e se relacionar. Nós também aprendemos: o desejo de uma vida mais normal não significa, necessariamente, a identificação com as normas, podendo ser um desejo de evitar o esgotamento de precisar insistir só para existir.

Se você não habita as normas existentes, pode ser desconfortável. Muitas vezes penso nas políticas de conforto como poltronas: é sempre bom usar a mobília para pensar. Pense em como é sentir-se confortável: digamos, afundar-se em uma poltrona confortável. O conforto é sobre o encaixe entre corpo e objeto: minha poltrona confortável pode ser estranha para você e para os contornos de seu corpo. Conforto diz respeito a um encontro entre mais de um corpo; a promessa de um sentimento de afundar-se. A heteronormatividade funciona como uma forma de conforto público, permitindo que os corpos se estendam em espaços que já tomaram sua forma. Tais espaços são vivenciados como confortáveis, pois permitem que corpos se encaixem. As superfícies do espaço social são impressas na forma desses corpos (como uma poltrona que se molda aos corpos que a habitam: nós quase podemos ver a forma desses corpos como marcas na superfície). Os espaços ampliam os corpos, e os corpos ampliam os espaços; as impressões adquiridas pelas superfícies funcionam como traçados de tais ampliações. Gill Valentine mostra como a "heterossexualização" dos espaços públicos, como as ruas, é naturalizada pela repetição de diferentes formas de conduta heterossexual (as imagens em outdoors, as músicas tocadas, as demonstrações públicas de afeto heterossexual etc.), um processo que muitas vezes passa despercebido por sujeitas/os heterossexuais.[26] As ruas registram a repetição de atos, assim como a passagem de alguns corpos e não de outros.

A heteronormatividade também se torna uma forma de conforto: a pessoa se sente melhor mediante o acalento de encarar um mundo que já está dado. A pessoa não percebe isso como um mundo quando foi moldada por esse mundo e até mesmo adquiriu sua forma. As normas podem não só ter o costume de desaparecer da vista mas também ser o que não sentimos conscientemente. Se você não habita a heterossexualidade, pode se sentir desconfortável quando confrontada/o com os confortos da heterossexualidade (o corpo não se afunda em um espaço que já tomou outra forma). As pessoas *queer* podem ser incitadas a não deixar as outras desconfortáveis, a não demonstrar nenhum sinal de intimidade *queer*. Pode ser solicitado a você que "baixe a bola", ou você pode "baixar a bola" para evitar criar desconforto. A disponibilidade de conforto para alguns corpos pode depender do trabalho de outros, bem como do fardo do sigilo.

Quem é você, o que você é, explique-se. Uma pergunta pode ter um estado de humor: uma fala pontiaguda atirada em sua direção pode atingir você. E uma pergunta pode lhe ser dirigida como se você mesma estivesse de mau humor ou fosse a temperamental. Alguém pode dizer

---

26 Gill Valentine, "(Re)Negotiating the 'Heterosexual Street': Lesbian Productions of Space", in Nancy Duncan (org.), *BodySpace: Destabilizing Geographies of Gender and Sexuality*. London: Routledge, 1996, p. 49.

"O que foi?" ou "Qual o problema?". Talvez essa pergunta surja da intimidade: ela pergunta "O que foi?" porque percebe que algo está errado pela entonação de sua voz, por sua expressão. Mas nem sempre: podemos errar sobre algo estar errado. Se a pergunta pode ter um sentimento, pode dar forma a um sentimento. Pode ser que não haja nada, pode ser que você não esteja se sentindo mal. E então: ser questionada sobre o que está havendo, como se houvesse algo, pode derrubar você. Nada, você responde, rabugenta. E então você decreta a verdade do julgamento ao contradizer o julgamento, ao dar a ele uma forma.

Quando lhe perguntam qual é o problema, podem estar se referindo a sua disposição; seu rosto e seu corpo são vistos como uma declaração de que algo está errado. E você pode estar declarando que algo está errado. Mas a pergunta "O que há de errado com você?" nem sempre se dirige a seu humor ou sua aparência. Uma pergunta pode ser uma situação. Talvez você esteja num hospital, um lugar ao qual vai quando há algo errado. Certos e errados podem ser problemas de saúde. Ao ficar doente, você tem que se justificar. É esse meu problema.

Uma pergunta pode ser o que não desmorona. Talvez quando um erro se torna uma pergunta, um acerto se torna uma ideia. Tem algo de errado com você porque você não está certa; algo não está certo. Um corpo certo funciona direito; um corpo certo está na vertical; um corpo capaz. Quando um bebê nasce: para confirmar que está tudo certo, verificam-se os dedos dos pés e das mãos.

todos aqui
ela está toda aqui

Todos os dedos das mãos, todos os dedos dos pés: uma criança perfeita e normal; a criança certa. Como observa Rosemarie Garland-Thomson, em alusão ao trabalho de Andrew Solomon, uma criança com deficiência pode se tornar estrangeira ou estranha à família. A criança com deficiência se torna a criança errada:

Isso não significa que pessoas com deficiência não sejam amadas nem aceitas dentro das famílias ou comunidades, mas sugere uma outra forma a partir da qual a deficiência congênita ou precoce é entendida como algum tipo de erro, de injustiça [*wrongness*], muitas vezes benevolente, porque viola a continuidade prevista da mesmice da família em sua condição de não deficiente. Em outras palavras, o que parece errado e injusto sobre a deficiência congênita é a narrativa de que a família tem a criança errada, uma criança trocada, no lugar da criança sem deficiência que era esperada.[27]

A expectativa de uma criança sem deficiência faz da criança com deficiência a criança errada. Quando seu ser é errado, você é injustiçada. Garland-Thomson também observa como sujeitas/os com deficiência são perpetuamente questionadas/os: "O que há de errado com você?". A pergunta que questiona o que há de errado converte uma injustiça em uma explicação. Parte da experiência de ter uma deficiência é a necessidade de se explicar para explicar como as coisas deram errado. Uma resposta possível: eu nasci assim. Garland-Thomson observa que mesmo quem tem uma deficiência congênita passa a ter essa deficiência quando não é acomodada/o por um ambiente. É assim que as histórias se tornam concretas, como eu discuto em mais detalhes no capítulo 6. Se os ambientes são construídos de modo a permitir que alguns corpos façam o que podem, os ambientes podem ser aquilo que impede os corpos de fazer: um *não poder* é o modo como alguns corpos se encontram com um ambiente.

O modo como se responde à pergunta "O que há de errado?" importa. Algo que está errado e que se torna pessoal (o que há de errado com você) pode se mostrar importante em relação à maneira como alguém habita um ambiente (esse ambiente está errado para mim). Talvez não possamos evitar questionamentos: é isso que significa estar em questão. A luta política passa a ser, então: encontrar maneiras melhores de responder

---

27 Rosemarie Garland-Thomson, "The Story of My Work: How I Became Disabled". *Disability Studies Quarterly*, v. 34, n. 2, 2014.

às perguntas, maneiras de questionar as perguntas, para que o mundo que questiona determinadas existências, que transforma determinadas existências em perguntas, passe a ser aquilo que questionamos.

TRABALHO INSTITUCIONAL

Nós damos corpo à diversidade ao aparecermos de uma forma incongruente com as normas de uma instituição. Ao formalizar um acordo, as instituições criam uma residência destinada mais a alguns corpos do que a outros. Você pode se tornar uma estranha dentro de uma instituição, ou uma "invasora do espaço", para tomar emprestado o sugestivo termo de Nirmal Puwar.[28] O trabalho de diversidade, portanto, é aquele que você faz por não se ajustar a uma série de acordos. Rosemarie Garland-Thomson descreve um "desajuste" da seguinte forma:

> Um desajuste ocorre quando o ambiente não sustenta a forma e o funcionamento de um corpo que nele adentra. O dinamismo entre corpo e mundo que produz ajustes ou desajustes se dá nos pontos de encontro espaciais e temporais entre corpos dinâmicos, mas relativamente estáveis, e ambientes. O espaço construído e ordenado pelo qual conduzimos a vida tende a oferecer ajustes aos corpos majoritários e a criar desajustes com formas minoritárias de corporalidade, como as pessoas com deficiência.[29]

Temos um desajuste quando existe uma relação incongruente entre corpo e coisa, ou entre corpo e mundo. Em um artigo anterior, Garland-Thomson descreve o desajuste como "uma relação incongruente entre

---

[28] Nirmal Puwar, *Space Invaders: Race, Gender and Bodies out of Place*. Oxford: Berg, 2004.
[29] R. Garland-Thomson, "The Story of My Work: How I Became Disabled", op. cit.

duas coisas: um pino quadrado em um buraco redondo".[30] Quando você tenta se ajustar a uma norma que não é moldada para se ajustar a seu corpo, você cria uma incongruência. Você se torna uma incongruência. Como afirmei na conclusão do capítulo 4, a acessibilidade se torna um trabalho de diversidade no segundo sentido: algumas pessoas têm que trabalhar mais só para se adequar a um espaço.

Penso em corpos e roupas. Com o tempo, uma roupa passa a aderir melhor ao corpo que a veste. Pode inclusive ficar aderente demais. Quanto mais uma roupa adere a um corpo, mais eles entram em sintonia. Talvez uma instituição seja como uma roupa velha. Ela adquire a forma de quem costuma usá-la; fica mais fácil usá-la se você tiver essa forma. O privilégio pode ser repensado nos seguintes termos: ele é mais fácil de usar. O privilégio é um dispositivo que economiza energia. É necessário menos esforço para ser ou fazer. Se você tem origens duvidosas, não se espera que esteja na instituição, de modo que, ao adentrá-la, você já divergiu de uma expectativa sobre quem é e o que é capaz de fazer; quando isso acontece, a instituição é a forma errada; o moletom não cai bem no corpo. Você se contorce, tentando fazer com que ele caiba, mas isso só deixa ainda mais evidente que ele não cabe. Annette Kuhn conta que, como menina da classe trabalhadora, quando estudante em uma escola primária, ela se sentia "visivelmente fora de lugar".[31] De fato, ela descreve essa sensação de estar fora de lugar ao nos apresentar uma biografia de seu uniforme escolar; de como, quando seu uniforme mal ajustado finalmente veio a caber, já estava "desgrenhado" e "desalinhado".[32] Na língua inglesa, a palavra *wear*[33] deriva originalmente da palavra germânica que significa roupa. Adquire, então, um sentido secundário de "desgastar, de

---

30 Id., "Misfits: A Feminist Materialist Disability Concept". *Hypatia: A Journal of Feminist Philosophy*, v. 26, n. 3, 2011, pp. 592–93.

31 Annette Kuhn, *Family Secrets: Acts of Memory and Imagination* [1995]. London: Verso, 2002, p. 111.

32 Ibid.

33 "*To wear*" se refere a vestir, a usar, mas também a desgastar, a deteriorar. [N. T.]

se danificar gradualmente" pelo efeito do uso contínuo da roupa. Mais difícil de vestir [*wear*]: nesse segundo sentido, algo pode ser desgastante. Algo se desgasta; você fica desgastada.

Experimentar algo é como provar uma roupa. Algo se põe à prova [*trying*] quando é preciso fazer esforço para fazê-lo caber. Não é de admirar: não herdar um privilégio é penoso [*trying*].

Pode ser penoso dar corpo à diversidade. Seu corpo se torna um indicador de desempenho. Você se torna uma marca em uma caixinha. Talvez você seja um/a dentre tanto/as estudantes oriundo/as da classe trabalhadora que chegam à universidade; uma dentre tantas pessoas de cor contratadas pela universidade; uma dentre tantas mulheres em cargos de chefia; um/a dentre tanto/as estudantes ou funcionário/as com deficiência. Talvez você tenha familiaridade com o fato de ser uma dessas tantas pessoas. Talvez você tenha se tornado professor/a como membro/a de uma minoria. Talvez possamos dizer que você seja um/a professor/a passável. Pierre W. Orelus reflete sobre como, por ser um professor de cor, frequentemente depara com reações de surpresa. Diz ele: "Depois de me apresentar formalmente nas aulas, tenho alunos de graduação que me perguntam, num tom de voz surpreso, 'Você é mesmo o professor?'. Eu algumas vezes os ouço perguntar aos colegas: 'Ele é mesmo o professor?'".[34] Mesmo: mesmo? Tem certeza? Orelus compara essa maneira de questionar, esse senso de curiosidade e assombro, com as perguntas tipicamente feitas a imigrantes. O fato de perguntarem se você é o professor é outra forma de fazerem de você um estranho, um corpo fora do lugar, sujeito a tensão.

Você acaba tendo de fazer toda uma declaração: "Sim, sou professor". Talvez você tenha que continuar repetindo essa frase, porque, ao se declarar professor, estará falando de maneira não usual para um professor. Um professor passável é mais insistente.

---

[34] Pierre Orelus, *Courageous Voices of Immigrants and Transnationals of Color: Counter Narratives against Discrimination in Schools and Beyond*. New York: Peter Lang, 2011, p. 31.

Algumas pessoas têm que insistir em pertencer às categorias que abrigam outras. Outra história: estamos em uma reunião de departamento com estudantes que acabaram de ingressar na universidade. Estamos falando dos cursos que ministramos, um/a após o/a outro/a, um/a por vez subindo no estrado. Alguém dirige a reunião, apresentando cada um/a de nós em sua vez. Ela diz: Este é o professor Fulano. Este é o professor Sicrano. Acontece que, nessa situação em particular, sou a única professora e a única pessoa de cor entre os professores na sala (o que não surpreende, pois eu era a única pessoa de cor entre as/os professoras/es do departamento). Quando chega minha vez de subir no estrado, a apresentadora diz: "Esta é a Sara". Eu sou a única a ser apresentada sem que o título de "professor/a" seja mencionado. O que você faz? O que fazer? O trabalho de diversidade consiste em preencher essa lacuna ou hesitação. Se você apontar esse problema, ou se pedir para que se refiram a você pelo título adequado, estará insistindo no que é simplesmente dado a outras pessoas; não apenas isso, você será tida como insistente ou, até mesmo, como alguém que se autopromove (como alguém que insiste no que lhe é devido). Talvez algumas pessoas tenham de ser autopromover porque outras são promovidas apenas em virtude de fazerem parte de um grupo social. Você não só tem que se tornar insistente para receber o que é automaticamente dado às outras pessoas, mas essa insistência confirma a natureza imprópria de seu pertencimento. Não costumamos reparar na assistência concedida àquelas/es cujo pertencimento é simplesmente pressuposto.

Talvez você repare nessa assistência quando seu próprio pertencimento não é pressuposto. No capítulo 1, sugeri que o fato de repararmos nos coloca em um mundo diferente. Aqui estou sugerindo o seguinte: você repara em algo porque seu corpo coloca você em um mundo diferente. Em outra ocasião, entro em uma sala com um professor branco. Reparo como o olhar coletivo se lança sobre ele. Parece um pouso. Plof, plof. Vocês entram juntos, mas não são vistos como se estivessem juntos. Talvez pressuponham que você seja uma assistente ou uma aluna. O público o vê como professor, uma vez que espera que um professor tenha essa aparência. Ele talvez tenha barba, cabelo grisalho. É evidente que ele é mais do que isso; sem dúvida há aspectos dele que o público não vê. Exatamente; esse é o ponto. O fato de ele ser visto como professor também implica uma maneira de ele não ser visto. O público está vendo o que espera ver; está vendo uma pessoa, e não outra, como professor. Aí vem o professor; ele é o professor; olá, professor.

O trabalho de diversidade pode ser o trabalho que você faz quando desaparece da sala. Você precisa trabalhar para aparecer. Ou o trabalho de diversidade pode ser a necessidade de se explicar: como você chegou a um determinado lugar. Ou o trabalho de diversidade pode ser aquele que você faz para evitar a necessidade de ter que explicar como chegou a tal lugar. Uma das maneiras de evitar a necessidade de explicar a própria existência é o que chamo de passabilidade institucional. A passabilidade institucional pode envolver o esforço para não se destacar ou para se distanciar (embora um esforço para não se destacar possa ser o que faz com que você se destaque). A passabilidade institucional pode ser aquilo que você acaba fazendo quando, ou até mesmo porque, não pode passar pelo que não é (seja por causa do corpo que você tem, por sua história ou por qualquer outro motivo). Não ser capaz de passar muitas vezes tem a ver com visibilidade. Talvez você seja visivelmente negra/o demais para passar por branca/o; talvez tenha uma deficiência visível demais para passar como se não tivesse; talvez seja visivelmente *queer* demais para passar por hétero; talvez seja visivelmente trans demais para passar por cis. Quando você não pode passar pelo que não é, tem que se esforçar mais para passar a ser de uma organização ou para passar por ela. Pode ser que você passe quando tenta *não* ser esse tipo de minoria, aquela que insiste no fato de ser uma minoria. Pode ser que você tente não fazer exigências, porque sabe que é vista como uma pessoa exigente antes mesmo de aparecer; porque você aparece.

Talvez você passe se não falar de si mesma como uma minoria: como se, pelo fato de passar por cima de não ser algo, você fosse menos intrusiva para quem o é; ou como se, por passar por cima de não ser branca, de não ser uma pessoa sem deficiência, de não ser homem, de não ser heterossexual, de não ser cis, você não fosse *exatamente* esse "não". Você permite que outras pessoas passem por cima do que torna você um/a estranho/a quando não consegue eliminar o que o/a torna um/a estranho/a. Pode ser que você faça isso para sobreviver, para passar por determinada situação em segurança, sem mencionar para progredir na carreira. Uma vez tentei criar um grupo de discussão para pessoas negras e de minorias étnicas (às quais se faz referência, na linguagem política do Reino Unido, com a sigla BME [*black and minority ethnic*]. Só apareceu uma pessoa. Ao discutir esse fato com meu colega, ouvi dele que muitos funcionários BME sentem que seus colegas brancos lhes concederam o benefício da dúvida; eles têm que provar que chegaram aonde chegaram por mérito próprio (e não por serem negros ou de minorias étnicas). Se lhe for concedido o benefício da dúvida, você tem que se certificar que sua conduta justifica tal benefício. Talvez você tenha que estabelecer uma distância dos tipos de minoria que se veem como minorias, para quem "ser uma minoria" é algo a ser professado ou mesmo parte de sua profissão. Passabilidade institucional: sobreviver dentro de uma instituição ou, ainda, progredir na carreira, pode depender de não desafiar normas ou até do quanto somos capazes de nos aproximar delas (ao nos comportarmos da maneira apropriada, a proximidade com a branquitude muitas vezes se traduz como proximidade com um certo estilo de conduta respeitável de classe média). Você ascende por se parecer (mais) com quem está em uma posição superior. Seria fácil demais desprezar esse trabalho considerando-o uma forma de assimilação. A ideia de que quem dá corpo à diversidade deve pagar um preço cada vez mais alto por não habitar as normas institucionais favoreceria a injustiça de normas que sustentam e possibilitam a algumas pessoas progredir mais do que as outras.[35] Dito de forma simples: há quem não precise lutar para se aproximar das normas

---

35 E devo dizer que já presenciei essa injustiça: uma vez ouvi uma pergunta de alguém do público que falava da "cumplicidade" de funcionários negros com va-

de modo a assegurar a própria progressão. Pode-se herdar a proximidade das normas; isso também é a dura verdade.

Às vezes, passar tem a ver com tentar ser menos perceptível. Nós só temos que tentar passar mais despercebidas/os se somos perceptíveis. Dar corpo à diversidade é ser perceptível. Como sabemos, a diversidade é muitas vezes oferecida como um convite. Pode ser que ela se apresente em forma de lema: minorias são bem-vindas! Entrem, entrem! Quando você recebe as boas-vindas, isso também coloca você na posição de ainda não fazer parte, de ser um/a convidado/a ou estranho/a, alguém que depende de ser bem-vindo/a [*welcomed*]. A palavra *welcome*, uma "saudação amigável", deriva de *will*, relativa a vontade, "alguém cuja vinda convém à vontade do outro". Mas há boas-vindas que podem nos levar a situações precárias. A palavra *precário* deriva de *prece* e significa depender dos favores de outra pessoa, ou depender da vontade de outra pessoa, o que diz respeito a como *precário* adquire o sentido de algo arriscado, perigoso e incerto. Não é de se admirar: uma chegada pode ser precária. Se você depende da abertura de uma porta, essa mesma porta pode prontamente ser batida em sua cara.

Estamos de volta à porta, ao mecanismo que permite que alguns decidam quem pode entrar e quem deve ficar de fora. Só porque convidam você, não significa que esperam que você apareça. O que acontece quando uma pessoa de cor aparece? Ah, como somos perceptíveis no mar da branquitude:

> Quando entro na sala, a cara das pessoas é de choque, porque elas esperam que quem entre seja uma pessoa branca. Finjo não reparar. Mas a entrevista é tensa, porque elas não estavam esperando que alguém como eu aparecesse. Então é difícil e desconfortável, e eu percebo que estão apreensivas e inquietas por causa da maneira como se contraem, mexem com a caneta e

lores organizacionais, como se em virtude de serem negros devessem arriscar não ser cúmplices.

olham para todos os lados. Ficam desconfortáveis porque não estavam me esperando – talvez não tivessem me convidado se soubessem que sou uma pessoa negra e, óbvio, eu me sinto muito desconfortável. Eu me pergunto se estão alimentando algum preconceito contra mim.

Elas não estão esperando por você. O desconforto tem a ver com esse fracasso em se ajustar. A inquietação e o mal-estar, o nervosismo e a agitação, são registros corporais de uma chegada inesperada.

Finjo não reparar: o trabalho de diversidade pode ser o esforço de não perceber o incômodo causado por sua chegada. Há um fingimento em jogo; não se trata de fingir ser algo que você não é, mas de fingir não perceber que você não é o que eles esperam. Se você causar desconforto (por não cumprir uma expectativa de branquitude), você tem um trabalho pela frente para deixá-los confortáveis. Sua passagem passa pelo caminho da branquitude, não se tornando branca/o, mas minimizando os sinais de diferença. Outra mulher de cor relata: "Acho que, diante de uma pessoa de cor, sempre existe a dúvida de como essa mulher vai se sair [...]. Eles ficam nervosos por indicar pessoas de cor para cargos altos... se eu chegasse vestida com meu sari e pedisse para ter um tempo para rezar, começasse a causar, a ser um pouco diferente e a fazer valer minha cultura, tenho certeza de que eles reagiriam de outra forma". Algumas formas de diferença são interpretadas como assertivas, como se a pessoa estivesse "causando". Algumas formas de diferença são lidas como obstinadas e voluntariosas, como se você só fosse diferente por ser insistente (em ser diferente). A pressão para não afirmar sua cultura é vivida como exigência de *passar* ou se integrar. Observe que essa pressão pode ser afetiva: você experimenta a possibilidade de nervosismo como uma ameaça; você tenta evitar os olhares agitados não cumprindo as expectativas que lhe são projetadas. Talvez você não vista um sari, talvez você não deseje tempo livre para rezar, e assim por diante. Ou, se essas coisas lhe disserem respeito, porque deixar de fazê-las não é uma opção, talvez você encontre outras maneiras de não causar.

Às vezes, parecer uma estranha significa que você está tentando evitar parecer uma estranha. Quando você é capturada por uma aparência, o trabalho de diversidade é trabalho emocional. Você tem que administrar seu próprio corpo, não correspondendo a uma expectativa sobre sua aparência. A citação a seguir é de um homem negro, formador em diversidade:

> A outra questão de ser um formador negro é que eu tenho que criar uma relação de empatia. Será que eu faço isso atuando em um *minstrel show*[36] de negros e brancos ou tentando ser respeitado por meu conhecimento? Será que faço isso sendo simpático ou sendo frio, distante e indiferente? E o que significa tudo isso para as pessoas neste momento? Do meu ponto de vista, provavelmente não tem nada a ver com o grupo de pessoas presentes naquela sala, porque na verdade o estereótipo que elas têm na cabeça já está bem arraigado.

Criar uma relação de empatia se torna uma exigência por causa de um estereótipo arraigado, não importa de quem se trate. A exigência de criar uma relação de empatia toma a forma de um autoquestionamento eterno, o esforço emocional de se perguntar como se comportar quando há uma ideia sobre você que persiste, não importa como você exista. Na verdade, as consequências do racismo são em parte geridas como um problema de apresentação de si: de tentar não corresponder ao estereótipo que se aloja no pensamento dos outros como uma ideia sobre quem você é, uma expectativa de como você será. Ele continua a relatar:

> Não encare as pessoas brancas diretamente nos olhos com uma expressão desagradável; evite as posturas corporais agressivas. Quero dizer, por exemplo, decidi comprar uns óculos porque sei que eles suavizam meu rosto, tenho

---

36 Nos *minstrel shows*, espetáculos teatrais estadunidenses popularizados no começo do século XIX, atores brancos pintavam o rosto de preto para imitar pessoas negras. [N. T.]

cabelo curto porque estou ficando careca, então preciso de algo que suavize meu rosto. Mas, na verdade, o que estou fazendo é ir contra um estereótipo; estou indo contra o estereótipo sexual do homem negro e, sim, eu gasto todo meu tempo lutando contra esse estereótipo; cuido das palavras com que me expresso e de meu comportamento, mantenho meu sotaque o mais inglês que consigo. Eu sou extremamente cuidadoso com isso, cuidadoso mesmo.

No capítulo 2, sugeri que sorrir se torna necessário para suavizar a aparência quando você é percebida como dura demais. Passabilidade, aqui, tem a ver com suavizar a própria aparência. Você tem que se esforçar para não parecer agressiva, porque se pressupõe que você o seja antes mesmo de aparecer. A exigência de não ser agressiva pode ser vivida como uma forma de política corporal, ou de política discursiva: você precisa ter cuidado com o que diz, com sua aparência, a fim de maximizar a distância entre quem você é e a ideia que as outras pessoas têm de você. A experiência de ser um/a estranho/a nas instituições da branquitude é a experiência de estar eternamente em posição de guarda: de ter que se defender contra quem percebe você como alguém contra quem é preciso se defender. As defesas nem sempre funcionam; acho que sabemos disso.

Trabalho de diversidade: quando você tem que tentar fazer com que as outras pessoas fiquem confortáveis com sua própria existência. A passabilidade institucional também pode exigir que você trabalhe seu corpo em um esforço para se ajustar. O esforço para reorganizar o próprio corpo se torna um esforço para reorganizar o passado. Esse passado não é apenas difícil de movimentar; muitas vezes é aquilo que essas pessoas, diante das quais você aparece, não reconhecem como presente.

A passabilidade institucional pode implicar minimizar sinais de diferença em relação às normas institucionais. Ou pode implicar maximizar sinais de diferença em relação a uma série de expectativas a respeito de quem difere das normas. A passabilidade institucional virá então a incluir o esforço que você faz para passar por uma instituição sem corresponder a uma expectativa: você tenta não ser a pessoa de cor raivosa, que cria problemas, difícil. Você tem que demonstrar que está disposta a aliviar o fardo de sua própria diferença. A estraga-prazeres também aparece aqui como aquela de que devemos abrir mão; a passabilidade institucional é uma maneira de aparentar que cumprimos com o dever da felicidade, suavizando nossa aparência, sorrindo quando somos percebidas como muito duras. Sorrimos como uma forma de compensação, quase como se estivéssemos pedindo desculpas por existir. É evidente que, se passamos por felizes, não somos felizes. E às vezes nos recusamos a abrir mão da estraga-prazeres; nós a invocamos, a reivindicamos; podemos inclusive professar ser a estraga-prazeres ou criar uma profissão a partir dela. Aprendemos com as condições que possibilitam sua manifestação obstinada: às vezes não temos como nos permitir fazer da estraga-prazeres nossa profissão, quer ela nos seja atribuída, quer não.

CONCLUSÃO: QUESTIONANDO O SER

As perguntas podem pairar sobre nós, um murmúrio, um aumento perceptível de volume que parece acompanhar uma chegada. Talvez estejamos à espera desse murmúrio; talvez nós também murmuremos; nos tornemos parte do coro de perguntas; podemos vir inclusive a nos questionar. Será que pertenço a esse lugar? Será que vão descobrir que não faço parte daqui? Será que me encaixo aqui? A afirmação "Eu sou" se transforma na pergunta "Eu sou?".

Talvez qualquer um/a de nós possa sentir o peso das perguntas que são tomadas e aceitas como nossas. Podemos procurar fazer essas perguntas, seja o que for que nos perguntem. A educação visa, afinal de contas, lançar a vida no ar como uma pergunta; esses momentos de suspensão, antes de as coisas voltarem a se recompor, são momentos em que somos balançadas. Lançar as coisas no ar é se abrir. E podemos ser balançadas de tantas maneiras: pelo que encontramos, por quem encontramos. Talvez o privilégio proporcione alguma proteção para que não nos questionem, para que não nos tornemos questionáveis: uma zona de amortecimento como uma zona sem perguntas. E talvez as formas de questionar que descrevo aqui estejam relacionadas ao modo como um corpo é identificado em relação a um grupo cuja inserção em determinado lugar é questionada. É desse modo que você pode herdar um questionamento, que você pode se tornar questionável antes mesmo de adentrar um espaço.

Se temos um corpo que se espera que apareça, talvez seja menos provável que nossa atenção seja atraída por algo que aparece. Os estudos culturais como disciplina começam com as experiências vividas de não pertencimento a certos espaços, de não ter uma boa recepção por onde se passa, experiências de filhas/os da classe trabalhadora que vão parar em instituições de elite, experiências de filhas/os das diásporas que vão parar numa mesma instituição. Quando você não se encaixa, você se inquieta. Um corpo inquieto rapidamente mostra não estar inserido no lugar certo. As sobrancelhas se levantam. Mesmo; mesmo? Você tem certeza?

O que estou chamando aqui de trabalho de diversidade implica transformar perguntas em um catálogo. Em um catálogo, as perguntas não são tratadas como se fossem sempre a mesma pergunta; um catálogo é uma maneira de escutar continuidades e ressonâncias. É uma maneira de pensar em como as perguntas se acumulam; como elas têm um efeito cumulativo sobre quem as recebe. A exigência de dar respostas, de se explicar, pode ser desgastante. Não é uma tarefa melancólica; trata-se de catalogar essas perguntas, mesmo que algumas delas sejam vivenciadas como traumáticas, difíceis ou exaustivas. Darmo-nos conta de quantas vezes nos foi negada a admissão em determinado lugar não é apenas uma triste lição política, uma lição daquilo que tivemos que abrir mão para seguir adiante. Afinal, pense no quanto sabemos a respeito da vida institucional por causa dessas admissões negadas, em como as categorias nas quais estamos imersas/os se tornam explícitas quando não as habitamos devidamente. Quando não recuamos para o fundo, quando nos destacamos ou nos distanciamos, podemos trazer o segundo plano para o primeiro: antes de confrontar algo, você tem que encarar o quanto depende de onde você vem.

Um questionamento pode se tornar fonte de entusiasmo e interesse políticos. Pense no seguinte: quando você não afunda, quando você se debate e se movimenta, o que está no fundo se coloca a sua frente, como um mundo que se congrega de uma forma específica. O desconforto, em outras palavras, permite que as coisas se movimentem. Cada experiência de prazer e entusiasmo que tive com a abertura de um mundo começou com sentimentos bastante comuns de desconforto, de não me acomodar bem em uma poltrona, de ficar sem ter onde me sentar, de ser deixada no chão. Se partirmos de um corpo que não se afunda na poltrona, o mundo que descreveremos será bem diferente. Talvez estejamos falando aqui de uma promessa de reorientação.

ou desorientação
piscar de olhos

Quando nossa perspectiva não é a de quem está afundando em um mundo, a descrição que faremos dele nos levará a questionar as coisas. Quando somos questionadas, nós também questionamos. Para voltar à discussão que propus no capítulo 1, talvez nos perguntemos sobre as coisas quando estas não se encolhem. Por exemplo, aquele vaso colocado sobre a lareira. Você percebe quando ele não está lá. Ele passa a chamar a atenção por sua ausência; por não estar no lugar certo, a existência dele se faz presente. O que aconteceu com o vaso? Onde está o vaso? É o começo de uma história: falta alguma coisa; você percebe alguma coisa.

Grande parte do trabalho político começa com momentos de desorientação. A desorientação implica fracassos de orientação: corpos habitam espaços que não ampliam sua forma ou usam objetos que não ampliam seu alcance. Nesse momento de fracasso, um aqui se torna estranho. Corpos que não seguem a linha da branquitude, por exemplo, podem ter seu caminho interrompido: isso não significa necessariamente que você é impedida/o de chegar a algum lugar, mas muda sua relação com o que está aqui. O mundo não recua quando você se torna a/o estranha/o, aquela/e que se destaca ou se distancia. As coisas podem até se tornar oblíquas para você, ainda que o sentimento de ser um/a estranho/a tenha se tornado familiar. A desorientação, assim, pode se deslocar; ela se refere não apenas a corpos que se tornam objetos mas também a uma desorientação na forma como os objetos são reunidos para criar um terreno, ou para abrir espaço em um terreno. Se sua chegada pode perturbar todo o quadro, ela também pode ser perturbadora para quem chega.

Frantz Fanon, em sua devastadora crítica da ontologia (o estudo do ser) ocidental, desenvolveu uma crítica que começa com a descrição de um encontro trivial entre um homem negro e uma criança branca em Paris. Tornar-se um homem negro é ser "encerrado nessa objetividade esmagadora", encerrado pela branquitude.[37]

encerrado pela branquitude
a branquitude como encerramento

Aprendemos com Frantz Fanon sobre a experiência da desorientação como a experiência de ser um objeto em meio a outros objetos, de sermos despedaçadas/os, fragmentadas/os, pela hostilidade do olhar branco. O branco, mostrou Fanon, torna-se o universal. Em outras palavras, como descreve Lewis Gordon: "Os brancos são universais, diz-se, e os negros não".[38] Negro: não universal. Não universal: particular. Não branco: particular. Ser particular pode significar herdar a exigência de contar sua história particular. Querem saber de você, ouvir você falar de você. Se

---

37 Frantz Fanon, "A experiência vivida do negro", in *Pele negra, máscaras brancas* [1952], trad. Sebastião Nascimento e Raquel Camargo. São Paulo: Ubu Editora, 2020, p. 125.

38 Lewis R. Gordon, "Fanon, Philosophy, Racism", in S. E. Babbitt e S. Campbell (orgs.), *Racism and Philosophy*. Ithaca: Cornell University Press, 1999, p. 34.

você fala, o que escutam é você falar de si, independentemente do que disser. Ser particular pode significar estar alojada/o em um corpo. Se partimos dessa exigência, se capturamos a forma como somos capturadas/os, retrucamos obstinadamente, deliberadamente. Isto é uma promessa: quem está alojada/o como particular pode desalojar o geral. Podemos desalojar um alojamento ao mostrar como estamos alojadas/os, como estamos encerradas/os no objeto ou coisa, não sujeitas/os, não humanas/os; não universais. Aquelas/es de nós que de alguma forma se encontram no *não* temos muitas histórias, muitos pontos de chegada. Um *não* pode ser a base de uma rebelião. Ser não, não ser, estar em questão; pode ser uma afinidade, uma afinidade que nos dá sustentação. Uma afinidade pode ser o susto de estar em questão, de ser uma questão.

Estar em questão é questionar o ser.

6. PAREDES
DE TIJOLOS

Até o momento considerei o trabalho de diversidade em dois sentidos: o trabalho que realizamos quando pretendemos transformar as normas de uma instituição e o trabalho que fazemos quando não habitamos plenamente essas normas. Esses dois sentidos frequentemente se encontram em um corpo: quem não habita plenamente as normas da instituição é muitas vezes quem recebe a incumbência de transformar essas normas.

Um ponto de encontro é frequentemente um ponto de trabalho. Se você não é branca/o, se você não é homem, não é hétero, não é cis e não é uma pessoa sem deficiência, você tem maior propensão a compor comissões de diversidade e igualdade. Quanto mais *nãos* você for, mais comissões poderá compor. Não ser *não* pode significar uma menor probabilidade de realizar esse tipo de trabalho. Considerando que o trabalho de diversidade é tipicamente menos valorizado pelas organizações, não ser *não* pode significar mais tempo para realizar trabalhos mais valorizados. E acredito que isto seja realmente importante: uma boa parte do que precisamos fazer, por causa de quem ou daquilo que não somos, não é reconhecida. Quando somos profissionais de diversidade em ambos os sentidos, essa ambivalência tende a ser obscurecida, como se trabalhar com diversidade fosse apenas sobre *ser* diversidade ou como se simplesmente *ser* bastasse para nós. De fato, como demonstrei no capítulo 5, para profissionais de diversidade, *ser* nunca é "apenas ser". Há tanta coisa que se precisa fazer para *ser*.

No capítulo 2, referi-me à descrição de uma profissional a respeito do trabalho de diversidade como um "trabalho de bater a cabeça contra uma parede de tijolos". Quando estamos fazendo trabalho de diversidade, paredes surgem com frequência. Paredes surgem regularmente em expressões utilizadas por profissionais para descrever seu trabalho. Neste capítulo quero refletir sobre paredes, paredes de tijolos, paredes institucionais; os endurecimentos da história que criam barreiras no presente: barreiras que vivenciamos como sendo físicas, barreiras que são físicas. Paredes frequentemente aparecem nas expressões que utilizamos para falar dos obstáculos que nos impedem de satisfazer um desejo ou de completar uma ação (um exemplo óbvio seria a expressão utilizada por maratonistas: "bater na parede").[39] No decorrer deste capítulo mostrarei que pensar seriamente sobre a parede como uma metáfora, mas também como mais do que uma metáfora, é uma maneira de propor um materialismo que demonstra como a história se torna concreta. Paredes nos ajudam a pensar sobre como obstáculos podem ser físicos, existir no mundo, e ainda assim ser obstáculos apenas para alguns corpos. Se os dois sentidos de trabalho de diversidade se encontram em nosso corpo, eles também se encontram aqui: na parede.

HISTÓRIAS DURAS

Quero começar analisando detalhadamente a descrição do trabalho de diversidade como um "trabalho de bater a cabeça contra uma parede de tijolos". Nessa expressão, o que fazem as paredes de tijolos? Quando utilizamos essa expressão, não estamos dizendo que existe uma parede de verdade a nossa frente. Não há espetáculo, nada é ostensivo; não há nada

---

39 Em inglês, "*hitting a wall*"; a expressão, também usada por maratonistas em português, refere-se à sensação de fadiga corporal repentina, um esgotamento muscular que se manifesta como um peso, em especial nas pernas, e é provocado pela falta de glicogênio, reserva energética do corpo. [N. T.]

para que possamos apontar e dizer "está ali". Podemos começar com o que está implícito naquilo que não estamos abordando: a parede de tijolos é uma metáfora. A expressão sugere que trabalhar com diversidade é como bater a cabeça contra uma parede de tijolos. A metáfora parece indicar uma qualidade de sentimento: o trabalho de diversidade faz eu me sentir assim.

Não obstante, podemos perguntar: o que significa essa metáfora? Quando escrevi um livro anterior,[40] foi-me sugerido durante o copidesque retirar a palavra *tangível* da discussão sobre paredes, porque as paredes às quais me referia eram paredes metafóricas, e não paredes literais ou reais. A parede, quando utilizada como metáfora, não é real no sentido de uma coisa tangível, no sentido daquilo que é perceptível pelo toque. Mas a metáfora (alguma coisa é como alguma coisa) da parede parece importar na medida em que exprime a dimensão tátil que esses processos institucionais podem adquirir. A parede é aquilo com que você dá de cara. Trata-se de um contato físico; um encontro visceral. Quando escrevo isso, posso não estar me referindo imediatamente a paredes literais. A parede é o efeito de dar de cara.

a semelhança é o efeito.
agora, sim, estamos nos entendendo.

Quero retomar um dos exemplos do capítulo 4 para falar de como é dar de cara com uma parede de tijolos. Nesse caso, uma nova política é adotada por uma organização, que passa a exigir que docentes em bancas de contratação recebam treinamento de diversidade. Segundo o relato, houve diversas maneiras pelas quais a política quase foi impedida de ser implementada. Uma política também precisa passar por toda a organização: ela precisa ser redigida em forma de proposta, discutida em comissões, registrada nas atas, aprovada e encaminhada a uma comissão superior antes que possa se tornar uma política. Nesse caso, eventualmente, após o

---

40 S. Ahmed, *On Being Included*, op. cit.

trabalho considerável de múltiplos atores, uma política é estipulada pela comissão superior – a que pode autorizar as decisões tomadas pelas outras comissões. E, ainda assim, nada acontece. É como se ninguém nunca tivesse ouvido falar na política. Nesse caso, muitas coisas poderiam ter impedido algo de acontecer. Poderia ser a exclusão da política da ata; poderia ser que ninguém da comissão de diversidade que concordava com a política estivesse na comissão superior; poderia ser que ninguém na comissão superior notasse essa exclusão na ata; mas não era nenhuma dessas coisas. As pessoas empregadas pela instituição simplesmente agiam como se a política não tivesse sido acordada, ainda que fosse o caso.

Precisamos compreender esses mecanismos. Precisamos transformar o impasse ou a interdição em uma ocasião para refletir. A partir desse exemplo, aprendemos que a aprovação de algo, um acordo, pode ser o modo como algo é obstruído. O trabalho de diversidade me ensinou que entrar em acordo sobre alguma coisa é uma das melhores formas de impedir que alguma coisa aconteça. Concordar com algo é uma técnica eficiente para impedir algo de acontecer, porque assim as organizações evitam os custos da discordância.

Uma parede de tijolos se refere não apenas ao que é obstruído, mas à maneira como a obstrução ocorre. A parede é um sistema de defesa: se um bloqueio é desbloqueado aqui, ele pode reaparecer em outro lugar. Trabalhar com a tubulação institucional pode frequentemente dar a sensação de não alcançar nunca o que se está buscando. Suspeito que exista uma conexão aqui entre a sensação de ficar sempre para trás da organização e a sensação estraga-prazeres de estar permanentemente no modo "avançar": como se você precisasse correr para alcançar o resto. Você precisa mesmo correr: aquilo que bloqueia sua passagem parece estar logo à frente. A parede se refere àquilo que mantém o próprio lugar ou se mantém no lugar, àquilo que é estático. No entanto, os mecanismos para impedir algo são móveis. Para que algo seja imóvel (para que uma instituição não seja movida pelos esforços em transformá-la), os meios de defesa contra o movimento precisam se movimentar.

a parede é uma descoberta. vou resumir essa descoberta: o que impede o movimento se movimenta.

Aprendemos com isto: quando notamos movimentações (e o movimento é geralmente o que nos chama a atenção), não notamos aquilo que fica parado.

Ainda posso escutar vozes perguntando: "Mas a parede de tijolos não é uma metáfora?". Não é que exista realmente uma parede, não é uma parede de verdade. É isso mesmo. A parede é uma parede que poderia existir, porque os efeitos disso que existe são exatamente como os efeitos de uma parede. E ao mesmo tempo não: se uma parede real estivesse lá, poderíamos vê-la ou tocá-la. E isso faz com que uma parede institucional seja dura. Você dá de cara com aquilo que não é visto; e (isso é mais duro ainda) você dá de cara com o que as outras pessoas estão decididas a não ver. Afinal, se quem trabalha com diversidade não tentasse modificar a política existente, a parede não se faria presente. A parede surge como resposta ao empenho em modificar determinado estado de coisas. Quando ninguém tenta mudar nada, a parede não é necessária: não há nada a ser bloqueado nem impedido.

O trabalho de diversidade é duro porque aquilo com que você dá de cara não é revelado às outras pessoas. Estou falando aqui da dureza do trabalho de diversidade no sentido de sua dificuldade. Mas a parede de tijolos é dura em outros sentidos. Na física, a dureza diz respeito à resistência dos materiais à modificação pela força. Quanto mais duro, mais força precisamos utilizar. Quando usamos a descrição "é como bater a cabeça contra uma parede de tijolos", estamos nos referindo a dar de cara com algo que é duro. Vamos falar sobre paredes reais. Uma parede é dura; é importante que uma parede seja feita de material duro. Digamos que a parede seja feita de cimento. O cimento é um aglutinante: trata-se de uma substância que assenta, endurece e pode combinar materiais diferentes. Com cimento, tijolos podem ser reunidos firmemente para se tornarem paredes. A dureza é necessária para que uma parede funcione ou seja funcional. Uma parede tem um trabalho a fazer. Uma parede também precisa cumprir os requisitos do emprego.

Você pode atestar a dureza de uma parede. Digamos que você jogue alguma coisa contra a parede: um pequeno objeto. Você pode descobrir a dureza da parede pelo que acontece com o que foi arremessado contra ela: uma parede pode ser marcada pelo encontro com o objeto. E o trabalho de diversidade também se assemelha a isto: arranhar a superfície, arranhá-la apenas superficialmente. O objeto pode ficar lascado e quebrar pela força daquilo com o que deparou. Aqui a dureza é a propriedade de algo que se revela no encontro entre coisas. O trabalho de diversidade certamente envolve um encontro entre coisas: nossos corpos podem ser esses pequenos objetos que são arremessados contra paredes, essas histórias sedimentadas. Veja o que acontece. Ai, que dor! E talvez aconteça de novo e de novo. Bater a cabeça – percebemos o ponto dessa expressão como o ponto doloroso da repetição. A parede mantém o próprio lugar, então é você quem vai se ferir. Eu deparo com uma parede quando tento modificar algo que endureceu ou que se torna cada vez mais duro com o passar do tempo. Quero dizer, literalmente: uma parede como resistência material à mudança pela força. A materialidade da resistência à transformação: profissionais de diversidade conhecem essa materialidade muito bem. Vivemos essa materialidade.

Materialidade: se nos atingem com algo, tornamo-nos conscientes de algo. Evidentemente, aprendemos com *Mrs. Dalloway* que algo pode nos atingir antes que tomemos consciência de algo. Se algo nos atinge, de novo e de novo, nosso corpo pode registrar esse impacto como um tipo de expectativa: a parede vai aparecer. Profissionais de diversidade se tornam conscientes da parede de tijolos como aquilo que se mantém no lugar *depois* de se ter adquirido um compromisso oficial com a diversidade. É importante que isso se dê no momento oportuno. É o empenho prático na transformação de instituições que permite que essa parede se torne aparente.

O empenho prático, objetivamente, é o esforço de alguém: é o esforço de profissionais de diversidade, de seu sangue, suor e lágrimas. Poder compartilhar essa história é também consequência dos esforços de profissionais de diversidade. Eu costumava pensar que, como pesquisadora, estava gerando dados sobre o trabalho de diversidade, mas percebi que o trabalho de diversidade gera seus próprios dados. Estamos adensando nossas descrições de instituições ao demonstrar como as instituições são densas; densas no sentido de uma massa profunda ou pesada.

A história da política de diversidade que não modifica nada é um exemplo terrivelmente tangível daquilo que ocorre com tanta frequência. Mas, mesmo se a história torna algo tangível, ela mostra como algumas coisas são reproduzidas pela manutenção obstinada da intangibilidade. Afinal, a profissional de diversidade precisa trabalhar para convencer as outras pessoas da existência da política, ainda que tenha prova documental da política em questão ("Posso te mostrar a ata"). Ela tem evidências, ela pode comprovar; mas é como se não tivesse nada para mostrar. Aprendemos com isto: a intangibilidade pode ser produto da resistência, ela pode inclusive ser descrita como êxito institucional.

Trabalho de diversidade: você aprende que a tangibilidade é um fenômeno e tanto. Nos últimos anos, por exemplo, tenho participado de esforços pelo enfrentamento do assédio sexual nas universidades. E tem sido uma experiência de dar de cara com paredes e mais paredes. Como mostraram Leila Whitley e Tiffany Page, há um problema em localizar o problema do assédio sexual.[41] Para começar, uma parede pode se erguer para impedir que estudantes façam denúncias. Estudantes são ativamente desencorajadas por argumentos explícitos ou por narrativas implícitas: se você reclamar, vai prejudicar sua carreira (pode operar como uma ameaça: você vai perder os mesmos vínculos que possibilitam seu progresso); ou, se você reclamar, vai prejudicar o professor (cuja reputação será afetada); ou, se você reclamar, vai arruinar um centro de pesquisa ou um coletivo (frequentemente alinhados com temas críticos e progressistas). Feitas as denúncias,

---

41 Leila Whitley e Tiffany Page, "Sexism at the Centre: Locating the Problem of Sexual Harassment". *New Formations*, v. 86, 2015.

outra parede se ergue. Depoimentos são compreendidos como danosos à reputação do professor, como aquilo que o impede de receber os benefícios a que tem direito. Denúncias sobre assédio sexual não vêm a público como uma maneira de proteger a organização de danos. Mesmo se as denúncias avançam, mesmo se um contrato é rompido (o que raramente acontece) ou se alguém prefere renunciar a enfrentar um tribunal, pode parecer que nunca aconteceu nada. Ninguém pode falar sobre isso; ninguém fala sobre isso. Uma parede pode ser o esforço de impedir que uma denúncia seja feita. Se a denúncia é feita, a parede, então, pode ser aquilo que acontece com a denúncia; os obstáculos que ela encontra para que não percorra o caminho completo no sistema.

De fato, o simples ato de falar tanto sobre sexismo como sobre racismo costuma ser interpretado como um dano à instituição. Se discutir sexismo e racismo significa causar danos a instituições, precisamos causar danos a instituições. E a resposta institucional frequentemente se manifesta como redução de danos. É assim, em geral, que a diversidade assume uma forma institucional: redução de danos.

Você se defronta com a materialidade da resistência à transformação quando tenta transformar aquilo que se tornou material. O assédio sexual é material. É uma rede que impede que a informação se dissemine. É um conjunto de alianças que se mobiliza para impedir algo; que possibilita que uma denúncia seja bloqueada ou permaneça confidencial, de modo a não vir a público. E observe: uma série de coisas complexas ocorre simultaneamente. Não se trata de atividades coordenadas por uma única pessoa ou por um grupo de pessoas que se reúne em segredo, embora reuniões secretas provavelmente aconteçam. Todas essas atividades, embora complexas, mantêm uma direção; elas têm um ponto. A direção não exige que algo tenha como origem um único ponto: na realidade, uma direção se alcança por meio da consistência entre pontos que parecem não se encontrar. As coisas se combinam para virar algo sólido e tangível; ligações se tornam ligas. Se um elemento não segura nem fixa, outro elemento segura ou fixa. O processo se assemelha à utilização de cimento nas paredes: algo é fixado sobre um padrão que o segura. É a fixação que endurece. Quando as pessoas notam a complexidade, ou até mesmo a ineficiência e a desorganização, elas provavelmente não notam o cimento. Quando você diz que há um padrão, pensam que você é paranoica, como se estivesse imaginando que essa complexidade toda deriva de um único ponto.

O padrão é vivenciado como peso. Aprendemos com isto: tentar responsabilizar alguém significa dar de cara não apenas com um indivíduo mas também com histórias, histórias que endureceram, que impedem quem está tentando impedir de acontecer o que está acontecendo. O peso dessa história pode ser jogado contra você; o peso pode atingir você. A palavra em inglês *harass* [assédio] vem do francês *harasser*, "exaurir, importunar". Quando você fala de assédio, pode ser assediada novamente. O assédio é uma rede que impede a informação de vir à tona ao dificultar sua circulação. É assim que se vence pela exaustão. O que acontece com uma política pode acontecer com uma pessoa. Uma política desaparece apesar de suas evidências físicas, ou talvez por causa de suas evidências. As pessoas também desaparecem por aquilo que tornam evidente, por causa daquilo que tentam deixar à vista. Às vezes a escolha se impõe: acostume-se ou caia fora. Se são essas as opções, é pouco surpreendente que muitas pessoas desistam.

O assédio sexual opera – como o *bullying* em geral – por meio da elevação dos custos envolvidos no enfrentamento de alguma coisa. Torna-se mais fácil aceitar essa coisa do que lutar contra ela, mesmo que aceitar signifique dar lugar à própria diminuição; é assim que você passa a ocupar cada vez menos espaço. É porque percebemos essa parede que acabamos tendo que modificar nossa percepção (talvez seja esse o significado de "acostumar-se"). Você pode achar que é insustentável afastar-se das pessoas de seu entorno; você pode perder não apenas acesso a recursos materiais (recomendações, bolsas, oportunidades de dar aulas) mas também amizades, vínculos que importam. Você começa, talvez, a sentir que a parede é coisa de sua cabeça. Eu volto a essa ideia de uma parede interna no capítulo 7. As coisas continuam acontecendo em seu entorno e, no entanto, as pessoas parecem estar seguindo com a vida. Você pode acabar duvidando de si, estranhando-se. Talvez você tente se livrar do problema. Mas o mal-estar permanece.

Por onde você olha há uma visão parcial de paredes, uma visão que é, ao mesmo tempo, uma justificativa: ah, ele é meio mulherengo; ah, sim, me avisaram sobre ele; ah é, era o efeito do álcool; pode até haver sorrisos, piadas, pode até haver um certo tipo de afeto. Esse afeto se estrutura como um apelo a estudantes cuja preocupação se avizinha à divulgação: é melhor deixar isso de lado, deixe-o em paz. Uma cultura se constitui em torno desse afeto, o que significa dizer: o assédio é permitido pelo perdão, como se o vício alheio fosse nossa virtude. E as pessoas que reconhecem que isso está errado, mesmo quando tentam se persuadir do contrário, mesmo quando tentam minimizar a montanha de abuso, podem sentir que estão erradas, podem sentir toda a força da parede quando ela finalmente aparece por completo: ela não está bem; eu não estou bem; não está tudo bem, "Como pude deixar isso acontecer?".

Culpa; vergonha; elas podem transbordar, espalhar-se por tudo. Em alguns momentos, talvez, seja mais do que possamos aguentar; significa preparar-se para se desfazer, e simplesmente não sabemos se conseguiremos nos recompor, como discuti no capítulo 1. Nele também discuti como expor um problema é criar um problema. Agora entendemos, já que expor um problema é criar um problema, porque o problema exposto não é revelado. A exposição se torna o problema. Não é surpreendente, então, as pessoas que não dão de cara com paredes verem as pessoas que falam sobre paredes como criadoras de paredes. E voltamos à feminista estraga-prazeres. Ela nunca tarda em fazer sua aparição. A feminista estraga-prazeres é vista como criadora de paredes. A criadora de paredes é aquela que torna as coisas mais difíceis do que precisam ser; ela torna as coisas difíceis para si mesma. Basta lembrar da profissional de diversidade: "Olham para mim como se eu estivesse dizendo alguma besteira". Podemos imaginar seus olhares desdenhosos quando ela faz menção à política, quando ela tenta dizer e mostrar que tem o apoio da instituição.

Paredes surgem quando são reformuladas como imateriais, fantasmáticas; como a maneira pela qual nos impedimos de fazer parte, de fazer algo, de ser algo. Pensar a materialidade por meio das paredes institucionais significa proporcionar outra maneira de pensar o vínculo entre corpos e mundos. A materialidade diz respeito àquilo que é real; é algo real que bloqueia o movimento, que interdita a progressão. Mas esse algo nem sempre pode ser apreendido. Pode ser um arranjo de coisas, um arranjo tanto social como físico, que impede algo de acontecer, que nega passagem a um corpo ou que interdita a divulgação de determinada informação. Pode ser a força de um impulso que impele algo adiante, que recolhe mais e mais coisas, para que concentre mais e mais peso, para que as coisas se encaminhem de tal maneira, para que corpos se inclinem naquela direção, quase independentemente da vontade individual. Voltarei a este *quase* na seção final do capítulo. Isso significa que o real – aquilo que é, em termos concretos, o mais duro – não está sempre disponível como um objeto passível de ser percebido (de alguns pontos de vista) ou como um objeto que pode ser tocado (mesmo pelas pessoas que estão sentadas em torno da mesa). O que é mais duro para algumas pessoas nem sequer existe para outras.

A DESCRIÇÃO DE UMA VIDA

O trabalho de diversidade no segundo sentido implica dar de cara com paredes. Quando falhamos em habitar a norma (quando somos questionadas ou quando nos questionamos se somos a norma, se nos passamos como norma ou se nos incluímos na norma), isso se torna mais aparente, como a parede institucional: aquilo que não concede passagem a você.

a descrição de um trabalho pode ser a descrição de uma parede.
a descrição de uma vida pode ser a descrição de uma parede.

Já mencionei que, quando profissionais de diversidade falam de paredes, as paredes se tornam paredes fantasmáticas, como se nós as conjurássemos ao falar de sua existência. Quando não há nenhum obstáculo realmente em nosso caminho, nós somos o obstáculo. Precisamos mostrar o que sabemos: paredes não são apenas percepções. No entanto, a percepção ainda é importante. Algumas percepções são paredes. A forma como somos percebidas pode ser o que nos impede de ser.

FIGURA 2   A descrição de uma vida

Retornemos à discussão da/o estranha/o perigosa/o dos capítulos 1 e 5. Existem técnicas, corporais e disciplinares, por meio das quais alguns corpos são reconhecidos como estranhos, como corpos fora de lugar, como não pertencentes a certos espaços. Essas técnicas são formalizadas em grupos de vigilância comunitária, nos quais a/o estranha/o é aquela/e que precisa ser reconhecida/o pelos cidadãos que buscam a própria proteção: de suas propriedades, de seu corpo.[42] Reconhecer estranhos se torna uma injunção social e moral. Alguns corpos são instantaneamente

---

42   S. Ahmed, *Strange Encounters*, op. cit.; id., *The Cultural Politics of Emotion*, op. cit.

julgados como suspeitos, ou perigosos, como objetos a serem temidos, um julgamento que é letal. Nada é mais perigoso para um corpo do que o acordo social em torno de sua periculosidade. Dito de modo mais simples: é perigoso ser percebido como um perigo.

Existem muitos casos, casos demais. Tomemos um: Trayvon Martin, um jovem negro morto a tiros por George Zimmerman em 26 de fevereiro de 2012. Zimmerman era membro ativo do grupo de vigilância comunitária. Ele estava cumprindo com seu dever cívico de vizinhança: estava atento a sinais suspeitos. Como notou George Yancy em seu importante trabalho "Walking While Black in the 'White Gaze'" [Andar como negro sob o "olhar branco"], na chamada que Zimmerman fez à polícia podemos perceber como ele enxerga Trayvon Martin. Zimmerman diz:

> "Tem um cara muito suspeito." Ele também diz: "Esse cara parece estar aprontando alguma coisa, ou sob o efeito de drogas, algo assim". Quando perguntado, ele responde, em uma questão de segundos: "Ele parece ser negro". Perguntado sobre o que Trayvon está vestindo, Zimmerman diz: "Um moletom escuro, tipo um moletom cinza". Depois ele diz: "Agora ele está vindo em minha direção. Está com as mãos na cintura". E logo em seguida: "E é um homem negro".[43]

Se algumas perguntas são afirmações disfarçadas, algumas afirmações não passam disto: afirmações. Observe o deslize pegajoso: "parece estar aprontando alguma coisa", está vindo em minha direção, parecendo negro, um moletom escuro, vestindo preto, sendo preto. A última afirmação deixa explícito quem Zimmerman via desde o princípio. Que ele via um homem negro já estava implícito na primeira descrição, "um cara muito suspeito". Ele parece estar aprontando alguma coisa: suas mãos estão na cintura, uma arma pode muito bem aparecer, porque ele se encontra

---

43 George Yancy, "Walking While Black in the 'White Gaze'", *New York Times*, 1º set. 2013.

aqui. O homem negro desarmado é visto como armado independentemente de estar armado ou não. Ele é percebido como armado; percebido como um braço armado. O braço rebelde volta a aparecer. Você se torna um braço armado quando seu corpo inteiro é percebido como uma arma em potencial. Braço desarmado; armado, arma.

Vou repetir: nada pode ser mais perigoso para um corpo do que o acordo social em torno da periculosidade desse corpo. Mais tarde, quando Zimmerman é inocentado, há um acordo retrospectivo com aquele primeiro acordo: o de que Zimmerman estava certo em sentir medo; o homicídio daquele rapaz foi autodefesa, porque Trayvon era perigoso, porque estava, como Yancy descreve poderosamente, "andando como negro", já julgado, sentenciado à morte por sua aparência. O racismo é uma questão de percepção, como Claudia Rankine mostrou de forma tão convincente: o corpo negro é colocado sob uma lente de aumento, parece maior, um demônio; imigrantes aparecem mais, espraiam-se, proliferam.[44] Embora essa percepção seja errônea, a lei a torna acertada, faz dela um direito: o direito de matar como o direito de perceber o outro como um erro ou de percebê-lo erroneamente. O racismo faz do erro um acerto e um direito. Se o racismo é uma questão de percepção, a percepção importa.

A figura da/o estranha/o é escura e vaga. Utilizo a palavra *escura* deliberadamente: trata-se de uma palavra que não pode ser desemaranhada de sua história racializada. Usar essa palavra como se ela pudesse ser desemaranhada dessa história significa estar emaranhada nessa história. A própria percepção de outras pessoas é, portanto, uma impressão de outras pessoas: parecer estranha significa ser um borrão. Quanto mais indefinida a figura da/o estranha/o, mais corpos ela pode capturar. O racismo é um instrumento contundente. A tecnologia de parar e revistar, por exemplo, transforma essa contundência em um ponto: Pare!

---

44 Claudia Rankine, "Poet Claudia Rankine: 'Racism Works Purely on Perception' in America". *The Guardian*, 27 dez. 2014.

Você é marrom! Você pode ser muçulmano! Você pode ser um terrorista! Quanto mais contundente o instrumento, mais corpos podem ser parados. Alguns corpos são considerados perigosos antes mesmo de chegarem; para investigar essa percepção, portanto, é preciso começar não pelo encontro (um corpo afetado por outro corpo), mas pela pergunta sobre como os encontros se dão, dessa forma ou de outra. A imediatez das reações corporais é mediada por histórias que são anteriores a sujeitas/os e que estão implicadas no modo como a própria chegada de alguns corpos pode se fazer perceptível. Nossas reações corporais mais imediatas podem ser pedagógicas: aprendemos sobre ideias quando aprendemos como elas se tornam rápidas e automáticas. Não há nada mais mediado que a imediatez. Uma percepção pode parar você. Uma percepção pode assassinar você.

Estranhas/os se tornam objetos não apenas da percepção como também da governança: corpos a serem gerenciados. Você pode ser gerenciada e ter sua existência obliterada. A gentrificação é uma política pública para gerenciar estranhos: um modo de remover pessoas que prejudicam a imagem do bairro, pessoas que desvalorizam o bairro, pessoas cuja proximidade se traduz em termos de preço. Aprendemos com isso. Algumas tecnologias vigentes impedem que determinados corpos nos afetem; corpos que podem agir como obstáculos no modo como ocupamos o espaço. Talvez não precisemos nem desviar, afinal, de quem poderia entrar no nosso caminho.

paredes: é assim que alguns corpos não são encontrados,
para início de conversa.
paredes: é assim que outros corpos
são parados por um encontro.

De fato, uma investigação do papel das paredes na política precisa investigar as paredes como fronteiras: uma nação murada, um bairro murado. Com observa Wendy Brown, muros feitos de concreto e arame farpado funcionam como barricadas.[45] Muros são erguidos por governantes como um mecanismo para controlar o fluxo de tráfico humano. Brown mostra que os muros como imagem rígida do poder soberano são lembretes de uma soberania falida. Uma fronteira se institui mais violentamente quando se encontra sob ameaça.

> **uma parede é erguida para defender algo de alguém;**
> **paredes como mecanismos de defesa.**
> **uma parede se torna necessária porque os corpos**
> **errados poderiam passar.**

Mesmo diante de paredes físicas que se empenham concretamente em barrar e bloquear a passagem, as paredes são diferenciadas: a passagem é permitida a alguns corpos, o que significa que uma parede não surge da mesma maneira, ainda que ela esteja literalmente, realmente lá. Não nos defrontamos com uma parede como uma parede: é uma porta aberta, uma via de passagem. Uma parede se mantém funcional: para o corpo ao qual se permite passagem, a função da parede é impedir que os demais possam passar também. Para quem passa sem que as portas se abram, sem documentos legítimos, o corpo se torna uma fronteira, como sugere Leila Whitley.[46] Um corpo pode ser um documento: se os documentos não estão no lugar certo, você também não está. Whitley mostra como quem consegue passar sem os documentos corretos vivencia a fronteira como iminente, sempre potencialmente ali, prestes a surgir a qualquer momento. Quando você sabe que pode ser parada a qualquer momento, uma parede está em todo e qualquer lugar. A fronteira, então, não seria aquilo que você deixa para trás ao cruzar uma fronteira; a fronteira

---

45 Wendy Brown, *Walled States, Waning Sovereignty*. Cambridge: MIT Press, 2010.

46 Leila Whitley, *More Than a Line: Borders as Embodied States*. Tese de doutorado, Goldsmiths, University of London, 2015.

lhe fará companhia aonde quer que você vá. No capítulo 7, discuto outra forma pela qual corpos podem se tornar paredes.

Alguns corpos podem parecer errados mesmo com os documentos corretos; as histórias de racismo estão condensadas na figura da/o estranha/o como alguém cuja passagem não se dissolve na branquitude, como observei no capítulo 5. Uma parede pode ser a maneira como você é impedida/o de residir em algum lugar. Ou a parede pode ser aquilo que você vivencia ao chegar lá.

Poderíamos pensar a branquitude como uma parede. Você conhece esta experiência: você entra em uma sala e é como entrar em um mar de branquitude. Um mar: uma parede de água. Você pode se sentir atingida/o. Não é apenas que você abre a porta e vê tudo branco, mas é como se batessem a porta na sua cara, independentemente de isso acontecer ou não. Não é sempre que não deixam você entrar. Você poderia até ser bem-vinda/o; afinal, você é a promessa de uma dose de diversidade adicional nos eventos. Mas você se sentiria desconfortável. Não conseguiria disfarçar. Então talvez você abandonasse a situação voluntariamente porque seria desconfortável demais ficar. Quando você deixa a sala, deixa para trás a branquitude.

Para pessoas que não são brancas, a branquitude pode ser vivenciada como uma parede; algo sólido, um corpo com uma massa que impede a passagem. A branquitude pode ser como a multidão discutida no capítulo 2: a numerosidade como impulso, a numerosidade como movimento. As coisas fluem se você estiver no fluxo. Se você estiver na direção contrária, o fluxo adquire a densidade de uma coisa sólida. O que um corpo vivencia como sólido pode ser vivenciado por outro como ar.

uma parede; nenhuma parede. ali; nada ali.
aéreo, áureo, etereo – branco.

Ali; nada ali. Não é à toa que "ali" não temos alívio.

pesado, demorado, carregado – marrom.

Quando você fala em branquitude, pode parecer que está criando algo a partir do nada. Falamos em branquitude. Continuamos falando em branquitude. Paredes surgem. Paredes continuam surgindo. Certa vez, após dar uma palestra sobre branquitude, um homem branco que assistia disse: "Mas você não é professora?". É possível escutar as implicações deste *mas*: mas, professora Ahmed, olhe para você, veja o quão longe chegou! É tão fácil virarmos peças publicitárias para a diversidade, é tão fácil nos deterem como prova de que nada detém as mulheres de cor. Ser uma peça publicitária para a diversidade: pode fazer recuar o mundo com o qual você dá de cara, como se você o desfizesse; como se nossa chegada e progressão fizessem a branquitude desaparecer.

olhe para você: olhe, olhe!
uma peça publicitária para a diversidade.
eu deveria sorrir.
não sorrio.

Seu próprio corpo é transformado em evidência de que as paredes às quais você se refere não estão lá, ou não estão mais lá; como se seu próprio progresso as houvesse eliminado. Você as atravessou, então elas não existem. A figura criadora de paredes, discutida na seção anterior, transforma-se na figura destruidora de paredes: como se ao progredir e professar nós botássemos as paredes abaixo.

Quando nós mulheres de cor nos tornamos professoras universitárias, esse não é o único tipo de reação que recebemos. Quando uma colega minha, uma feminista de cor, tornou-se professora, alguém disse para ela: "Hoje em dia qualquer pessoa vira professora". Por um lado, você encena a fantasia meritocrática, um único corpo marrom como evidência alegre e reluzente de inclusão. Por outro, o próprio fato de sua chegada corrói o valor daquilo de que você agora faz parte, remove o lustro de algo reluzente. Uma parede pode surgir quando ela se torna evidência de que não existem paredes (veja: ela não foi impedida por ser marrom ou mulher);

ou quando seu progresso se torna sinônimo de decadência (veja: se ela pode se tornar professora, qualquer pessoa pode).

Não surpreende, então, que, quando você menciona paredes, algumas pessoas só piscam. É outra forma de se levar um susto: o susto com aquilo que você traz à tona e o susto de vir, você mesma, à tona. E não estamos falando simplesmente de uma diferença de ponto de vista; algumas pessoas veem o mundo de uma maneira, outras o veem de maneira diversa. Quando você fala em paredes, você desafia aquilo que tira o peso das costas de alguns; você questiona a ocupação do espaço como sendo para alguns. Você se torna uma ameaça para a facilitação da progressão quando mostra como a progressão é facilitada.

Dar de cara com paredes nos ensina que as categorias sociais precedem o encontro físico e definem, em um piscar de olhos, como determinado corpo vai aparecer e ser percebido. É aqui que as coisas se tornam reais. Temos maneiras de nos contrapor aos argumentos de que gênero e raça não são materiais, ao contrário de classe, um raciocínio articulado com tanta frequência que parece uma parede a mais, mais um bloqueio que nos impede de passar. As paredes são evidências, precisamente, da materialidade da raça e do gênero; ainda que, como é de se esperar, apenas algumas pessoas deparem com sua materialização. Ao afirmar que a interseccionalidade, as políticas identitárias e assim por diante (e não sou eu quem diz "assim por diante": não é meu modo de associar palavras como um modo de associar corpos, e sim algo que encontrei em textos recentes de alguns escritores marxistas, e *alguns* significa mesmo alguns) têm menos materialidade do que a classe, muitos dos argumentos recentes podem ser compreendidos como uma representação do privilégio, indícios do alinhamento entre corpo e mundo. A raça pode parecer imaterial ou menos material se você for branca/o; o gênero pode parecer imaterial ou menos material se você for um homem cis; a sexualidade pode parecer imaterial ou menos material se você for hétero; a deficiência pode parecer imaterial ou menos material se você não tiver uma deficiência; e assim por diante. A classe também pode ser compreendida nesses termos: a classe pode parecer imaterial ou menos material se você se beneficia de privilégios de classe, de suas redes e zonas de amortecimento; desse percurso de um corpo que já está em certa medida sintonizado ao conjunto de exigências burguesas.

Se paredes são a forma de impedir alguns corpos, paredes são algo que você não encontra quando não há impedimento; quando lhe concedem passagem. De novo: o que é duríssimo para algumas pessoas nem sequer existe para outras.

PAREDES ACADÊMICAS

Quero pensar agora um pouco mais sobre as paredes acadêmicas. As universidades também possuem paredes, e não me refiro apenas aos encargos de polícia ou de vigilância comunitária; inspecionar e olhar estudantes com desconfiança, contar os corpos de estudantes internacionais – estão todas/os aqui?; todas/os estão aqui. Ainda assim, podemos e devemos incluir esse encargo.[47] É por meio do trabalho de diversidade dentro do ambiente acadêmico que comecei a entender paredes como mecanismos; a entender como as coisas mantêm seu lugar. O trabalho de diversidade que descrevo nesta seção diz respeito, sobretudo, a apontar o sexismo e o racismo na prática citacional (e não incluo apenas as pessoas citadas em textos escritos mas também as que são convidadas a eventos). Na introdução deste livro, descrevi as citações como tijolos acadêmicos com os quais criamos casas. Quando práticas citacionais se tornam hábitos, tijolos formam paredes. Penso que, como feministas, podemos

---

47 No Reino Unido, as universidades estão sendo convocadas, cada vez mais, a atuarem como controle de fronteira pela exigência de reportar a frequência de estudantes internacionais; ver Alexandra Topping, "Universities Being Used as Proxy Border Police, Say Academics". *The Guardian*, 2 mar. 2014.

ter a esperança de criar uma crise em torno da citação, mesmo que seja apenas uma hesitação, um questionamento, que possa nos ajudar a não percorrer os caminhos citacionais já bastante trilhados. Se você busca criar uma crise citacional, tende a ser apontada/o como a causa da crise.

**quando falamos daquilo com que damos de cara,
damos de cara com aquilo de que falamos.
dito de outro modo: paredes surgem quando falamos de paredes.**

O trabalho de diversidade consiste frequentemente em apontar aquilo que podemos chamar de pontos dolorosos. Você torna público o que observa. Você pode apontar que encontros aparentemente neutros ou abertos são restritos a alguns corpos e não a outros. Você frequentemente se transforma em um ponto doloroso quando aponta essas restrições; se você não as apontasse, seria quase como se elas não existissem. Em outras palavras: você causa uma restrição quando nota uma restrição.

Por exemplo, quando você comenta publicamente o fato de que todos os palestrantes de um evento são homens brancos, talvez exceto por uma pessoa, ou que as citações em um artigo acadêmico são todas a homens brancos, talvez exceto por algumas poucas outras, a refutação frequentemente oferecida não assume a forma de uma contradição, mas, antes, de uma explicação ou de uma justificativa: esses são os palestrantes ou escritores que, por coincidência, estão aqui; por coincidência, eles são homens brancos. Você diz: este evento tem uma estrutura. A resposta que segue: isto é um evento, não uma estrutura. É como se, ao constatar que o evento tem uma estrutura, você impusesse uma estrutura ao evento. Até mesmo por constatar que um encontro se trata de "homens brancos" você é vista como se estivesse impondo certas categorias aos corpos, reduzindo ou falhando em perceber a heterogeneidade daquele evento; como se, com essa constatação, você solidificasse algo fluido.

Quando você descreve a estabilização como algo do mundo, como algo que restringe o que faz parte do mundo, tratam você como alguém que quer estabilizar o mundo como se ele fosse uma coisa. Há muito investimento em não notar como encontros sociais e institucionais são restritos. Existe o que podemos chamar de um pressuposto de boa vontade, segundo o qual as coisas simplesmente acontecem, como quando um livro cai aberto em uma página, uma página que poderia muito bem ser outra em outra ocasião. Evidentemente, o exemplo do livro é didático; o livro tem a tendência de se abrir nas páginas mais lidas. Como discuti no capítulo 2, tendências são adquiridas por meio da repetição. Uma tendência é uma direção: um modo de se inclinar, de se abrir, de se locomover. Quando uma tendência é adquirida, não é mais necessário realizar um esforço consciente para seguir em uma direção específica. As coisas acontecem quase como se tivessem intenções próprias. A reprodução da mesma coisa é justamente aquilo que não precisa ser intencional. Não surpreende, então, que haja tanto investimento em não reconhecer o modo como restrições são estruturadas por decisões que já estão tomadas. Essas restrições são precisamente as que surgem no campo de visão. E não surpreende que o trabalho de diversidade seja tão desafiador: é preciso um esforço consciente e obstinado para não reproduzir uma herança.

No capítulo anterior, eu me referi ao trabalho de diversidade como uma catalogação de incidentes.

uma parede é um catálogo.
uma história daquilo que surge.

Certa vez eu apontei que palestrantes em um congresso de estudos de gênero eram todas pessoas brancas. Alguém respondeu que minha colocação não reconhecia a diversidade das pessoas ali. Quando perceber a branquitude se torna uma maneira de não perceber a diversidade, a diversidade se torna uma maneira de não perceber a branquitude.

Em outra ocasião sugeri um exercício no Twitter: consulte as referências bibliográficas de um livro que esteja à mão e conte quantas são a mulheres e quantas são a homens. Fiz o exercício com um livro que por acaso estava sobre minha escrivaninha (eu o estava lendo para meu projeto sobre utilidade). Das centenas de nomes do índice, encontrei apenas algumas referências a mulheres. Duas eram bastante ilustrativas: uma mulher mencionada como companheira de um artista homem; uma mulher mencionada como filha de um deus masculino.

sexismo: mulheres existem somente em relação a homens; mulheres como relativos femininos.

Eu tweetei esse achado e o autor do livro respondeu que os padrões que eu havia apresentado eram exatamente "os padrões das tradições que influenciavam" seu trabalho. É interessante que a justificativa do sexismo é um dos pouquíssimos momentos em que a passividade (x está naquilo que leio, logo, x está naquilo que escrevo) se torna uma virtude masculina e acadêmica. O sexismo é justificado como aquilo que se recebe porque está pressuposto naquilo que se recebe. O sexismo se torna uma sabedoria recebida. Em outras palavras, mais que aceitável, a presença do sexismo, ao ser consentida como constando nos padrões ou nas tradições, torna-se inevitável.

sexismo: a eliminação da lacuna entre herança e reprodução.

Certa vez eu apontei a branquitude no campo do neomaterialismo. Uma pessoa de dentro do campo me disse que eu tinha razão em descrevê-lo como branco, mas que essa branquitude "não era pretendida". Privilégio citacional: quando você não precisa pretender a própria reprodução. Assim que algo se reproduz, não é mais necessário pretender sua reprodução. É preciso muito mais empenho para não reproduzir a branquitude do que para não pretender reproduzir a branquitude. As coisas tendem a acontecer conforme elas já tendem a acontecer, a não ser que tentemos impedir que as coisas aconteçam dessa maneira. É necessário pretender não reproduzir diante desse tender a reproduzir, dessa tendência.

Depois tive uma conversa com uma pessoa no Facebook sobre a natureza masculinista de certo campo filosófico. A resposta dela foi "sim, é evidente", como se dissesse, sim, é evidente que é assim. Trata-se da filosofia da tecnologia. Passei a chamar esse tipo de argumento de fatalismo disciplinar: a suposição de que só podemos reproduzir as linhas que nos antecederam. O fatalismo disciplinar repousa sobre o fatalismo de gênero discutido no capítulo 1, "garotos serão garotos" se transforma em "garotos estudando brinquedos serão garotos estudando brinquedos". Podemos observar aqui como argumentos fatalistas criam inevitabilidades: será assim. Registra-se, então, a consequência dos argumentos como evidência de seu ponto: é assim que é. As técnicas que justificam algo como intrínseco são intrínsecas para que esse algo seja o que é. Um impulso é quase o suficiente para manter as coisas em seu percurso, a força do impulso é suplementada com justificativas, negações, instruções, persuasões, todas as quais participam da manutenção de uma direção. Um impulso diminui o esforço necessário para que algo aconteça (assim como aumenta o esforço necessário para que algo não aconteça, como comentei no capítulo 4). O esforço individual ainda é necessário, possivelmente nos momentos de desvio, quando a certeza de um caminho é questionada. Pode então aparecer uma mão para impedir que as coisas mudem de rumo.

Em outra ocasião, fui convidada a falar em uma conferência sobre fenomenologia. Recebi a convocatória, que fazia referência a doze homens brancos e uma mulher branca. Eu apontei essa prática citacional e ouvi um pedido de desculpas de quem havia me convidado; ele disse que esse ponto o fizera "sentir-se um tanto envergonhado". Com essa resposta aprendemos, talvez, como é fácil transformar o feminismo em algo que se pode descartar como moralizante: como se o ponto de apontar questões feministas fosse envergonhar outras pessoas ou fazê-las se sentirem mal. O discurso da moralização diz respeito à maneira como ideias feministas são recebidas, e não à maneira como são emitidas. Afinal, sentir-se mal pode ser simplesmente uma maneira de não fazer nada, e nós nos expressamos porque queremos que algo seja feito.

As histórias de racismo, assim como as de sexismo, estão repletas de boas intenções e sensações ruins; elas parecem se entrelaçar de um modo específico, como se dizendo: ao me sentir mal, tenho a melhor das intenções.

Não se tratava de um convite incomum: já recebi inúmeros convites para ser conferencista em eventos para os quais as convocatórias se referiam exclusivamente a homens brancos (ou com uma exceção). Você pode receber convites para reproduzir aquilo que não herdou. A destruidora de paredes está prestes a fazer outra aparição. A branquitude pode ser reproduzida por meio do pressuposto de que ao convidar você (uma pessoa não branca) para participar, ela, a branquitude, desaparecerá. Branquitude: entrada mediante convite. Nós não fazemos com que ela desapareça. A genealogia permanece a mesma, apesar de o convite ser estendido a alguém que não pertence àquela genealogia – e mesmo por meio da extensão do convite a esse alguém. Convidar pessoas que não são brancas a se inserirem na branquitude pode ser uma maneira de reinserir a branquitude.

Se questionamos a genealogia, aprendemos as técnicas para sua reprodução. Em sua resposta, a pessoa que havia me convidado escreveu que sabia de pesquisadoras e feministas de cor trabalhando nessa área e explicou por que não as havia citado:

> Creio que a predominância de homens brancos nas minhas referências, bem como as lacunas nas teorias deles, possam ser atribuídas ao fato de – sem me dar conta disso – eu certamente buscar corresponder ao que esperam colegas mais conservadores, que, segundo meu entendimento, talvez precisem de uma espécie de segurança, alcançada pela citação de pessoas que eles conhecem bem.

O sexismo e o racismo como práticas citacionais são também um sistema de corresponder ao que se espera, justificados como forma de segurança, uma forma da manutenção da familiaridade para quem deseja conservar o familiar. São formas de manter contato com conhecidos, uma rede de amizades, uma rede de parentesco, algo que homens brancos fazem em nome de outros homens brancos, para assegurá-los de que o sistema em que se reproduzem seguirá sendo reproduzido.

> **um sistema que conhecemos é um sistema de conhecidos.**
> **tipo amigos.**

Homens brancos: uma relação citacional. Diante disso, o pensamento possivelmente se torna algo que acontece "entre homens", para tomar de empréstimo o título do importante livro de Eve Kosofsky Sedgwick sobre homossocialidade.[48] No ambiente acadêmico, já passei muitas vezes pela experiência de perceber que a vida intelectual é tida como algo que ocorre entre homens. Em certa ocasião, um professor escreveu um e-mail em que mencionava uma nova colega que fora designada a seu centro de pesquisa. Ele citou suas credenciais e, então, escreveu que ela havia sido aluna do professor tal e do outro professor tal. Para adicionar ênfase, escreveu: "Sim, o" professor tal que foi aluno do outro professor tal e era amigo do outro professor tal. Sim, o: o texto exaltava os homens, passando rapidamente por cima da mulher para atingir o ponto principal: o ponto masculino. Ela foi mencionada somente em relação a homens: e a relação entre homens (que se assemelha a um círculo fechado, ou ao fechamento de um círculo: professores, amigos, colegas homens) se estabelece como relação primária.

> **sexismo: como mulheres são incluídas somente para serem**
> **passadas para trás.**

Uma vez entrevistei uma profissional que compartilhou comigo uma história. Ela estava olhando a página atualizada da equipe sênior de

---

48 Eve Kosofsky Sedgwick, *Between Men: English Literature and Male Homosocial Desire*. New York: Columbia University Press, 1985.

gerência de sua universidade, no site da instituição, com fotografias de cada integrante da equipe, quando sua amiga olhou de relance e perguntou: "São todos parentes?". São todos parentes? Que pergunta ótima. Bom, talvez não sejam parentes no sentido usual da palavra *parente [related]*. Não são parentes. Ou são? Cada integrante da equipe pode ter sua especificidade. A aparência homogênea registrada pela ou na pergunta aponta para outro sentido de ser aparentado: ser como relação. Eram todos, nesse caso, homens brancos. Utilizar essa expressão não é resumir uma relação; a relação é em si mesma um resumo (de como a instituição pode ser construída em torno de uma série curta de pontos). A fotografia nos dá o resumo do resumo: essa é a cara da organização, é para quem a organização se destina. Uma imagem, evidentemente, pode mudar sem mudar nada. É por isso que, com frequência, a diversidade é uma peça publicitária: como discuti no capítulo 5, você pode modificar a branquitude de uma imagem para manter a branquitude de uma coisa.

Quando falamos de homens brancos, estamos descrevendo algo. Estamos descrevendo uma instituição. Uma instituição se refere tipicamente a uma estrutura persistente ou a um mecanismo de ordem social que governa o comportamento de um conjunto de indivíduos em uma comunidade determinada. Quando digo, então, que homens brancos são uma instituição, não me refiro apenas ao que foi instituído ou construído mas também aos mecanismos que garantem a persistência dessa estrutura. Um edifício toma forma por uma série de normas reguladoras. Homens brancos também dizem respeito à conduta; não se trata simplesmente de quem está ali, de quem está aqui, de quem pode se sentar à mesa, mas do modo como corpos são ocupados depois de sua chegada.

Em um curso que dei, em todos os anos em que o ministrei, estudantes que se matriculavam em meus seminários não apareciam. Em vez disso, assistiam à aula do professor branco, acompanhando seu curso no lugar do meu. Intrigadíssima com as possíveis explicações para isso, perguntei a uma dessas alunas quando ela veio ao plantão de dúvidas. "Ele é tipo uma estrela do rock", ela suspirou platonicamente. E então, como se para fundamentar sua admiração, como se para explicar essa admiração em termos mais educacionais ou pelo menos mais estratégicos, complementou: "Quero fazer meu doutorado nos Estados Unidos". Ela não precisava dizer mais nada. Sua ambição foi oferecida como explicação de uma decisão. De acordo com as estimativas dela, se você tiver uma carta de recomendação assinada por um homem branco, suas chances de ascensão ou progressão na vida acadêmica são maiores. Ela já havia digerido a dieta institucional, simultaneamente uma dieta social; êxito = ele. É interessante observar que a estimativa de valor que pode ser eventualmente agregado é suficiente para agregar valor.

> **homens brancos: as origens da filosofia especulativa,**
> **pode-se especular.**
> **especule, acumule.**

Em outra ocasião, dois estudiosos, uma mulher marrom e um homem branco, estavam apresentando um projeto de pesquisa conjunto. São colaboradores igualitários no projeto; mas ele é um homem mais velho, bastante conhecido e reconhecido; talvez ele também seja uma estrela do rock acadêmica. Ao final da apresentação, ele se refere a ela jocosamente como "esposa". Ao fazer isso, ele descreve o modo como percebe a relação: o marido, o autor, o originador de ideias; a esposa, a que permanece atrás. É possível que ela lhe ofereça assistência, é possível que ela sirva o chá. Mas é óbvio que não, ela oferece ideias; ela tem ideias próprias. O trabalho intelectual dela é ocultado pela piada; a forma do ocultamento é performatizada pela piada.

> **quando não tem graça, nós não rimos.**

Indiquei no capítulo 2 que, se você não participa de algo, entendem você como antagonista, independentemente de você sentir ou não que está antagonizando. Quando você fala sobre o homem branco, as pessoas entendem que você está fazendo uma acusação contra ele. Bom, talvez eu esteja falando dele: um pronome é uma instituição. Ele: para alguns, tornar-se *ele* é passar ao *eles*, um pronome singular, um corpo geral. Referir-se a homens brancos é referir-se àquilo e àquele que já foi articulado em um sentido geral. Isso não quer dizer que homens brancos não estejam em constante recomposição; vocês podem se encontrar no presente; vocês podem ter um encontro futuro, por causa do modo como o passado se fragmenta em recursos.

Talvez um tijolo seja como uma "lasca do bloco velho".[49] Reprodução e paternidade são compreendidas pela expressão "lasca do bloco velho" em termos de semelhança: de igual para igual. E, se a lasca vem de uma parede, a lasca pode um dia se tornar uma parede de onde surgirão mais lascas: de igual para igual. Profissionais de diversidade precisam martelar contra essa parede, precisam lascar essa parede.

tec, tec.

cortante.

lasca.

Vou retornar à expressão "lasca do bloco velho" no capítulo 9. O trabalho de diversidade nos ensina sobre essa composição; sobre como organizações são reproduzidas em torno e a partir dos mesmos corpos. Uma profissional que entrevistei chamou esse mecanismo de "clonagem social", referindo-se ao modo como as organizações recrutam: a sua imagem e semelhança. Fui a uma sessão de treinamento de diversidade em que uma participante falou sobre como membros de seu departamento perguntavam se candidatas/os a empregos seriam "o tipo de pessoa que dá para

---

49 No original, *a chip off the old block*. Trata-se de uma expressão idiomática usada em relação a pessoas que têm características que coincidem com as de seus pais, seja no físico ou no comportamento. Em português, uma expressão análoga seria "filho de peixe peixinho é". [N. T.]

levar para o bar". Um parâmetro de relação restringe a relação; algumas pessoas são mais relacionáveis porque se sentem em casa não apenas em salas de reunião ou salas de aula mas também em espaços sociais, espaços que guardam suas próprias histórias. As normas podem ser mais regulatórias em espaços mais casuais.

quando as regras são relaxadas, deparamos com as regras. estremeci.

Como, então, são edificados os "homens brancos" ou como "homens brancos" são transformados em edifícios? Outra profissional me contou sobre os nomes dos prédios de sua instituição. Todos homens brancos mortos, ela disse. Não precisamos dos nomes para saber como certos espaços são organizados para receber certos corpos. Não precisamos dos nomes para saber como e para quem são as construções. Se citações são tijolos acadêmicos, tijolos também citam; tijolos também podem ser brancos.

branquitude: recomposta tijolo por tijolo.

Outra vez, apontei que a lista de conferencistas para um evento continha apenas homens brancos. Devo mencionar que essa conferência ocorreu na Goldsmiths, onde eu trabalho, e esses eventos "só de homens brancos" ou "com uma exceção" acontecem regularmente aqui, desconfio que por causa dos corpos que tendem a ser organizados sob a rubrica da teoria crítica. Alguém disse em resposta que eu soava "bem anos 1980" e que ele achava que as políticas identitárias já haviam sido "superadas". Não apenas devemos questionar o uso de políticas identitárias como forma de caricatura política como devemos pensar cautelosamente. Quem faz críticas feministas e antirracistas é vista/o como antiquada/o, como se tivesse por base categorias supostamente superadas. Algumas palavras são percebidas como datadas; e as pessoas que as utilizam ficam para trás.

É assim: acaba sendo mais antiquado apontar que apenas homens brancos vão falar em um evento do que organizar um evento em que só homens brancos vão falar. Suspeito que a criticidade – a autopercepção de que criticar nos libera do problema ou nos faz superá-lo – é frequentemente utilizada e performatizada nesses espaços acadêmicos. Explico o racismo crítico e o sexismo crítico assim: o racismo e o sexismo reproduzidos por pessoas que se consideram críticas demais para reproduzir racismo e sexismo.

Palavras como *racismo* e *sexismo* são percebidas como melancólicas: como se estivéssemos presas a algo que já não existe. Já escutei o seguinte ponto de vista ser articulado por feministas: focar no racismo e no sexismo é uma maneira excessivamente negativa e antiquada de se relacionar com o mundo, um hábito ruim ou mesmo uma resposta feminista automática a tradições que devemos acolher com mais amor e cuidado.[50] Se as críticas feministas ao racismo e ao sexismo são automáticas, talvez seja preciso afirmar a inteligência dos reflexos feministas. Mesmo dentro do feminismo há um senso de que poderíamos ter mais conquistas e percorrer distâncias maiores se pudéssemos deixar para trás essas palavras e o impulso excessivamente crítico. Talvez o impulso crítico, o impulso para criticar alguma coisa, se transforme em outra versão da obstinação: como se ela, a feminista, fosse contra as coisas porque é do contra, como se sua crítica estivesse no piloto automático, como se não pudesse evitar. Aprendemos então que: a teoria é uma paisagem social como qualquer outra. Provavelmente é verdade que você pode chegar mais longe quanto menos usar palavras como *racismo* e *sexismo*. Os trabalhos feministas que não utilizam essas palavras têm maiores chances de viajar pelo discurso acadêmico mais amplo. Algumas palavras são mais leves, outras se tornam um fardo pesado. Se você usa palavras pesadas, você diminui sua

---

50 Para uma discussão mais detalhada desse problema, com exemplos específicos de como feministas identificaram críticas ao sexismo como respostas automáticas ou como um hábito ruim feminista, ver S. Ahmed, "Introduction: Sexism – A Problem with a Name". *New Formations*, n. 86, 2015.

marcha. Palavras pesadas são aquelas que trazem à tona histórias que deveríamos ter superado.

Existem, atualmente, inúmeras estratégias para declarar que o racismo e o sexismo estão superados. Em outro livro, chamei essas estratégias de "estratégias de superação", estratégias que implicam afirmar que essas histórias podem ser superadas se nós simplesmente soubermos superá-las.[51] A superação se torna uma injunção moral. "Supere isso", você escuta, como se o que impedisse a superação fosse sua incapacidade de superar. Por exemplo, um argumento que escuto com frequência, às vezes apenas implicitamente, é de que a raça e o gênero são questões humanas, então ser pós-humano significa, em alguma medida, ser pós-gênero e pós-raça, ou que gênero e raça só dizem respeito a sujeitas/os, então a injunção passa a ser "superem-se". Podemos chamar isso de *sobressubjetividade*. A percepção de que feministas possuem muita subjetividade (são excessivamente subjetivas), como discuti no capítulo 3, torna-se uma exigência para superar essa subjetividade; para deixá-la de lado.

Uma máxima da obstinação é a recusa dessa injunção: não é para superar se você ainda não superou. Então, sim, quando as histórias permanecem aqui, precisamos de obstinação para seguir insistindo. Quando não deixamos por isso mesmo, somos julgadas como identitárias; quando nos debruçamos sobre certos pontos, pressupõem que é porque estamos doloridas.

Como já mencionei, quando constatamos que somente certos corpos falarão em um evento, estamos apontando uma estrutura. Apontar uma estrutura é percebido como fundamentação identitária. Talvez estejamos testemunhando a supressão da estrutura pela identidade; não, no entanto, por causa das pessoas envolvidas no que é chamado de política identitária, e sim por causa das pessoas que utilizam as políticas identitárias para descrever essa cena de envolvimento. Ou, para tornar meu argumento ainda mais contundente, quando você aponta uma estrutura, é como

---

51 S. Ahmed, *On Being Included*, op. cit.

se você apenas estivesse projetando sua identidade sobre a situação, de modo que, quando você constata que há pessoas faltando, é como se você estivesse simplesmente preocupada com o fato de você mesma estar faltando. A genealogia masculina e branca é protegida pelo pressuposto de que qualquer pessoa que questiona essa genealogia sofre de uma auto-obsessão. É realmente irônico, ou talvez nem tanto: você não precisa se afirmar quando a genealogia faz isso por você. Reparem também que os dois sentidos do trabalho de diversidade são confundidos: é como se você só fizesse trabalho de diversidade porque você é diversa, porque você não está fazendo nada além de ser uma pessoa de cor ou uma mulher preocupada com a própria exclusão (ou ambas; ser ambas é ser em excesso).

É interessante a velocidade e a facilidade com que políticas identitárias se tornaram uma acusação, algo que parece ser intrinsecamente negativo. Às vezes a simples menção da raça é suficiente para que o argumento seja julgado como política identitária. No Facebook, uma vez, respondi a um post de um blog que defendia a separação entre ontologia e política. O texto fazia a seguinte afirmação: "Quando o tubarão branco come uma foca, é simplesmente um acontecimento que ocorre no mundo. É simplesmente algo que acontece. Uma pessoa atirar em outra pessoa também é, no plano ontológico, simplesmente algo que acontece". Escrevi: "Dê mais detalhes, mostre como as coisas acontecem: um policial branco atira em um homem negro e seu evento ontológico já não é mero fruto do acaso". Incluí elementos diferentes (o grande tubarão branco se torna um agente policial branco: eu queria que o encontro entre pessoas fizesse menção ao encontro entre tubarão e foca) para demonstrar como acontecimentos só podem ser "puramente ontológicos" se forem hipotéticos, somente se despirem sujeitas/os e objetos de quaisquer atributos.

O que se seguiu? Muitas discussões emboladas. O exemplo da raça foi lido pelo blogueiro como uma acusação contra ele: "Você retoricamente escolheu um exemplo para tentar me posicionar como indiferente ou favorável ao racismo". Mais respostas: "Nos acostumamos a encenar buscas sumárias pelas explicações da moda mais óbvias ou sedutoras". E mais: "A posição nítida que ela assumiu ao responder ao [blogueiro], ou seja, a de que ele era perverso por dizer que tiroteios existem sem apelar imediatamente a políticas identitárias". E mais: "O [blogueiro] argumentou que uma coisa chamada 'tiroteio' existe. Isso não é dizer pouco, aparentemente, já que é tão controverso. Esta foi a reação da Ahmed, inclusive: não, você não pode dizer que coisas existem; você precisa escolher minha lente política favorita para falar sobre elas". E mais: "Pessoas como a Sarah [*sic*] tendem a ignorar outros objetos e trajetórias, talvez até mais reveladores, porque já *encontraram* sua causa necessária e suficiente por meio de lentes políticas sobredeterminadas. Não aprendemos nada de novo; já esperávamos que Sarah [*sic*] chegasse a essa conclusão". Poderíamos comentar aqui sobre a natureza incendiária e monstruosa de qualquer conversa virtual em blogs e redes sociais. O uso do exemplo do racismo é transformado em uma acusação contra alguém (uma das técnicas mais eficientes para não discutir o racismo é percebê-lo como uma acusação); uma explicação "da moda" que nos impede de buscar causas complexas; uma lente política que distorce o que podemos ver; uma conclusão formulada de antemão. O racismo se torna estrangeiro, uma palavra estrangeira: aquilo que atrapalha a descrição; aquilo que é imposto a uma situação que, de outro modo, seria neutra ou até mesmo feliz (algo que simplesmente acontece).

Uma parede se torna um sistema de defesa. Sexismo e racismo são reproduzidos pelas técnicas que justificam sua reprodução. Quando essas palavras são descartadas, testemunhamos a defesa do *status quo*: é um modo de dizer, não há nada errado aqui, o que está errado é julgar que há algo errado aqui. A própria natureza sistemática do sexismo e do racismo é obscurecida pela natureza sistemática do sexismo e do racismo: tantos são os incidentes que nos desgastam, sobre os quais não falamos, sobre os quais aprendemos a não falar. Aprendemos a cortar a ligação entre este e aquele acontecimento, entre esta e aquela experiência. Estabelecer ligações, portanto, significa restaurar o que foi perdido (e a perda deve ser compreendida como um processo ativo); significa criar outra imagem. Fenômenos aparentemente não relacionados, coisas que parecem "simplesmente acontecer", se tornam parte de um sistema, de um sistema que funciona. Trata-se de um sistema funcional pelo modo como suaviza a progressão. Precisamos sabotar o maquinário para impedir o funcionamento do sistema. Ou, para tomar de empréstimo os termos sugestivos de Sarah Franklin, precisamos ser a "pistoleira das máquinas".[52] Mas, antes que possamos fazer ou ser algo, precisamos reconhecer que existe um sistema. E reconhecer que ele está em pleno funcionamento.

Apontar pontos feministas, pontos antirracistas, pontos dolorosos, significa mostrar as estruturas que muita gente está determinada a não reconhecer. Isto é uma parede institucional: uma estrutura que muita gente está determinada a não reconhecer. Não é simplesmente que muitas pessoas não tenham sido feridas por essa estrutura. É também o fato de que elas progridem devido à reprodução daquilo que é impedido de se tornar tangível. Quando falamos de sexismo e de racismo, estamos falando de sistemas que sustentam e facilitam a progressão de alguns corpos.

O sexismo e o racismo também podem facilitar a progressão de alguns corpos pela distribuição do trabalho. Lembro-me de ler uma carta de recomendação em que um jovem pesquisador branco era descrito como "o próximo [professor]". Não tenho dúvidas de que tais expectativas podem ser vivenciadas como pontos de pressão. Mas pensemos sobre a narrativa da sucessão: há uma fila para ser o próximo *alguém*, de modo que, quando aparece um corpo que pode herdar o cargo, o cargo lhe é concedido. E também: se você for percebido como o próximo alguém, pode ser disponibilizado mais tempo para você chegar lá. Sexismo e racismo se tornam sistemas de herança em que homens brancos são disponibilizados para tomar o lugar de outros homens brancos. Mais tempo para se tornar *o cara* se traduz em mais tempo para desenvolver suas ideias, seus pensamentos, sua pesquisa. O caminho se abre de modo a permitir ou facilitar a progressão de alguns corpos. E esse caminho é aberto pela exigência de que outras pessoas realizem os trabalhos menos valorizados,

---

52 Sarah Franklin, "Sexism as a Means of Reproduction". *New Formations*, n. 86, 2015.

o trabalho doméstico; o trabalho que é necessário à reprodução da existência deles. Se seu caminho não está aberto, você pode acabar fazendo parte do sistema que abre caminhos para outras pessoas, realizando o trabalho de que estas são dispensadas. O sexismo e o racismo permitem maior velocidade a alguns corpos. O sexismo e o racismo diminuem a marcha de outros, os detêm, impedem que avancem no mesmo ritmo.

CONCLUSÃO: A CASA-GRANDE

Quero retomar o conto "A criança teimosa", dos irmãos Grimm, discutido no capítulo 3. Essa também é uma história institucional. É uma história que circula dentro das instituições. Ela oferece um aviso, uma ameaça: se você erguer a voz, vai apanhar. A história é também um convite àquelas pessoas que correm o risco de ser identificadas com o braço rebelde: transforme-se em uma vareta para evitar as consequências de apanhar. Transforme-se em uma vareta: quanta violência está sintetizada aqui. Mas testemunhamos os convites incessantes para nos identificarmos com aqueles que disciplinam como um modo de disciplinar a si mesmos sem apanhar. Não surpreende: a criança obstinada surge sempre que se questionam as determinações institucionais. Sempre que mencionamos sexismo e racismo, a criança obstinada corre em nosso encalço; como se nos dissessem: continue falando e o destino dela será o seu. Há muita gente nas instituições que não pode arcar com os custos, pessoas que não podem levantar os braços em protesto, mesmo quando as determinações da instituição são expostas como violentas, mesmo quando essa violência se dirige a muitas pessoas. Precisamos apoiar as pessoas que estão dispostas a expor as determinações da instituição como violentas; precisamos ser nosso próprio sistema de apoio (como indico em mais detalhes na Parte III), para que quando essas pessoas se pronunciarem, quando elas forem rapidamente representadas como a criança obstinada que merece seu triste destino, que deve apanhar porque suas vontades são pobres e imaturas, elas não sejam só um braço erguido, não sejam um braço erguido sozinho.

Na conclusão do capítulo 3, eu criei um exército de braços feministas. Talvez o braço no conto dos irmãos Grimm também seja um ponto feminista. Apontar um ponto feminista significa arriscar-se. Não surpreende que o braço da criança obstinada continue aparecendo. Ela aponta a dor. Ela é um ponto doloroso. Seguimos falando porque eles continuam fazendo: reunindo os mesmos corpos de sempre, fazendo sempre as mesmas coisas. Ela não para de se levantar, porque há muita história para ser levantada. Mas, quando ela se levanta, é essa história que não é revelada. Seu braço é espetacular; quando ela aponta essas questões, ela se torna um espetáculo. Sua dor se torna o espetáculo. E não surpreende: aquilo que a persegue visa discipliná-la. E não surpreende: aquilo que a antecede visa alertá-la. Se é para destruir paredes, precisamos estar dispostas a nos levantar, independentemente do que venha antes ou depois.

Quando braços surgem, eles se insurgem contra paredes: isso que mantêm a casa-grande de pé. Braços trabalhando e se empenhando naquilo com que dão de cara nos mostram o que não foi superado, o que não superamos. Pode ser necessária muita obstinação para insistir nessa *não superação*, porque os senhores não vão admitir que o mundo é sua casa-grande. Reconhecer as paredes atrapalharia sua arquitetura, porque explicitaria que essa arquitetura (esse intelecto, digamos, essa origem das ideias) depende das histórias que se sedimentaram como barreiras físicas à progressão dos outros. Quando exercemos força contra essas paredes, estamos exercendo força contra aquilo que não aparece para as pessoas que obtiveram direito de residência. E, quando fazemos esse tipo de trabalho de diversidade, tentando derrubar a casa pela demonstração do que está edificado, como uma estátua que transforma um passado violento em um memorial,[53] há consequências. O julgamento da obsti-

---

53 Essa frase foi escrita em solidariedade com o movimento Rhodes Must Fall [Rhodes deve cair], que começou na Cidade do Cabo, na África do Sul, e se espalhou por outras

nação virá ao nosso encontro. Até mesmo questionar quem ou o que está de pé significa ser uma vândala, "uma destruidora obstinada daquilo que é belo e venerável".[54] Quando o julgamento da obstinação nos encontra, encontramos outras pessoas pelo julgamento.

Braços: precisamos que eles continuem a se erguer. O braço que continua se erguendo da cova, da morte que foi e será uma designação coletiva, pode significar persistência e protesto ou, talvez mais importante, persistência como protesto. Precisamos dar aos braços algo para alcançar. Ou talvez sejamos aquelas/es que estão sendo alcançadas/os pelos braços. Afinal, sabemos que algumas/ns de nós só estamos aqui neste lugar porque certos braços na história se recusaram a continuar trabalhando, a continuar construindo ou escorando as paredes que asseguram a casa-grande. Estamos aqui porque os braços lutaram; porque os braços são a luta. Braços na história, punhos fechados, braços em sinal de protesto, braços erguidos em saudação, braços que falam: não atire. Há entre nós quem só esteja aqui por causa do que disseram esses braços na história, uma história que é agora, uma história que ainda é.

Nós nos movimentamos contra o que é imóvel. Audre Lorde deu a um ensaio um título que é uma proclamação: "As ferramentas do senhor nunca derrubarão a casa-grande".[55] Nesse inabalável "nunca" reside um chamado à ação dos braços [*call to arms*]: não se torne a ferramenta do senhor!

universidades, incluindo a Universidade de Oxford e a Universidade de Edimburgo, no Reino Unido. Derrubar estátuas de Cecil Rhodes em todos os *campi* universitários constitui um ato que convoca à decolonização plena da educação – em todas as suas estruturas e lugares. Como escreve Grace Almond: "Ao remover a estátua, a campanha não visa apenas retirar Rhodes da memória histórica pública. Ao contrário, o ato diz respeito a nosso passado colonial em um esforço por decolonizar nossa consciência coletiva"; "Rhodes Must Fall: Why British Universities Need to Decolonize not Diversify". *Consented*, 29 dez. 2015.

54 De acordo com a definição do *Online Etymology Dictionary* consultada em 24 mai. 2016.

55 A. Lorde, *Irmã outsider*, op. cit., p. 135.

PARTE III

VIVER AS CONSE-QUÊNCIAS

Nesta parte final do livro, investigo a maneira como ser feminista também diz respeito a viver as consequências de ser feminista, ou viver as consequências de se descrever como feminista. As reflexões são sobre como precisamos do feminismo para lidar com o que é direcionado para nós enquanto feministas. Outro nome para esta parte poderia ser "Intensificar o anti".

Me acostumei com o *anti*. Tenho vivido com esse *anti*. Eu dei palestras na área de estudos de mulheres durante os primeiros dez anos de minha carreira acadêmica. Costumava ouvir o que as pessoas pensavam sobre estudos de mulheres, dentro e fora do mundo acadêmico. Isso me deu muitas oportunidades de perceber como o feminismo é encarado: as respostas variavam entre a chacota ("Ah, é lá que as mulheres aprendem a passar roupa?"; "Ah, você pode estudar *qualquer coisa* na universidade hoje em dia"; "Uau, eu poderia fazer o curso? – fantasio com isso"), a hostilidade ("Um monte de lésbicas que odeiam homens") e, de vez em quando, a curiosidade ("Nossa, existe isso? Estudos de *mulheres*?").

Juntar os pedaços da curiosidade é um dom feminista. Mas você também precisa descobrir como lidar com o desdém e com as respostas hostis. Quando penso em viver uma vida feminista, uma das coisas nas quais penso é em como o feminismo, enquanto ferramenta ou forma de lidar justamente com esse tipo de sexismo direcionado às feministas, foi o que nos colocou, em primeiro lugar, no caminho para nos tornarmos feministas. Feminismo: aquilo de que precisamos para lidar com as consequências de ser feministas. Embora a fragilidade seja o tema explícito do primeiro dos três capítulos que compõem esta parte, ela vai aparecer de diferentes formas em todos eles. Quero refletir sobre as consequências do argumento que abriu o livro: as histórias que nos levam ao feminismo são as que nos deixam frágeis.

Nesta parte do livro, quero pensar nas consequências de ser feminista não apenas no que se refere a ficar esgotada e exaurida diante daquilo contra o que é preciso lutar mas também no que diz respeito ao modo como encontramos energia e recursos para continuar. O que chamo de estalo feminista tem a ver com como passamos a seguir coletivamente tendências que nos permitem romper amarras que nos prejudicam, além de investir em novas possibilidades. De modo mais pessoal, trato especificamente do feminismo lésbico não apenas como o espaço onde fazemos frente ao anti mas também como o espaço onde e por meio do qual podemos ser obstinadas e criativas; encontrar formas de se relacionar com mulheres sendo uma mulher é sobre encontrar outras formas de se relacionar.

Também quero, nesta parte do livro, permitir que minha escrita expresse a essência das experiências que estou tentando descrever. Estou vendo minhas frases desmoronarem. Junto meus pedaços mais uma vez.

7. CONEXÕES FRÁGEIS

É difícil descrever o que é difícil. Tenho falado sobre paredes como uma forma de descrever aquilo com que damos de cara, esses endurecimentos da história convertidos em barreiras físicas no presente. Quando damos de cara com paredes, quão facilmente as coisas se despedaçam. Ser despedaçada é vivenciar os custos de nossa própria fragilidade: quebrar, chegar a um ponto de ruptura. No capítulo 8, exploro como as quebras podem ser nosso objetivo e como podemos exercer nossa criatividade ao lidar com elas. Aqui, quero refletir sobre a fragilidade como o desgaste intrínseco de viver uma vida feminista. Parte do que faz do trabalho de diversidade um trabalho de fato é o esforço para encontrar maneiras de sobreviver ao que enfrentamos; encontrar maneiras de seguir adiante, de seguir tentando, quando as mesmas coisas parecem acontecer de novo e de novo.

> **as coisas com as quais damos de cara podem nos despedaçar.**
> **e então damos de cara com elas outra vez.**
> **as coisas com as quais damos de cara podem nos exaurir.**
> **e então damos de cara com elas outra vez.**

Não é surpresa que sintamos esgotamento. Não é que os sentimentos em si estejam se esgotando, tal qual um modelo de economia das emoções implícito no conceito de "fadiga de compaixão", que supõe que as emoções, ao serem vivenciadas, se esgotam. Ao me referir a "sentir esgotamento", estou me referindo a um fenômeno material e corporificado: não ter energia para seguir em frente no que se enfrenta. O trabalho de diversidade que discuti na Parte II ensina muito sobre a distribuição desigual de energia, sobre como alguns corpos se sentem esgotados diante daquilo que se faz necessário para chegar a um lugar, estar em um lugar, permanecer em um lugar.

Sim, experimentamos momentos de alívio; trabalhamos por esses momentos, ou talvez esses momentos sejam a causa de continuarmos trabalhando. Às vezes, trata-se do alívio de adentrar um ambiente e não encontrar o que você normalmente encontra: toda aquela branquitude. Houve alguns momentos assim em minha carreira acadêmica: quando habitei um mar marrom. Quando, na condição de pessoa de cor, você habita um mar marrom, pode perceber seu esforço anterior para habitar, o esforço de não notar o que está ao seu redor, toda aquela branquitude. É como se você sentisse o peso do cansaço de forma mais aguda à medida que o cansaço vai embora. Muitas vezes, você se torna mais consciente de uma sensação quando ela se dissipa. Quando deixamos os espaços da branquitude – aqueles nos quais vivi e trabalhei e a maioria dos espaços em que estive –, temos ainda mais consciência de quão exaustiva é a branquitude.

Quando algo é exaustivo, você nem sempre sente a exaustão. Sentir exaustão pode decorrer de um entendimento retrospectivo de que você foi ou está sendo exaurida. Pode ser que, para habitar certos espaços, tenhamos que bloquear a consciência da exaustão que eles nos causam: quando a sensação nos alcança, pode ser que tenha chegado ao ponto em que é demais para suportar. Você se despedaçou. Sentir o esgotamento: acho que as feministas estraga-prazeres estão familiarizadas com essa sensação, a de dar de cara com as mesmas coisas, não importa o que você diga ou faça. Apesar dessa sensação, nós temos que pensar, penso eu, em como nos proteger (e proteger quem está ao nosso redor) de ser diminuídas.

Neste capítulo, exploro como a fragilidade em si é um fio, uma conexão frágil entre coisas consideradas quebráveis. Vou compartilhar algumas histórias de despedaçamento. Numa história de despedaçamento há muitas vezes um *também*, um *também* que geralmente recai sobre o que cai: a fragilidade é a característica do que se quebra facilmente. Vou começar com alguns exemplos literários de objetos que se quebram, quebras comuns de coisas comuns, como forma de dar início a uma reflexão sobre histórias que se tornaram duras, histórias que deixam algumas pessoas mais frágeis do que outras. Quero refletir sobre fragilidades em diferentes níveis ou escalas: coisas frágeis; relações frágeis; abrigos frágeis; e corpos frágeis.

COISAS FRÁGEIS

Quero começar com uma quebra. Quando comecei a escrever sobre obstinação, percebi quantas vezes a obstinação aparece em cenas de quebra. Nesta seção, tomo como base duas descrições de quebra de objetos que aparecem em romances de George Eliot. Escrevi pela primeira vez sobre esses objetos quebrados em um livro anterior.[1] Eliot tornou-se minha principal companheira de viagem nesse livro; não comecei a jornada tendo o trabalho dela ao meu lado, mas foi assim que a concluí. Havia começado com Maggie Tulliver, com a ideia de como sua força de vontade torna-se o problema e a solução a um só tempo. Então reli Eliot como uma romancista da força de vontade ou, como eu a considero, uma romancista filosófica da força de vontade. Então, só então, esses objetos entraram em meu campo de visão; e foi por meio deles que o livro acabou por tematizar objetos obstinados, assim como sujeitas obstinadas. É interessante, pensando retrospectivamente, que tenham sido as coisas quebradas a chamar minha atenção e me ajudar a compreender o sentido do que era retratado na história de Maggie. Não tenho dúvidas de que foi por me atentar a coisas obstinadas que desenvolvi meu entendimento de como a obstinação se torna um arquivo de experiências coletivas. No capítulo 9, volto ao que

---

1 S. Ahmed, *Willful Subjects*, op. cit.

significa pensar na obstinação como um arquivo. Aqui, quero tratar da questão da fragilidade e do que significa identificar-se com coisas que são quebráveis. Uma quebra é muitas vezes acompanhada por uma história, uma história do que se quebra quando algo se quebra, ou uma explicação do que está por trás de uma quebra. Esta primeira descrição de um objeto quebrando está em *Silas Marner: O tecelão de Raveloe*:

> Uma das tarefas diárias de Marner era ir buscar a água em um poço não muito distante de casa e, para tal fim, levava um pote de barro marrom, o qual considerava um dos utensílios mais preciosos que havia adquirido para si. Aquele pote já era seu companheiro havia doze anos, sempre descansando no mesmo lugar, sempre oferecendo a ele sua alça de manhã bem cedo, de maneira que sua forma transmitia a Marner uma sensação de ajuda oferecida de bom grado, e sua impressão na palma da mão dava-lhe uma satisfação misturada àquela provocada pela água limpa e fresca. Certo dia, quando voltava do poço, tropeçou num degrau e seu pote marrom, caindo com força sobre as pedras que cercava o poço, quebrou-se em três pedaços. Silas recolheu os pedaços e levou-os para casa, com o coração pesado de tristeza. O pote marrom não teria mais utilidade, mas ele juntou os cacos e recolocou o vaso quebrado no mesmo lugar, fazendo um monumento em sua homenagem.[2]

Essa é uma descrição muito bonita de como o amor pode ser dedicado a uma coisa comum; um pote marrom de barro. Aprendemos: aquilo que tem importância importa. Silas se importava com seu pote. Se o pote emprestou sua alça a Silas, as palmas de suas mãos receberam o calor de uma impressão. O pote é seu companheiro; confiável; sempre no mesmo lugar, sempre emprestando sua alça. Quando o pote lhe empresta sua alça, as palmas das mãos de Silas recebem o calor de uma impressão, o calor que dá direção. Somadas ao pote, outras coisas também dão direção: a água

---

2 George Eliot, *Silas Marner: O tecelão de Raveloe* [1861], trad. Julia Romeu. Rio de Janeiro: José Olympio, 2017, p. 31.

fresca e limpa que o pote ajuda a carregar; o corpo que carrega o pote; o caminho trilhado ao carregar o pote do poço à casa. Uma relação de uso é uma relação de afeto; poderíamos pensar no desgaste intrínseco da alça e da mão como traços de uma história em comum. Se o pote empresta sua alça a Silas para que este seja capaz de fazer algo, ou de conseguir alguma coisa, tanto Silas como o pote estão de acordo, um acordo voluntário. Quando o conteúdo que preenche o pote é o conteúdo de um acordo, sua expressão é a da disponibilidade voluntária. Quando algo já não pode carregar o que queremos que carregue, já não se trata de um acordo, já não está mais disponível. Quando o pote se quebra, ele não está mais em uso, não é mais útil; então pode ocupar um lugar ao se tornar um monumento; um detentor de memórias, não de água.

No momento oportuno, voltarei a essa ideia de tornar-se um monumento. Quero trazer outro exemplo da quebra de um objeto, desta vez de *Adam Bede*. Estamos em uma casa com uma família. Uma criança, Molly, está pegando cerveja para a mãe, a senhora Poyser, mas está demorando. "Que demora a dessa menina com a cerveja", diz a senhora Poyser.[3] Molly, pode-se dizer, é "muito lenta"; ela está frustrando uma expectativa. Então Molly aparece, "carregando um jarro grande, duas canecas pequenas e quatro latas, todos cheios de cerveja – um exemplo interessante do poder preênsil da mão humana".[4] Talvez uma mão útil seja como um pote útil: é preenchida com o conteúdo de um acordo. Mas então Molly tem uma "vaga sensação de alarme" (há uma tempestade; sua mãe está impaciente). Quando ela "acelera um pouco o passo em direção à mesa", ela prende "o pé em seu avental" e cai, "com estrondo, numa poça de cerveja".[5] O que quer que a tenha feito cair, fez com que quebrasse o jarro; e então "tristemente" ela "recolhe os pedaços de cerâmica".[6]

3 Id., *Adam Bede* [1859]. New York: Signet Classics, 1961, p. 220.
4 Ibid., p. 221.
5 Id.
6 Id.

Podemos fazer um desvio a partir desse trecho triste e desajeitado. A falta de destreza pode nos levar a uma ética *queer*. Tal ética remete à instabilidade de viver com uma diferença, tantas vezes vivenciada como uma diferença de *timing*; ser muito lenta ou muito rápida, fora do tempo. Pense em como é percorrer uma rua na companhia de outra pessoa. Não acontece de modo muito suave, vocês ficam se esbarrando. Você pode sentir que a outra pessoa está fora do tempo; como se ela fosse muito lenta ou muito rápida, como se fosse inepta ou desajeitada. Ou vocês podem se olhar com frustração enquanto esbarram uma na outra mais uma vez. Ou, então, você pode sentir que a/o desajeitada/o é você, aquela/e que está sendo lenta/o demais ou rápida/o demais, e seu trabalho é recolher os pedaços de uma intimidade despedaçada. Esbarrar em outra pessoa é sinal de que há diferenças que não foram resolvidas. A resolução da diferença é cenário de muita injustiça. As coisas podem se suavizar porque algumas pessoas tiveram que se ajustar para acompanhar as outras. A diversidade corpórea – como habitamos diferentes tipos de corpos, com diferentes capacidades e incapacidades, ritmos e tendências – pode ser entendida como um chamado à abertura de um mundo que supõe um certo tipo de corpo como a norma. O trecho mais acidentado de um trajeto pode exprimir o grau em que um tipo de corpo não determina um horizonte ético ou social. Em vez de a igualdade ser uma forma de suavizar uma relação, talvez a igualdade seja um trajeto acidentado.

De volta ao jarro: uma vez que o jarro quebrou, e alguns acidentes podem levar a quebras, o que acontece? A senhora Poyser comenta: "Tudo se deve a sua obstinação, como digo, pois não há necessidade de quebrar nada". Sim, a obstinação aparece em uma cena de quebra. A senhora Poyser sugere que a obstinação de Molly é o que a fez tropeçar. A obstinação é usada aqui como um dispositivo de interrupção: trata-se do modo pelo qual uma cadeia de causalidades é interrompida em determinado momento (para que uma criança seja a causa de uma quebra, não podemos questionar o que fez com que a criança tropeçasse). E, no entanto, a obstinação parece ser transmissível:

"Quando se virou do armário, a senhora Poyser segurava um jarro marrom e branco e, rapidamente, avistou algo no outro extremo da cozinha; talvez por já estar tremendo e nervosa, a aparição teve um efeito tão forte sobre ela; talvez a quebra do jarro, como outros crimes, fosse contagiosa. O que quer que fosse, ela parou e encarou em choque, como se visse um fantasma, e o jarro marrom e branco, tão precioso, caiu no chão, separando-se para sempre de seu bico e de sua alça".[7]

Pode-se dizer que a senhora Poyser foi contagiada pelo alarme de Molly. Um alarme é uma reação em cadeia.

A obstinação surge para explicar uma quebra, para interromper uma reação em cadeia. Mas, quando a senhora Poyser quebra o jarro, ela não se culpa. Primeiro, lança mão de um certo fatalismo ao dizer: "O que tiver que quebrar *será* quebrado",[8] uma forma de colocar o "será" não como um simples verbo auxiliar do futuro, mas como uma força profética (como em "O que tiver que ser será"). O gênero muitas vezes opera como uma forma de fatalismo obstinado (o que tiver que ser menino será menino ou, de forma mais simples ou mais corriqueira, como discutido no capítulo 1, "meninos serão meninos"); o gênero como uma sentença de morte, um laço do destino, um laço fatal. Mas, ainda que a quebra pareça ser o destino, a senhora Poyser culpa o jarro: "As jarras estão enfeitiçadas, *eu* acho. Há momentos em que a louça parece estar viva e voa de sua mão como um pássaro".[9] Quando o jarro parece obstinado (no sentido exato de cheio de vontade própria, e não vazio o suficiente para ser preenchido pela vontade humana), ele não só causa a própria quebra, ele quebra o fio de uma conexão. Observe o início de outra conexão, entre uma menina e um jarro, uma conexão frágil entre aqueles que, supõe-se, causem uma quebra. No capítulo 3, explorei a obstinação como uma história feminista.

---

7 Ibid., p. 220.
8 Id.; ênfase do original.
9 Ibid., p. 222.

Talvez essa história envolva outros fragmentos, partes despedaçadas de coisas quebradas. Voltarei a essa conexão entre a menina e o jarro como forma de juntar alguns desses pedaços.

Podemos notar também uma ligação entre o desvio e a quebra: desviar-se de um caminho é perder o potencial de concretizar a vontade. Quando falamos de um caminho, neste contexto, estamos falando do desdobramento de uma ação no tempo; um caminho é o que temos que seguir para alcançar algo. Estar a caminho é estar em suspensão: a mão deixou seu lugar de descanso; carrega algo em direção a algo, mas a tarefa ainda precisa ser concluída. A mão ainda não alcançou seu destino. Uma quebra não é apenas a quebra de algo (um pote, um jarro); é o despedaçamento de uma possibilidade, uma possibilidade de completar uma ação ou de chegar a um destino. Como observei no capítulo 2, a felicidade é muitas vezes entendida como um destino, como o que queremos alcançar quando tentamos alcançar algo, como o que obtemos se estamos no caminho certo. Não é de se admirar que a ideia da estraga-prazeres surja de uma cena de quebra: ao impedir que uma ação seja concluída, ela atrapalha a felicidade que supostamente está a caminho, ela impede que a felicidade seja alcançada.

RELAÇÕES FRÁGEIS

Fragilidade: a característica de ser facilmente quebrável. Fragilidade: quando ser quebrável impede que alguma coisa aconteça. As relações também podem se quebrar; sabemos disso. Você já esteve com alguém, alguém que você estivesse tentando amar, de quem não quisesse desistir, até essa pessoa dizer algo que você tenha achado insuportável? Você pode ouvir o vidro se despedaçando; esse é o ponto em que você percebe que você tinha algo que não pode mais ser reconstituído. Se juntasse os pedaços, ficaria como Silas, com um monumento, um repositório de memórias. Ficaria como Silas, com um pote vazio, um lembrete daquilo que já foi e não é mais.

Quando meus pais se separaram, um amigo da família apareceu para conversar com minha mãe, que era quem havia sido deixada. Ele disse: "Isso é o que acontece quando você se casa com um muçulmano". Foram palavras afiadas, que cortaram a atmosfera como uma faca. Relacionamentos se rompem e famílias se separam: acontece. Merdas acontecem. Mas, numa relação miscigenada, cuja legitimidade não é garantida, uma separação ganha um significado específico: uma separação torna-se aquilo a que estávamos nos encaminhando desde o início. Isso é o que acontece quando: como se o *quando* fosse só uma questão de tempo. Para uma mulher branca, uma inglesa cristã, casar-se com alguém de outra religião, com um homem marrom, um paquistanês muçulmano, só poderia levar a isso, a esse fim, uma relação que "só poderia acabar em lágrimas", tornando-se, retrospectivamente, sempre lacrimosa.

Quando as coisas estavam bem, esse amigo não disse nada. Quando as coisas se quebraram, a raça veio à tona. Nós aprendemos a partir da quebra. O que podemos chamar de "racismo como pano de fundo" é parte da situação na qual nos encontramos; o racismo fica nos bastidores quando as coisas vão bem, por isso a raça aparece em cena tão rapidamente quando as coisas param de funcionar.

uma parede: reconstruída no ponto em que se despedaçou.

Talvez comece com uma previsão feita por outras pessoas: isso vai ser difícil; não parece que vai dar certo. Talvez você se sinta pressionada a fazer as coisas darem certo para mostrar que podem dar certo. Para as pessoas *queer*, fazer com que as coisas deem certo pode ser tanto uma pressão como um projeto. No capítulo 2, pontuei a possível pressuposição de que uma vida *queer* é uma vida infeliz, uma vida sem as coisas que poderiam ou deveriam fazer você feliz. Você pode sentir essa pressuposição como uma pressão para provar que uma vida *queer* pode ser uma vida feliz. Você sabe que, se houver uma separação, ela pode corroborar a expectativa de que tais relacionamentos são menos duradouros, menos seguros; frágeis. Há uma espécie de fatalismo *queer* em jogo aqui: de que trilhar um caminho *queer* é precipitar-se em direção a um destino infeliz, como se ser *queer* fosse uma sentença de morte, um autodespedaçamento. E, então, se as coisas se despedaçam (como tende a acontecer com coisas), você corroborou a expectativa de que é isso que acontece com quem é *queer*.

A partir do exemplo de relacionamentos miscigenados e *queer*, aprendemos como alguns são considerados inerentemente quebrados, como se seu destino fosse quebrar, como se nos dirigíssemos desde o início para uma quebra. Uma quebra torna-se a materialização de uma característica inerente; quebrar como consequência de ser. E isto é difícil: a suposição da fragilidade pode fazer com que algo se torne frágil. Quanto mais cuidado você toma, mais suas mãos tremem. A palavra *care* [cuidar] deriva de *cearu*, do inglês antigo, que sugere preocupação, ansiedade, luto. No capítulo 1, falei sobre como tornar-se uma pessoa cuidadosa relaciona-se com a sensação de ser quebrável. Talvez tornar-se uma pessoa cuidadosa, cheia de cuidados, seja tornar-se uma pessoa ansiosa em relação ao potencial de quebrar algo. Você pode se tornar mais desastrada quanto mais cuidado toma para não quebrar algo que é facilmente quebrável. Se você já é considerada desastrada, pode ficar com ainda mais medo da quebra, sabendo de saída que, se algo se quebrar, você será vista como culpada por isso. Quanto mais você tenta, mais escorrega.

A fragilidade pode ser uma hipótese regulatória que faz com que uma característica seja considerada inerente a alguma coisa. Uma consequência pode ser ostentada como uma causa. É possível que considerem que você causou dano a si mesma porque deixou a segurança de um caminho bem iluminado. As normas de gênero também funcionam assim: quando a feminidade é registrada como fragilidade, quando essa fragilidade é usada para explicar o que acontece com uma mulher, ou o que ela pode ou não pode fazer, uma consequência do poder é ostentada como sua causa. A mulher é tratada com cautela e cuidado porque é frágil, e é frágil porque é tratada com cautela e cuidado. Política é o que acontece entre esses *porquês*.

E assim uma parede se ergue de novo. Uma parede pode ser algo que se sente internamente, como uma voz em sua cabeça que faz você tropeçar. Mencionei a possibilidade de uma parede interna no capítulo 6: quando as pessoas que estão ao seu redor não percebem algo que acontece bem diante dos olhos delas (como um caso de assédio sexual), isso pode fazer com que você duvide do que vê, pode fazer com que você tente alterar sua própria percepção. Então essa dúvida passa a ser interna: uma parede pode ser um obstáculo que é criado porque você duvida de si mesma. Mesmo que essa parede pareça ser interna, ela não começa ali. Podem ter lhe dito: Você não pode fazer isso. Você não será capaz de fazer isso. Essa falta de confiança pode estar ligada ao fato de você ser uma menina, ou apenas a ser quem você é; a não ser boa o suficiente, a não ser inteligente o suficiente, ou apenas não ser, não o suficiente; ou a ser demais; é demais para você suportar; você é insuportável, isso também. Você pode ter uma postura desafiadora ante essa falta de confiança. Posso fazer isso. Serei capaz de fazer isso. Mas, se as palavras se repetem – você não pode fazer isso; você não será capaz de fazer isso –, elas podem se tornar uma hesitação em sua própria vontade, uma dúvida; uma incerteza. A autoconfiança também pode se despedaçar. A convicção "Eu consigo" se transforma numa pergunta: "Eu consigo?". Quando ela está em questão, começa a se questionar. E, ao se questionar, talvez você não acredite em si mesma como uma forma de se proteger da possibilidade de não conseguir fazer o que achou que conseguiria. E aí você não consegue. E aí você pensa: "Não consigo". Seu esforço adquire a característica da fragilidade imposta por uma expectativa. Você hesita, você falha. E confirma a expectativa. Uma confirmação pode ser a concretização de uma ideia: ela se materializa. Você encontra aquela coisa; você se torna aquela coisa. E a parede que diz que você não consegue chegar lá se torna mais concreta, até que você deixa de seguir adiante, porque tem receio de não conseguir, então você não consegue. Se a política é o que acontece entre os *porquês*, a política é o que acontece com você. Voltarei à ideia de como a fragilidade se torna uma questão estrutural, uma questão que não se refere apenas a uma vida, mas a várias delas, no capítulo 9.

O que acontece com você: precisamos nos alçar ao que enfrentamos. Mas e se a alça é o que se quebra? Fragilidade: perder a alça.[10] Quando o jarro perde a alça, torna-se inútil. Sentimos o terror de seu destino; os pedaços foram varridos e jogados fora. E, quando dizemos que estamos perdendo o controle, muitas vezes queremos dizer que não somos mais capazes de aguentar o que é necessário para persistir. A alça promove essa conexão. A figura da feminista estraga-prazeres lembra a do jarro quebrado: ela também perde a alça, perde a linha, uma expressão usada para indicar a raiva súbita.[11] Quando uma feminista perde a linha, ela é responsabilizada por sua triste separação do grupo. Quero repetir quase que palavra por palavra uma frase que usei anteriormente, para que possamos ouvir uma ressonância. Há apenas uma ligeira alteração da forma como descrevi o momento em que a senhora Poyser culpa o jarro por ter se quebrado. *Ela não só causa a própria quebra, ela quebra o fio de uma conexão.* O feminismo como uma autoquebra: uma história encenada como julgamento. Ou o feminismo como um rasgo no tecido social; uma história encenada como perda; um rasgo [*tear*], uma lágrima [*tear*]. Dar uma causa à quebra é criar uma figura, uma figura que possa conter o dano ao explicar o dano. A feminista estraga-prazeres é essa figura. Conter os danos é ser um recipiente danificado; um recipiente com vazamentos. A feminista estraga-prazeres é um recipiente que vaza. Ela está lá; lá está ela, toda rasgada, que bagunça.

---

10 No original, "*losing the handle*", expressão que também pode significar "perder o controle". [N. T.]

11 No original, "*flies off the handle*"; a expressão, que corresponde a nosso "perder a linha", literalmente seria traduzida como "voar do cabo". A autora prossegue explicando que sua origem parece provir "da velocidade com que a cabeça de um machado pode se desprender de seu cabo [*handle*] durante um movimento descendente". [N. T.]

> quando falamos, não é de se admirar:
> pode parecer que tudo se despedaça.
> **podemos nos tornar o ponto a partir do qual as coisas**
> **não podem ser reconstruídas.**

Não é como se sempre desejássemos ou esperássemos que isso acontecesse. Às vezes, não queremos que as relações se despedacem porque elas têm importância. E esta pode ser outra crise: quando os requisitos para manter uma conexão importante exigem desistir de algo que também importa. Digamos que aquelas pessoas que são minhas amizades mais próximas estejam rindo de uma piada. A risada se espalha, o ambiente inteiro está tomado por ela. Posso começar a rir também, antes mesmo de ouvir a piada. Mas, quando ouço a piada e me dou conta do que foi dito, percebo que não acho graça nenhuma; acho a piada até ofensiva. Às vezes, continuamos a rir por medo de causar uma quebra. Em outras palavras, decidimos não ser uma estraga-prazeres porque o preço seria muito alto: poderíamos quebrar aquilo de que precisamos para nos segurar, uma relação que é importante para nós, uma pessoa que amamos, um mundo do qual não conseguimos desistir. É óbvio que, às vezes, ser uma estraga-prazeres não depende de nós: podem decidir por você; você pode receber a designação sem dizer nada. Às vezes, paramos de rir. E quão rápido: as coisas desmoronam. O feminismo então talvez seja a forma como juntamos os pedaços.

Quando escrevo sobre a feminista estraga-prazeres, sei que pode soar como se eu a convocasse, como se a chegada dela fosse sempre um momento de esperança política. Nem sempre é assim, ainda que, pelo menos para mim, o fracasso dela em desaparecer seja motivo de esperança. Às vezes, quando ela aparece no horizonte de nossa consciência, pode ser um momento de desespero. Você nem sempre quer que ela apareça, mesmo quando se reconhece em sua aparência. Você pode dizer a ela: não aqui, não agora. Você pode não querer ver problema em alguma coisa por não querer ver problema em alguém. Ainda que você saiba que o problema de como expor um problema é o que acaba criando um problema, você ainda pode sentir que expor um problema é criar um problema para si mesma. Você pode pensar, você pode sentir: não posso me dar ao luxo de ser ela agora. Você pode pensar, você pode sentir: ela me custaria caro agora. Quando você é uma feminista estraga-prazeres, quando ela faz parte da personificação de sua história, ela ainda pode parecer obstinada para você, insistindo em aparecer quando algo aparece. Ela pode ser cansativa. Você pode experimentar sua aparente exterioridade como o potencial alarmante da interioridade; de se tornar ela, de ela se tornar você. No capítulo 8, em minha discussão sobre o estalo feminista, volto à questão sobre como a chegada da estraga-prazeres pode ser uma crise. Uma política feminista da fragilidade pode basear-se não só em como sobreviver àquilo com que damos de cara mas também em como permitir que as relações perdurem, o que pode facilmente ser ameaçado por aquilo com que damos de cara.

Podemos ser despedaçadas pela força daquilo com que damos de cara quando nossos corpos são pequenos objetos jogados contra as paredes duras da história, para retornar à minha descrição no capítulo 6. Podemos prejudicar relações que são importantes para nós. E uma das partes mais difíceis sobre dar de cara com paredes é: isso pode ameaçar algumas de nossas conexões mais frágeis e preciosas, nossas melhores conexões, aquelas que nos acalentam. Enquanto escrevo isto, me sinto muito, muito triste. E esse também é um dos riscos da raiva. Existem tantas coisas contra as quais lutar; sabemos disso. Mas a raiva pode se derramar muito fácil em quem está por perto, nas pessoas mais próximas de nós. Ao lutar contra algo, podemos facilmente arriscar as relações com aquelas pessoas que estão conosco, ao nosso lado; podemos arriscá-las por estarem diante de nós. Nossa raiva, quando generalizada contra a injustiça do mundo, pode acabar direcionada para quem está mais perto, muitas vezes para as pessoas mais queridas por nós. Os custos da luta contra as injustiças podem ser pessoais: na verdade, muitas vezes são pessoais; podemos perder quem nos importa. Podemos errar; podemos ser cortantes demais; podemos nos arrepender de ter dito algo porque as consequências foram lamentáveis. Às vezes, obviamente, não: às vezes, mesmo que as consequências sejam lamentáveis, não lamentamos o que dissemos, porque não dizer nada teria sido ainda mais lamentável. Há vezes e vezes neste *às vezes*.

Sempre resisti à ideia de que as feministas estraga-prazeres amadurecem, que crescem à medida que envelhecem, e que essa maturidade se trate de se tornar menos volátil. Maturidade é, sem dúvida, o termo errado para minha tentativa de pensar através do tempo. A ideia de que é possível amadurecer e deixar sua condição de feminista estraga-prazeres de lado supõe ou espera que o feminismo em si, ou pelo menos essa forma de feminismo – a forma errada, aquela que sempre insiste em falar de feminismo, a raivosa, a combativa – seja só uma fase pela qual você passa.

se ser uma feminista estraga-prazeres for uma fase, eu espero obstinadamente ser uma fase.

A ideia de que você amadurece e deixa a feminista estraga-prazeres para trás, de que você se desfaz dela ao crescer, também implica um desenvolvimento linear e uma progressão: como se não se afetar, ou como se importar-se menos, fosse o ponto ao qual você devesse chegar; aquele que você devesse almejar. Essa ideia associa maturidade a desistir não necessariamente da convicção em si mesma, mas da obstinação em falar sobre essa convicção.

Uma vida feminista não é tão linear. Algumas de nós ficam mais bravas e mais esquentadas com o tempo. Nem sempre nos tornamos a feminista estraga-prazeres quando jovens; ela pode chegar até você a qualquer momento. Uma vez que você se torna uma feminista estraga-prazeres, no entanto, me parece que a única opção é ser ainda mais estraga-prazeres. Tornar-se ainda mais estraga-prazeres não se trata de ser mais ou menos obstinada em falar daquilo a que você se opõe. Na realidade, quanto mais experiente em estragar prazeres, mais você se torna consciente do quão exaustivo isso pode ser, aprendendo com a experiência a não causar dano. Porque você está se tornando uma feminista mais e mais estraga-prazeres, você tem mais cautela com as consequências de ser combativa. Uma consequência, afinal, pode ser o que compartilhamos com as outras pessoas. Você fica com medo de se desgastar. Você sabe a energia que isso demanda: você sabe que algumas batalhas não valem sua energia, porque você simplesmente continua tendo que lutar as mesmas lutas. Ao mesmo tempo, ou talvez em outro momento, você também entende que nem sempre pode escolher as batalhas; as batalhas podem escolher você. Às vezes, as coisas que chegam até você parecem outra parede, outra forma de sinalizar que há poucos lugares para onde ir. Dizer alguma coisa, não dizer nada, sua boca é uma pergunta em aberto.

A partir de minha própria experiência de ser uma feminista estraga-prazeres ao longo do tempo, sei que você se torna mais consciente do tempo: quando alguém diz alguma coisa, você não reage tão rápido. Você dá um tempo a si mesma. Às vezes, agora, você não se estressa, mesmo quando alguém tenta estressar você. Ainda existem certas coisas que, se ditas, conseguiriam atravessar todas as minhas defesas. Existem coisas às quais sempre quero reagir muito rapidamente, já que não preciso de tempo para reagir. Não digo que dar um tempo signifique que sua resposta vá ser melhor. É só que, às vezes, você cria mais espaço para a resposta. Talvez possamos chamá-lo de espaço de manobra.

No capítulo 3, refleti sobre como a obstinação pode ser ativamente reivindicada como parte de uma herança feminista. Mas pensar através de nossa própria fragilidade feminista, de como podemos nos tornar frágeis enquanto feministas por conta do que não deixamos passar, ajuda a complicar essa afirmação: não a negá-la, apenas a complicá-la. Existem riscos em tornar-se combativa; na sensação de estar sempre em combate. Se você está acostumada a lutar para sobreviver, se está acostumada a que outras pessoas se oponham a sua existência, se está acostumada inclusive a ser vista como uma pessoa sempre combativa, essas experiências direcionam você. Você pode criar expectativas mesmo quando luta para não corresponder a elas. Estranhamente, você pode acabar até alimentando aquilo que combate. Não quer dizer que você realmente deseje alimentar aquilo que se coloca contra você (ainda que haja desejo em jogo aqui: você deseja combater aquilo que não deseja). Significa que, se você gasta tempo e energia para combater alguma coisa, o combate pode se tornar parte de você. Não quer dizer que esse ato de alimentar é o que mantém determinada coisa no mesmo nível ou na mesma situação. Eu senti na pele como as possibilidades se fecham quando você assume, de saída, uma posição combativa. Você pode ficar tão acostumada a lutar contra tudo a ponto de esperar que qualquer coisa que apareça deva ser combatida. Pode ser cansativo estar a postos contra tudo o que aparece, ainda que sentir que algo está errado possa significar estar certa. E é possível, evidentemente, que na expectativa de perceber que algo está errado você não perceba nada, porque, se você percebe, isso serve de confirmação ao que você já sabe. Podemos parar de escutar quando pensamos que sabemos. Suspeito que todas nós façamos isto: ouvimos com expectativa, ouvimos para confirmar, pensemos ou não em nós mesmas como feministas estraga-prazeres ou sujeitas obstinadas; é isso o que acontece.

E, no entanto, ao assumir uma postura combativa, podemos querer nos proteger. Podemos não prestar atenção àquilo com que nós mesmas concordamos, se são questões que permanecem. É por isso que não podemos supor que encarnamos sempre a figura da estraga-prazeres: ainda que nos reconheçamos nessa figura, ainda que ela seja tão convincente, ainda que ela nos dê energia. Podemos, ao assumir que somos nós as estraga-prazeres, não notar que outras pessoas é que são nossas estraga-prazeres, atrapalhando nossa felicidade, tornando-se obstáculos para um futuro que desejamos. Assim, por exemplo, algumas feministas fizeram uso do que eu chamei, no capítulo 3, de "carga/acusação de obstinação" para criar uma mensagem, a de serem vozes feministas radicais solitárias combatendo a maré da opinião social. Elas usaram esta mensagem, a de ter que combater, de ter que lutar, para articular uma posição contra pessoas trans, que têm que lutar para existir, uma posição articulada de forma tão veemente que só poderia ser descrita como discurso de ódio. Quando você assume uma posição combativa muito rapidamente, você pode inflar uma minoria e fazê-la parecer uma maioria, olhar para uma injustiça e ver nela um *lobby*; interpretar uma luta pela sobrevivência como a formação de uma indústria. Descrevi essa dinâmica, fazendo referência ao conto dos irmãos Grimm, como "sentir-se como um braço, agir como uma vareta". O que se coloca como feminismo obstinado é, na verdade, transfobia obstinada.

O ativismo pode exigir que percamos a confiança em nós mesmas, levando-nos a reconhecer que também podemos ser o problema. E isso é duro quando passamos a vida toda sendo o problema.

ABRIGOS FRÁGEIS

Como podemos pensar nas consequências de nossa própria fragilidade em relação a como construímos abrigos feministas? Pode ser custoso construir um abrigo a partir de materiais deixados para trás; de histórias que dificultam a sobrevivência de algumas pessoas. E, ainda assim, precisamos construir tais abrigos para permitir a sobrevivência. Temos que construir justamente por conta do que já foi construído, daquelas paredes que endureceram ao longo do tempo. Retomando minha reflexão do capítulo 6, podemos recontar a história daquela profissional de diversidade, sobre o grande trabalho que lhe custou aprovar uma política (sem que, no entanto, uma mudança fosse instituída), como uma história de despedaçamento. Nessa história, é ela, a que conta a história, quem está despedaçada. Estar despedaçada, nesse contexto, significa estar exausta. A história de como uma profissional de diversidade é despedaçada é a história de como a parede continua de pé. Em uma conversa informal que tive com profissionais de diversidade em 2013, uma parede se tornou um canhão de água: "É como estar diante de canhões de água. Às vezes, uma história de sucesso é ficar de pé apesar de tudo o que nos atiram.

Nem sempre parece um sucesso. Mas é um sucesso". Quando se manter de pé é uma medida de sucesso, você pode ter menos tempo e energia para fazer outras coisas. Podemos acabar nos sentindo consumidas. Além disso, se nos sentimos despedaçadas por conta daquilo com que damos de cara, mas aquilo com que damos de cara não é revelado, pode parecer que nós mesmas nos quebramos. Podem supor, como ocorreu com a personagem Molly, que merecemos tropeçar e errar o passo, que nossa obstinação está por trás de nossa queda.

quando as paredes não são reveladas, pode parecer que nós mesmas estamos nos despedaçando.

Nenhuma surpresa: se estamos despedaçadas, precisamos de lugares aonde ir. No entanto, isso não quer dizer que nossa experiência como feministas estraga-prazeres signifique que vamos nos unir, por mais quebradas que estejamos, para construir abrigos calorosos, que nos protejam da dureza do clima (ainda que a ideia de um abrigo para feministas estraga-prazeres tenha apelo). Se construímos em terrenos que não são nossos, é difícil construir alguma coisa. Minhas experiências com os estudos de mulheres me ensinaram sobre a fragilidade dos abrigos feministas. Você precisa se esforçar para que as coisas fiquem de pé. E me parece que isso realmente afeta o tipo de trabalho que você faz: você tem menos tempo para fazer coisas no edifício quando está o tempo todo construindo. Quando você tem que lutar por uma existência, lutar pode se tornar uma existência. Os estudos de mulheres são e provavelmente continuarão a ser uma habitação frágil, com bases precárias e instáveis. Isso porque, como observei no capítulo 4, construir os estudos de mulheres é construir em um ambiente que precisa ser transformado pelos estudos de mulheres. Trata-se de transformar o próprio terreno sobre o qual nós construímos. Queremos destruir as fundações. Nenhuma surpresa no fato de que, se tentamos destruir os alicerces sobre os quais construímos algo, o que construímos é frágil.

Coisas desmoronando: essa foi minha experiência com os estudos de mulheres. Um dos primeiros sinais de que a instituição deixaria de nos apoiar foi o pedido para mudar o escritório, da parte da frente do edifício para a de trás. De novo ser colocada para fora do caminho, fora da vista, fora do contato. Você percebe a direção que as coisas estão tomando. Você sente cada vez mais a precariedade, a retirada gradual do apoio institucional. No capítulo 2, mencionei que, quando você está indo na direção certa, sente um alívio da pressão, como se uma mão que estivesse prendendo você se soltasse gradualmente. Uma mão que se solta também pode ser vivenciada como uma retirada de apoio. Quando senti essa retirada, fiquei cada vez mais desesperada; mergulhei no projeto de salvar os estudos de mulheres, de garantir que pudessem se manter autônomos e que pudéssemos manter nosso curso de graduação, um dos últimos a oferecer programas especiais em estudos de mulheres do Reino Unido. Acho que me exauri e exauri as pessoas ao meu redor. E, em retrospectiva, não só tendo deixado a universidade mas também tendo deixado tanto para trás, me dei conta da maior das tristezas: a de ter perdido tanto o edifício como as conexões e relações com minhas cocriadoras feministas. Houve muitas razões institucionais e pessoais complicadas para essa perda. Não há necessidade de entrar nisso; cada uma de nós daria um relato diferente. Mas escutei esta história em outros lugares e escutei-a muitas vezes: quando um projeto feminista não é concretizado, quando as coisas são despedaçadas, como coisas tendem a ser, as relações entre as mulheres muitas vezes se despedaçam também.

Quando temos que lutar por uma existência, isso pode moldar os encontros entre nós. Não há dúvida de que podemos perceber as outras como cortantes e suscetíveis. Vamos umas para cima das outras. É por isso que a feminista estraga-prazeres não desaparece quando construímos abrigos feministas. Na verdade, ela aparece bem rápido. Você pode ser um ponto sensível dentro do feminismo. Você pode ser uma estraga-prazeres em rodas feministas por conta de quem você é, do que você diz, do que você faz; por conta de uma história que você traz à tona só por entrar em um ambiente. E, por mais difíceis que sejam algumas de nossas experiências como feministas estraga-prazeres, elas não preparam você para as dificuldades de estar em espaços feministas e, ainda assim, esbarrar no problema de ser você o problema. E é assim que muitas mulheres de cor vivenciam espaços feministas. Como observei no capítulo 3, quando nós feministas de cor falamos sobre racismo, nós cortamos o fluxo de uma conversa. Na verdade, nós talvez sejamos aquelas que interrompem essa conversa. A palavra *interrupção* vem de *ruptura*: quebrar. Uma história de quebra é, portanto, sempre uma história que começa em algum lugar. Ouvir as contribuições de feministas de cor como se fossem interrupções é não apenas fazer do racismo um ponto de ruptura mas também interpretar o feminismo como uma conversa iniciada por mulheres brancas. O feminismo se torna uma conversa que não é nossa. Audre Lorde, bell hooks, Sunera Thobani e Aileen Moreton-Robinson me ensinaram a pensar sobre a figura da mulher negra raivosa, da mulher de cor raivosa, assim como da mulher indígena raivosa, como um tipo diferente de feminista estraga-prazeres: uma feminista estraga-prazeres que acaba com a alegria feminista.[12] Falar sobre racismo dentro do feminismo é atrapalhar a felicidade feminista. Se falar de racismo dentro do feminismo atrapalha o caminho da felicidade feminista, precisamos atrapalhar a felicidade feminista.

Como feministas, na maioria das vezes não habitamos espaços feministas, o que provavelmente faz com que seja tão exaustivo encontrar, nos espaços feministas, os mesmos problemas que encontramos no mundo lá fora. Também é deprimente: as paredes surgem nos lugares aonde vamos para nos sentir menos exauridas pelas paredes.

---

12 A. Lorde, *Irmã outsider*, op. cit.; b. hooks, *Teoria feminista*, op. cit.; Sunera Thobani, "War and the Politics of Truth-Making in Canada". *International Journal of Qualitative Studies in Education*, v. 16, n. 3, 2003; Aileen Moreton-Robinson, "Tiddas Talkin' Up to the White Woman: When Huggins et al. took on Bell", in Michele Grossman (org.), *Blacklines: Contemporary Critical Writing by Indigenous Australians*. Melbourne: Melbourne University Press, 2003.

Escutei muitas vezes a seguinte fala ao apresentar meu trabalho em espaços bastante brancos: mas e as pessoas brancas? Elas não têm sentimentos complexos também? Certa vez, há bastante tempo, em 1999, apresentei uma comunicação chamada "Embodying Strangers" [Incorporar estranhos], na qual fiz referência a uma descrição de Audre Lorde, sua descrição completamente extraordinária do racismo no metrô de Nova York. No momento destinado a perguntas, uma mulher branca questionou raivosamente por que eu não tinha levado em consideração os sentimentos da mulher branca, como se a situação descrita por Lorde fosse neutra, dizendo que, para abordá-la, nós teríamos que abordar todos os pontos de vista. O racismo torna-se a exigência de pensar solidariamente sobre o racismo, como se o racismo fosse apenas outro ponto de vista; o racista como alguém que também tem sentimentos.

num mundo desequilibrado, o equilíbrio é desequilibrado.

Acho que ela falou raivosamente porque ouviu meu discurso como raivoso. Em outra palestra bem posterior, em 2011, usei a descrição de bell hooks sobre como feministas de cor parecem causar tensão mesmo sem dizer nada. Ela nos coloca num cenário. Suspeito que ela já esteve muitas vezes nele; também já estive lá, então vou compartilhá-lo outra vez: "Ativistas feministas brancas que não se conhecem se encontram por acaso num evento para discutir teoria feminista. Elas podem ter a impressão de que o entrosamento que sentiram ocorreu devido à condição feminina que compartilham, mas a atmosfera muda rapidamente quando uma mulher de cor adentra o recinto. As mulheres brancas ficarão tensas, e todo o clima de tranquilidade e celebração se extinguirá".[13] Não se trata apenas de que os ânimos estejam sob tensão, mas de que a tensão emane de um lugar específico: ao ser sentida por alguns corpos, sua causa é atribuída a outros corpos, que passam a ser vistos como se não fizessem

13 b. hooks, *Teoria feminista*, op. cit., p. 111.

parte do grupo, como um obstáculo para o entrosamento orgânico e a solidariedade. Ao corpo de cor é atribuída a causa da tensão, o que também significa a perda de uma atmosfera compartilhada (ou poderíamos dizer que compartilhar a experiência da perda é o modo pelo qual a atmosfera é compartilhada). Se você é uma feminista de cor, não precisa dizer nada para causar tensão.

Depois de eu ter citado essa frase de bell hooks, uma mulher branca veio até mim e expressou não raiva, e sim dor, pelo conteúdo da descrição de hooks e por meu uso acrítico da descrição de hooks, porque nisso estaria sugerido que todas as mulheres brancas fazem das mulheres de cor o problema. Não houve uso de *todas* no exemplo que dei, mas isso não significa que pessoas não possam ouvir *todas* no exemplo. Quando isso é tudo o que conseguem ouvir, elas ouvem você dizer *todas*. E, ao ser ouvida como se dissesse *todas*, seja lá o que você tenha dito, você se torna o problema mais uma vez. Tenho pensado no seguinte: se histórias que nos machucam nos levam ao feminismo, o que fazemos quando nossas próprias críticas se tornam a causa do sofrimento de outras pessoas? Porque a mágoa, nos ensinam tanto Audre Lorde como bell hooks, pode ser uma forma de não ouvir, uma forma de fazer com que seja sobre você, uma forma de não escutar outras pessoas.[14]

Certa vez, eu estava falando sobre racismo num seminário. Ao fim, uma mulher branca veio até mim e aproximou seu braço do meu. Somos quase da mesma cor, ela disse. Não há diferença, não há diferença. Você não poderia dizer que é muito diferente de mim, disse ela. As próprias falas sobre racismo tornam-se uma fantasia que inventa diferença. Ela sorria, como se a proximidade de nossos braços fosse a prova de que o racismo de que eu falava era uma invenção, como se nossos braços contassem outra história. Ela sorria, como se nossos braços estivessem de acordo. Eu não disse nada. Talvez meu braço tenha dito ao se retirar.

---

14 A. Lorde, *Irmã outsider*, op. cit.; b. hooks, *Teoria feminista*, op. cit.

A retirada de um braço pode ser suficiente para criar tensão, como se, ao retirar seu braço, você recusasse um gesto de amor e solidariedade. Muitas vezes a conciliação é apresentada como um gesto de boa vontade, um gesto amigável, uma mão estendida; a mão do colonizador ou do invasor, digamos assim. Se a mão estendida não for apertada, alguma coisa se quebra, a promessa de conciliação; a promessa de que podemos seguir adiante; a promessa de que podemos continuar. Aquelas pessoas que não recebem esse gesto como um gesto de boa vontade seriam a causa da quebra.

você pode quebrar uma promessa sem ter feito uma promessa.

Se você recusa o gesto de solidariedade, torna-se a pessoa malvada. Em minha experiência de falar sobre racismo, notei que não apenas pensam que você machuca os outros mas também que você tem a intenção de fazer isso. Quem fala sobre racismo torna-se malvada/o, no sentido de mesquinha/o e indelicada/o. Falar sobre racismo torna-se uma forma de quebrar um fio social, um fio frágil. Robin DiAngelo chamou de "fragilidade branca" a "inabilidade em lidar com o estresse em conversas sobre raça e racismo".[15] A fragilidade branca funciona como um sistema de defesa.[16] Se uma consequência pode ser ostentada como uma causa, então uma causa pode ser ostentada como uma defesa, como se dissesse: não vamos ouvir aquilo com o que não somos capazes de lidar.

---

15 Robin DiAngelo, "White Fragility". *International Journal of Critical Pedagogy*, v. 3, n. 3, 2011.

16 Poderíamos pensar aqui de forma mais geral sobre o funcionamento do privilégio pela lente da fragilidade, embora a fragilidade seja muitas vezes entendida como fraqueza. A masculinidade, por exemplo, funciona através da fragilidade: ele pode ser poupado de muita coisa porque seu ego frágil precisa ser protegido. Aqui, penso que a temporalidade é crucial: nesses contextos, a fragilidade aponta para o futuro. Funciona como uma causalidade antecipada, como uma forma de evitar certas situações por causa do que elas podem causar.

Observei anteriormente como a designação de obstinação pode ser o modo pelo qual uma cadeia de causalidade é interrompida em determinado ponto: a criança torna-se a causa da quebra se não nos perguntamos o que fez com que a criança caísse (a impaciência da mãe, o sentimento de não atingir a expectativa, a instabilidade da diferença corpórea). Aprendemos mais sobre a causalidade não a partir de hipóteses (aquela velha bola de bilhar), mas de nossa imersão com outras pessoas em um mundo. Aprendemos como a causalidade pode ser um hábito social; como uma cadeia de eventos é interrompida em determinado ponto porque permite que um/a sujeito/a seja identificado/a não como alguém que prejudica, mas como prejudicado/a por outra pessoa. A fragilidade branca é isto: uma forma de interromper a cadeia de causalidade, de modo que a branquitude possa se defender daquilo que a derrubaria, de modo que a branquitude torne-se, então, o que seria prejudicado por uma queda. Aqui aprendemos sobre os mecanismos que nos levam a um lugar familiar: quando falamos sobre racismo, nós nos tornamos aquelas pessoas que podem causar danos. Lembre-se: diversidade como redução de danos. Racismo: danos à branquitude.

A fragilidade branca é a forma pela qual algumas palavras (como "racismo") são identificadas com base em seu potencial de causar uma quebra. Você não deve pronunciar palavras como essa; elas podem quebrar o fio de uma conexão. Enfatizar o potencial de quebra pode impedir que tais palavras sejam endereçadas, como se o objetivo dessas palavras fosse quebrar as pessoas a quem são direcionadas. Uma história de fragilidade é também uma história sobre a maldade. Voltando a objetos que quebram, que se tornam incapazes ou perdem a disposição de fazer o que devem fazer, tais objetos muitas vezes são chamados de malvados. A senhora Poyser, se você se lembra dela, quando quebra seu jarro, diz também: "São estas alças de vidro malvadas – elas escorregam do dedo como um caracol".[17] Quando os objetos não são meios [*means*] para que

---

17 G. Eliot, *Adam Bede*, op. cit., p. 220.

alcancemos nosso objetivos, tornam-se malvados [*mean*]. Mais uma vez voltamos ao território da estraga-prazeres: ser malvada é impedir a realização de uma ação desejada; impedir que o que é desejado (a felicidade é, muitas vezes, vista como um desejo) se torne real. Temos que perceber que ser julgadas como malvadas é ser julgadas como pessoas que atrapalham a comunidade: como se despedaçássemos a possibilidade de sermos um todo, a possibilidade de união.

CORPOS FRÁGEIS

Em inglês, a palavra *fragility* [fragilidade] deriva de *fraction* [fração, pedaço]. Algo está quebrado. Está em pedaços. Um corpo pode ser quebrado. Se continuamos a dar de cara com paredes, temos a sensação de que podemos quebrar em milhões de pedaços. Pequenos pedacinhos.

corpos quebram. também.
embora não seja só isso que os corpos façam.
ossos quebram. também.
embora não seja só isso que os ossos façam.

Talvez precisemos desenvolver um sentido diferente para a quebra. Podemos valorizar o que é considerado quebrado; podemos apreciar corpos e coisas que são vistos como se tivessem fragmentos faltando. A quebra não precisa ser entendida apenas como a perda da integridade de alguma coisa, ela também pode ser vista como a aquisição de outra coisa, seja qual for.

você é atingida.
coisas acontecem; acidentes acontecem. podemos ser abaladas por aquilo com que damos de cara.

Tenho uma história.

Certa vez, eu estava na academia, em Nova York, e fiz uma brincadeira com uma pessoa. Eu disse: "Nunca quebrei um osso, acho que meus ossos são inquebráveis". Era uma piada, mas foi uma coisa boba de se dizer. Menos de uma semana depois, caí e quebrei um osso. Não estou dizendo que uma coisa levou à outra; mas ficou um sentimento estranho por ter feito isso acontecer de alguma forma. Essa quebra parecia destino. Seja como for, o que aconteceu foi o seguinte: caí no chão de pedra do banheiro. Um encontro com pedras pode quebrar seus ossos. Consegui me levantar do chão e ir me deitar na cama, mas despertei mais tarde incapaz de me mexer e com uma dor aguda. Havíamos chegado em Nova York pouco tempo antes, e eu estava sozinha – minha parceira tinha saído –, mas felizmente meu celular estava perto. Consegui pedir ajuda. Tiveram que arrombar a porta para me tirar de lá e descer cinco lances de escadas.

Fraturei a pélvis. Por dois meses, usei muletas e, por vezes, uma cadeira de rodas. Tomar consciência de que se é quebrável ao quebrar alguma coisa é da ordem de estar no mundo. Percebi essa deficiência como temporária, algo pelo qual eu passaria, o que sem dúvida moldou a situação. Mas, apesar da sensação de estar de passagem em um corpo com deficiência, aprendi que a deficiência é da ordem do mundo porque dei de cara com o mundo; as diferentes maneiras com que tratam você, como as portas se abrem, os rostos preocupados, como as portas se fecham, a indiferença rígida. Mas, acima de tudo, comecei a perceber pequenos obstáculos na rua, pequenos obstáculos que antes não era capaz de perceber. Esses pequenos obstáculos tornaram-se paredes que exigiram uma enorme quantidade de energia para serem ultrapassadas ou contornadas.

pesada; demorada; carregada.
os pequenos obstáculos nos quais não tinha reparado antes.

Minha mãe é uma pessoa com deficiência. Ela passou a sofrer de mielite transversa logo após meu nascimento e foi perdendo a mobilidade progressivamente ao longo do tempo. Agora, ela mal pode andar, tem hiperextensão dos joelhos e eles são rígidos. Quando eu era pequena, a condição de minha mãe era mantida em segredo.[18] Não nos contaram sobre ela. Sabíamos que ela não podia fazer determinadas coisas; pensávamos, inclusive, que ela não queria fazer determinadas coisas, mas nunca nos disseram por quê: havia um segredo; havia silêncio. É uma pena [*shame*] que existisse tanta vergonha [*shame*]. Lembro-me de ter vivenciado as dificuldades dela como empecilhos à minha própria existência: a tristeza, por exemplo, de sua mãe não ir a um evento esportivo ao qual outras mães iam.

É tão comum que uma história de quebra seja também uma história de segredos, daquilo que não é revelado, inclusive daquilo que está por trás de algo, daquilo que poderia ter ajudado a explicar algo: alguma diferença, algum desvio. Quando fraturei a pélvis, mudei a forma como enxergava a situação de minha mãe. Não é que antes eu não tivesse empatia pela dor dela. Escrevi em um livro sobre como testemunhar a dor dela me ensinou.[19] Testemunhar não queria dizer compreender sua dor; nem mesmo reconhecer sua dor era uma resposta adequada. A história de dor, deficiência e doença de minha mãe estava ligada a sua própria história de mulher migrante que havia deixado sua casa para trás, o lugar onde crescera, sua família, suas conexões, para ir a um novo mundo com a família que havia formado. Como observou Yasmin Gunaratnam, em referência à dor da migração, "algumas expressões de dor são discerníveis, outras

---

18 Esclerose múltipla, uma doença degenerativa, era a condição mantida em segredo. Quando, ao final da adolescência, descobri sobre sua doença, o que me foi dito é que ela tinha esclerose múltipla. Não muito tempo depois, após novos testes, o diagnóstico foi alterado para mielite transversa, que não é uma doença degenerativa. Minha mãe vivera com o diagnóstico de esclerose múltipla por mais de vinte anos. É possível entender como um diagnóstico é um tipo de sentença, bem como o choque de quando ele está errado e é corrigido. Esse choque pode ser a percepção de que a vida que você poderia ter vivido – sem um diagnóstico de degeneração – foi tirada de você.

19 S. Ahmed, *The Cultural Politics of Emotion*, op. cit.

não".[20] Outras não. Acho que minha própria experiência de quebra permitiu que uma quebra se tornasse uma conexão, ainda que não fosse discernível na época: uma percepção retrospectiva de como não é dado espaço a um corpo para que se mova por um mundo; de como o que para alguns são obstáculos comuns, para outros, são paredes.

Também aprendi algo sobre mim, não apenas como pesquisadora e escritora mas também como pessoa: comecei a me perguntar por que, apesar de ter escrito sobre intimidades de corpos e mundos, não tinha refletido sobre a deficiência. Comecei a pensar mais sobre o privilégio de meu corpo-sem-deficiência, o que não quer dizer que tenha pensado o suficiente sobre o assunto: não pensei. É fácil para mim esquecer de pensar sobre o tema, que é o que faz de um privilégio um privilégio: as experiências que você está protegida/o de ter; os pensamentos que não precisa pensar. Entender o privilégio como um dispositivo de economia de energia é especialmente apropriado para pensar sobre o privilégio de não ser uma pessoa com deficiência: somos poupadas/os de saber o que somos poupadas/os de fazer. Fui capaz de desconsiderar a deficiência apesar de ter uma mãe com deficiência; ou talvez, nesse caso, tenha sido *porque* em vez de *apesar de*, diante da dor envolvida.

Deixei a deficiência para trás, e ela continua ali; não tenho que colocá-la à frente (a não ser que o faça como um ato deliberado de autorreflexão). Ainda me lembro de uma vez em que ouvi uma conversa entre minha mãe e um vizinho idoso. Minha mãe disse algo como: "Os jovens não precisam nem pensar para colocar um pé à frente do outro". Lembro-me, ao ouvir essa conversa, de tentar pensar sobre colocar um pé à frente do outro. Mas logo me esqueci disso. Lembro-me de ter esquecido.

uma quebra: pode despedaçar uma história que contamos sobre nós.
logo: podemos ser despedaçadas/os por uma história.

20 Yasmin Gunaratnam, "Morbid Mixtures: Hybridity, Pain and Transnational Dying". *Subjectivity*, v. 7, n. 1, 2014, p. 86.

Você fratura mais do que um osso quando fratura um osso: você também experimenta a quebra de algo; não é mais como era antes; você não é mais como era antes. Eli Clare, em um livro extraordinário, descreve como, mesmo quando um osso quebrado está curado, ele é "diferente do osso que nunca quebrou".[21] Clare compartilha muitas experiências de despedaçamento nesse livro, incluindo episódios de abuso sexual e estupro: "As formas como meu corpo foi roubado de mim".[22] Trata-se também de um relato no qual as experiências de ser uma pessoa com deficiência (PCD), ser *queer*, ser pobre estão todas interligadas e emaranhadas a esses encontros com a violência; um livro que faz desses nós uma fonte de sabedoria.

Escrevendo sobre a fisicalidade de sua experiência com a paralisia cerebral, Clare descreve a subida e a descida de uma montanha – "Meus pés simplesmente não conhecem o equilíbrio necessário. Cambaleando de uma pedra a outra, repetidamente me pego prestes a cair" – paralelamente a sua experiência com a escrita: "Quanto mais rápido eu tento escrever, mais a caneta sai de meu controle, os músculos têm espasmos, então se contraem para tentar impedir os tremores, meus ombros e braços ficam doloridos de tensão".[23] Escrever, escalar: são atividades, um corpo fazendo coisas, tentando coisas. Você deve se lembrar de minha hipótese de que a falta de destreza é uma ética *queer*. A falta de destreza pode ser uma ética da deficiência também; temos que criar espaço para corpos que não obedecem a comandos, que não se movem em linha reta, que perdem o equilíbrio; um corpo menos estável sente mais um terreno que não é estável. Se um mundo é organizado em linha reta, se há espaços estreitos pelos quais é preciso se mover (por um corredor ou entre uma mesa e uma parede), se as ferramentas são destinadas a mãos

---

21 Eli Clare, *Exile and Pride: Disability, Queerness, and Liberation* [1999]. Durham: Duke University Press, 2015, p. 153; ver também Ann Oakley, *Fracture: Adventures of a Broken Body*. Bristol: Policy, 2007.

22 E. Clare, *Exile and Pride*, op. cit., p. 145.

23 Ibid., p. 7.

que podem pegar coisas com firmeza, então as atividades são mais difíceis de serem realizadas por alguns que por outros. As atividades podem colocar você contra a parede.

um corpo que se contorce: desvia-se de um caminho bem aceito.[24]
falta de destreza: quando um mundo é aquilo em que você tromba.

E a parede aparece no texto de Clare como o lugar a partir do qual você pode observar um mundo que é alienígena: "Vi o que havia do outro lado de uma parede de pedras; uma parede que é em parte autopreservação, em parte ossos e sangue de solidão, em parte suposições impossíveis ao redor das quais eu não poderia moldar meu corpo".[25] Uma parede de pedra: feita de um corpo que não pode ser moldado pelas suposições de outras pessoas, que foi roubado e precisa ser recuperado para se tornar um lar.[26] Clare descreve como, nesse mundo duro e difícil, suas "relações mais substanciais" foram estabelecidas com pedras: "Eu recolhi pedras – vermelhas, verdes, acinzentadas, cor de ferrugem, brancas manchadas de preto, pretas riscadas de prata – e as mantive nos bolsos, suas superfícies duras sendo lentamente aquecidas pelo calor do meu corpo".[27] E são as pedras que Clare recolhe e coloca nos bolsos que dão outro sentido para seu corpo. De um despedaçamento, pode-se contar uma história, uma história que encontra na fragilidade uma fonte de conexão. Juntar os pedaços de uma história é como recolher essas pedras, pedras que

24 Uso algumas vezes a palavra *agitar* neste livro. Estas duas palavras, *agitar* [*wiggle*] e *contorcer* [*wriggle*], implicam movimentos repentinos, mas têm características diferentes, pelo menos para mim. Agitar(-se) em geral envolve movimentos rápidos e irregulares *para os lados*. Contorcer(-se) pode significar girar e torcer o próprio corpo rapidamente. Contorcer(-se) também tem um sentido mais sinistro: quando você se contorce para sair de alguma situação, pode se livrar dela por meio de desvios. Na variação há uma implicação de desvio.

25 E. Clare, *Exile and Pride*, op. cit., p. 144.

26 Ibid., p. 13.

27 Ibid., pp. 144–45.

são aquecidas pelo calor de um corpo. Uma quebra pode oferecer outra pretensão para a existência, estar em questão como uma quebra no ser, reconhecer a quebra como um modo de fazer diferença no presente, de moldar o presente.

quebra: uma história que podemos contar sobre nós.

Gloria Anzaldúa certa vez escreveu: "Sou um braço quebrado".[28] Ela também estava escrevendo sobre fragilidade, sobre ser quebradiça; falava sobre ser uma mulher de cor *queer*.

pesada, demorada, carregada; marrom.

Eu sou um braço quebrado: repetimos a história no momento em que sofremos uma fratura; ou quando nos tornamos a fratura de um corpo. Um braço quebrado é um parente *queer* do braço obstinado discutido no capítulo 3. Um conto sinistro: o braço é marcante [*striking*] porque continua aparecendo, apesar da morte da criança. Um braço entra em greve [*strike*] quando não funciona, quando se recusa a ser empregado em sua utilidade. Há muitas maneiras de ser marcante. Algo se torna ainda mais marcante quando se quebra; se torna ainda mais marcante quando não permite que você siga em frente e continue. Um corpo entra em greve quando atrapalha o que você quer fazer. Seu corpo pode ser o que impede você. Como Mia Mingus descreve de maneira poderosa: "Podemos nos balançar em um cipó o dia todo gritando 'construção social', mas acho que em algum momento bateríamos em uma parede de tijolos e acho que essa parede de tijolos é nosso corpo".[29] Corpos também

---

28 Gloria Anzaldúa, "La Prieta", in C. Moraga e G. Anzaldúa (orgs.), *This Bridge Called My Back: Writings by Radical Women of Colour*. Watertown: Persephone, 1983, p. 204.
29 Mia Mingus, "Mia Mingus on Disability Justice (interview)". *Icarus Project*. YouTube, 11 dez. 2013.

podem ser paredes. Qualquer projeto de justiça social tem que levar em consideração as deficiências, tem que pensar a partir da experiência da síndrome da fadiga crônica, por exemplo, tem que considerar um corpo para quem se levantar ou dar o primeiro passo pode se parecer com bater contra uma parede de tijolos.

uma parede pode ser aquilo que acorda você.

Audre Lorde, em *The Cancer Journals* [Os diários do câncer], descreve em detalhes cortantes como é acordar após uma mastectomia, acordar para a percepção gradual, em meio à névoa de tranquilizantes, de que sua "mama direita desapareceu" e de uma dor crescente em sua caixa torácica: "Meu peito, que já não estava lá, doía como se estivesse sendo espremido em um torno. Talvez essa tenha sido a pior dor de todas, porque vinha como um complemento, o de que eu seria para sempre lembrada de minha perda ao sofrer em uma parte de mim que já não estava lá".[30] Podemos sentir uma ausência; podemos sentir o que falta.

The Cancer Journals também oferece um relato sobre a obstinação necessária para não colocar uma prótese no lugar da mama que falta. Certa vez, quando Lorde vai ao consultório médico, a enfermeira comenta: "Você não colocou uma prótese", ao que ela responde: "Não parecia mesmo o certo a fazer". E a enfermeira retruca: "Você vai se sentir muito melhor se colocar", adicionando: "É ruim para o moral do consultório".[31] Não colocar uma prótese é não tampar uma ausência; é visto como algo que compromete a felicidade alheia. Aqui o corpo quebrado interfere na consciência social, tornando-se um lembrete indesejado da doença e da fragilidade. A estraga-prazeres aparece de novo: aquela que atrapalha a felicidade das outras pessoas por conta de sua aparência. Aprendemos: os corpos precisam atrapalhar para abrir um mundo para outras pessoas.

---

30 Audre Lorde, *The Cancer Journals*. San Francisco: Aunt Lute, 1997, pp. 37–38.
31 Ibid., p. 60.

Sim, a igualdade é um caminho com obstáculos. Suavizar as coisas muitas vezes significa: eliminar os sinais de uma lesão para criar a fantasia de uma unidade. Suavizar as coisas muitas vezes significa: eliminar as pessoas que nos fazem lembrar de uma lesão.

CONCLUSÃO: CONJUNTO DE FRAGMENTOS

Talvez aquelas pessoas que não sejam boas para o moral possam juntar forças. A resposta de Lorde para a exigência de colocar uma prótese, de passar-se por uma mulher com dois seios, uma mulher completa, não é raivosa, mas um chamado à ação: "O que aconteceria se um exército de mulheres com um peito só chegasse ao Congresso e exigisse que os hormônios carcinogênicos usados na pecuária, que se armazenam na gordura, fossem proibidos?", questiona ela.[32] Um exército de mulheres com um peito só: o que aconteceria? O que poderia acontecer? Seria formado um exército *queer* e *crip*,[33] feito de corpos sem partes ou mesmo de partes sem corpos. Carrie Sandahl sugere as "afinidades e tensões" entre os termos *crip* e *queer*.[34] *Crip* e *queer*: duas palavras que têm histórias dolorosas; palavras que carregam insultos. Palavras que, quando reivindicadas, se tornam afiadas; tornam-se formas de apontar algo, porque mantêm vivas essas histórias: a negação como sensação política.

Essa afinidade pode ser transmitida pelas próprias palavras, pela forma como as palavras *crip* e *queer* tornam-se lugares de potência na

---

[32] Ibid., pp. 14–15.
[33] *Crip* é abreviação de *crippled*, palavra usada para se referir a pessoas com deficiência. A afinidade entre as teorias *crip* e *queer* tem a ver com o modo como mobilizam críticas do capacitismo e da heteronormatividade. [N. T.]
[34] Carrie Sandahl, "Queering the Crip or Cripping the Queer? Intersections of Queer and Crip Identities in Solo Autobiographical Performance". *GLQ*, v. 9, n. 1–2, 1993, p. 26.

medida em que contêm uma carga negativa. Para Eve Kosofsky Sedgwick, o que faz de *queer* um "termo politicamente potente" é como ele se liga a "cenas vergonhosas da infância".[35] A potência de *queer* é a história difícil que continua vindo à tona. Alison Kafer foca em como *crip* é uma palavra carregada. Baseando-se no ensaio de Nancy Mairs sobre desejar que as pessoas se retraiam diante da menção da palavra, ela diz: "Esse desejo de fazer com que as pessoas se retraiam sugere um ímpeto de sacudir as coisas, de sacudir as pessoas para além de seu entendimento cotidiano sobre corpos e mentes, sobre normalidade e desvio".[36] *Queer* e *crip* são palavras obstinadas que funcionam ao insistir no que trazem à tona; uma história carregada, uma história despedaçada; são palavras que se despedaçam.

As palavras, elas se unem; elas têm uma afinidade diante do que recusam. Uma afinidade entre *queer* e *crip* pode ser possível quando você compartilha o que não está faltando. Uma política *queer* e *crip* pode permitir que o corpo considerado não inteiro seja revelado, uma revelação que pode ser percebida como intrusão obstinada na consciência social ("ruim para o moral"). Uma política *queer* e *crip* pode envolver uma recusa de tampar o que está faltando, uma recusa de aspirar a ser inteiro. O que chamo de dever da vontade muitas vezes assume a forma de uma aspiração: mesmo corpos que não são capazes de ser inteiros devem aspirar obstinadamente a ser inteiros. Não há nada mais obstinado que a recusa a aspirar.

podemos nos recusar a sentir falta do que dizem que nos falta.
podemos compartilhar uma recusa.

---

35 Eve Kosofsky Sedgwick, "Queer Performativity: Henry James's The Art of the Novel". GLQ, v. 1, n. 1, 1993, p. 4.
36 Alison Kafer, *Feminist, Queer, Crip*. Bloomington: Indiana University Press, 2013, p. 15.

Isso significa que podemos dar um tempo [*break*] para nós mesmas? Isso significa que existe uma forma de se relacionar com a quebra [*break*] que não vise à restauração? Podem os fragmentos ser recompostos apesar de terem se despedaçado ou de terem sido despedaçados? Desgaste: traços do tempo na superfície de seu corpo, o calor do afeto, idas e vindas, uma lâmina cortante, coisas que suportamos; uma voz elevada, estridente. Em *Irmã outsider*, Audre Lorde escreve: "Para resistirmos às intempéries, tivemos que nos tornar pedra".[37] As formas sociais de opressão, o racismo, o ódio que faz com que alguns corpos sejam considerados estranhos, são vivenciados como se fossem o clima. Eles pressionam e batem contra a superfície de um corpo; um corpo pode emergir ou sobreviver pelo endurecimento. Lorde acrescenta: "nos ferimos no contato com quem nos é mais próximo".[38] Aqui a autora se refere às relações entre mulheres negras, a como é fácil, por conta de como o mundo é difícil, que mulheres negras machuquem umas às outras. As pessoas que precisam endurecer para sobreviver machucam umas às outras por conta do que é necessário fazer para existir.

Para Lorde, o endurecimento não é, portanto, a eliminação da fragilidade; é como vivemos com a fragilidade. Às vezes, precisamos de uma parede para nos proteger. Às vezes, precisamos recuar quando o mundo é intrusivo. Às vezes, precisamos despedaçar a parede. Uma ferida pode nos levar a uma parede; uma ferida pode ser uma quebra. Quando uma pedra se quebra, uma pedra se torna pedras. Fragmento: o que se quebra está a caminho de se tornar outra coisa. Feminismo: a caminho de se tornar outra coisa. Despedaçar-se: espalhar-se. O que se despedaça muitas vezes se espalha, se dispersa por todos os lados. Uma história pesada, carregada, é também bagunçada, dispersa.

Os fragmentos: um conjunto. Em pedaços. Virando um exército.

---

37 A. Lorde, *Irmã outsider*, op. cit., p. 200.
38 Ibid.

8. ESTALO

FEMINISTA

Neste capítulo, quero refletir sobre pontos de ruptura, sobre como os pontos de ruptura são algo que devemos ter o objetivo de alcançar. Quando dizemos que chegamos a um ponto de ruptura, muitas vezes evocamos uma crise, o tipo de crise que explorei no capítulo 7, provocada quando aquilo com que você dá de cara vira uma grande ameaça, uma ameaça à vida, aos sonhos, à esperança. Uma crise também pode ser uma abertura, uma nova forma de proceder, a depender do modo como resolvemos ou não essa crise; a depender se pensamos em uma crise como algo que precisa ser resolvido.

Podemos voltar ao caminho da felicidade discutido no capítulo 2. Um caminho pode ser uma linha que seguimos para chegar a algum lugar. Um caminho que já foi percorrido está por trás de nós. Quando pensamos sobre um contexto familiar, tendemos a pensar no que está por trás de uma criança: uma história sobre sua origem. Mas uma origem também pode ser aquilo pelo que se espera que uma criança aspire; as fotos de uma família feliz não são apenas traços de onde a criança e outras pessoas da família estiveram mas também sugestões de para onde ela deve ir, de um futuro que ela pode ter, deve ter. Uma origem pode então nos orientar para o futuro. Quando a criança reproduz o que herda, ela estende a linhagem da família. Existe pressão para herdar essa linhagem, uma pressão que pode falar a linguagem do amor, da felicidade e do cuidado. Não sabemos o que nos tornaríamos sem esses pontos de pressão, que insistem que a felicidade virá se fizermos isso ou aquilo.

E, no entanto, em certos pontos, podemos recusar a herança, pontos esses que muitas vezes são vivenciados como pontos de ruptura. Neste capítulo, exploro o que chamo simplesmente de estalo feminista, uma forma mais criativa e afirmativa de pensar sobre pontos de ruptura. Às vezes, temos que lutar para cortar laços, incluindo laços familiares, aqueles que são prejudiciais ou que comprometem uma possibilidade da qual você não quer desistir. Nem sempre o que é prejudicial é evidente ou óbvio; na verdade, aprendemos com a figura da estraga-prazeres que existe uma política que determina o que é prejudicial. Um estalo também pode ser visto por outras pessoas como prejudicial, dependendo de que ou de quem é quebrado quando algo estala.

AFIADA

Quando assisti ao filme *Uma questão de silêncio*[39] pela primeira vez, pensei imediatamente que a história era sobre um ato coletivo de estalo feminista. Volto ao filme na seção final deste capítulo, na qual apresento uma reflexão sobre ele e outros dois longas-metragens feministas dos anos 1980, *Como eliminar seu chefe*[40] e *Nascidas em chamas*.[41] A palavra *snap* [estalo] veio à minha mente pelo que *Uma questão de silêncio* mostra, pelo que faz o filme ser tão poderoso. Desde então, essa palavra me acompanha. Por que essa palavra? Vamos pegar a gama completa de seus potenciais significados e tratar a palavra *snap* como um verbo, como se fizesse algo: estalar; ela estala.

To snap [estalar] pode significar fazer um som brusco, agudo e cortante; quebrar de repente; ceder sob pressão ou tensão; sofrer um colapso

39 *De stilte rond Christine M.*, dir. Marleen Gorris, Países Baixos, 1982.
40 *9 to 5*, dir. Colin Higgins, Estados Unidos, 1980.
41 *Born in Flames*, dir. Lizzie Borden, Estados Unidos, 1983.

físico ou mental, principalmente quando sob estresse; ranger as mandíbulas bruscamente, muitas vezes com um estalido; morder; agarrar ou segurar repentinamente com gana; falar de modo abrupto ou cortante; mover-se com rapidez e inteligência; ter ou parecer ter uma revelação arrebatadora; brilhar; abrir, fechar, encaixar com um clique.

O estalo é uma sensação e tanto. Estalar pode significar fazer um barulho agudo. Como feminista estraga-prazeres, tenho dado ouvidos ao que soa agudo. Voltarei aos sons dessa agudeza; trata-se de um ponto importante. A temporalidade do estalar também é crucial: um estalo é um movimento rápido e repentino. A velocidade de estalar pode ser o meio pelo qual o estalo é visto como um movimento (quanto mais devagar você se movimenta, menos parece se movimentar).

Sempre penso por meio de exemplos que me vêm à cabeça; as sensações de estar no mundo com objetos e outras pessoas. E, quando penso no estalo, penso num galho. Quando um galho se quebra, ouvimos o estalo de sua quebra. Podemos ouvir quão súbita é a quebra. Podemos supor, a partir do que ouvimos, que o estalo é um ponto de partida. Um estalo soa como o início de alguma coisa, a transformação de alguma coisa; como um galho que se parte em dois pedaços. Um estalo pode inclusive ser um momento violento; a inconveniência de alguma coisa. Mas um estalo só pode ser um começo no caso de não notarmos a pressão sobre o galho. Se a pressão é uma ação, o estalo é uma reação. A pressão é difícil de notar, a menos que você esteja sob essa pressão. O estalo só é o começo por conta do que não notamos. Podemos descrever o mundo novamente do ponto de vista do galho, isto é, do ponto de vista de quem está sob pressão?

Podemos começar a construir uma imagem de como e por que o estalo tem importância. Na Parte I, tomei como base a observação de Marilyn Frye: a raiz do significado de opressão está contida em *pressão*.[42] Corpos

---

42 Marilyn Frye, *The Politics of Reality: Essays in Feminist Theory*. Trumansburg: Crossing Press, 1983.

podem ser pressionados a caber em um molde; ou estão sob pressão ao serem moldados. O que também aprendemos: essa pressão nem sempre é algo que podemos testemunhar do lado de fora. Você pode senti-la apenas quando está sob sua influência, assim como você só se dá conta da parede quando dá de cara com ela. Com frequência, as experiências mais pesadas são as mais difíceis de transmitir a quem que não as vivenciou. Se um estalo nos parece agudo ou repentino, pode ser porque não vivenciamos o tempo lento de suportar, de aguentar; o tempo em que podemos suportar a pressão, o tempo que leva para evitar que as coisas quebrem.

Se o galho fosse mais forte, se o galho fosse mais resiliente, seria preciso mais pressão até ele estalar. Podemos notar que a resiliência é uma tecnologia da vontade, ou até mesmo que funciona como um comando: obstinar-se a suportar mais; tornar-se mais forte para conseguir suportar mais. Também podemos entender como a resiliência torna-se uma técnica profundamente conservadora, especialmente adequada à governança: vocês encorajam os corpos a se fortalecerem para que não sucumbam à pressão; para que continuem suportando; para que suportem mais. A resiliência é a exigência de suportar mais pressão, de modo que a pressão possa ser aumentada gradualmente. Ou, como Robin James descreve, a resiliência "recicla prejuízos e os transforma em mais recursos".[43] Prejuízos tornam-se meios de demandar aos corpos que os aguentem; ou que ganhem forças para aguentá-los ainda mais.

Quando você não os aguenta mais, quando já não os suporta, o que acontece? O momento de não aguentar mais é entendido como um momento de perda. Quando um estalo é percebido como a origem da violência, quem estala é considerada violenta. Ela estala. Você pode ouvir o estalo no som de sua voz. Cortante, estridente, alta; talvez o volume tenha aumentado subitamente, sem motivo algum; a quietude que a rodeia cessa quando ela fala, sua voz cortando a atmosfera, inscrevendo-se como a perda de

---

[43] Robin James, *Resilience & Melancholy: Pop Music, Feminism, Neoliberalism*. London: Zero, 2015, p. 7.

algo; uma atmosfera mais agradável, um humor mais suave. E então: presume-se que a violência tenha se originado nela. Uma política feminista deve insistir em renomear ações como reações; precisamos mostrar como o estalo dela não é o ponto de partida.

A estraga-prazeres nos oferece uma outra linha no momento em que parece perdê-la. A feminista estraga-prazeres pode ser uma figura afiada; feministas podem ser vistas como figuras cheias de estalos. Talvez exista uma relação entre ser obstinada e ser afiada. Com frequência, a característica de ser afiada é definida em termos de aptidão. Ser afiada é "falar de maneira cortante ou irritadiça". Isso certamente soa como uma aptidão feminista. Feminismo: inclui mordida, ela morde. Como feministas, podemos ter inclusive o objetivo de desenvolver essa aptidão: ao estalar, nos tornamos mais afiadas. Temos o objetivo de nos tornar mais afiadas com nossos estalos. Isso não significa que ser afiada seja o certo ou um direito. Mas quem sabe talvez seja algo necessário para corrigir um erro quando o erro exige que o suportemos; que o aguentemos, que o aguentemos ainda mais.

Estalo: quando ela não aguenta mais, quando ela simplesmente não aguenta mais. Fala de modo afiado, fala com irritação. Talvez possamos ouvir sua irritação; uma voz que se levanta, uma voz que se afia. Uma voz pode perder sua suavidade; tornar-se mais áspera, mais instável. Quando a irritação dela fala mais alto, podemos nos distrair do que é irritante. Podemos nos distrair?

A irritação é uma intimidade entre corpo e mundo. Quando penso em irritação, penso em dermatite de contato. O que entra em contato com sua pele pode irritá-la. A irritação considera o contato uma intrusão. A superfície de sua pele pode ficar mais áspera e propensa à coceira. Você pode arranhar sua pele porque está com coceira, o que pode trazer uma sensação de alívio, mas depois a coceira aumenta. Você sabe que isso vai acontecer, mas não pode evitar: esses momentos de alívio são muito preciosos. Viver uma experiência é experimentar a fricção com alguma coisa além de nós mesmas, mas, uma vez que essa fricção se dá de forma errada, seu corpo parece estar contra você, mesmo nos momentos de alívio. Falar de irritação é falar sobre a experiência de ser friccionada com o mundo de um modo específico. Sianne Ngai descreve a irritação como um "afeto negativo secundário".[44] É uma ótima descrição. Nós sabemos que a vida está cheia de irritações leves. Talvez a irritação seja um pouco como a infecção; em algum momento as coisas chegam à superfície. Há um ponto em que tudo sai, um ponto de virada. Há uma certa quantidade de vezes que a fricção pode se dar de maneira errada antes que você estale. Um estalo pode parecer repentino, mas o repente é apenas aparente; um estalo é um momento de uma história mais longa, a de ser afetada por aquilo com que você dá de cara.

estalo: um momento com uma história.

Se você é apta a ser afiada, talvez você não seja feliz. Mas talvez essa aptidão seja apenas uma parte da história. Sabemos que a fricção pode ser pior para algumas pessoas que para outras. Uma feminista estraga-prazeres vive e trabalha em uma zona de contato. Ela pode desenvolver uma aptidão para a irritação não por conta da natureza de seu discurso ou de sua existência, mas por conta do quanto ela já teve que aturar. O que ela tem que aturar se torna parte de quem ela é. O fato de ela surgir como uma figura (lembre-se, da primeira vez ela é designada por outras pessoas) com frequência tem relação com uma história em que é friccionada do jeito errado. Descrevi isso no capítulo 1 como estar "se irritando porque alguém está irritando você".

Podemos pensar na história feminista como uma história de mulheres afiadas. Talvez pensemos que o que sai de nossa boca conta essa história. Pode ser que nossa língua se torne afiada, que fale por nós, em nossa luta para reagir e para nos manifestar. Penso em *Jane Eyre*. Jane, nas cenas iniciais do romance, nas cenas sombrias de sua infância, luta

---

44 Sianne Ngai, *Ugly Feelings* [2005]. Cambridge: Harvard University Press, 2007.

para reagir à tia tirana. Até que Jane estala. Mas ela só fala quando sua língua parece ganhar vontade própria: "Digo quase involuntária porque foi como se minha língua pronunciasse as palavras sem a permissão de minha vontade consciente: o que falou foi alguma coisa em mim sobre a qual eu não tinha controle".[45] Nossa língua pode nos desobedecer; pode pronunciar as palavras que anunciam uma recusa em obedecer.

Talvez as feministas adquiram línguas obstinadas mediante o próprio ato de se manifestar. Talvez precisemos de línguas obstinadas para resistir a que nos endireitem. Línguas obstinadas: penso também no capítulo "How to Tame a Wild Tongue" [Como domesticar uma língua selvagem], do livro *Borderlands/La Frontera: The New Mestiza* [Fronteiras/*La Frontera*: A nova mestiça], de Gloria Anzaldúa. O capítulo começa com uma cena dramática: um dentista está limpando a raiz de seus dentes e diz, com uma "raiva crescente em sua voz", que "vamos ter que fazer alguma coisa a respeito de sua língua" e que ele "nunca tinha visto nada tão forte e teimoso".[46] A língua rebelde evoca o braço obstinado da criança obstinada discutido no capítulo 3. A língua continua a empurrar os "tufos de algodão, as brocas, as agulhas finas e longas".[47] Todos os materiais que o dentista, preocupado com a saúde e a higiene, coloca em sua boca são novamente empurrados, como se sua língua se recusasse a ser limpa, como se sua língua espalhasse uma infecção. Gloria Anzaldúa descreve muitas tentativas de domesticar sua língua para fazê-la "falar inglês".[48] Quando ela tenta explicar ao professor como pronunciar seu nome, é vista como mal-educada. Falar a própria língua é tornar-se desobediente. Sua língua persiste com uma desobediência obstinada, recusando-se a ser endireitada.

---

45 Charlotte Brontë, *Jane Eyre: Uma autobiografia* [1847], trad. Adriana Lisboa. Rio de Janeiro: Zahar, 2018, p. 32.
46 Gloria Anzaldúa, *Borderlands/La Frontera: The New Mestiza* [1987]. San Francisco: Aunt Lute, 1999, p. 75.
47 Id.
48 Ibid., p. 76.

Feminismo: uma história de línguas obstinadas. Feminismo: o que infecta um corpo com o desejo de falar de maneiras diferentes das que lhe foram ordenadas. Penso também em *Erguer a voz: Pensar como feminista, pensar como negra*, texto extraordinário de bell hooks, no qual ela explica como renomeou a si mesma ao adotar o nome de sua bisavó materna como pseudônimo.[49] Em outro livro, hooks descreve como a bisavó "era conhecida por sua língua afiada e atrevida".[50] Aqui, uma língua afiada é afirmada como o que as mulheres negras herdam umas das outras; uma linhagem materna como uma linhagem afiada. Uma língua afiada concede as palavras para que uma mulher negra escreva o próprio nome.

O estalo pode ser uma genealogia, desdobrando-se como uma linhagem familiar alternativa, ou como uma herança feminista. Muitas vezes penso no estalo como a herança que recebi de minhas tias paquistanesas. Minha irmã fala que a filha dela tem os genes das Ahmed, e eu sei o que ela quer dizer; ela quer dizer que a menina também faz parte de uma linhagem de mulheres afiadas. Ela quer dizer: como eu, como você, como nossas tias, essa menina é afiada. Essa menina é afiada: talvez ela também seja uma história de sobrevivência. Penso na minha própria família e no trabalho que teve que ser feito para manter as coisas, um trabalho geralmente feito por mulheres, o de segurar firme quando as coisas se quebram. Poderíamos, pensando novamente na discussão do capítulo 7, ser assombradas por essas quebras, mesmo aquelas que não vivemos nós mesmas. No caso de minha família, penso na Partição,[51] em como um país foi desfeito no pós-vida do colonialismo; em como as fronteiras se tornaram feridas abertas; em como uma infecção pode se espalhar. Histórias de família sobre o trauma da Partição foram passadas adiante; uma família

---

49   bell hooks, *Erguer a voz: Pensar como feminista, pensar como negra* [1988], trad. Catia Maringolo. São Paulo: Elefante, 2019, p. 38.
50   Id., "Inspired Eccentricity: Sarah and Gus Oldham", in S. S. Fiffer e S. Fiffer (orgs.), *Family: American Writers Remember Their Own*. New York: Vintage, 1996, p. 152.
51   A independência da Índia britânica em agosto de 1947 criou dois Estados distintos, a Índia e o Paquistão. [N. T.]

muçulmana que deixou sua casa em Jalandhar, fugiu para Lahore em uma longa viagem de trem e, ao chegar, criou uma nova casa com o que havia sido deixado para trás por outras pessoas que também tinham fugido.

Podemos herdar uma quebra porque esta sobreviveu. A sobrevivência pode ser o modo pelo qual uma quebra nos assombra. Quando penso nisso, penso sobretudo na minha relação com minha tia mais velha, Gulzar Bano. Na introdução, comentei como meu próprio feminismo foi moldado por nossas muitas conversas. Minha tia – que definitivamente era afiada – não se casou. A explicação familiar creditava o fato à Partição. Uma quebra nacional pode estar entrelaçada a uma história de vida. Gulzar envolveu-se profundamente no ativismo das mulheres, bem como em campanhas de alfabetização e educação de mulheres no Paquistão. Ela também era poeta. Suas palavras eram cortantes como armas. Quando nossa vida não segue as linhas convencionais, ainda temos quem nos apoie, quem nos ofereça uma tábua de salvação sem esperar nada em troca. Tornar-me próxima de minha tia, de sua paixão pelo feminismo e pelo que ela chamou, em nossa biografia familiar, de "PODER DA MULHER" me ajudou a encontrar uma orientação política diferente, uma forma diferente de pensar sobre meu lugar no mundo. Em uma genealogia convencional, a mulher que não tivesse filhos seria um ponto final.

plec, plec: fim da linha.
em uma genealogia *queer* e feminista, a vida se desdobra a partir desse ponto.
plec, plec: começar de novo.

CORTAR LAÇOS

Ser afiada com alguém também pode significar cortar laços com alguém. A ruptura pode ser importante porque um laço pode atrapalhar um modo de viver a vida, talvez um modo feminista de viver a vida. Nem todos os laços são destrutivos; talvez precisemos de alguns deles para sustentar uma vida feminista. Retomando a discussão sobre o mulherismo obstinado do capítulo 3, às vezes precisamos ser afiadas para manter um laço do qual se espera que desistamos. Um laço familiar pode ser uma fonte de vitalidade e força, até mesmo um abrigo, contra a dureza do mundo. Saber a diferença entre os laços que sustentam e os que não sustentam é um desafio. Uma vida feminista: viver com esse desafio. Às vezes entramos em crise porque um laço que parecia nos sustentar não o faz como pensávamos.

Podemos ter laços não só com outras pessoas mas também com uma ideia ou um ideal: um laço com o pai pode ser um laço familiar, por exemplo, uma forma de se dedicar à ideia de família. Uma das pressões a que estamos submetidas é a de preservar certos laços, praticamente a qualquer custo. Quando meu pai me renegou,[52] em parte foi porque minhas escolhas de vida *queer* representaram para ele um ponto de corte.[53] É provável que ele dissesse que não me cortou, e sim que eu cortei a mim mesma em virtude do caminho que trilhei, um desvio do caminho certo. Provavelmente, de seu ponto de vista, fui eu quem cortei o laço, por conta da direção que escolhi, por conta de quem eu era; suas últimas palavras para mim foram que eu estava "doente da cabeça" e me chega-

---

52 No original, a autora utiliza o termo *disowned*, derivado de *own* [possuir], completando seu raciocínio com a seguinte argumentação: "Eu não deveria usar esse termo, pois implica uma ideia anterior de posse, mas ele ajuda a transmitir parte do significado de romper um laço". [N. T.]

53 Novamente: seria muito fácil interpretar essa ação como um reflexo do fato de meu pai ser muçulmano (o racismo é um roteiro fácil, tenta resolver situações complexas com histórias antigas). Não foi isso. Eu não precisaria acrescentar o seguinte, mas deixe-me fazê-lo: minha família muçulmana estendida, especialmente minhas tias muçulmanas, tem sido incansavelmente calorosa e acolhedora. Acolher não necessariamente precisa ser responder de determinada forma à saída do armário, porque não é sobre a revelação de uma identidade (uma forma de sexualidade). Em vez disso, é a aceitação que chega até você: essa é você; essa é a pessoa com quem você está; isso é o que você faz; essa é você. Amamos você, amamos isso.

ram em uma carta, mesmo que, ao fim de sua comunicação, seu objetivo fosse colocar um ponto final em nossa comunicação.

o estalo como uma doença feminista.
ela não consegue se controlar.
triste; malvada; louca; radical.

Faz diferença, no entanto, se você se enxerga ou não nos termos usados para repudiar você. De certa maneira, eu o conduzi até essas palavras, ou ao menos não o conduzi para longe delas. Não lutei para manter o laço frágil que nós tínhamos, o que para algumas pessoas seria a obrigação de uma filha. Nem sequer tentei fazer com que as coisas continuassem de pé. Parei de fazer o trabalho de reconciliação porque queria que o laço fosse cortado; eu estava exausta daquele laço; um laço pode ser uma amarra. Estava cansada de encontrá-lo apenas para ouvi-lo dizer coisas duras e críticas, cansada de me sentir julgada; isso me deixava para baixo, assim como antes ele havia me deixado para baixo. Em um de nossos últimos encontros, ele disse que as mulheres não eram iguais aos homens porque bebês precisam de leite materno. Eu levantei da mesa, enfurecida demais para falar, o que foi considerado por ele e por minha madrasta como "perder a linha". As escolhas sempre foram limitadas: ficar em silêncio ou perder a linha.

prefiro perder a linha.
obviamente: essa é a história de uma relação
contada de meu ponto de vista.
obviamente: a menina obstinada tem uma história para contar.

E agora, quando conto essa história para as pessoas, elas acham que estou contando uma história triste, uma história sobre como a relação entre um pai e uma filha chegou a um fim triste; uma história sobre o rompimento de um laço familiar. As pessoas muitas vezes ficam tristes e, inclusive, sentem pena de mim. Mas não acho que essa parte da história seja a parte triste. Para mim, esse ponto, esse estalo, não foi o ponto triste. Ao contrário, foi um alívio da pressão. No capítulo 2, escrevi sobre como você pode vivenciar um alívio da pressão ao se obstinar a ir na direção que pressionam você a ir. É um caminho. Você também pode experimentar um alívio da pressão ao cortar um laço, ao colocar um ponto final na conexão com quem pressiona você a ir em uma direção não desejada. Meu alívio não foi apenas da pressão de um relacionamento que exigia que eu fosse a lugares aonde não queria ir, mas um alívio da pressão de manter esse relacionamento. Vivenciar o fim de uma relação familiar sem sentir tristeza foi como ser alienada da família outra vez: alienada pelo fato de eu não me sentir afetada. Como discuti no capítulo 2, você pode se tornar alienada dos afetos caso não fique triste quando o esperado era que ficasse triste.

Não foi só que não fiquei triste: vivenciei esse corte como se fosse uma tábua de salvação, como uma forma de me retirar de algo a que era difícil sobreviver. Isso me deu liberdade para seguir com a vida que queria viver: uma vida *queer* e feminista. O que significou deixar a mesa da família para trás, mesmo que eu continuasse carregando-a comigo, escrevendo sobre ela, sobre a memória daquela mesa ou as memórias em volta dela; mesmo que outras mesas de família acabem tomando seu lugar.

um estalo não é um ponto de partida, mas pode ser o começo de algo.

Podemos observar, com base nesse exemplo, que talvez não fique evidente quem está cortando, ou o que está sendo cortado. Mesmo quando as coisas se quebram, nem sempre sabemos o que causa a quebra. Nem sempre sabemos o que vem depois de uma quebra. Se um estalo é um ponto de parada, as coisas seguem adiante.

Com base em nossa experiência de cortar laços, podemos nos perguntar: quais são as relações que queremos preservar? Lauren Berlant introduz a ideia do "otimismo cruel" para explicar como podemos acabar nos agarrando ao que nos diminui; como podemos nos apegar a uma vida que não está funcionando.[54] Estar em uma relação de otimismo cruel não significa necessariamente que nos sintamos otimistas; que nos apeguemos a algo porque esperamos que nos leve a algum lugar; embora possamos nos sentir assim. Em vez disso, o próprio laço é a cena do otimismo; um punhado de promessas que cercam um objeto (uma ideia, uma coisa, uma pessoa, uma relação). O otimismo cruel pode ser uma maneira de explicar por que não cortamos laços que são em algum nível comprometedores, talvez para nossa existência, talvez para nossa capacidade de colocar em prática uma ideia de existência.

Todos os bons conceitos, os conceitos suados, são cercados por questões; eles colocam a vida como uma questão. Como sabemos o que nos diminui? Como sabemos quando uma vida está funcionando ou não? Quem julga se uma vida funciona ou não? São questões difíceis, e nossa tarefa não é resolvê-las; são questões da vida.

São as questões que se apresentam ao vivermos uma vida feminista. Sei, por exemplo, que outras pessoas podem diagnosticar o próprio feminismo como otimismo cruel, como apego a uma vida que não está funcionando. De fato, para quem questiona a dedicação ao feminismo, a obstinação de deixar que um laço se rompa pode ser entendida como uma forma de pessimismo cruel, um fracasso em se apegar a uma ideia de vida que nos diminuiria menos. No contexto da cultura acadêmica, me parece que se considera quem aponta sexismo e racismo nas práticas citacionais como alguém que sofre de pessimismo cruel. Se cortamos esse laço, supõe-se que colocamos um ponto-final em uma linha que tanto sustenta a vida como cria significados. Quando você não dá continuidade a uma linha, supõe-se que pretenda colocar um ponto-final em uma linha a que outras pessoas se dedicam profundamente. Você se torna o fim da linha. Estalar, estourar com alguém pode ser considerado obstinado por fazer parecer que você coloca um ponto-final; supõe-se

---

54 Lauren Berlant, *Cruel Optimism*. Durham: Duke University Press, 2011.

que você coloque um ponto-final naquilo que precisa para sua própria continuação. Você coloca um ponto-final em si mesma. Um estalo, um estouro pode ser considerado uma forma de se privar de uma conexão, portanto uma forma de violência contra si mesma.

estalo, estouro.
ela corta: apesar de si mesma, a despeito de si mesma.
despeitada; de má vontade; daninha.
ela dá um tiro no próprio pé.

Podemos ver o que está em jogo aqui: o feminismo passa a ser percebido como a forma com a qual ela prejudica a si mesma. Quando ela corta o laço, o corte torna-se automutilação. A feminista estraga-prazeres pode ser imaginada como uma cena de otimismo cruel, o que é tanto mais cruel por se basear no seguinte pessimismo: não apenas se considera que seus vínculos não são funcionais, que eles enfraquecem a vida dela e a das outras pessoas, mas também se julga que eles a impedem de se conectar, ou de se reconectar, a um roteiro melhor, a um roteiro que a colocaria em uma direção mais feliz. De acordo com esse cenário, as feministas precisam cortar seus laços com a estraga-prazeres; elas precisam desistir da estraga-prazeres ou deixar que esta vá embora antes que drene sua (nossa) energia, a energia necessária para seguir em harmonia. Ou a estraga-prazeres é considerada em si um corte: por cortar laços com a família, ou com alguma ideia de vida civil, o que a impede de manter a paz, de se reconciliar, de estar em maior sintonia e harmonia com as outras pessoas, de tornar as coisas mais suaves, de estender uma linha.

afiada, não feliz.

Com isso aprendemos: nem sempre é óbvio para nós quais laços são prejudiciais. Existem argumentos e divergências precisamente porque nem sempre é óbvio. Como feminista, talvez eu precise defender uma vida feminista. Sou obstinada por essa causa; sou essa causa; sou a favor dela. Saio em defesa: viver uma vida feminista funciona, essa vida funciona. Sair em defesa dessa vida não necessariamente significa determinar seu conteúdo, embora possa envolver dar mais atenção a determinados valores, por exemplo a igualdade, não como algo que acreditamos que temos, mas como o tortuoso processo de entender como viver com outras pessoas. Sair em defesa não se trata simplesmente de argumentar em favor dos próprios vínculos como se fossem preferíveis a outros. Não acho que seja bom ser tão confiante das próprias decisões e, assim, ter tanta confiança na forma como você vive sua vida, uma vida que tomou a forma de suas decisões ao longo do caminho. Me parece bom pensar na vida como se houvesse sempre uma crise em potencial e continuamente se perguntar: como viver? Uma estraga-prazeres em crise: existe valor nisso; o valor de abrir a vida para uma decisão, de perceber que a vida está aberta a uma decisão.

A defesa de uma vida feminista pode ser feita em um momento de suspensão: suspendemos nossas suposições sobre o que uma vida é ou deveria ser. Só o fato de abrir espaço para modos diferentes de viver uma vida pode ser encarado pelas outras pessoas como um corte. Você pode se tornar uma estraga-prazeres só por dizer: a vida não tem que ser assim ou assado.

Vamos voltar à palavra *felicidade* [*happiness*]. Felicidade é uma palavra muito pesada, uma palavra moral, por conta do modo como está vinculada ao bem. Se dermos um passo atrás, se refizermos a rota da felicidade em direção a sua raiz, descobriremos que a palavra *happiness* deriva do inglês médio *hap*, que significa *acaso*. *Happiness* compartilha o *hap* com a palavra *perhaps* [talvez], assim como com *happens* [acontece] e *happenstance* [casualidade]. No entanto, *happiness* soa muito diferente dessas palavras – elas parecem mais leves; transmitem movimento, soprando ao acaso, como palha ao vento.

Como a felicidade perdeu seu acaso? Essa foi uma de minhas principais questões em meu livro sobre a promessa da felicidade.[55] Come-

---

55   S. Ahmed, *The Promise of Happiness*, op. cit.

cei a gostar muito da palavra *acaso* quando por acaso a encontrei. E é um tanto estranho [*queer*] agora me dar conta de que encontrei o acaso porque estava escrevendo sobre a felicidade. Uma vez que encontrei a palavra, me apaixonei por ela. Quando vou dar um passeio sem destino específico, chamo isso de um passeio *ao acaso*. Afirmar o acaso é seguir uma rota *queer*: você não tem certeza de qual caminho está seguindo; talvez você deixe que seus pés decidam por você. Você pode ser reorientada pelo que encontra ao longo do caminho porque não está apressada, apressando-se, para chegar a algum lugar. Você perambula, às vezes ao acaso [*haphazardly*], mas pode ser que alcance um senso de propósito por causa do que encontra pelo caminho. O modo como passeamos não está desconectado do modo como vivemos a vida. Seguir adiante sem supor que existe uma direção certa é seguir de um modo diferente. Dizer que a vida não tem que ser assim, não tem que seguir tal modelo ou determinada direção, é criar espaço para o acaso. Criar espaço para o acaso pode ser vivenciado e julgado como o corte de um laço.

afirmar o acaso pode ser julgado como cortar.

Sair em defesa de uma vida feminista pode significar deixar em aberto a questão de como viver. Essa abertura pode ser vivenciada como um julgamento: eu já ouvi isso. Por exemplo, se você decidir não se casar e não ter filhos, sua decisão pode ser encarada como uma forma de recusar essa vida, ou como um julgamento a quem vive essa vida, como se, ao não fazer *x*, você dissesse que *x* é errado. Talvez às vezes você fale sobre erros – você pode dizer que é errado presumir que essas escolhas sejam corretas ou sejam as únicas escolhas corretas. Mas podem presumir que você é alguém que julga ou desdenha só por não seguir um caminho já bastante trilhado. E, ao ser vista dessa forma, você é vista como alguém que não apenas prejudica a si mesma (as coisas de que você desiste, os dias mais felizes que você não viverá em virtude da vida que vive) mas também prejudica outras pessoas que desistiram de coisas para seguir por aquele caminho. É como se, ao desistir de uma vida que se esperava que você vivesse (aquelas conversas casuais sobre o futuro, os netos que, esperava-se, você teria ou deveria ter), você desistisse das outras pessoas.

Aprendemos, então, sobre a necessidade de ter cautela quanto ao dano: diferença e desvio costumam ser considerados prejudiciais àquelas pessoas que são diferentes, àquelas que desviam. Muito da manutenção do poder repousa na suposição de que não manter as formas familiares de existência prejudicaria o que poderia ser ou quem poderia ser: a criança de quem caçoariam por ser diferente. Essa criança do futuro, essa criança de quem caçoariam, é convocada a carregar o fardo do que arriscamos ao nos tornar mais criativas com a forma familiar, mais criativas com a vida.

Em alguns casos, é óbvio que um laço é prejudicial; existe risco de vida. Argumento inclusive que os julgamentos contra certas vidas tomam de empréstimo essa obviedade e, ao fazer isso, afirmam que certas vidas são uma forma de causar dano. A retórica antifeminista muitas vezes pinta o feminismo como autoagressão: como se dissesse que as mulheres prejudicam a si mesmas ao considerar certos relacionamentos danosos. É justamente porque esse empréstimo ocorre – e não apesar de ele acontecer – que precisamos reconhecer os danos. O reconhecimento, entretanto, é com frequência aquilo pelo que precisamos lutar. Pode ser difícil para quem está em uma relação danosa reconhecer o dano justamente por conta do dano.

Um laço pode ser violento. O que faz com que conviver com a violência seja difícil é o quão difícil é imaginar ou mesmo considerar a possibilidade de sua superação; você pode ficar isolada; você pode ficar financeiramente dependente; você pode ficar deprimida, o que pode levar você a sentir e a pensar que é menos do que a outra pessoa; você pode se apegar a esse indivíduo ou acreditar quando ele diz que vai mudar; você pode ter se tornado parte dele, ter entrelaçado sua vida à dele a ponto de ser difícil imaginar o que restaria de você se ele a deixasse. Os laços que estabelecemos não são exteriores a nós; um laço é a perda da exterioridade. Laços não são algo de que podemos abrir mão sem abrir mão de parte de nós, de parte de nossa própria história. Quando você corta um laço, pode parecer que se trata de uma ação dirigida a outra pessoa, mas você pode sentir como se fosse um corte em si mesma.

E então: pode ser difícil imaginar o que sobraria de você se um laço fosse cortado. Mas, apesar disso, o medo de que não reste mais nada pode ser um ponto, um ponto de ruptura, quando é demais para aguentar e o que parecia impossível se torna necessário. Ela contra-ataca; ela se expressa. Ela tem lugares aonde ir porque outras mulheres estiveram lá. Não é à toa que sair de uma situação de violência pode parecer um estalo: um laço do destino foi de fato quebrado. Talvez o tempo lento da resistência só possa acabar com um movimento repentino. Ou talvez o movimento pareça repentino apenas porque, como mencionei antes, não podemos ver o tempo lento de suportar, o que Lauren Berlant chamou de "morte lenta".[56]

Um ponto de ruptura pode ser vivenciado como a tristeza de não ser capaz de viver a vida que você está vivendo, mesmo que a vida que você esteja vivendo seja triste; quando é demais para aguentar, quando um corpo, uma vida, um mundo se tornam insuportáveis. Um estalo sinaliza que a vida que estamos suportando é uma vida que não temos mais disposição para suportar. Um estalo pode ser direcionado a um passado em que suportar era a regra. Você pode estalar porque está exausta por não ter estalado até agora e pelo que teve de aturar. Você já não pode suportar o que suportou por tempo demais.

Um estalo pode nos dizer quando é demais para aguentar, depois de ter sido demais para aguentar, e é assim que um estalo pode ser uma pedagogia feminista. Às vezes, você estala quando o esforço para fazer o que está fazendo é demais para sustentar. No capítulo 6, discuti meu envolvimento em um esforço para abordar o problema do assédio

---

56 L. Berlant, "Slow Death (Sovereignty, Obesity, Lateral Agency)". *Critical Inquiry*, v. 33, n. 4, 2007.

sexual nas universidades. Recentemente, pedi demissão de meu cargo de professora sem ter outro cargo acadêmico para ocupar. O que pediram que eu tolerasse era demais; a falta de apoio ao trabalho que estávamos fazendo; as paredes com as quais sempre dávamos de cara. Que eu tenha podido me demitir dependeu do fato de ter recursos materiais e segurança. Mas ainda assim senti que corria risco: não sentia como se estivesse apenas saindo de um emprego, ou de uma instituição, mas também de uma vida, de uma vida acadêmica; de uma vida que eu tinha amado; de uma vida com que eu estava acostumada. E o ato de sair foi uma forma de estalo feminista: chegou o momento em que não suportei mais aquelas paredes de indiferença que nos impediam de chegar a algum lugar; que nos impediam de passar. Assim que o laço foi cortado, percebi que estava tentando me agarrar a algo que já havia quebrado. Talvez meu relacionamento com a instituição fosse como o de Silas com seu pote: se eu tivesse tentado juntar os pedaços quebrados, eles se tornariam um monumento, um lembrete do que não pode ser. Renunciar a um cargo pode soar passivo, até fatalista: como renunciar ao próprio destino. Mas pedir demissão também pode ser um ato de protesto feminista. Ao estalar, você diz: não vou trabalhar para uma instituição que não lida com o problema do assédio sexual. Não lidar com o problema do assédio sexual é reproduzir o problema do assédio sexual. Ao estalar, você diz: não vou reproduzir um mundo que não posso suportar, um mundo que não acho que deva ser suportado.

Esse estalo pode soar bastante violento, dramático até. Renunciar a um cargo como forma de protesto feminista – e tornar público que você está renunciando como forma de protesto feminista – chama a atenção. O som pode ser agudo; uma quebra repentina. Em meu caso, essa quebra foi apoiada por muitas de minhas colegas feministas; mas não por todas. Uma colega feminista descreveu minha ação como "precipitada", uma palavra usada para se referir a uma ação muito rápida, descuidada. O estalo geralmente é uma questão de *timing*. Se um estalo é um momento com uma história, essa história é o efeito acumulado daquilo com que você teve que dar de cara. Pense só: quanto mais você não consegue, mais tem que fazer. Você teve centenas de reuniões com estudantes, com pessoas da área acadêmica, com membros da administração. Você escreveu em blogs sobre a questão do assédio sexual e do silêncio que a cerca. E o silêncio ainda está lá. Renunciar ao cargo é um ponto de virada, um gesto que se torna necessário diante do que as ações anteriores não puderam alcançar. As ações que não alcançaram nada não são percebidas por quem não se envolveu no esforço. Então a ação que derrama uma história, de modo que ela caia, de modo que haja uma queda, é considerada precipitada.

ora: talvez eu esteja disposta a ser precipitada.

Não se trata apenas da pressão que você não consegue detectar quando um estalo parece repentino mas também de uma história de resistência, de não ter a disposição para aguentar alguma coisa. Nem toda resistência é audível ou legível. O estalo, no entanto, nem sempre envolve um ato consciente de resistência. O estalo nem sempre é planejado. Na verdade, o estalo pode atrapalhar até mesmo o plano mais bem elaborado. O estalo pode ser sobre a intensidade de uma situação: quando lhe pedem para fazer algo e você sente que, dessa vez, o pedido é demais para aguentar, mesmo que você já tenha feito isso antes. Esse algo pode se tornar demais para aguentar antes mesmo de sabermos que é demais para aguentar. Quando estalamos, nem sempre sabemos o que estamos fazendo. E, quando estalamos, nem sempre sabemos para onde estamos indo. Ainda assim, estalamos por conta do que fizemos; estalamos porque não podemos mais estar onde estivemos. Talvez o estalo envolva outro tipo de otimismo; podemos chamar isso de um otimismo sem futuro, um otimismo que faz da quebra de algo o início de algo sem saber o que esse algo é ou poderia ser; um otimismo que não deve satisfação a nada, inclusive ao que está por vir.

ESTALO COLETIVO

Nesta seção, quero discutir três filmes feministas que mostram o estalo feminista como um estalo coletivo. Começo com o filme que inspirou este capítulo: *Uma questão de silêncio*. Fiz uma pequena resenha sobre esse filme em meu livro sobre sujeitas obstinadas,[57] quando apresentei pela primeira vez essa ideia de estalo feminista, sem entrar em muitos detalhes. Quero ir mais devagar aqui. Para ouvir o estalo, é preciso ir devagar; ouvimos os tempos mais lentos do desgaste inevitável, do desgaste de estar por sua própria conta; ouvimos os sons do custo de nos sintonizar às exigências do patriarcado.

É um enredo feminista: Janine van den Bos, uma psiquiatra, é contratada para avaliar a sanidade de três mulheres que assassinaram brutalmente um homem, proprietário de uma loja de roupas, e se elas podem ser responsabilizadas por seus atos. As três mulheres são Christine, uma dona de casa; Annie, uma garçonete; e Anna, uma secretária. O filme faz uso de *flashbacks*: começamos logo depois do assassinato, com a prisão das mulheres e, então, à medida que elas prestam depoimento à psiquiatra, outros três *flashbacks* do assassinato são apresentados. O filme termina com uma cena de tribunal, na qual me deterei mais adiante.

O filme retrata o momento de um estalo feminista: mas não começamos com o estalo, com o momento em que a violência suportada pelas mulheres é redirecionada a um homem durante uma explosão de raiva. Esse momento, que é na realidade uma série de momentos, uma coleção de instantâneos, surge em algum lugar em meio à trama. Quando revisita a vida de cada uma das personagens, o filme mostra o estalo não como um momento individual de uma mulher vivendo algo que é demais para suportar, mas como uma série de gestos acumulados que conectam as mulheres no tempo e no espaço. O filme dá ao estalo uma história. Cada uma delas tem

---

57 S. Ahmed, *Willful Subjects*, op. cit.

sua própria história, mas compartilham o que lhes pedem para suportar; vamos dar nome ao problema: patriarcado. O filme justapõe cenas de resistência e desgaste; o sexismo como um fio desgastado de conexões.

Durante a maior parte do filme, Christine está obstinadamente em silêncio. Como diz a psiquiatra no final: "Ela decidiu ficar em silêncio. Ela com certeza pode se comunicar. Ela não vê sentido nisso". O filme nos conta sobre sua exaustão, sobre seu desgaste, a partir de seus desenhos, que mostram famílias nucleares representadas por bonecos palito dentro de caixas. Também sabemos sobre sua história por meio do que o marido dela diz a Janine; o marido que presume que ela não fala muito porque "não tem muito a dizer" e que demonstra a própria irritação porque ela não mantinha os filhos quietos quando ele voltava do trabalho. O silêncio se torna uma expectativa: a suposição de que as mulheres que trabalham em casa não trabalham, de que sua obrigação é manter a casa silenciosa, organizada em prol da proteção do tempo e do espaço do marido.

ela não diz nada. ela vira nada. ou isso é o que ele diz.

Em contraste, a garçonete Annie é descrita por Janine como alguém que fala demais. Em uma das cenas de abertura do filme, ela está no trabalho. E os homens atendidos por ela fazem piadas sexistas; percebemos que essas piadas são parte da rotina (como esta: o que as mulheres sabem sobre finanças é "como abrir a mão para gastar" e, em troca, "abrir as pernas" para ganhar). Percebemos que ela está acostumada; que ela esperava por isso. Quando ela (quase) estala, eles dizem: "Não deixe isso te tirar do sério". Um dos homens pergunta: "Cadê seu senso de humor?". Com humor, ela responde ao escárnio contido na pergunta: "Não trouxe hoje". Talvez ela não estale porque aprendeu a rir disso. O riso pode se tornar parte da rotina. Mas você percebe o cansaço dela: a frustração por ser motivo de chacota, por ser ridicularizada.

E há também Anna, a secretária, descrita pelo chefe como sendo sua mão direita; inteligente, intensa, obstinada. Eles estão em reunião. Estão sentados à mesa. Ela faz uma sugestão inteligente. Os homens não a ouvem. Ela é a secretária; ela guarda os segredos;[58] não se espera que contribua com pensamentos. Um homem diz a mesma coisa que ela acabou de dizer. Os outros homens se apressam em parabenizá-lo pela boa ideia. Sexismo: como as mulheres são deixadas de lado. Sexismo: como as ideias das mulheres são atribuídas aos homens, como se uma ideia não pudesse ser ouvida a menos que se originasse no corpo de um homem. Quando ela faz um barulho (mexe o chá com a colher), causa irritação; ela se torna uma perturbação. E então, só então, eles olham para ela. Sexismo: como as mulheres são ouvidas apenas como se interrompessem os processos.

Ela não diz nada, mas há um *close* em seu rosto: sua expressão é cortante; ela reconhece o que está enfrentado. E então percebemos que o estalo por vir é já um estalo atrasado. O estalo em curso pode ser uma história acumulada; uma história pode ser confrontada na ação de um estalo. Você encena a raiva não apenas em relação a algo ou alguém no presente, mas em relação ao passado, a todas as experiências passadas que teve que aturar. Estalar é dizer não a essa história, a sua perpétua reencenação.

E, quando Anna está conversando com a psiquiatra, nos damos conta de que há outras histórias de injustiça, outras maneiras de limitar a existência da mulher ou de restringir o apoio a uma mulher. Anna fala sobre a mãe, sobre como a mãe queria que ela se casasse e tivesse filhos. Imaginamos a mãe lamentando por não ter netos; imaginamos o lamento da filha por suas escolhas serem motivo de lamento. Percebemos a infelicidade de Anna por ser a causa da infelicidade de sua mãe e podemos sentir a infelicidade de sua mãe por sua filha não ser normal. Sentimos como essas palavras contam outra história triste; o desvio como perda. Em uma cena mais adiante, Anna e Janine estão bem próximas; imaginamos a possibilidade do desejo lésbico; imaginamos outro futuro, tecido

---

58 Em inglês, as palavras *secretary* [secretária] e *secrets* [segredos], derivadas do latim, compartilham a mesma raiz; de acordo com a etimologia, a secretária é aquela a quem se confiam segredos. [N. T.]

a partir da intimidade entre elas. É um futuro que ainda pode acontecer; pós-estalo, quem sabe o que pode acontecer?

Muitas histórias, cada uma entrelaçada a outras, contadas em conjunto, criando uma tapeçaria feminista. E Janine, a psiquiatra, também é transformada pela experiência de dar ouvido a essas mulheres: ao ouvi-las, ela se sintoniza com elas; ela começa a captar o que elas ouvem. Um ouvido pode ser sintonizado a um estalo, ao que está fora de sintonia, às notas destoantes; aqueles sons esquisitos e estridentes do que não se ajusta. O que é destoante destoa de uma ideia de felicidade. O filme começa com uma sequência que mostra Janine e o marido juntos em casa; uma espécie de imagem fantasiosa de relação igualitária, de uma relação entre iguais. Mas, à medida que ouve as mulheres que estalaram, que estão no pós-estalo, ela se torna uma testemunha silenciosa do próprio casamento, da própria situação. Não é tão feliz ou igualitária quanto parecia.

Em outro momento, de novo ao redor de uma mesa – uma parte tão grande de nossa vida se passa ao redor de mesas –, um jantar transcorre. Janine e uma mulher – ambas esposas – escutam os homens conversando entre si, ouvem como elas estão ausentes da conversa; assistem a seu desaparecimento (lembre-se de Mrs. Dalloway, tal qual Mrs. Dalloway). Janine não suporta mais; ela faz barulho com os talheres. Talvez seja um ato de sabotagem, talvez seja um acidente: os homens param de falar. Ela tem a atenção deles. Cortante, estourado, barulhento. Esse som, o som dela: ouvido como uma perturbação. Sintonizar-se ao sexismo, começar a ouvir com um ouvido feminista como as mulheres não são ouvidas, é perder a sintonia com o mundo. Quando você considera esse mundo destoante, você é vista como alguém que destoa. Os homens começam a falar de novo.

**ela tem que dar um piti. para que isso termine
ela tem que dar um piti.**

Um ouvido feminista capta o que está sendo dito, uma mensagem que é bloqueada porque é ouvida como interferência. Os sons do não, as reclamações em relação à violência, a recusa em rir de piadas sexistas; a recusa em atender a demandas irracionais; desenvolver um ouvido feminista é ouvir esses sons como discurso. Mas não se trata apenas de que ouvidos feministas possam ouvir para além do silêncio que funciona como uma parede. Mencionei antes como trabalhar com o problema do assédio sexual me levou a meu próprio ato de estalo feminista. Uma vez que as pessoas ouvem que você está disposta a ouvir, elas vão falar com você. Estalar pode fazer da língua o órgão da rebelião feminista; por sua vez, o estalo talvez esteja completamente relacionado aos ouvidos. Um ouvido feminista pode liberar uma válvula de pressão. Um ouvido feminista pode ser como você ouve o que não está sendo ouvido.

Porque: as pessoas que sofrem assédio dão de cara com uma parede de indiferença. Elas não têm aonde ir, não têm quem as escute. Se conseguem falar, são ouvidas como se estivessem reclamando. Em inglês, a palavra *complaint* [reclamação] também faz alusão a uma doença, a algo que atinge o peito. Reclamação: um discurso doente. Talvez ela seja ouvida como se falasse de má vontade [*ill will*]: ela não só é má como espalha maldade, maldizendo o corpo todo. Se diversidade é redução de danos, como descrevi no capítulo 6, então a redução de danos torna-se um modo de controlar a fala, de tentar impedir que aquelas pessoas que falam sobre violência falem em lugares em que possam ser ouvidas. Conter os danos é conter aquelas pessoas que foram prejudicadas. Quando a ouvem como se reclamasse, ela não é ouvida. E quem está disposta a ouvir vai ouvir cada vez mais; você oferece um lugar para o qual se pode ir. Uma coisa que aprendi com minha experiência: um pedido de demissão pode ser uma escuta feminista. Muitas pessoas entraram em contato comigo depois que comecei a falar sobre assédio sexual e contaram as próprias histórias de assédio e abuso em universidades; contaram suas batalhas. Contar a própria história faz parte da batalha feminista. Um ouvido feminista pode ser nossa *função*. Quanto mais desgastante é, mais é preciso ouvir.

Uma questão de silêncio retrata mulheres exauridas pela pressão. Mas o filme não retrata apenas esse esgotamento. Na trama, as mulheres se cruzam porque estão na mesma loja de vestidos ao mesmo tempo. Enquanto fazem algo comum, cometem o que parece ser um ato extraordinário. Uma das mulheres é parada pelo gerente por tentar roubar uma peça de roupa, por pegar o que ela não comprou, o que não é dela por direito. Talvez ela roube como um modo de encenar o que foi tirado dela. Talvez ela vivencie o ato de ser parada como a injustiça de não reconhecerem o que lhe foi tirado. Ela está acostumada a essa injustiça; ela passou a esperar por ela; mas dessa vez ela estalou.

Ela; elas. As outras duas mulheres se movimentam em solidariedade; elas também colocam peças de roupa em suas sacolas. A rebelião se torna um espelho feminista; uma forma de refletir uma à outra. As mulheres cercam o homem. Elas estão em silêncio; elas estão solenes. Elas são uma espécie de ímã: uma atrai a outra. A música repetitiva e destoante nos apresenta o volume ou o tom da ação. Ao redor dessas três mulheres que matam um homem que elas não conhecem (mais tarde, Anna dirá a Janine que esse homem "poderia ter sido qualquer homem"), há outras quatro mulheres. Elas se tornam testemunhas silenciosas desse assassinato; elas participam por meio do silêncio, em silêncio. Nós também nos tornamos testemunhas silenciosas.

Um laço feminista pode se formar a partir do que você ouve. E Janine deu ouvidos: ouvimos o que ela ouve, o que é dito, o que não é dito. Quando as mulheres estão sendo julgadas no tribunal, Janine compartilha sua conclusão como perita criminal. Quando diz que as mulheres têm sanidade mental, que são responsáveis por seus atos, o choque preenche a sala. Seu ato de fala é ouvido como histérico, obstinado, desafiador, ainda que ela diga calmamente o que diz, ainda que use a voz da razão, ainda que dê suas razões. Não conseguem compreender a razão de sua razão. Durante o intervalo da sessão, o marido sugere que ela está se prejudicando, prejudicando a reputação dela, assim como a reputação dele. Ele diz que ela está se deixando levar pelo idealismo.

Ela sabe o que ele está dizendo: pare ou você vai me machucar. Ela estala. E, quando termina o intervalo da sessão, ela fala de modo ainda mais convicto. Seu estalo lhe permite alcançar uma voz ainda mais insistente. Elas são sãs, diz a psiquiatra. Elas são sãs, ela repete. Os homens ficam perplexos; eles ficam furiosos. E então: as mulheres começam a rir do raciocínio patriarcal da Lei. Quando o juiz diz "Poderia ter sido o contrário: um homem poderia ter matado a dona de uma loja", Annie começa a rir. E então as outras mulheres começam a rir. Elas estão rindo; as testemunhas silenciosas, também. Elas riem porque os homens não entendem; essa fantasia de que poderia ter sido o contrário mostra como eles não entendem. O riso é ouvido pelos homens como histérico, porque eles não entendem. A forma como elas são ouvidas confirma o que não pode ser ouvido. Por fim, Janine ri também.

dizemos estalo mais uma vez: quando dizemos ou fazemos a mesma coisa ao mesmo tempo.
estalo feminista: quando o riso se torna um comando.

Aprendemos com esse filme que o riso pode ser outro tipo de barulho obstinado e rebelde.[59] Rir compulsivamente, até mesmo violentamente, do raciocínio da Lei, do gênero como razão, é expor a violência disso. Expor a violência é se tornar a origem da violência. Seja como for que o riso das mulheres é ouvido, ele é contagioso para quem o entende, para quem entende o que eles não entendem. Elas saem da sala do tribunal. Estalo feminista: cortar um laço ao sair da sala pode abrir espaço para a vida.

Com frequência o feminismo se torna pano de fundo cinematográfico por meio do estalo: a partir da representação de atos de vingança contra o patriarcado ou contra episódios de estupro e violência sexual. Vamos a *Como eliminar seu chefe*, um filme muito diferente de *Uma questão de silêncio*. Trata-se de uma comédia: e o uso da veia cômica torna mais palatável, ou assistível, ou suportável, o sexismo e o assédio sexual retratados. Mas, como em *Uma questão de silêncio*, retrata o sexismo como

---

59 Agradeço a Elena Loizidou por me ensinar a ouvir o significado desse riso.

um fio desgastado que conecta as mulheres; o sexismo como aquilo a que você supostamente deve se acostumar; o sexismo como o modo pelo qual você supostamente deve se acostumar a ser usada. Nesse filme, o sexismo aparece na figura do chefe (senhor Hart, descrito como um "machista preconceituoso, egoísta, mentiroso e hipócrita"); nas engrenagens do mundo do trabalho que lhe permitem usar as ideias das mulheres como se fossem suas ("Ele apresentou ali mesmo minhas ideias como se fossem suas"); em negar promoções às mulheres ("A empresa precisa de um homem nesse cargo"; "Perdi uma promoção por causa de um preconceito idiota"); assim como no ato de assediar mulheres e submetê-las a investidas indesejadas ("Aguentei todas as piadinhas, os olhares e as perseguições em volta da mesa porque preciso desse trabalho"). E, tal como *Uma questão de silêncio*, o filme é enérgico porque não mostra apenas o desgaste. Mostra o estalo. Na verdade, mostra vários momentos de estalo que vão se acumulando para formar a base de uma rebelião coletiva, a eliminação do patriarcado no escritório e sua consequente substituição por um local de trabalho organizado segundo valores feministas (horário flexível, divisão igualitária das demandas, salário igualitário, creche no local), obra de uma equipe de funcionárias.

Antes de chegarmos a essa utopia feminista, o estalo é tanto evocado como encenado. Quando o senhor Hart informa a Judy, uma das funcionárias, que ela não será promovida, ele diz: "Não perca a cabeça" e, na sequência, "Me poupe da porcaria do discurso feminista". Quantas vezes a feminista estraga-prazeres é conjurada antes que possa fazer sua aparição. E então, é óbvio, ela aparece. Estamos a sua espera. Há espaço para ela. As três mulheres estalam de formas mais ou menos cômicas, por meio do que dizem ("Foi a gota d'água. Vou pegar minha arma e você vai de galo a galinha com um tiro só"), por meio do que fazem (empurram os papéis e as canetas da mesa de trabalho do chefe). Nesse filme, à vingança mais violenta dá-se o *status* de fantasia, e os mecanismos que levam à eliminação do chefe são, no roteiro, tanto resultado do acaso como consequência de um ato intencional e obstinado de determinação feminista. Apesar dessa ambiguidade, no decorrer da narrativa o estalo feminista e os pontos de ruptura são capazes de gerar um coletivo. Um coletivo feminista, nesse sentido, é ativo: baseia-se em ações, na recusa de suportar o que se espera que as mulheres suportem.

feminismo: quando nos recusamos a nos acostumar.

Me pareceu impressionante que o estalo tenha sido explicitamente evocado como perigo. Judy diz: "Um dia ele vai me pressionar tanto que, juro por Deus, ele vai ver só". E então: "Não vou aguentar muito mais". E então: "Sinto a pressão aumentando aqui dentro. Qualquer hora vou estalar e que Deus ajude o senhor Hart, porque não me responsabilizo por meus atos". Tal presságio de um estalo explica o que é necessário para estalar. Pressupõe-se que uma revolução seja irresponsável, ou que seja julgada como irresponsável, o que é outro tipo de responsabilidade – a de estar disposta a viver as consequências de cortar um laço. Responsabilizar-se pelos homens, responsabilizar-se pela manutenção de relações que nos diminuem, é o que impede outro tipo de otimismo feminista: o otimismo que diz que isso não é necessário, o otimismo que diz que é hora de começar de novo, o otimismo que diz que já suportamos o bastante.

Gostaria de falar sobre mais um filme feminista do início dos anos 1980, *Nascidas em chamas*, uma obra de ficção científica com ares de documentário. A trama se passa no futuro, depois de uma revolução socialista (uma "guerra de libertação") ter ocorrido, mas o futuro é bem parecido com o presente, ou mesmo com o passado; o que está por vir já ficou para trás. A forma é de documentário: muitas das personagens são apresentadas por meio de fotos anexadas a histórias coletadas por uma equipe de vigilância; a voz em *off* apresenta cada personagem como se fosse uma suspeita em uma investigação policial; diferentes integrantes do Exército das Mulheres, que protestam contra o novo regime. O filme é distópico: muitas promessas da revolução socialista são mostradas como vazias; há sexismo; há assédio sexual; há cortes nos serviços para mulheres vítimas de estupro; há desemprego e pobreza que afetam comunidades marrons e negras de modo desproporcional; há descontentamento; há desespero; há depressão; há opressão.

As diferenças entre esse e os outros dois filmes estalantes podem causar hesitação, naturalmente, mas ainda é possível atentar ao modo como compartilham uma lente feminista. A exploração de trabalhadoras também está em foco em *Nascidas em chamas*, inclusive a de secretárias (há uma cena de secretárias fazendo greve geral, rebeladas contra a exigência de serem o que chamam de "esposas do escritório"). Outra cena exibe a união de trabalhadoras ao mostrá-las como mão de obra ou como estando à mão, uma montagem de mãos que trabalham: ordenam arquivos, arrumam equipamentos, buscam crianças, colocam camisinhas. A mulher é pensada aqui como uma mão, a mulher como a mão direita do homem; mulheres como o braço armado por trás do Exército das Mulheres. Tal como acontece nos outros dois filmes, o assédio sexual é retratado como uma realidade cotidiana que se espera que as mulheres suportem como se fosse parte da vida, é assim que as coisas são, é assim que vão ser; mulheres atacadas na rua, no metrô. Me parece que, vistos em conjunto, esses três filmes mostram a materialidade do assédio sexual: há um sistema que garante acesso ao corpo das mulheres; que coloca mulheres em determinados lugares e as exclui de outros.

Mas, ao contrário dos outros dois filmes, *Nascidas em chamas* é montado a partir de fragmentos reconhecíveis do ativismo de feministas negras e de cor, do feminismo lésbico e do feminismo *queer*. As personagens usam uma linguagem familiar para nós que vivemos uma vida feminista, a linguagem da interseccionalidade, da intersecção de opressões; elas dão nome aos problemas. De certa forma, a experiência de assistir ao filme é bastante inquietante: testemunhar as próprias lutas poderosamente forjadas em palavras pronunciadas por personagens com as quais você se identifica, integrantes de um filme sobre o futuro feito no passado. E, por conta de como o filme é apresentado, o estalo tem um ponto muito preciso: mostra como toda luta revolucionária e toda política de esquerda que considerem o sexismo como algo imaterial, que tratem a vida das mulheres como algo secundário, nos levam ao mesmo lugar. Em uma cena, o presidente fala sobre os compromissos do partido com a igualdade e a justiça; ouvimos seu discurso assistindo-o na televisão com outras pessoas que o assistem na televisão. Essas palavras também podem ser não performativas: proferidas como forma de não fazer algo, como forma de obscurecer o que não está sendo feito. Zella Wylie, uma importante ativista negra, revira os olhos enquanto ele fala.[60] Trata-se de uma versão diferente de revirar os olhos = pedagogia feminista. Aqui, o revirar de olhos é um sinal do reconhecimento coletivo de que há distância entre o que é dito e o que é feito.

trabalho feminista: encurtar a distância.

Nesse filme, o Exército das Mulheres é construído como um impulso; a história do filme é a história dessa construção. Uma das heroínas do filme, Adelaide Norris, uma jovem lésbica negra, conversa com três integrantes brancas do Partido da Juventude Socialista que (pelo menos no início do filme) falam a linguagem da moderação, uma linguagem que identifica suas expectativas feministas com as expectativas do partido. Adelaide chama a atenção para o fato de as desigualdades que as pessoas do partido supõem estar no passado pré-revolucionário são as mesmas desigualdades vivenciadas por mulheres negras da classe trabalhadora, caso de sua mãe, seu próprio caso. O que é passado para algumas pessoas é presente para outras. Qualquer feminismo que deixe algumas mulheres para trás não é para as mulheres. O feminismo exige lutar por quem foi

---

60 Essa personagem foi interpretada pela feminista e ativista dos direitos civis Florynce "Flo" Kennedy. O que é extremamente eficaz: a vida de uma ativista torna-se parte da vida de um filme sobre o ativismo. Para um importante relato de Kennedy em sua condição de feminista negra radical, ver Sherie M. Randolph, *Florynce "Flo" Kennedy: The Life of a Black Feminist Radical*. Chapel Hill: University of North Carolina Press, 2015.

deixada para trás. O filme dá voz à miríade de formas pelas quais o feminismo como frente revolucionária é rejeitado. O Exército das Mulheres é descrito como separatista, como tendo "objetivos egoístas". Aprendemos o que está em jogo no desprezo ao feminismo por meio de como a obstinação é usada para desprezar o feminismo. Quando quem está atrás questiona quem está à frente, é como se se colocasse à frente, preocupando-se apenas consigo. Preocupar-se com a exploração das mulheres trabalhadoras é ser identificada como separatista, mesmo que você reivindique a liberdade das mulheres enquanto reivindica a liberdade de todos.

O Exército das Mulheres também é descrito como contrarrevolucionário porque é impaciente. *Impaciente*: essa é uma palavra com uma história cortante. Às vezes – lembremos da senhora Poyser –, podemos ser desastradas e cair porque outras pessoas estão impacientes conosco por estarmos indo devagar; a queda como símbolo de ficar para trás. Mas pense em como nos dizem, quando exigimos alguma coisa, que temos que ter paciência, que temos que esperar. Paciência aqui se refere à disposição a suportar o sofrimento sem se irritar ou à capacidade de aceitar ou tolerar atrasos. Pedem que você tenha paciência, como se assim o que está errado não fosse continuar, como se, com paciência, as coisas fossem melhorar. A impaciência pode inclusive ser considerada a causa de seu fracasso em alcançar a felicidade prometida, como se, ao ficar impaciente, você tivesse se privado do que poderia ter acontecido em seu caminho, como se você tivesse roubado seu próprio futuro perfeito.

Impaciência: quando você não está disposta a suportar. Como diz Adelaide: "Já está acontecendo; está acontecendo aqui". Não podemos esperar por conta do que já está aqui. *Nascidas em chamas* nos ensina que a impaciência pode ser uma virtude feminista. Não estamos dispostas a esperar. Não estar disposta a esperar é não estar disposta a suportar o que dizem que vai melhorar com o tempo. Qualquer revolução que peça a algumas pessoas que esperem sua vez é uma revolução que vai acabar no mesmo lugar. Não podemos esperar. Temos que exigir justiça e igualdade agora. Nesse filme, o estalo feminista é mostrado a partir de diversas ações de diversas personagens. Uma mulher é assediada na rua ou no metrô, então mulheres munidas de apito, montadas em bicicletas, vêm em sua defesa. O estalo feminista pode ser uma ação coletiva e planejada. O estalo requer um sistema próprio de apoio. Certo meio de comunicação classifica o ato como um "ataque a homens"; no filme, um comentarista considera a ação perigosa por conta de seu "ímpeto justiceiro". E talvez este seja o estalo feminista em ação política, trabalhando: o *vigilantismo* não apenas como rebeldia, ou como fazer justiça com as próprias mãos (a lei como vareta, como punição, é precisamente contra o que lutamos), mas também como uma vigília feminista, como um chamado a acordar e a despertar para a violência direcionada às mulheres. Estalo: você precisa acordar para o que já está acontecendo.

O filme mostra por que o tempo importa; o tempo é distribuído de forma desigual como uma forma de conectar o passado e o presente. O que é muito repentino e rápido para algumas pessoas pode ser muito lento para outras. E algumas coisas levam mais tempo para se romper. Pode ser mais difícil romper uma linha quando a estamos segurando com muita força há muito tempo. Uma linha pode ser policiada; uma linha de polícia. Mencionei no capítulo 3, em minha leitura do conto dos irmãos Grimm, como a polícia não precisava aparecer na história porque a polícia é a vareta. No filme, a polícia surge com os cassetetes. A morte de Adelaide é a escalada de violência que leva ao final da trama (uma bomba é colocada no topo das Torres Gêmeas, um fim que acabou por se tornar inquietante e difícil por conta dos desdobramentos históricos). O acontecimento que leva ao estalo ou à construção do estalo (o estalo como contraimpulso) é o assassinato de uma mulher negra desarmada cometido pela polícia, que explica tal morte como se a vítima tivesse tirado a própria vida: um suicídio na cela. O filme parece avançar rápido para o presente, para quantas pessoas estão se movimentando a partir da revelação da brutalidade policial contra mulheres negras e homens negros que não portam armas.

O estalo mostrado no filme é o trabalho político de expor essa história, a história da brutalidade policial. A história da repressão feita pelo

Estado é uma história reprimida pelo Estado. É preciso fazer mais força para a história da repressão chegar a algum lugar, porque é necessário se opor à história contada pelo Estado, uma história que se espalha fácil e rapidamente à medida que as linhas de comunicação se mantêm abertas a ela. A história do Estado é assustadoramente familiar para nós. Nós a conhecemos; é a história da menina obstinada. A história contada pelo Estado é a de que pessoas que morrem causam a própria morte. O bastão que a espanca até a morte é transformado em direito, porque a história da menina obstinada é contada do ponto de vista do bastão. É a história de uma menina obstinada para quem não obedecer à linha do partido é suicídio. A história não retrata sua morte somente; condena-a à morte. Aprendemos: não importa apenas o conteúdo da história da menina obstinada mas também a velocidade com que pode se espalhar; impregnando o mundo ao abafar o som de seu grito, de seu *não*, que é ouvido como um ruído, como se nada tivesse sido dito. O estalo feminista é necessário para contrariar a história, para erguer o volume do protesto e tornar audível o que está sendo feito a ela; a uma delas, a muitas delas. Temos que nos juntar para contar uma outra história sobre o que aconteceu com ela. Temos que trazer à tona o que circunda a história: como ela tem que se armar para responder à violência dirigida contra ela; temos que narrar sua morte como assassinato, fazer com que sua morte conte como um assassinato.

Se o vigilantismo feminista pode ganhar a forma de uma vigília feminista, podemos pensar em outros sentidos para a vigília. Vigília: ficar acordada com uma pessoa que está morrendo; marcar posição ou lamentar, protestar, rezar; contar nossas perdas, contar a perda dela como uma perda ou, para tomar de empréstimo o nome de uma campanha recente em resposta à violência contra as mulheres negras, dizer o nome dela [*say her name*].[61] Trata-se de um chamado à ação dos braços: para viver

---

61 Como Kimberlé Williams Crenshaw e Andrea Ritchie descrevem, "Say Her Name [Diga o Nome Dela] lança luz sobre a experiência de mulheres negras com a violência

o luto de um corpo injustiçado. O luto por um corpo injustiçado costuma ser considerado o luto de ter um corpo errado. Trata-se de um chamado à ação dos braços, um chamado para não se tornar um corpo enlutado: como Adelaide Norris descreve antes de sua morte prematura, "Toda mulher que estiver sob ataque tem o direito de se defender... Temos que usar todo o arsenal de armas para nos defender". Estalo: como a violência que já existia vem à tona. Estalo: quão tênue é agora; pode ser um corpo, o corpo dela; o corpo dela pode existir agora porque, quando ela deixa de existir, ela se torna um corpo.

Como é sabido: muitas violências não são visíveis, nem reconhecíveis, nem tangíveis. Temos que lutar para chamar a atenção para essas violências. Temos que estar vigilantes: de olhos abertos; cuidadosas; ansiosas. O estalo feminista pode ser repensado não apenas como uma ação mas também como um método de distribuição de informações que pode contestar o que já é conhecido; transmitir mensagens que vão fazer do estalo uma forma coletiva de despertar para um mundo. Pode ser necessário fazer o que é mostrado no filme: interromper a transmissão oficial de um canal de comunicação (lembre-se, *interromper* vem de *romper*: quebrar) ou veicular músicas e mensagens em canais piratas, músicas e mensagens destinadas a penetrar na pele; para perfurar o selo, o que chamei no capítulo 2 de selo da felicidade. Você tem que continuar se movimentando mesmo se for interrompida. Estalo feminista: uma via para contar uma contra-história, a história que ainda precisamos contar, uma história que para ser contada exige movimentos cortantes e repentinos, necessários para atravessar ou ultrapassar o que ainda é como é; o modo como a

policial, a fim de produzir uma abordagem inclusiva de gênero para a justiça racial"; Kimberlé Williams Crenshaw e Andrea Ritchie, "Say Her Name: Resisting Police Brutality Against Black Women". *African American Policy Forum*, 16 jul. 2015. [N. E.: Say Her Name é um movimento de apoio a mulheres e meninas negras vítimas do racismo e da violência policial surgido em 2014 nos Estados Unidos. Sua premissa, Diga o Nome Dela, é a de manter a memória dessas mulheres e meninas, geralmente pouco mencionadas pela mídia e que acabam por ser contabilizadas apenas como números.]

obstinação ainda é usada pelo Estado para justificar o espancamento de uma mulher, a morte de uma mulher. A narrativa exige o estalo: modos de colocar um ponto final em linhas partidárias; modos de começar uma outra linha, um fio que possa transmitir mensagens por todo o corpo como se fossem uma descarga elétrica. Estalo: quando nos revoltamos porque a verdade chegou até nós.

CONCLUSÃO: SE LIGA

Quero retomar uma fala de *Como eliminar seu chefe*: "Qualquer hora dessas vou estalar". É uma esperança feminista: a concretização de uma luta feminista. O estalo é necessário para romper um laço que foi considerado necessário para a vida, para a felicidade, um laço que foi nutrido, prezado por outras pessoas. O estalo, um momento no qual a pressão se acumula e irrompe, pode ser a base de uma revolta feminista, uma revolta contra o que é pedido às mulheres que suportem; uma revolta que quebra coisas, que põe fim às coisas; uma revolta que é muitas vezes entendida como se tivesse a intenção de causar: desordem. Se não subordinar nossa vontade à vontade de outras pessoas causa desordem, temos que causar desordem. Temos que causar, se de fato causamos. A partir dos pedaços quebrados, começamos de novo. Juntamos os cacos. Cuidamos; precisamos ter cuidado, porque a história afiou suas arestas; afiou nossas arestas. Juntamos os cacos; começamos de novo. "Qualquer dia desses, qualquer hora dessas, eu vou estalar". É uma esperança feminista.

O estalo torna-se então uma forma de autoprofecia, o estalo obstinado como uma via de acesso a um destino feminista. O estalo também pode ser a forma como tentamos chegar a outras pessoas. Assim, o estalo pode ser pensado como um sistema de comunicação feminista. Pense na expressão "se liga" [*snap to it*]. É uma expressão usada quando precisamos abrir caminho, chamar a atenção, parar de enrolar. Talvez você precise estalar [*snap*] os dedos.[62] Se liga: um modo de criar um efeito forte o suficiente, afiado o suficiente, para atravessar as defesas. O estalo aqui não é apenas uma ação individual, que ocorre naqueles momentos em que ela não aguenta mais, nos momentos em que ela reage ao que já suportou, embora inclua esses momentos. O estalo é também o que é necessário para que o insuportável venha à tona como algo palpável, como uma situação que não deve ser suportada com paciência, como uma situação que exige nossa impaciência coletiva.

não vamos esperar. qualquer atraso é intolerável.

Neste capítulo, explorei os contornos potentes do estalo feminista pelas lentes de minha própria experiência e com os exemplos de filmes feministas da década de 1980, filmes que mostram imagens e conteúdos afiados, que mostram como o estalo feminista é um trabalho coletivo. São filmes que nos dão esperança. E então o que nos cerca são movimentos esperançosos, movimentos corajosos que nos convocam a ir logo, que demandam nossa atenção.

Penso sobre um movimento que ocorre no Reino Unido, de onde escrevo, que fala publicamente sobre o fio de conexão desgastado que é desembaraçado de diferentes formas nos filmes citados: sexismo, assédio sexual, violência sexual. O nome desse movimento é Sisters Uncut [Irmãs Sem Cortes]. Trata-se de um movimento de ação direta que aborda como

---

62 O estalar de dedos pode ser considerado uma genealogia *queer* negra. Marlon Riggs, por exemplo, descreve que o estalar de dedos para homens gays afro-americanos é "política e emocionalmente carregado, como o punho cerrado"; Marlon T. Riggs, "Black Macho Revisited: Reflections of a Snap! Queen", in Devon W. Carbado (org.), *Black Men on Race, Gender and Sexuality: A Critical Reader*. New York: New York University Press, 1999, p. 308. Riggs documenta como esse gesto é apropriado pela cultura dominante. Para uma boa discussão sobre as muitas camadas do estalar como um significante complexo e disputado para mulheres afro-americanas e homens gays afro-americanos, ver E. Patrick Johnson, "Snap! Culture: A Different Kind of 'Reading'". *Text and Performance Quarterly*, v. 15, n. 2, 2009.

a austeridade fiscal pode ser fatal para as mulheres, como a austeridade fiscal significou o corte dos serviços de assistência a vítimas de violência doméstica, serviços vitais para muitas mulheres que sofrem violência física e emocional em casa.[63] Como aponta o lema afiado do movimento: "Vocês cortam, nós sangramos". Ação direta: colocar os corpos na linha de frente, atrapalhar o trânsito, atravancar o fluxo, jogar tinta vermelha na água da Trafalgar Square para que o centro de Londres pareça inundado de sangue. Vocês cortam, nós sangramos. Remetendo à poderosa visão de *Nascidas em chamas*, as integrantes do Sisters Uncut mostram, a partir de seu modo de ação, que é possível fazer uma política que coloque o sexismo, o assédio e a violência sexual em primeiro plano por meio de uma lente interseccional; que uma política feminista também deve ser sobre como o estranho perigoso obscurece a violência doméstica vivida cotidianamente; e, portanto, também deve ser sobre racismo (incluindo o racismo praticado pelo Estado), imigração, sistema prisional, pobreza, desemprego, a erosão do Estado de bem-estar social, todas essas estruturas que distribuem vulnerabilidade e fragilidade de forma desigual para a população. Lê-se em sua "Safer Spaces Policy" [Política para espaços mais seguros]: "O movimento Sisters Uncut é composto por um grupo diverso de mulheres, e algumas de nós vivenciaram muitos tipos de opressão ao mesmo tempo, como sexismo, racismo, transfobia, capacitismo, classismo, homofobia, entre outros. Essas opressões não são separadas umas das outras. Há intersecção entre elas, o que pode ser frustrante, exaustivo e doloroso".[64]

---

63 Uma das histórias retratadas em *Nascidas em chamas* é a dos cortes nos serviços de assistência a vítimas de violência doméstica, outro motivo pelo qual esse filme é assustadoramente familiar. Descreveu antes um futuro que vivemos agora.
64 Ver Sisters Uncut, "Safer Spaces Policy", 2016, sistersuncut.org/saferspaces/. Agradeço a todas as pessoas que participaram da conferência sobre violência contra a mulher do Centre for Feminist Research em 24 de novembro de 2015, incluindo as integrantes do Sisters Uncut.

Frustrantes, exaustivas, dolorosas: como podemos vivenciar intersecções. As integrantes do Sisters Uncut também mostram como uma política feminista centrada nas mulheres pode manter a categoria das mulheres aberta às mulheres. Como escrevem em sua "Safer Spaces Policy": "Nossas reuniões devem ser espaços inclusivos e de apoio para todas as mulheres (trans, intersexuais e cis), para todas que são oprimidas como mulheres (incluindo pessoas não binárias e de gênero não conformista) e para todas que se identificam como mulheres para fins de organização política. A autodefinição fica a total critério da irmã".[65]

a critério das irmãs, somos irmãs.
a irmandade é um estalo.

65 Id.

9. FEMINISMO LÉSBICO

Escrevo este capítulo com uma convicção: para sobreviver àquilo com que damos de cara, para criar mundos a partir dos pedaços quebrados, precisamos reavivar o feminismo lésbico. Este capítulo é uma explicação de minha convicção.

Agora parece ser um momento peculiar para convocar esse retorno. O feminismo lésbico pode parecer ultrapassado precisamente porque o feminismo lésbico colocava o feminismo como uma questão de vida. Muitas das críticas ao feminismo lésbico, frequentemente enquadrado como forma de feminismo cultural, foram feitas precisamente por causa dessa ligação com a vida. Alice Echols, em seu livro *Daring to Be Bad* [Ousar ser má], que oferece uma história do feminismo radical nos Estados Unidos, diz: "Com a ascensão do feminismo lésbico, a fusão do pessoal com o político, já em fermentação há algum tempo, foi completa e inquestionável. Mais do que nunca, o modo como alguém vivia sua vida, e não seu comprometimento com uma causa política, se tornou um fator decisivo".[66] Notem esse *e não*: a questão de como vivemos nossa vida é dissociada do comprometimento com uma luta política; mais do que isso, focar no modo como vivemos nossa vida representa, implicitamente, um substituto fraco para a luta política ou uma drenagem de energia feminista, um desvio de foco. Podemos perceber algo semelhante no argumento de

---

66 Alice Echols, *Daring to Be Bad: Radical Feminism in America, 1967–1975*. Minneapolis: University of Minnesota Press, 1989, p. 240.

Juliet Mitchell e Rosalind Delmar: "Para que os efeitos da libertação conduzam à manifestação da libertação, não basta a modificação de valores ou a modificação de si mesma; o crucial é a desestabilização da estrutura social que dá origem a esses valores".[67] A sugestão é de que mudanças de vida não são mudanças estruturais e, mais que isso, de que o foco sobre o modo como se vive a própria vida pode ser uma maneira de não modificar as estruturas.

Quero oferecer um argumento alternativo ao retornar aos arquivos do feminismo lésbico. Quando a vida é algo pelo qual precisamos lutar, lutamos contra estruturas. Não é sempre que essas lutas levam a transformações (mas tampouco há garantia de transformação no envolvimento em movimentos políticos). No entanto, lutar contra alguma coisa significa martelar contra essa coisa, aos poucos. Muitas dessas estruturas não são visíveis nem tangíveis se você não der de cara com elas, o que quer dizer que o trabalho de martelar, isso que chamo de trabalho de diversidade, é um tipo particular de trabalho. A energia exigida para continuar insistindo mesmo após dar de cara repetidamente com as estruturas é o caminho da construção, feita frequentemente a partir dos pedaços quebrados.

O feminismo lésbico pode trazer o feminismo de volta à vida.

O HETEROGÊNERO COMO PAREDE

Escrevo como lésbica. Escrevo como feminista. Essa é uma reivindicação individual, mas é também uma reivindicação que faço em nome de outras. Descrever-se como lésbica é uma maneira de alcançar outras pessoas que se encontram nesse *como*. Evidentemente, no entanto, o feminismo lésbico não se reduz a falar como lésbica e a falar como feminista; este *e* é muito frouxo como dispositivo de conexão. O feminismo lésbico também

---

67 Apud ibid., p. 244.

implica uma conexão mais robusta entre essas palavras. Penso que é essa conexão mais robusta que torna o feminismo lésbico um local de tanta ansiedade, como escreveu Victoria Hesford em sua análise poderosa da figura da feminista como lésbica.[68] Esse vínculo robusto é então percebido como uma acusação contra as feministas não lésbicas, uma acusação de que elas não seriam feministas. A carga dessa conexão poderia ser percebida não como um encargo contra alguém ou algo, mas como uma carga de algo. Talvez possamos retomar a carga da obstinação: uma descarga elétrica. A conexão entre lésbica e feminista não é algo que pode ser prescrito, mesmo que algumas de nossas histórias incluam essa prescrição ou mesmo que o feminismo lésbico seja percebido como prescrição (para ser lésbica você precisa se identificar como feminista; para ser feminista você precisa se identificar como lésbica). A conexão é uma conexão a ser vivida: viver como lésbica é como eu vivo uma vida feminista.

Ao longo deste livro, tenho tentado demonstrar aspectos da teoria feminista por meio da elaboração de uma teoria feminista com base em experiências cotidianas de ser feminista. Este livro poderia se chamar *Feminismo diário*.[69] A teoria feminista é aquilo que podemos chamar, seguindo os passos de Marilyn Frye, de "teoria vivida", uma abordagem que "não separa a política da vida".[70] Podemos pensar na vida como uma coleta de dados: reunimos informações. E ser lésbica, viver a vida como lésbica, nos fornece dados abundantes. Lésbicas coletam informação sobre as instituições que governam a reprodução da vida: são quase dados demais; não temos tempo para interpretar todo o material que coleta-

---

68 Victoria Hesford, *Feeling Women's Liberation*. Durham: Duke University Press, 2013.

69 Gostaria de reconhecer o trabalho do site Everyday Feminism, criado em 2012 com a missão de "ajudar pessoas a curarem feridas e enfrentarem a violência, a discriminação e a marginalização cotidianas por meio do feminismo interseccional aplicado"; everydayfeminism.com.

70 Marilyn Frye, "Introduction", in Marilyn Murphy, *Are Your Girls Traveling Alone? Adventures in Lesbianic Logic*. Los Angeles: Clothes Spin Fever, 1991, p. 13.

mos. Se viver uma vida lésbica nos fornece dados, o feminismo lésbico nos fornece as ferramentas para interpretá-los.

E com dados estou me referindo novamente a paredes. No capítulo 2, propus uma reconsideração do heterogênero como um sistema de tráfego, um modo de dirigir o tráfego humano. Quando um fluxo é direcionado, ele se transforma em um impulso. No capítulo 6, comecei a pensar na materialidade do poder em termos de paredes, dos endurecimentos da história. Podemos pensar o heterogênero como outra parede de tijolos, uma que é encontrada por aquelas que não estão na direção correta. Quando você não está na direção correta, um fluxo é um obstáculo. Lésbicas entendem muito de obstáculos.

No momento, porém, pode parecer a nós lésbicas que estamos na direção do fluxo. Olha, podemos dizer; olha, aqui no Reino Unido podemos até nos casar. E, se você conversa sobre aquilo com que dá de cara atualmente, as pessoas em seu entorno podem piscar com incredulidade: olha, não é assim, pode parar de reclamar, querida, sorria. Não estou disposta a vincular meu sorriso a ordens. Estou disposta a instaurar um embargo de sorrisos, para retomar a "ação dos sonhos" de Shulamith Firestone para o movimento de mulheres.[71] Falar sobre paredes importa ainda mais quando os mecanismos pelos quais somos bloqueadas são menos visíveis.

os dados são nosso cotidiano.
uma parede pode ser uma atmosfera. uma parede pode ser um gesto.

Uma experiência *queer*: você está sentada com sua namorada, duas mulheres na mesa, esperando. Um casal heterossexual entra no recinto e é atendido imediatamente: senhor, senhora, por aqui, senhor, senhora. Às vezes, se você não se parece com o que é esperado de você, você não aparece. Há muitas relações que não aparecem sob a palavra *casal*: senhor,

---

71 Shulamith Firestone, *The Dialectic of Sex: The Case for Feminist Revolution*. New York: Bantam, 1970, p. 90.

senhora. O olhar te atravessa, como se você não estivesse lá. Isso é menos sobre ser vista e mais sobre o olhar cuidadoso, é sobre ter suas necessidades atendidas: afinal, quando *senhor, senhora* se torna uma pergunta – "É senhor ou senhora?" –, você está sendo vista, seu corpo foi transformado em espetáculo.

Essa experiência *queer* pode ser mais bem articulada como uma experiência lésbica ou algo que mulheres em geral vivenciam: como se, sem a presença de um homem à mesa, ou de um corpo visível como masculino, você não aparecesse. Eu já vivenciei muita solidariedade entre mulheres nesses tipos de situação: digamos que vocês estejam no balcão de um bar movimentado, duas mulheres que não se conhecem, continuamente ignoradas em detrimento dos homens, que são servidos primeiro. Vocês se olham com frustração, mas às vezes com afeto, à medida que uma reconhece que a outra reconhece aquela como uma situação em que se encontra perpetuamente, reconhece estar naquela situação; você também, eu também, ela também, nós também. Quando mulheres estão sentadas juntas, sua presença pode não contar. Algumas precisam se tornar insistentes para serem destinatárias de uma ação social; você pode precisar anunciar sua presença, balançar o braço, dizendo: "Eu estou aqui!". Para outras, parece ser suficiente estarem presentes, porque o lugar na mesa já estava reservado antes de chegarem. Usei a *obstinação* para descrever as consequências dessa diferenciação.

Na distribuição da atenção, o que está em jogo é mais do que o gênero, evidentemente. Mas o gênero está em jogo na distribuição da atenção. Filósofas feministas nos ensinam há mais de um século sobre como o homem se torna universal e a mulher, particular. Mulheres são transformadas em relações de parentesco, contabilizadas como existentes apenas quando existem em relação a homens. Podemos agora aprofundar a formulação que ofereci no capítulo 6: mulheres como relativos femininos. Tornar-se mulher é se tornar *relativa a* [*relative*]: não só no sentido do parentesco (vínculos sanguíneos ou de matrimônio) mas também no sentido fundamental de ser considerada (apenas) em relação ou em proporção a alguma outra coisa. Nos deparamos com o universal como uma parede quando nos recusamos a nos tornar relativas. E observe como passamos a compreender essas distinções (tais como universal e relativo) não como abstrações, e sim como aspectos presentes na vida social cotidiana, ou seja, por meio da presença em um mundo partilhado. Não surpreende que ao começar aqui, ao começar com aquilo que é descartado em uma troca concreta, geremos conceitos: conceitos suados. Forçamos nossa entrada em um mundo na tentativa de estar em um mundo.

O feminismo lésbico nos oferece ferramentas para compreender o sexismo, que se torna ainda mais gritante quando mulheres abdicam das exigências da heterossexualidade compulsória (que é, para todos os efeitos, uma relação citacional, uma demanda para que se viva a vida citando homens). Para que a mulher apareça, é possível que tenha que batalhar. Se isso é verdade para mulheres, é ainda mais verdade para lésbicas. É difícil enxergar mulheres sentadas com mulheres à mesa (e com *mesa* quero me referir aos mecanismos dos encontros sociais, a mesa como aquilo em torno do que nos reunimos). Para que um encontro seja completo, um homem precisa estar na cabeceira da mesa. Uma mesa de mulheres: um corpo sem cabeça.

dados como paredes.

Você aparece em um hotel com sua namorada e diz que reservaram um quarto. Uma hesitação pode dizer muita coisa. A reserva diz que se trata de uma cama de casal. É isso mesmo, senhora? Sobrancelhas se erguem, um olhar nos percorre, capturando detalhes suficientes. Você tem certeza, senhora? Sim, é isso mesmo, uma cama de casal. Você precisa dizer mais de uma vez; você precisa dizer, repetidamente, com firmeza. No primeiro capítulo eu apresentei uma fórmula: revirar os olhos = pedagogia feminista. Outra fórmula:

erguer as sobrancelhas = pedagogia feminista.

Mesmo, você tem certeza? Isso acontece repetidamente; você quase espera que aconteça; você precisa ser impassível para receber o que pediu. Ainda assim, a incredulidade persegue você por todos os lados. Uma vez, depois de uma sessão de perguntas – tem certeza, senhora?, tem certeza, senhora? –, você entrou no quarto: duas camas de solteiro. Você desce na recepção? Tenta de novo? Pode ser desafiador. Às vezes é desafiador demais; é demais; e vocês juntam as duas camas estreitas e encontram outras formas de ficarem juntas.

Uma história pode se tornar concreta pela repetição desses encontros, encontros que exigem que você coloque o corpo todo, incluindo seus braços,[72] por trás de uma ação.[73] Talvez essas ações pareçam pequenas. Talvez elas sejam pequenas. Mas elas vão se acumulando. Elas podem parecer um martelar constante, um tec, tec, tec constante contra você, de modo que eventualmente você começa a se sentir pequena, martelada, moída.

ações que parecem pequenas também podem virar paredes.

---

72 *Arms*, no original: braços, mas também armas. [N. T.]
73 Ao escrever essa frase sobre como mulheres precisam colocar o corpo todo em uma ação, me lembrei da descrição de Iris Marion Young sobre "jogar como uma garota", à qual me referi no primeiro capítulo. Uma garota joga sem colocar seu corpo todo na ação. Young dá uma explicação fenomenológica sobre como essa garota passa a experimentar o corpo como uma restrição. Mas um dos aspectos de sua explicação sobre o qual poderíamos ponderar é o quanto ela aceita que uma garota, ao jogar como uma garota, joga pior que um garoto (em outras palavras, o quanto ela aceita a associação entre feminidade e fracasso). Pode parecer óbvio que o modo de uma garota jogar é deficiente: que o garoto joga a bola muito mais rápido e mais longe que a garota. Mas, se pensamos que a garota precisa colocar muita energia para alcançar as coisas, devido aos obstáculos que encontra, às coisas que estão em seu caminho, não poderíamos pensar em seu modo de jogar como uma sabedoria? Será que ela está economizando energia para coisas mais importantes? Para uma crítica *queer femme* sobre como feministas associam a feminidade ao fracasso, ver também Ulrika Dahl, "Sexism: A Femme-inist Perspective". *New Formations*, n. 86, 2015.

UMA BATALHA ORDINÁRIA

Uma batalha ordinária é aquilo que pode estar ausente quando sentimos esse tec, tec, tec. O ordinário pode ser aquilo de que precisamos para sobreviver a esse tec, tec, tec. Susan Griffin nos lembra de uma cena, uma cena que está ainda por acontecer:

> Me lembro de uma cena... De um filme que quero ver. É um filme dirigido por uma mulher sobre duas mulheres que vivem juntas. Essa é uma cena da vida cotidiana delas. É um filme sobre as pequenas transformações diárias que as mulheres vivenciam, acolhem, cuidam, e que têm sido invisibilizadas pela cultura masculina. Nesse filme, duas mulheres se tocam. De todos os modos possíveis que elas conhecem. O que elas vivenciaram e o que ainda vão vivenciar; *e é possível identificar em seus movimentos as trajetórias de sua sobrevivência.* Estou certa de que um dia esse filme vai existir.[74]

Feminismo lésbico: lembrar de uma cena que ainda está por acontecer, uma cena ordinária, dos movimentos, pequenos movimentos, que contam a história de nossa sobrevivência. É uma cena tocante. Às vezes você precisa batalhar pelo ordinário. Quando você precisa batalhar pelo ordinário, quando a batalha se torna ordinária, o ordinário pode ser aquilo que você perde.

mesmo quando perdemos, vislumbramos o que perdemos.
uma perda pode ser um vislumbre.
momentos podem ser movimentos.

Pense no seguinte: para muitas mulheres, a vida foi compreendida como uma esfera da imanência, como um modo de habitação e não de ascen-

---

74 Apud Edith Becker et al., "Lesbians and Film". *Jumpcut*, n. 24–25, 1981.

são; ela está ali; ali está ela; sem transcender nada, sem criar nada. Um modelo masculinista de criatividade se sustenta na retirada. Ela está ali; ali está ela: absorta no ciclo incessante e repetitivo do trabalho doméstico. Podemos nos inspirar em Adrienne Rich, que transforma esse ponto de partida em uma instrução: "Começar com o material", ela diz, "com a matéria, mma, madre, mutter, moeder, modder".[75] O feminismo lésbico é materialista desde o princípio. Se o esperado é que mulheres estejam aqui, na matéria, materialmente, no trabalho, trabalhando, é aqui que o feminismo lésbico começa. Começamos no alojamento onde estamos alojadas. Começamos pelo alojamento quando somos desalojadas.

Uma cena lésbica comovente da vida cotidiana é proporcionada pelo primeiro dos três filmes que compõem *Desejo proibido*.[76] Começamos pelo ordinário: começamos com o aconchego. O silêncio da intimidade: Edith e Abby, indo juntas assistir a um filme, voltando juntas para casa. Sim, talvez algumas crianças na rua façam comentários, mas elas estão acostumadas: elas têm uma à outra, um lugar para onde voltar; a casa se torna abrigo; um lugar para onde se retirar.

tudo se despedaça quando Abby escorrega e cai.
tudo se despedaça.

Estamos na sala de espera do hospital. Edith está esperando para saber como Abby está. Aparece outra mulher, visivelmente abalada, e diz: "Eles acabaram de entrar com meu marido. Ele teve um ataque cardíaco". Edith a conforta. Quando essa mulher pergunta sobre o marido de Edith, esta responde: "Eu nunca tive marido". E a mulher diz: "Que sorte, você não vai ter o coração partido por perder um". A história da heterossexua-

---

75 A. Rich, "Notas para uma política da localização (1984)", in Ana Gabriela Macedo (org.), *Género, identidade e desejo: Antologia crítica do feminismo contemporâneo*. Lisboa: Cotovia, 2002, p. 18.
76 *If These Walls Could Talk 2*, dir. Jane Anderson, Estados Unidos, 2000.

lidade é apresentada como uma história de corações partidos, até mesmo uma história de corações. Ser reconhecida como alguém que tem um coração é ser reconhecida como alguém que tem o potencial de ser partida. Com esse reconhecimento vem o cuidado, o conforto, o apoio. Sem esse reconhecimento, o sofrimento não pode ser suportado nem contido pela generosidade de outra pessoa.

Assim, Edith continua esperando. A temporalidade dessa espera se assemelha a um calafrio, à medida que cada momento passa, à medida que esperamos com ela, a atmosfera do filme se torna intoleravelmente triste, demora-se na demora de sua perda. Quando ela pede à equipe do hospital para ver Abby, dizem-lhe: "A entrada é permitida somente a familiares". Ela é excluída da esfera da intimidade. Ela é uma não parente, não relacionada, não família. A enfermeira pergunta: "Qual sua relação com ela, senhora?". Edith responde: "Sou uma amiga, uma amiga muito próxima". A tréplica é outra pergunta: "Ela não tem família?". A amiga se perde no peso do que é dito. O reconhecimento dos laços familiares como os únicos relevantes significa que Abby morre sozinha; significa que Edith espera a noite toda, sozinha. A relação entre elas é ocultada como amizade, ao mesmo tempo que a própria amizade é transformada em um vínculo menor, menos relevante, um outro tipo de fragilidade. O poder da distinção entre laços de amizade e familiares é legislativo, como se só a família contasse, como se outras relações não fossem reais ou simplesmente não existissem. Quando o sofrimento e o luto lésbicos não são reconhecidos, porque relacionamentos lésbicos não são reconhecidos, vocês se tornam não relacionadas. Vocês não têm parentesco; vocês não são. Você está sozinha com seu sofrimento. Você é deixada ali, esperando.

conhecemos essa história. é a história do que conhecemos.

Apoio significa ter uma rede de proteção para sua queda. No capítulo 2, sugeri que a heterossexualidade pode ser compreendida como um elaborado sistema de apoio. E, no capítulo 7, considerei como a fragilidade é distribuída de modo desigual. Abandonar um sistema de apoio pode significar ficar mais frágil, menos protegida dos obstáculos da vida cotidiana. A classe, evidentemente, pode ser compreendida nesses termos. Ser de classe média ou de classe alta significa possuir mais recursos para ter sua queda amparada. O que sustenta você pode ser o que te ampara; o que sustenta você pode ser o que te impede de cair.

Dizer que a heterossexualidade pode realizar o trabalho de amparar a queda quando você cai mostra como a interseccionalidade não se trata apenas de parar e começar, como discuti no capítulo 5, mas também de altos e baixos. Se a vida que você vive rompe laços familiares ou corta vínculos que teriam de outro modo amparado sua queda diante do desmoronamento das coisas, você abandona, então, tanto a heterossexualidade como a estabilidade de uma posição de classe enquanto meio de acessar recursos.[77] Abandonar a heterossexualidade pode significar abandonar as formas institucionais de proteção, apreço e cuidado. Quando as coisas desmoronam, sua vida inteira pode se desfazer. Uma parte considerável da invenção feminista e *queer* surge da necessidade de criarmos nossos próprios sistemas de apoio.

Quando a família não está lá para te encorajar, quando você desaparece da vida familiar, você precisa buscar outras formas de ser amparada. Desaparecer da vida familiar: isso acontece com você? Você volta para

---

77 Isso só é verdade, evidentemente, para quem corta ou tem seus laços cortados com famílias de classe média ou de recursos abundantes. Meu argumento aqui sugere que precisamos repensar a distinção entre uma política do reconhecimento e uma política da redistribuição (ver a crítica de Judith Butler sobre o uso que Nancy Fraser faz dessa distinção em: "Meramente cultural". *Ideias*, v. 7, n. 2, 2017). Sexualidade, raça e gênero como uma série de normas dizem bastante respeito ao acesso a recursos que não podem ser separados do sistema de classes (que bagunçam, na verdade, esse sistema em certos pontos). Podemos observar essa bagunça quando voltamos à vida, isto é, aos altos e baixos, à distribuição da vulnerabilidade no curso de uma vida e também em um sistema social (ver também Judith Butler, *Vida precária* [2004], trad. Andreas Lieber. Belo Horizonte: Autêntica, 2019).

casa, você volta ao lar. E parece que você está testemunhando a própria desaparição: vê sua vida ser desfeita, fio a fio. Ninguém desejou ou quis que você desaparecesse. Lentamente, lentamente, enquanto as conversas giram em torno da família, da heterossexualidade como futuro, das vidas que você não vive, lentamente, lentamente, você desaparece. Você é bem-vinda, sua família é gentil, mas é cada vez mais difícil respirar. Quando você vai embora, possivelmente busca um bar lésbico ou espaço *queer*; pode ser um grande alívio. É como se os dedos de seus pés se livrassem de um sapato apertado: quanto espaço para agitar os dedos! E precisamos pensar nisto: em como a restrição sobre a vida, colocada pelo pressuposto da heterossexualidade, pode ser combatida pela criação de espaços que são mais amplos, livres, não só porque você não está cercada por aquilo que você não é, mas porque se lembra de que existem muitas maneiras de ser. Bares lésbicos, espaços *queer*: espaço de manobra.

A perda de possibilidades pode ser experimentada como uma restrição física. Os demais momentos do primeiro filme de *Desejo proibido* registram a chegada da família de Abby ao enterro. Antes dessa chegada, Edith remove da casa os vestígios do relacionamento afetivo, incluindo as fotografias na parede, deixando evidente a tinta mais clara debaixo delas. Se relacionamentos deixam vestígios na parede, a remoção desses relacionamentos também deixa sua marca. A casa se configura como uma zona de intimidade; o amor delas literalmente ocupa as paredes e as mantêm ocupadas. A casa não é representada como propriedade, e sim como um espaço em que elas se espalham; recordações, postais, fotografias; a intimidade delas deixa marcas na parede. Uma foto delas em uma manifestação, vestígios de histórias de ativismo lésbico e gay que permitem que esse espaço se torne delas. Os objetos que Edith retira são objetos que dão corpo ao amor delas, que criam seu próprio horizonte. Esses objetos traem o segredo delas. A retirada dos sinais de intimidade esvazia a casa, recria a casa como um espaço vazio; é como se as paredes também precisassem esperar.

> se as paredes falassem, o que diriam?
> precisamos que as paredes falem.
> que história.

Quando a família de Abby chega, a casa foi transformada de zona de intimidade em propriedade. A casa estava em nome de Abby. Não há testamento. Os objetos, a própria casa; tudo pertence à família de Abby.

> as paredes também; elas têm pertencimento.
> elas sustentam a casa-grande; a casa de família.

Quando a família de Abby chega, ocupa a casa. Edith se torna hóspede. O sobrinho de Abby diz: "Não me importo de você ficar aqui. Podemos pensar, talvez, em uma locação informal". Permanecer na casa se torna uma questão de receber a hospitalidade dele: ele tem o poder de emprestar a casa, o que significa o poder de retirá-la dela. De fato, os objetos que dão corpo à intimidade lésbica são retirados, transformados em propriedade, em uma coisa que pode ser tomada e removida. A família continua a perguntar: "Quais coisas eram da tia Abby?", um outro modo de perguntar: "Quais coisas aqui são nossas?". Quando um passado lésbico e feminista é recomposto como um presente heterossexual, o futuro, o futuro dela, se perde.

> é uma situação.
> uma situação muito, muito triste.

A tristeza da situação se desdobra nos objetos: eles dão corpo à vida de Edith; sua vida com Abby. Mas para os parentes de Abby essas coisas eram de Abby; elas são transformadas em herança. Particularmente os passarinhos de porcelana chinesa de Abby, seus objetos mais preciosos e amados, se tornam um local de embate para os valores familiares e o valor da família. A filha do sobrinho – vou chamá-la de Alice – diz para

Edith: "Eles são lindos". Quando Alice pega um dos passarinhos, Edith diz: "Eu que dei para ela. É um lindo presente". Na continuação do diálogo entre Edith e Alice, há o reconhecimento parcial da perda – mas, devido à descrição excessivamente amena da perda, a força do reconhecimento acaba por ser anulada. "Deve ser muito triste perder uma amiga tão próxima". Ao que Edith responde, inadequadamente: "Sim, é mesmo". Nesse momento, o rosto de Edith está vazio, seus olhos estão marejados, ela se segura. A resposta afirmativa, "Sim, é mesmo", se transforma em uma negação da perda, uma forma de manter a perda em segredo, uma forma de manter secreto aquilo que foi perdido.

É nesse momento que Edith se desfaz. Por ela ter dito sim, Alice responde: "Acho que você deveria ficar com alguma coisa dela como lembrança. Eu realmente gostaria que você escolhesse um desses passarinhos como recordação". Esses objetos que significam seu amor por Abby, e o amor de Abby, são retirados no mesmo gesto que os devolve: em sua transformação em um presente, em uma recordação, como se Edith devesse ficar grata por essa devolução. Os objetos que Abby mais amou, que eram parte dela, se tornam objetos de parentesco para a família de Ted, se tornam parentes da família, talvez até parentes mulheres (se era dela, então é nosso), aquilo que pode ser herdado, objetos que percorrerão a árvore genealógica, objetos que dão forma à família. É esta perda, a perda daquilo que seu amor amava, que é demais.

é demais; é excessivo.
as coisas se despedaçam.

Existem muitas formas de contar a história do reconhecimento porque existem muitas histórias para contar. O desejo por reconhecimento não diz respeito, necessariamente, a ter acesso a uma boa vida ou a ser incluída nas instituições que despedaçaram você. E não se trata necessariamente de uma aspiração a algo: ao contrário, surge da experiência daquilo que é intolerável, daquilo que não é possível suportar. O desejo por uma vida tolerável é o desejo por uma vida em que o sofrimento não signifique perder o chão quando você fica sem teto, quando as paredes surgem, quando elas asseguram o direito de algumas pessoas ocuparem o espaço pela espoliação de outras. O desejo de uma vida tolerável é o desejo de ter uma vida ordinária, uma vida muito mais preciosa do que a propriedade; de fato, é o ordinário que é negado quando as coisas se tornam propriedade, quando as coisas se tornam alienáveis, quando as coisas são transformadas em patrimônio familiar.

Não estou dizendo que o desejo pelo ordinário não tome uma forma institucional nem que a zona de intimidade que cobre as paredes não acabe se tornando uma aspiração à propriedade, transformando as coisas em nossas para que elas não possam ser tomadas. É mais sobre a aspiração de não ficar sem teto do que a aspiração por uma casa. Aspirar significa respirar. Com a respiração vem a imaginação. Com a respiração vem a possibilidade.

Talvez a luta lésbica feminista pelo reconhecimento surja da fúria contra o modo injusto pelo qual a habitação de algumas pessoas seja fruto da espoliação de outras. É possível que os sinais dessa luta sejam neutralizados por sua representação como um presente. Como demonstrou Sarah Schulman, quando o reconhecimento é compreendido como uma dádiva do mundo heterossexual, nosso trabalho e nossas lutas coletivas são esquecidos.[78] É como quando Edith ganha o passarinho de recordação, como se aquilo fosse deles e pudesse ser dado, em vez de ser algo que importava por demarcar aquilo que havia sido criado pela união dela com Abby; pelo empenho em estarem juntas.

Precisamos continuar tentando. Queremos que as paredes venham abaixo. Ou, se for para elas permanecerem em pé, queremos que essas paredes falem, que elas contem nossas histórias. Uma história também pode se despedaçar: mil pedaços diminutos, dispersos por todo lado. Fe-

---

78 Sarah Schulman, *Stagestruck: Theatre, Aids, and the Marketing of Gay America*. Durham: Duke University Press, 1998, p. 102.

minismo lésbico: ao construir o ordinário a partir do despedaçamento da morada, nos demoramos.

nos demoramos, contamos histórias.
essa história diz muito.

UM ARQUIVO DA OBSTINAÇÃO

Mencionei como ações pequenas também podem constituir uma parede. O feminismo lésbico pode dizer respeito a pequenas ações. Talvez o tec, tec, tec do martelo possa ser transformado em um martelo: se ele é uma lasca do bloco velho, nós fazemos tec, tec, tec no bloco. Tec, tec, tec, quem sabe, eventualmente pode desmoronar. Para insistir em arrancar lascas dos blocos do heteropatriarcado, precisamos nos tornar obstinadas. Quero pensar no feminismo lésbico como um arquivo da obstinação, um arquivo vivo e vívido constituído e construído a partir de nossas experiências de enfrentamento daquilo com que damos de cara, para desenvolver alguns de meus argumentos do capítulo 3.

Poderíamos começar com a figura da lésbica feminista; quanta obstinação, que impactante! Ela é, sem dúvida, uma figura estraga-prazeres; tão frequentemente rotulada como anti, antissexo, antidiversão, antivida. O investimento na própria amargura precisa ser entendido como apenas isto: um investimento. Viver uma vida lésbica significa se afastar voluntariamente das causas da felicidade. Não surpreende que ela cause infelicidade.

É importante notar aqui que o investimento na amargura das lésbicas pode ser detectado até mesmo nos estudos *queer*. Em algumas obras *queer*, o próprio feminismo lésbico aparece como uma cena amarga que tivemos que aturar ou atravessar antes de podermos abraçar a possibilidade mais feliz de nos tornarmos *queer*. Paul B. Preciado, por exemplo, em uma palestra sobre buldogues *queer*, se refere a lésbicas como feias, fazendo menção específica aos estilos, vestimentas e cortes de cabelos lésbicos.[79] A lésbica aparece como figura abjeta que estamos incrivelmente felizes de ter superado, mesmo que ela continue rondando eventos *queer* como lembrança de um projeto falido. Desconfio que a referência à feiura das lésbicas seja em tom de ironia e descontração. É claro, no entanto, que o sexismo e a homofobia contemporâneos são frequentemente irônicos e descontraídos. Eu particularmente não vejo muita graça.

E é realmente perceptível que esse investimento em lésbicas amarguradas leva ao apagamento da criatividade presente nas histórias lésbicas, descritas na seção anterior como o desejo de sermos ordinárias em um mundo onde nosso desejo nos exclui do ordinário. Os fragmentos das histórias lésbicas que são compreendidos como mais passíveis de redenção (por exemplo, erotismo ou modos de existência *butch-femme*) são reescritos como histórias *queer*, ou como histórias dos primórdios do *queer*. É inegável que houve momentos na história lésbica feminista nos quais *butches* e *femmes* foram criticadas como imitações do sistema de gênero ou nos quais a lésbica *butch* foi considerada como uma imitação fraca de homens (momentos que expuseram as especificidades de classe, bem como raciais, dos ideais lésbicos); mas não foram momentos ou críticas exaustivos. Lésbicas não são um degrau no caminho que leva ao platô *queer*.

uma lésbica obstinada não é um degrau.
tente pisar em uma *butch* para você ver o que acontece.

No que diz respeito ao feminismo lésbico como política da obstinação, há mais coisas em jogo do que a figura da feminista lésbica como ameaçadora e amargurada. A obstinação também veio antes de nós. Podemos prestar atenção a quem veio antes de nós. Julia Penelope descreve a lesbianidade

---

79 Paul B. Preciado, "Queer Bulldogs: Histories of Human-Canin Co-breeding and Biopolitical Resistance" [vídeo]. *Documenta 13*, 10 set. 2012.

como obstinação: "A lésbica *se ergue* contra o mundo criado pela imaginação masculina. Quanta *obstinação* possuímos quando reivindicamos nossa vida!".[80] O feminismo radical de Marilyn Frye utiliza o adjetivo *obstinada*: "A criação obstinada de um novo sentido, um novo *locus* de sentido, e de novos modos de existirmos, juntas, no mundo, me parecem, nestes tempos letais e perigosos, a maior esperança que temos".[81] Juntas, essas declarações são reivindicações da obstinação como uma política lésbica e feminista radical, e quero que pensemos nas conexões entre elas: obstinação como erguer-se contra, obstinação como criatividade.

Quando não temos lugar em um mundo, estar nele significa erguer-se contra ele. E, quando não temos lugar em um mundo, precisamos criar outras formas de existir no mundo. Você adquire o potencial de fazer coisas, de criar coisas. Feminismo lésbico: a atualização do potencial que temos para fazer coisas. Um movimento é formado por aquelas que continuam encontrando na vida cotidiana aquilo contra o que se erguem. O feminismo lésbico é um feminismo radical (no sentido de ir à raiz do feminismo) e, portanto, demanda nosso envolvimento integral; como descreve Marilyn Frye: "Energia corporal, ardor, inteligência, vitalidade" precisam "estar disponíveis e empenhados na criação de um mundo para mulheres".[82]

Estar empenhada na criação de um mundo para mulheres significa transformar o significado de ser mulher. Vou explicar o que quero dizer com isso recorrendo à origem das palavras. A história da palavra *woman* [mulher] nos ensina como as categorias que asseguram pessoidade [*personhood*] estão enredadas em uma história de posse: *woman* vem da união de *wif* (esposa) e *man* (ser humano); *woman* como um ser-esposa, sugerindo também que ela é subserviente, uma serva. É impossível dese-

---

80 Julia Penelope, *Call Me Lesbian: Lesbian Lives, Lesbian Theory*. New York: Crossing Press, 1992, p. 42; a primeira ênfase é minha.

81 Marilyn Frye, *Willful Virgin: Essays in Feminism, 1976–1992*. Freedom: Crossing Press, 1992, p. 9.

82 Id., "Introduction", op. cit., p. 14.

maranhar a história da mulher da história da esposa: a mulher humana não apenas como relacionada/relativa ao homem mas também voltada para o homem (a mulher como quem está para e, portanto, existe para). Podemos entender o sentido da declaração audaciosa de Monique Wittig: "Lésbicas não são mulheres".[83] Ela argumenta que lésbicas não são mulheres porque "mulheres" existem apenas em relação a homens: para Wittig, "mulher" é uma categoria heterossexual, ou uma injunção heterossexual. Tornar-se lésbica significa tornar *queer* a categoria de mulher ao afastá-la da categoria de homem. Criar um mundo para mulheres significa deixar de sermos mulheres *para*. Ser uma mulher com uma mulher ou uma mulher com mulheres (não precisamos assumir a forma de casal) significa se tornar aquilo que Wittig chama de "fugitiva" ou errante. Ser lésbica é se afastar do caminho que você supostamente deveria seguir para chegar ao destino correto. Errar é se afastar do caminho da felicidade. Desviamos da categoria "mulher" quando nos movemos na direção de outras mulheres. Ou: se a lésbica é uma mulher, se a afastamos desse trajeto, ela é uma mulher obstinada.

Mulheres obstinadas: que impactantes! Mulheres obstinadas: que *queer*! Ao nos atermos à figura da lésbica como cheia de potencial, não abdicamos do *queer*; pelo contrário, recusamos o pressuposto de que ser *queer* significa abrir mão do feminismo lésbico.[84] No capítulo 7, me inspirei na discussão de Eve Kosofsky Sedgwick sobre como o potencial do *queer* reside no modo como insere clivagens em cenas cotidianas – e vergonhosas – da infância. O *queer* chega até nós como a herança afetiva

---

83 Monique Wittig, "The Straight Mind", in *The Straight Mind and Other Essays*. Boston: Beacon, 1992.
84 Em fevereiro de 2015, quando realizei uma palestra sobre viver uma vida lésbica, com base nos materiais deste capítulo, fiquei surpresa com o fato de meu argumento ter sido traduzido como um chamado ao retorno de feminismo lésbico em detrimento do *queer*.

de um insulto.[85] Que *queer* tenha se tornado um insulto direcionado às minorias sexuais nos faz retomar os significados anteriores de *queer*: excêntrico ou estranho. A lésbica como figura talvez herde *queeridade* em excesso: em um mundo heteropatriarcal pode não haver nada mais estra-

---

85 Poderíamos mostrar como o argumento de Sedgwick pode ser aplicado aos estudos *queer*: que o potencial para os estudos *queer* reside no modo como o *queer* insere clivagens nas cenas de vergonha. Em outras palavras, o *queer* é mais *queer* por causa daquilo a que *queer* se refere. Eu comento isso aqui porque tenho observado alguma ansiedade no interior dos estudos *queer* com relação ao estatuto do *queer* como referente literal. Podemos tornar o referente *queer*. Podemos até ser literais, voltar à letra. Preservamos histórias pelas palavras que utilizamos, o que não significa que o ato da preservação não deva ser contestado (quais histórias, quais palavras, quem, quando, onde?). Vamos pensar sobre a palavra *referência*. Ela é, em si, meio *queer*. Referir é "dizer respeito a" ou "estabelecer um ponto de contato". Heather Love descreve que uma forma de fazer a história *queer* é a de "sentir-se retroativa" (*Feeling Backward: Loss and the Politics of Queer History*. Cambridge: Harvard University Press, 2007). Talvez possamos fazer teoria feminista e *queer* utilizando termos retroativos, termos que apontem para trás. Utilizar esses termos retroativos não significa transformá-los em um fundamento: voltar significa um convite para voltar de novo, referir como forma de adiar. Podemos recusar a injunção de seguir adiante ao presumir que nos mover para trás é o que impediria qualquer movimento. Palavras podem manter vivas as histórias, ou palavras podem nos lembrar de que as histórias são vivas. Usar *queer* como se esse termo pudesse simplesmente se libertar de tal história seria perder alguma coisa; seria desvincular o *queer* das próprias histórias que tornam o *queer* afetivo ou carregado. Quando perdemos essa carga, o *queer* pode acabar se reorganizando em torno dos mesmos corpos, fazendo as mesmas coisas. Precisamos reter essa carga no modo como utilizamos a palavra: com contundência, como se ela tivesse uma ponta. E, como discuto neste capítulo, podemos usar o *queer* para perguntar como o *queer* pode ser adotado como se substituísse outras palavras (como lésbica) que são compreendidas como mais restritivas, porque o pressuposto é de que são sempre exclusivamente sobre identidade. Este livro busca mostrar como algumas palavras apontam a identidade (palavras de identidade), vinculadas a corpos que são acusados de serem vinculados demais a si mesmos, e como outras palavras são libertadas ou desvinculadas de corpos, se tornando mais leves, universais até. Precisamos de palavras mais pesadas para apontar o caminho de volta, para nos ensinar como palavras mais leves, que são presumidamente desvinculadas, ainda apontam alguns corpos mais do que outros.

nho, nada mais impactante, do que mulheres cujas parceiras sexuais e de vida são prioritariamente outras mulheres. Lésbicas: *queer* antes do *queer*.

Feminismo lésbico: que revoltante! Nos revoltamos contra a exigência de existirmos em relação a homens; nos revoltamos contra a demanda de sermos relativos femininos. Feminismo lésbico: é sobre como nos revoltamos; como nos tornamos revoltantes. O clássico texto de intervenção "The Woman-Identified Woman" [A mulher identificada com mulher], das Radicalesbians, começa com um ato de fala explosivo: "A lésbica é a fúria de todas as mulheres condensadas a ponto de explosão".[86] Esse ato de fala faz da lésbica um ponto de virada, um ponto de ruptura, o que chamei no capítulo anterior de estalo feminista. Ela passa a encarnar a fúria coletiva das mulheres contra a exigência de que vivam sua vida em relação a homens, para se transformarem em relativos femininos em relação ao universal masculino. Essa fúria, no entanto, é somente parte da história que está sendo contada; tornar-se lésbica é um tornar-se enérgica, um redirecionamento da energia das mulheres, não mais destinadas a manter com os homens nossos relacionamentos prioritários.

A lésbica se retira de um sistema que exige que ela esteja disponível para homens. Muitos argumentos antifeministas, bem como antilésbicos, explicam e patologizam sua retirada. Uma das principais maneiras de fazer isso é explicar que a lesbianidade tem início após uma desilusão; que algumas mulheres se tornam lésbicas porque não são desejáveis para homens; a lésbica é compreendida como uma substituta fraca, *ela* novamente *não é ele*. Ela não consegue atrair homens, então se contenta com mulheres.[87]

A transformação da lésbica em uma figura abjeta é um dispositivo de orientação, um modo de sinalizar o perigo de não orientar aos homens sua vida de mulher. Ela adquire utilidade como lembrete da consequên-

---

86 Radicalesbians, "The Woman-Identified Woman", 1970; repository.duke.edu/dc/wlmpc/wlmmso1011.
87 Para uma discussão muito mais longa sobre a figura da "lésbica contingente" (construída a partir de uma leitura da psicanálise e da inversão), ver o capítulo 2 de meu livro *Queer Phenomenology*, op. cit.

cia infeliz de escolher errado. A intervenção das Radicalesbians mostra exatamente como a abjeção é utilizada como aviso:

Enquanto o rótulo "sapatão" [*dyke*] puder ser utilizado para amedrontar mulheres e suprimir sua postura militante, mantê-la apartada de suas irmãs, impedi-la de priorizar qualquer coisa que não sejam o homem e a família – será possível dizer que ela está sob o controle da cultura masculina. A não ser que as mulheres possam imaginar entre si a possibilidade de um relacionamento primordial que inclua o amor sexual, elas estarão negando a si mesmas o amor e o valor que prontamente destinam aos homens, afirmando, assim, seu *status* de segunda classe. Enquanto a aceitação masculina for prioritária – tanto para a mulher como indivíduo como para o movimento como um todo –, o termo lésbica será utilizado efetivamente contra as mulheres. Na medida em que mulheres desejam alcançar maiores privilégios dentro do sistema, elas procuram não antagonizar o poder masculino. Em vez disso, buscam tornar o movimento de libertação das mulheres aceitável, e o aspecto crucial para a obtenção dessa aceitabilidade é a negação da lesbianidade – *i.e.*, negar qualquer abalo fundamental da base feminina. Mas por que as mulheres têm se relacionado com e em relação a homens? Por termos sido educadas em uma sociedade masculina, internalizamos a definição que a cultura masculina nos atribuiu. Essa definição nos confina a funções sexuais e familiares e exclui a possibilidade de definirmos e moldarmos nossa própria vida.[88]

A sapatão é assustadora. Tornar-se sapatão significa não ter medo de assumir uma postura militante. Tornar-se sapatão é, portanto, tornar-se militante. Ela representa um limite. Para os feminismos que buscam se tornar mais aceitáveis (código para: mais aceitáveis para homens, ou seja, para aqueles aos quais se solicita que desistam de parte de seu poder), as lésbicas permanecem inaceitáveis; a lesbianidade representa aquilo que

---

88 Radicalesbians, "The Woman-Identified Woman", op. cit.

é inaceitável; a mulher que desvia é a mesma que dedica seu caminho a tornar-se aceitável para os homens. Ou o trabalho de ser lésbica sem comprometer a reputação é o trabalho de ser tornar o mais aceitável possível, o tipo de trabalho de diversidade que descrevi no capítulo 5 como passabilidade institucional. Lésbicas alegres e reluzentes: você pode se polir com a remoção de sapatões e outras tendências lésbicas mais assustadoras.

Se ao nos tornarmos mulheres já fomos orientadas em certa direção, então se tornar mulher de outro jeito requer uma reorientação. Tornar-se mulher pode frequentemente significar, nesse contexto, abandonar relações. Exige muito trabalho; o esforço do redirecionamento, virar as costas para homens é como virar na contramão. No final do filme *Uma questão de silêncio*, discutido no capítulo 8, podemos ver esse trabalho em ação. Quando Janine deixa o tribunal, seu marido acena para que ela vá até ele. Ele toca a buzina do carro, agressivamente. Eu escuto essa buzina como o som do patriarcado: preste atenção em mim, olhe para mim, me escute, volte para mim. Mas Janine não se volta para ele, não volta para ele; ela se volta, ao contrário, para as outras mulheres que deixaram a sala. É um movimento sutil. É um pequeno passo. Mas é o começo de uma reorientação. Quando Janine enfim consegue dar as costas ao homem que demanda sua atenção e voltar-se a outras mulheres, é só porque algo já estalou, um vínculo que se dá não apenas com um homem como parceiro sexual e de vida mas também com o mundo que transforma aquele vínculo no centro de toda a sua atenção. O estalo é o que permite seu volteio, o que permite que ela perceba as mulheres que já estão lá: bem ao lado dela. Identificar-se como lésbica significa voltar-se a outras mulheres; no sistema em que vivemos, isso exige afastar-se contínua e ativamente dos homens.

No manifesto "The Woman-Identified Woman", o gesto de se voltar a outras mulheres é descrito em termos de energia. Elas afirmam: "Em um aspecto tanto pessoal como político, as mulheres podem parar de investir nos homens sua energia emocional e sexual e passar a imaginar alternativas para essa energia em sua própria vida". Acredito que a identificação entre mulheres foi compreendida precipitadamente como algo referente à expressão de gênero. A identificação entre mulheres é sobre a recusa, como mulher, de se identificar com a cultura masculina. A recusa dessa identificação significa deixar de investir a própria energia em relações com homens. Com alguma frequência, você precisa ser obstinada para desinvestir essa energia, porque a expectativa é de que você a aloque naquela direção. Até mesmo o desinvestimento de sua energia das relações com homens será patologizado como ódio aos homens. É por isso que a lésbica aparece regularmente como aquela que odeia homens. E é por isso que a identificação entre mulheres as transforma em sujeitas tão obstinadas; ela é obstinada quando não está disposta a depositar suas energias em relações com homens; ela é obstinada no modo como redireciona sua atenção. Poderíamos reativar o termo relativamente vilipendiado de Adrienne Rich, o "*continuum* lésbico",[89] sob pretensões similares: não como uma dessexualização da lesbianidade (ao colocar amizades entre mulheres no mesmo *continuum* das relações sexuais), mas como um chamado ao redirecionamento de nossa atenção.[90] Para voltarmos nossa atenção às mulheres, precisamos desaprender o que aprendemos, precisamos desaprender a excluir mulheres. Precisamos aprender a não passá-las para trás do mesmo modo que fomos passadas para trás.

É algo para almejarmos. Quando você almeja não reproduzir o mundo que direciona toda a atenção a homens, você se torna ameaçadora. Quando sua existência ameaça a vida, você precisa envolver a existência na vida.

Você precisa envolver a existência na vida. Minha sugestão é a de que, atualmente, é o transfeminismo quem mais faz lembrar o espírito

---

89 A. Rich, "Heterossexualidade compulsória e existência lésbica", op. cit.

90 Poderíamos voltar também à prosa mulherista poderosa de Alice Walker. Como observei no capítulo 3, em seu *Em busca dos jardins de nossas mães*, Walker define a mulherista como uma "feminista negra ou uma feminista de cor"; "geralmente, refere-se a um comportamento ousado, audacioso, corajoso ou *obstinado*"; A. Walker, *Em busca dos jardins de nossas mães*, op. cit., p. 9. Walker também descreve a mulherista como "uma mulher que ama outras mulheres, sexualmente e / ou não sexualmente"; ibid., p. 9. Uma mulherista é uma mulher negra ou uma mulher de cor *queer* e obstinada.

militante do feminismo lésbico, em parte por causa de sua insistência em afirmar a fabricação da vida como um trabalho político. Manifestos transfeministas carregam o bastão de manifestos lésbicos radicais, a exemplo de "The Woman-Identified Woman", tais como: "The Empire Strikes Back: A Posttransexual Manifesto", de Sandy Stone; "Trans Woman Manifesto", de Julia Serano; "My Words to Victor Frankenstein", de Susan Stryker.[91] Esses textos configuram uma política a partir daquilo que nomeiam: mostrando não apenas como o sistema sexo/gênero é coercitivo, como ele restringe o que e quem pode *ser*, mas também como a criatividade surge a partir da sobrevivência em um sistema que não podemos desmantelar apenas pela força de nossa obstinação (independentemente da intensidade dessa obstinação).

Monstras e monstros nos mostrarão o caminho. Susan Stryker descreve as aparições monstruosas de transsexuais na literatura lésbica e gay. Em vez de distanciar-se dessa figura, Stryke reivindica a monstra, se torna a monstra; uma proximidade iniciada como uma política de fúria transgênero: "Por meio da fúria, o estigma se torna fonte de um poder transformador".[92]

lembre-se, ressonância.
abjeta dentro do feminismo
monstruosidade

Quando mulheres lésbicas insistiam em falar nos espaços feministas, éramos transformadas em figuras monstruosas: pensem na descrição

---

91 Sandy Stone, "The Empire Strikes Back: A Posttransexual Manifesto" [1987], in S. Stryker e S. Whittle (orgs.), *The Transgender Studies Reader*. London: Routledge, 2006; Julia Serano, *Whipping Girl: A Transsexual Woman in Sexism and the Scapegoating of Femininity*. Berkeley: Seal, 2007; Susan Stryker, "My Words to Victor Frankenstein above the Village of Chamounix: Performing Transgender Rage". GLQ, v. 1, n. 3, 1994.
92 S. Stryker, "My Words to Victor Frankenstein above the Village of Chamounix", op. cit., p. 261.

que Betty Friedan fez da presença lésbica como uma "ameaça lavanda", descrição essa que feministas lésbicas como Rita Mae Brown estavam mais do que dispostas a assumir. Para Stryker, estar disposta a ser monstruosa se torna uma questão de como se vive a vida: "Que sua fúria possa informar suas ações e que suas ações possam transformá-la enquanto você luta para transformar seu mundo".[93] Uma luta política pode ser a luta pela transformação de seu mundo. Às vezes é preciso obstinação para reanimar a política.

Pode parecer que a obstinação diz respeito a um sujeito individual, a uma sujeita que precisa ser obstinada para poder simplesmente existir. Ela importa; para algumas pessoas, tornar-se sujeitas significa tornar-se sujeitas obstinadas. Mas é importante não reduzir a obstinação ao individualismo, como mencionei anteriormente. Podemos pensar aqui na personagem de Molly Bolt no clássico romance lésbico de Rita Mae Brown, *Rubyfruit Jungle*.[94] É interessante observar como esse romance recebeu algumas críticas por seu individualismo. Em sua leitura do romance, Kim Emery se esforça (da melhor maneira) para ser compreensiva. Mas observa: "Tenho dificuldade de ler *Rubyfruit Jungle* como algo que não seja o engrandecimento simplista, essencialista e efetivamente antifeminista do individualismo estadunidense, como diz a crítica de Bonnie Zimmerman".[95] Emery também menciona o texto lésbico e feminista mordaz *A Plain Brown Rapper*,[96] no qual Brown descreve a identificação entre mulheres como uma ação permanente, uma prática persistente de individualidade e solidariedade.[97] Acredito que interpretar Molly Bolt pela

---

93   Ibid., p. 254.
94   Rita Mae Brown, *Rubyfruit Jungle*. New York: Bantam, 1973.
95   Kim Emery, *The Lesbian Index: Pragmatism and Lesbian Subjectivity in the Twentieth Century United States*. Albany: State University of New York Press, 2002, p. 126.
96   A expressão *plain brown wrapper* designa uma literatura de caráter subversivo que circula por correspondência em embalagem de papel marrom cujo propósito é esconder o conteúdo do pacote. [N. T.]
97   R. M. Brown, *A Plain Brown Rapper*. Oakland: Diana, 1976, p. 126.

lente da obstinação nos permite compreender melhor como ações que podem ser diagnosticadas como individualistas fundamentam a rebelião lésbica e feminista contra as normas e as convenções sociais, tais como a família. Quando você luta contra a família, o entendimento geral é o de que você está lutando por si mesma. É fácil descartar a rebelião como individualismo. A palavra *obstinação* é um registro desse desprezo.

Em um livro *anterior*,[98] sugeri a leitura de *Rubyfruit Jungle* como um exemplo do gênero que chamei de ficção de mulheres insubordinadas. Surpreendentemente (até para mim, olhando em retrospecto), Molly Bolt não apareceu em meu livro de 2014,[99] embora ela talvez tenha dado uma mão aos muitos braços obstinados que assombram as páginas. Molly desperta interesse. Para nós leitoras lésbicas ela é cativante precisamente por causa de sua energia obstinada: ela é excessiva; ela precisa ser excessiva para que não seja derrubada por aquilo com que dá de cara. Seria fácil descartar essa preocupação com o próprio caráter como individualismo. Para as pessoas que precisam lutar para *ser*, individualizar-se é uma conquista comunitária profunda.

Não surpreende que garotas que desejam garotas são percebidas como detentoras de desejos que deixam a desejar. Uma lésbica obstinada pode ser aquela que toma decisões ruins. Uma decisão ruim é quando você deliberadamente quer as coisas erradas, coisas das quais deveria desistir, ou quando deliberadamente não quer as coisas certas, aquelas que assegurariam ou deveriam assegurar sua felicidade. O arquivo de uma lésbica obstinada, portanto, não é apenas um arquivo da infelicidade, ainda que a infelicidade esteja envolvida. Como sugere Elizabeth Freeman, talvez seja possível vislumbrar em nossos arquivos algumas "formas de prazer historicamente específicas" que não tenham sido "subsumidas por formas institucionais".[100] Molly não foi subsumida; seus prazeres transbordam por toda

---

98 S. Ahmed, *The Promise of Happiness*, op. cit.

99 Id., *Willful Subjects*, op. cit.

100 Elizabeth Freeman, "Time Binds, or, Erotohistoriography". *Social Text*, v. 23, n. 3–4, 2005, p. 66.

parte. Quando questionada sobre a quantidade de mulheres com quem já fez sexo, responde: "Centenas. Sou irresistível".[101] *Rubyfruit Jungle* nos oferece a história de uma garota *queer* que se recusa a abrir mão de seus desejos, mesmo que eles a afastem do horizonte de felicidade, mesmo que eles criem problemas para ela. Depois de rumores de lesbianidade na escola de cinema, Molly é chamada à sala da reitora, que lhe pergunta sobre seu problema com garotas. A resposta é:

> "Reitora Marne, não tenho problemas para me relacionar com garotas e estou apaixonada por minha companheira de quarto. Ela me faz feliz." As sobrancelhas [da reitora] vermelhas e desgrenhadas com lápis marrom me encararam e foram lá para cima. "Esse seu relacionamento com Faye Raider é, como posso dizer – de natureza íntima?" "A gente se pega, se é isso que você quer saber." Acho que o útero dela entrou em colapso depois disso. Esbravejando, ela continuou insistindo. "Você não acha isso uma aberração? Isso não te perturba, querida? Afinal, isso não é normal." "Eu sei que não é normal ser feliz neste mundo, e eu sou feliz."[102]

Molly não se perturba ao ser considerada perturbadora; em vez disso, ela realiza o gesto máximo de provocação: reivindica sua felicidade como anormal. É como se pessoas *queer*, ao fazer o que bem entendem, expusessem a infelicidade de sacrificar os desejos pessoais, em toda sua perversidade e em toda sua peculiaridade, em nome da felicidade alheia.

a lésbica que persiste está na direção errada.
ela está disposta a ir na direção errada.
ela está disposta a perder o rumo.
obstinação: não sentir falta do que você perde.

---

101 R. M. Brown, *Rubyfruit Jungle*, op. cit., p. 200.
102 Ibid., p. 127.

Apesar de seu charme e de seu entusiasmo bastante contagiante com mundos de vida lésbicos, as experiências de Molly não são exatamente felizes, no sentido de que ela nem sempre consegue o que quer. A bem da verdade, no decorrer da história suas experiências envolvem discriminação: violência e rejeição de amantes em potencial que não conseguem suportar as consequências de viver o desejo *queer* fora das formas de reconhecimento sancionadas pelo mundo heterossexual. Ela simplesmente não deixa que essas experiências se convertam em derrotas. Precisamos ter cuidado, é evidente, para não transformar personagens como Molly em lições exemplares: como se pudéssemos, a partir de sua vida ficcional, criar um imperativo moral. Ainda assim, podemos nos contagiar com seu entusiasmo que se manifesta a cada página, com sua recusa em ser derrubada. Para mim, como uma leitora feminista lésbica, personagens como Molly Bolt, com sua presença eletrizante, dão ânimo; personagens audazes cuja vitalidade não se manifesta às custas de seu desejo lésbico, mas cujo desejo circula pelas páginas.

Se consideramos o feminismo lésbico como um arquivo da obstinação, não podemos simplesmente direcionar nossa atenção a personagens como Molly Bolt, mesmo que isso seja tentador. Um arquivo da obstinação surgiria tanto de nossa luta por nos inscrever na existência como daquelas que aparecem no que escrevemos. Essa intimidade entre o combate e a criatividade pode tomar a forma de um livro.

uma menina obstinada em um livro.
uma menina obstinada como um livro.
você desperta meu interesse.

Gloria Anzaldúa descreve seu livro *Borderlands/La Frontera: The New Mestiza* da seguinte maneira: "Tudo isso tem um pensamento próprio que me escapa e insiste em juntar pedaços de seu próprio quebra-cabeça a despeito de minha vontade. Trata-se de uma entidade rebelde e obstinada, uma menina-criança precoce que teve que amadurecer às pressas".[103] Um livro, uma estratégia de sobrevivência, ganha vida, vida própria, vontade própria, uma vontade obstinada; a história até o osso; própria, mas não só.

Feminismo lésbico de cor: a luta para nos reunirmos, porque também nos abrigos lésbicos nossa existência nem sempre encontrava espaço. Penso em uma história marrom, uma história mestiça, como uma história lésbica, outra maneira para contarmos a história das mulheres em relação com outras mulheres. Penso em minha própria história, como uma lésbica mestiça, tantos lados, por todo lado. Penso que esse potencial lésbico vem de algum lugar. A história marrom também é uma história lésbica, porque existem lésbicas marrons na história; você nos vendo ou não, você sabendo nos encontrar ou não.

Interseccionalidade: deixar evidente o surgimento de nossa existência. Não sou lésbica em um momento, pessoa de cor no momento seguinte e feminista depois. Sou todas essas coisas de uma vez. E o feminismo lésbico de cor traz tudo isso à existência, escrevendo acerca das existências, com insistência, com persistência. Pode ser tão trabalhoso vir à tona. Quando existir é trabalhar, estamos criando mais do que nós mesmas. O feminismo lésbico de cor é uma tábua de salvação constituída de livros obstinados que precisaram insistir em sua própria criação. Os livros em si são materiais, papel, caneta, tinta, até sangue. As palavras emergem de nós como suor, como sangue, lágrimas. Seus textos estão tomados pelo amor. Palavras podem pulsar com vida; palavras como a carne, transbordando; palavras como o coração, batendo.

um poema chora

Quando estava morrendo, Audre Lorde falou de si mesma como escritora. Para Lorde, escrever era uma estratégia de sobrevivência. Ela disse: "Es-

---

103 G. Anzaldúa, *Borderlands / La Frontera*, op. cit., p. 88.

creverei fogo até que ele saia pelas orelhas, olhos, narinas – todos os lugares. Até meu último respiro. Vou embora como um maldito meteoro!".[104]

e foi o que ela fez
e foi o que ela fez

Ela vai embora; ela cria algo. Ela nomeia essa capacidade de criar coisas pelo calor de "o erótico". Lorde descreve: "Existe uma diferença entre pintar uma cerca dos fundos e escrever um poema, mas é apenas quantitativa. E não existe, para mim, nenhuma diferença entre escrever um bom poema e caminhar sob o sol junto ao corpo de uma mulher que eu amo".[105] As palavras são centelhas de vida, como a luz do sol sobre o corpo dela.

um poema de amor
uma amante como poema

Essa ideia me aquece; sobre como criamos coisas; sobre como abrimos um recipiente à força para criar coisas. Vemos as palavras transbordarem. Elas transbordam sobre você. Penso também no poema de Cherríe Moraga, "The Welder" [A soldadora]. Moraga fala sobre como o calor é utilizado para formar novos elementos, para criar novos formatos, "a intimidade do derretimento do aço, o fogo que faz esculturas de sua vida, constrói edifícios".[106] Construímos nossos próprios edifícios quando o mundo não abre espaço para nossos desejos. Quando você está diante de um obstáculo, quando sua própria existência é proibida ou considerada

---

104 Audre Lorde, "Uma explosão de luz: Vivendo com câncer" [1988], in Djamila Ribeiro (org.), *Sou sua irmã*, trad. Stephanie Borges. São Paulo: Ubu Editora, 2020, pp. 160–61.
105 A. Lorde, "Usos do erótico: O erótico como poder", in *Irmã outsider*, op. cit., p. 73.
106 C. Moraga, "The Welder", in C. Moraga e G. Anzaldúa (orgs.), *This Bridge Called My Back*, op. cit., 219.

suspeita e, até mesmo, quando você enfrenta sobrancelhas erguidas (sim, elas são pedagógicas), você precisa inventar seus próprios sistemas para que as coisas avancem. Talvez você precise inventar seu próprio sistema para continuar avançando.

que criativa
que coisa
não veio do nada
algo de algo
uma mesa de cozinha se torna uma editora

Nos reunimos ao redor de nossas mesas, mesas de cozinhas, fazendo o trabalho de comunidade como uma conversa corriqueira. Não há nada de extraordinário na criação de mundo lésbico-feminista; estou tentando mostrar como a criação de mundo lésbico-feminista é bastante ordinária. Você pode ser a favor do ordinário. A favor: vem do não. Para se opor ao que existe, abrimos espaço para o que não existe. Ou até mesmo: somos a favor daquilo que não é. Podemos pensar no trabalho de abrir espaço como agitar-se, uma obstinação corporal; como os dedos que se agitam no sapato. A mulher lésbica não anda na ponta dos pés. Lésbicas (como lésbicas bem sabem) agitam-se para valer, você precisa se agitar para abrir espaço em um lugar apertado. Podemos ser reconfortadas por todo o trabalho necessário para estarmos juntas, mesmo que às vezes quiséssemos que fosse menos trabalhoso. Convocar a vitalidade do feminismo lésbico como um recurso para o presente significa lembrar do esforço necessário para que nossos abrigos fossem construídos. Quando precisamos nos abrigar da dureza do mundo, construímos abrigos.

O feminismo lésbico nos dá as ferramentas para construir um mundo onde nos transformamos nos blocos de construção umas das outras. Amamos nossas parceiras de construção; elas são nossas amantes, o que não quer dizer que não discordemos às vezes sobre aquilo que estamos criando. Precisamos encontrar espaços que sejam para mulheres, e para mulheres quer dizer: para aquelas que foram designadas ou se designam como mulheres, para aquelas que voluntariamente aceitam *mulher* como sua designação. E os espaços de mulheres estão lentamente sendo erodidos, frequentemente devido ao pressuposto de que já não são necessários. Abordei essa questão em relação aos estudos de mulheres, no capítulo 7. O tempo dos estudos de mulheres não terá chegado ao fim até que as universidades deixem de ser espaços para estudos de homens. Precisamos estar obstinadas a querer esse fim.

Somos obstinadas quando não queremos parar. Convocar a vitalidade do feminismo lésbico como um recurso do presente significa manter-se sintonizada com o esforço que esses abrigos exigiram para ser construídos, tijolo por tijolo; ela pôs a mão na massa.

helter-skelter[107]
um abrigo e tanto

Às raízes, de volta à rota. *Skelter* de *skelte*: "apressar-se, dispersar com pressa". Disperso; despedaçado, confusão. O *helter*?

foi só pela rima
poesia em movimento

Edificar a partir da ruína; nosso edifício pode parecer arruinado; quando construímos, arruinamos. É uma esperança feminista lésbica: tornar-se ruína, arruinar no processo de se tornar. Sem fundações, sem uma base estável, as paredes desmoronam com facilidade. Nós as mantemos de pé, mantemos umas às outras de pé. Podemos, então, pensar na fragilidade não tanto como a possibilidade de perdermos algo, a fragilidade

---

[107] Confusão, desordem. No original, em forma de versos rimados: *Helter-skelter / What a shelter*, algo como: Confusão / Um abrigo e tanto. [N. T.]

como perda, mas como uma qualidade das relações que adquirimos, ou uma qualidade daquilo que construímos. Um abrigo frágil tem paredes finas, feitas de materiais mais leves; veja como se movimentam. Um movimento é o que foi construído para sobreviver ao que foi construído. Quando relaxamos as exigências para estar num mundo, criamos espaços em que outras pessoas podem estar.

CONCLUSÃO: A INTERSECCIONALIDADE É UM EXÉRCITO DE BRAÇOS

Poderíamos pensar no feminismo lésbico como carpintaria obstinada: a lésbica constrói com as próprias mãos; ela é habilidosa com as mãos. Talvez eu esteja pensando também em seus braços, seu fortes braços *butch* e tudo o que eles podem fazer, quem eles podem abraçar, como eles podem me abraçar. Se uma história feminista é um exército de braços, como descrevi no capítulo 3, essa história é também uma história de braços armados lésbicos.

penso em seus braços me segurando
penso, sim

Quero voltar uma última vez ao conto dos irmãos Grimm. Continuo voltando a ele porque os braços continuam surgindo. A criança obstinada é lésbica? O braço é lésbico? O braço certamente parece *queer*: aparecer é ser rebelde.

Poderíamos contar algumas histórias lésbicas sobre braços. Quando os braços não são empregados, eles desobedecem; eles desaparecem. Braços podem ser "matéria fora do lugar" [*matter out of place*], para tomar emprestada a expressão da antropóloga Mary Douglas, um sinal de residência imprópria.[108] Se você possui os braços errados, pressupõe-se que se encontre no lugar errado. Exemplo: uma lésbica *butch* entra no banheiro feminino. A atendente fica nervosa e diz: "Não é para você estar aqui". A lésbica *butch* está acostumada a isso: quantas de suas histórias não são histórias de banheiro? Passar por homem se torna uma indagação sobre seu direito de entrar em um espaço feminino. "Eu sou uma mulher", ela diz. Às vezes precisamos nos designar um gênero quando perturbamos as designações existentes. Depois da redesignação, ela pode entrar no banheiro. Quando ela sai, a atendente está envergonhada; a atendente aponta para seu braço, dizendo: "Que forte". A lésbica *butch* deixa passar numa boa, exibindo os braços para a atendente.

Às braçadas saímos, às braçadas entramos. Se os braços fortes são convocados para responder pelo questionamento ao direito de estarmos aqui, eles são convocados para afirmar o direito de estarmos aqui. No entanto, nem sempre é tão fácil passar por essas situações. Muitas dessas histórias de passar ou não passar são traumáticas.[109] Os braços nem sempre nos ajudam a avançar. Quando os braços são rebeldes, eles podem sofrer violência. Se contássemos a história *queer* como uma história de braços, mostraríamos as consequências materiais de sermos rebeldes. Braços, afinal, podem funcionar como designações de gênero. Em *Female Masculinity*, Jack Halberstam observa com alguma surpresa como Havelock Ellis utiliza o braço como um teste de gênero no caso de *miss* M.: "*Miss* M., ele pensa, tenta esconder sua masculinidade, mas se entrega a Ellis quando ele realiza um teste de identificação de gênero

---

108 Mary Douglas, *Purity and Danger: An Analysis of the Concepts of Pollution and Taboo* [1966]. London: Routledge Classics, 2002, p. 44 [ed. bras.: *Pureza e perigo: Ensaio sobre a noção de poluição e tabu*, trad. Mônica Siqueira Leite de Barros e Zilda Zakia Pinto. São Paulo: Perspectiva, 1976].
109 Para discussões a respeito de banheiros como locais de policiamento de gênero, ver Sheila L. Cavanagh, *Queering Bathrooms: Gender, Sexuality and the Hygienic Imagination*. Toronto: University of Toronto Press, 2010; J. Halberstam, *Female Masculinity*, op. cit.

bastante idiossincrático: 'com os braços esticados à frente e as palmas das mãos viradas para cima, ela não consegue encostar um antebraço no outro, como quase toda mulher consegue, demonstrando que o ângulo feminino de seu braço está ausente'".[110] Se a qualidade braçal de um braço feminino *queer* é detectada por uma vareta de endireitar, de heterossexualizar [*straightening*], o braço não endireita – não se heterossexualiza. O braço pode ser o local carnal de um desacordo. O braço rebelde é um outro chamado à ação dos braços.

Você observa a conexão entre os braços fortes de mulheres negras (que precisam insistir que são mulheres), discutidos no capítulo 3, e os braços fortes da lésbica *butch* (que precisa insistir que é mulher) discutidos aqui. Esses braços podem, evidentemente, pertencer ao mesmo corpo. No decorrer da história feminista, muitas mulheres precisaram insistir que eram mulheres antes de poderem participar da conversa feminista. Mulheres trans precisam insistir que são mulheres; mulheres trans muitas vezes precisam insistir continuamente, de novo e de novo, muitas vezes diante de violência e atos repetidos de não reconhecimento de sua identidade de gênero; qualquer feminista que não se levante, que não erga os braços em protesto a isso, converteu-se em uma vareta de heterossexualização. Uma postura antitrans é uma postura antifeminista; é contra o projeto feminista de criar mundos que deem apoio às pessoas para quem o fatalismo de gênero (garotos serão garotos, garotas serão garotas) é fatal; uma sentença de morte. Esse fatalismo precisa ser compreendido como punição e ensinamento: é a história da vareta, de como pessoas que possuem desejos rebeldes ou que desejam com rebeldia (garotos não serão garotos, garotas não serão garotas) sofrem violência. Precisamos bloquear essas vozes antitrans, erguendo o som de nossa própria voz. Nossas vozes precisam se tornar braços: levante, levante.

Podemos estabelecer uma conexão de braços: se normas de gênero operam para criar uma ideia estreita sobre a forma correta de um braço

---

110 J. Halberstam, *Female Masculinity*, op. cit., p. 80.

feminino, um braço branco, um braço singelo, um braço que nunca trabalhou, um braço que está delicadamente sintonizado com uma designação, então muitas pessoas que se entendem como mulheres, que se designam mulheres, não serão consideradas mulheres por causa de seus braços. São os braços que nos desviam da rota.

Braços não apenas têm uma história mas também são moldados por uma história; os braços transformam a história em carne. Não espanta que braços continuem surgindo. São os braços que podem nos ajudar a tecer conexões entre histórias que, de outro modo, não parecem se encontrar. Existem muitos braços, braços que são musculosos, fortes, braços trabalhadores, braços que se recusam a ser empregados, braços em greve; braços que são perdidos em serviço para a máquina industrial; braços quebrados.

a interseccionalidade é um braço.
a interseccionalidade é um exército de braços.

CONCLUSÃO I

KIT DE SOBRE-VIVÊNCIA ESTRAGA--PRAZERES

Pode parecer, às vezes, que se tornar uma estraga-prazeres deixa sua vida mais difícil do que ela precisa ser. Já escutei coisas assim, como se fosse algo gentil de se dizer: não preste atenção nas exclusões e você se sentirá aliviada. O que se sugere é que, ao deixar de lutar contra algo, você será recompensada com uma maior proximidade desse algo. Talvez você seja incluída se parar de falar das exclusões. Às vezes o julgamento se expressa em um tom não tão gentil: a reprovação pode se manifestar em olhares atravessados, suspiros, revirar de olhos; pare de lutar, se ajuste, aceite. E você mesma pode sentir que, ao perceber certas coisas, está tornando sua vida mais difícil.

Mas as experiências pelas quais passamos não são só de desgaste; elas também nos garantem recursos. Com essas experiências, possivelmente aprendemos um modo de sobreviver a essas experiências. Ao final do capítulo 9, levantei a questão da sobrevivência. Agora, começo por ela; a sobrevivência é o começo de algo. E, aqui, sobrevivência não se refere apenas à continuidade da vida mas também ao sentido mais profundo de dar continuidade aos próprios compromissos. Como sugere Alexis Pauline Gumbs, precisamos de uma "redefinição robusta e transformadora da sobrevivência".[1] A sobrevivência também pode dizer respeito a manter viva a esperança; agarrar-se a projetos que são projetos na medida

---

1 Alexis Pauline Gumbs, *We Can Learn to Mother Ourselves: The Queer Survival of Black Feminism, 1968–1996*. Tese de doutorado. Durham: Duke University, 2010, p. 17.

em que ainda estão por ser realizados. É possível que você tenha de ser obstinada para poder se manter agarrada àquilo que pedem para você deixar de lado, deixar quieto. A sobrevivência poder ser o que fazemos por outras pessoas, com outras pessoas. Precisamos da presença umas das outras para sobreviver; precisamos participar da sobrevivência umas das outras.

Estar comprometida com uma vida feminista significa que não podemos não fazer esse trabalho; não podemos não brigar por essa causa, independentemente do que ela possa causar, então precisamos encontrar um caminho para dividir os custos desse trabalho. A sobrevivência, portanto, se torna um projeto feminista compartilhado. Assim, este kit contém minhas coisas pessoais, aquelas que acumulei ao longo do tempo; as que sei que preciso fazer e ter por perto para continuar seguindo adiante. Vamos acumular coisas diferentes, ter nossas próprias coisas; podemos olhar o kit umas das outras e encontrar neles a história feminista de alguém. Mas também acredito que o ponto de um kit não seja apenas o que colocamos nele; trata-se do próprio kit, de ter um lugar para depositar tudo aquilo que é necessário para sua sobrevivência. O feminismo é um kit de sobrevivência estraga-prazeres.

Poderíamos pensar nesse kit feminista de sobrevivência como uma forma feminista de autocuidado. No entanto, pensar no kit de sobrevivência como autocuidado pode parecer uma agenda neoliberal, uma forma de transformar o feminismo em um instrumento de resiliência individual.[2] Discuti o problema da resiliência no capítulo 7, o modo pelo qual nos pedem para sermos resilientes para que possamos suportar mais (mais opressão, mais pressão, mais trabalho). Mas este é nosso problema: o feminismo precisa de feministas para sobreviver. Talvez ainda

---

2 Para uma discussão sobre como críticas ao neoliberalismo podem ser utilizadas de forma conservadora (e até mesmo para justificar um recuo em relação aos compromissos com a igualdade), ver, em meu blog feministkilljoys.com, os posts "Selfcare as Warfare", 25 ago. 2014, e "Against Students", 29 jun. 2015.

seja preciso conseguir suportar a pressão sob a qual somos colocadas quando nos recusamos a continuar aguentado, quando nos recusamos a aturar o mundo.

O feminismo precisa de feministas para sobreviver: meu kit de sobrevivência estraga-prazeres está organizado em torno dessa frase. É uma frase feminista. E o contrário também é muito verdadeiro: feministas precisam do feminismo para sobreviver. O feminismo precisa que nós que vivemos a vida como feministas sobrevivamos; nossa vida se torna uma sobrevivência feminista. Mas o feminismo precisa sobreviver; nossa vida se torna sobrevivência feminista também nesse sentido. O feminismo precisa de nós; o feminismo precisa não só que sobrevivamos como também que dediquemos nossa vida à sobrevivência do feminismo. Este livro é a expressão de minha disposição a essa dedicação. Feministas precisam do feminismo para sobreviver.

Audre Lorde, em seu extraordinário poema "Uma litania para a sobrevivência", se dirige àquelas que "nunca estiveram destinadas a sobreviver", àquelas para quem a sobrevivência exige criatividade e cuidado, àquelas para quem a sobrevivência é politicamente ambiciosa. Compartilho alguns versos do poema:

Para aquelas entre nós que vivem na margem
de pés sobre limites constantes da decisão
crucial e solitária
para aquelas entre nós que não podem se dar ao luxo
de abrir mão dos sonhos de ter escolhas
que amam em vãos de portas indo e vindo
nas horas entre os amanheceres[3]

---

3 Audre Lorde, "Uma litania para a sobrevivência", in *A unicórnia preta*, trad. Stephanie Borges. Belo Horizonte: Relicário, 2020, p. 81 [*For those of us who live at the shoreline / standing upon the constant edges of decision / crucial and alone / for those of us who cannot indulge / the passing dreams of choice / who love in doorways coming and going / in the hours between dawns*].

Por meio da arte da descrição suave, Lorde evoca para nós "aquelas entre nós", aquelas entre nós que vivem e amam nas bordas das experiências sociais, em vãos de portas, nas sombras, aquelas entre nós cuja queda é como a queda das sombras, as que tombaram, aquelas para as quais a visibilidade seria perigosa, aquelas para as quais a sobrevivência pode exigir que não apareçam em plena luz do dia.

a sobrevivência pode ser um protesto.

E então: o modo como nos cuidamos se torna uma expressão do cuidado feminista. Audre Lorde, como era de se esperar, nos ajuda a diferenciar a sobrevivência de outros tipos de políticas auto-orientadas. Lorde escreve, "Cuidar de mim mesma não é autoindulgência, é autopreservação, e isso é um ato de guerra política".[4] Essa é uma frase extraordinária e revolucionária. Uma frase muito amada e muito citada. É uma flecha que adquire seu fio de corte a partir da própria direção. Está no epílogo de seu *A Burst of Light* [Uma explosão de luz], um texto tão profundo, tão comovente, que nunca para de me ensinar, não raro me desfazendo no processo, me deixando fora de mim (e é por isso, como vou explicar, que esse livro está em meu kit de sobrevivência). O texto é composto a partir de fragmentos de notas organizadas quando Audre Lorde descobre que tem câncer de fígado, que sua morte pode apenas ser adiada, quando ela passa a sentir o diagnóstico nos próprios ossos. A expressão "uma explosão de luz" é utilizada quando ela sente a fragilidade da situação de seu corpo: "aquele conhecimento inescapável, nos ossos, da minha limitação física".[5]

Uma explosão de luz é um relato sobre como a luta pela sobrevivência é uma luta pela vida e uma luta política. Uma sentença de morte não é apenas sobre o que Jasbir Puar chamou de "tempo do prognóstico": não é

---

4 A. Lorde, *A Burst of Light: Essays*. Ithaca: Firebrand, 1988, p. 131.
5 Id., "Uma explosão de luz: Vivendo com câncer", op. cit., p. 204.

(ou não é apenas) questão de vivenciar a morte como iminente.[6] Quando você não está destinada a viver, de seu jeito, no lugar onde você está, com quem você está, então a sobrevivência é uma ação radical; uma recusa da não existência que persiste até o fim da vida; uma recusa da não existência até que se deixe de existir. Precisamos descobrir como sobreviver em um sistema que decide que a vida de algumas pessoas exige a morte ou a remoção de outras. Às vezes: sobreviver em um sistema significa sobreviver ao sistema. Para sobreviver, sugere Audre Lorde, algumas de nós precisamos ser criativas.

outras: nem tanto.

Quando o mundo inteiro está organizado para promover sua sobrevivência, do sistema de saúde ao sistema de ensino, das paredes designadas para manter sua residência segura aos caminhos que facilitam seu percurso, não é preciso que você seja tão criativa para sobreviver. Você não precisa ser vista como beneficiária de programas sociais porque o mundo inteiro promove seu bem-estar social. Os benefícios que você recebe são dados como direitos [*entitlements*], talvez até mesmo como direitos de nascença. É por isso que eu descrevo o privilégio como uma zona de amortecimento; ele diz respeito ao amparo disponível quando você perde alguma coisa. O privilégio não significa que somos invulneráveis: coisas acontecem; merdas acontecem. O privilégio, no entanto, pode reduzir os custos da vulnerabilidade; há maiores chances de você ser acolhida.

O capitalismo racial é um sistema de saúde: uma distribuição drasticamente desigual de vulnerabilidades corporais. Ruth Wilson Gilmore descreve o racismo como "a produção e a exploração, sancionadas pelo Estado ou extrajudiciais, da vulnerabilidade diferenciada por grupos que

---

6 Jasbir Puar, "Prognosis Time: Towards a Geopolitics of Affect, Debility and Capacity", *Women & Performance: A Journal of Feminist Theory*, v 19, n. 2, 2009.

leva à morte prematura".[7] Ser pobre, ser negra/o, ser de cor colocam sua vida em risco. Sua saúde é comprometida quando você não tem acesso a recursos que possam dar suporte à vida em todas as suas contingências. E em função disso, é óbvio, você se torna responsável pela degradação de sua saúde, pelo próprio fracasso em cuidar melhor de si. Quando você se refere a estruturas, sistemas, relações de poder, paredes, pressupõe-se que você esteja responsabilizando outras pessoas pelas situações das quais você mesma não conseguiu sair. "Você deveria ter se esforçado mais." Ah, a violência e a presunção dessa frase, dessa sentença.

Um sistema de saúde é também um sistema de suporte. Quanto mais precária for sua situação, maior o apoio necessário. Quanto mais precária for sua situação, menor o apoio oferecido. Quando dizemos que algo é precário, geralmente queremos dizer que está em posição precária: se o vaso sobre a lareira fosse empurrado, bem pouquinho, só um pouquinho, ele cairia no chão.[8] Essa posição – de viver no limite, na beirada – pode ser generalizada quando falamos em populações precárias.[9] Viver no limite: uma vida vivida como um fio frágil que se desfaz

---

7 Ruth Wilson Gilmore, *Golden Gulag: Prisons, Surplus, Crisis, and Opposition in Globalizing California*. Berkeley: University of California Press, 2007, p. 28.

8 Não podemos deixar as distinções tão evidentes aqui (distinções evidentes não nos aproximam de mundos bagunçados), mas vale a pena pensar na relação entre *fragilidade*, a palavra que venho utilizando, e *precariedade*, que é a palavra mais usual em conversas acadêmicas. A fragilidade parece ser utilizada para indicar a qualidade de algo que é material ou físico, ao passo que a precariedade se refere mais comumente a uma posição: um vaso, então, seria frágil, por ser feito de porcelana, mas é igualmente precário, por estar muito próximo da beirada. Acredito que a razão pela qual escolhi trabalhar com a palavra *fragilidade* em vez de *precariedade* se deva ao fato de eu preferir trabalhar com palavras que possuem ressonância no dia a dia, porque costumam indicar a qualidade de um sentimento (sentir-se frágil) ou de um objeto ou pessoa (ser frágil).

9 Ver J. Butler, *Corpos em aliança e a política das ruas: notas para uma teoria performativa de assembleia* [2015], trad. Fernanda Siqueira Miguens. Rio de Janeiro: Civilização Brasileira, 2018.

continuamente; quando a vida se torna o esforço de se agarrar àquilo que é continuamente desfeito.

Quando penso nisso, penso em como a fragilidade – enquanto esforço de se manter agarrada a algo – pode ser ainda mais revoltante; em como a fragilidade pode ser uma forma de militância. No decorrer de *Uma explosão de luz*, Audre Lorde compara sua experiência de batalhar contra o câncer (e ela está disposta a utilizar essa linguagem bélica; ela está disposta a descrever a situação como uma guerra) a sua experiência de batalhar contra o racismo dirigido a pessoas negras. A comparação é eficaz, demonstrando como o racismo pode ser um ataque contra as células do corpo, do corpo dela, do corpo negro dela, um ataque contra o sistema imune do corpo; o modo como seu próprio corpo vivencia aquilo que está fora e também dentro de si; a morte de fora para dentro. Um mundo que está contra você pode ser vivenciado como seu próprio corpo virando-se contra você. Por isso, para Lorde, cuidar de si não é autoindulgência, é autopreservação. Quando a tarefa atribuída é uma tarefa letal, lutar pela própria vida é um ato de rebeldia.

Nesta afirmação, a de que o autocuidado não é autoindulgência, podemos escutar, portanto, uma defesa. Audre Lorde está defendendo o autocuidado. Contra o quê? Contra quem? Contra, é possível imaginar, as pessoas que descartam o autocuidado como mera autoindulgência. Autoindulgência costuma significar ser mole consigo mesma, mas também significa ceder às próprias inclinações. Recentemente tenho visto o trabalho feminista ser descartado nesses termos. Feminismo: brando demais, seguro demais, centrado demais em políticas identitárias e no sofrimento individual. O ativismo feminista estudantil, particularmente, tem sido menosprezado dessa forma: espaços seguros, alertas de gatilho, autocuidado, tudo reunido como evidência de frescura e fraqueza. Trabalhar em universidades me mostrou uma coisa: movimentos estudantis podem estar nos ensinando como a atenção à fragilidade, às histórias que tornam algumas pessoas mais frágeis que outras, pode ser uma fonte de militância.

E a obra de Audre Lorde, no entanto, pode ser compreendida como uma crítica ao autocuidado. Afinal, ela nos oferece uma crítica contundente ao modo como desigualdades estruturais podem ser consideradas menos significativas ao serem transformadas em responsabilidades de pessoas individuais (que, ao serem contempladas com a capacidade de superar as estruturas, podem ser consideradas fracassadas quando não as superam). Seu trabalho investiga como o autocuidado pode se tornar uma técnica de governança: o dever frequente de cuidar de si mesma se traduz como o dever de cuidar da própria felicidade. Em *The Cancer Journals* ela mostra como a transformação de nossa própria felicidade em nossa principal responsabilidade pode ser um modo de afastar-se das cenas de injustiça. Lorde pergunta: "Será que eu de fato estava combatendo a propagação da radiação, do racismo, do feminicídio, a invasão química de nossa alimentação, a poluição de nosso ambiente, o abuso e a destruição psíquica de nossa juventude meramente para evitar minha principal e maior responsabilidade de ser feliz?".[10] Audre Lorde nos ofereceu a resposta a essa pergunta.

Há algo para ser elucidado aqui. Audre Lorde escreve persuasivamente sobre como cuidar de si pode afastar você de se engajar em algumas formas de luta política. E, no entanto, em *Uma explosão de luz*, ela defende o autocuidado não como autoindulgência, mas como autopreservação. Ela está fazendo uma distinção. Ela está afiando uma ferramenta. Esse tipo de autocuidado não diz respeito ao cuidado com a própria felicidade. Diz respeito a encontrar formas para existir em um mundo que torna a existência difícil. É por isto, é assim: as pessoas que não precisam lutar pela própria sobrevivência podem, com muita facilidade e rapidez, descartar aquelas que cuidam da própria sobrevivência como sendo autoindulgentes. Essas pessoas não precisam cuidar de si mesmas; o mundo faz isso por elas.

---

10   A. Lorde, *The Cancer Journals*, op. cit., p. 76.

Para quem precisa insistir que importa para ter importância, o autocuidado é uma guerra. Poderíamos pensar aqui no #blacklivesmatter, um movimento com uma *hashtag*; uma *hashtag* pode ser um estalo; um movimento iniciado por ativistas negras feministas e *queer* – Alicia Garza, Patrisse Cullors e Opal Tometi – para protestar contra o fato de vidas negras não importarem, de mortes negras não serem lamentadas, de injustiças contra pessoas negras não serem reconhecidas. Para algumas pessoas, nenhuma importância é possível sem ação coletiva. "Black Lives Matter é uma afirmação da vida de pessoas negras *queer* e trans, pessoas com deficiência, pessoas negras sem documentos, pessoas com passagem pela polícia, mulheres e todas as vidas negras no espectro do gênero".[11] Você precisa afirmar que certas vidas importam quando o mundo está determinado em dizer que elas não importam.

O protesto também pode ser uma forma de autocuidado, assim como de cuidado com as outras pessoas: uma recusa a não se importar. O autocuidado também pode se referir às formas cotidianas de cuidado mútuo que existem, porque o preço que pagamos para protestar pode ser muito alto, tão alto quanto o preço que nos conduz ao protesto. Ao direcionar nossos cuidados a nós mesmas estamos redirecionando o cuidado, afastando-o de seus objetos preferenciais; não estamos cuidando das pessoas de que deveríamos cuidar; não estamos cuidando dos corpos considerados dignos de cuidado. E é por isso que no trabalho *queer*, feminista e antirracista, o autocuidado diz respeito à criação de uma comunidade, de comunidades frágeis, como descrevi na Parte III, organizadas a partir de experiências de despedaçamento. Reorganizamo-nos por meio do trabalho ordinário, cotidiano e frequentemente meticuloso de nos cuidarmos; de cuidarmos umas das outras.

Precisamos recuperar a linha quando a perdemos. Um kit de sobrevivência estraga-prazeres é sobre encontrar a linha no exato momento em que a perdemos, quando as coisas parecem escapar de nossas mãos; um

---

11 Ver Black Lives Matter, "About"; blacklivesmatter.com/about/.

modo de segurar a barra quando a possibilidade que você tentava alcançar parece sumir. Feministas estraga-prazeres: mesmo quando as coisas saem da linha, mesmo quando nós perdemos a linha, precisamos segurar a barra.

ITEM 1: LIVROS

Você precisa ter seus livros feministas preferidos sempre à mão; seus livros feministas precisam ser úteis. Você precisa carregá-los com você; torná-los parte de você. Palavras podem ser uma fonte de ânimo quando você está para baixo. E observe: geralmente são os livros que nomeiam o problema que nos ajudam a lidar com o problema. Livros feministas poderosos têm uma força de atuação própria, especial. Sinto-me impulsionada pelo poder deles.

Os livros de meu kit incluem: *Irmã outsider, Uma explosão de luz, Zami* e *The Cancer Journals*, de Audre Lorde; *Teoria feminista* e *Erguer a voz*, de bell hooks; *The Politics of Reality*, de Marilyn Frye; *Problemas de gênero, Corpos que importam* e *Vida precária*, de Judith Butler; *Mrs. Dalloway*, de Virginia Woolf; *O moinho à beira do Floss*, de George Eliot; *Rubyfruit Jungle*, de Rita Mae Brown. Sim, sei que essa lista inclui muitos livros de Audre Lorde e Judith Butler. Suas palavras me tocam. Suas palavras me ensinam.

Elas vêm comigo por onde eu for.

ITEM 2: COISAS

Uma vida feminista também é cercada de coisas. Viver uma vida feminista é criar coisas feministas. Todas temos tendências; talvez sejamos acumuladoras feministas e guardemos cada cartaz, bóton ou anotação de reuniões; talvez não. Mas reparem como convenções produzem coisas (as fotos de casamento, os sinais de uma vida reprodutiva que podem avolumar-se sobre as paredes). Nós também precisamos de coisas; coisas que se juntam ao nosso redor, lembranças de uma vida feminista, até objetos felizes, recordações de vínculos, de lutas compartilhadas, de vidas compartilhadas. Podemos ter mais ou menos coisas, mas uma feminista precisa de suas coisas.

Cerque-se de feminismo. Em uma conversa com Gloria Steinem, bell hooks descreve como se cercou de seus objetos preciosos, objetos feministas, para que eles fossem as primeiras coisas que ela veria ao acordar.[12] Pense nisto: você cria um horizonte feminista ao seu redor, o aconchego das memórias; o feminismo como criador de memórias. O feminismo também deixa coisas para trás. Coisas também podem ser o modo como você enfrenta aquilo com que dá de cara: você é lembrada dos motivos pelos quais faz o que faz. Coisas são lembretes.

Nossa política feminista cria coisas e também quebra coisas.

ITEM 3: FERRAMENTAS

Um kit de sobrevivência também é uma caixa de ferramentas feminista. Quais são suas ferramentas feministas? As minhas incluem uma caneta e um teclado, uma mesa; as coisas que permitem que eu continue escrevendo, que eu entregue minhas palavras. Talvez um kit de sobrevivência também seja uma caixa de ferramentas. Precisamos ter coisas com as quais possamos fazer coisas; quanto maior o enfrentamento, maior o número de ferramentas necessárias à estraga-prazeres. Talvez ela utilize seu computador para escrever um blog. Ferramenta: um meio para um fim estraga-prazeres. O blog em si se torna uma ferramenta; é assim que ela aumenta seu alcance; é assim que ela encontra uma comunidade de estraga-prazeres. Os fins feministas costumam ser novos meios. Quanto mais difícil for alcançar nossos fins, mais os meios precisam estar dis-

---

12 A conversa, disponível no canal de YouTube The New School, é intitulada "bell hooks and Gloria Steinem at Eugene Lang College" e foi postada em 8 out. 2014.

poníveis. Precisamos diversificar nossas ferramentas, aumentar nosso alcance; precisamos ser mais e mais criativas porque nosso caminho está o tempo todo obstruído. Ela precisa seguir em frente quando está bloqueada, ela pode retomar o passo ao tomar nas mãos alguma outra coisa, talvez algo que esteja por perto. A feminista estraga-prazeres, então, evidentemente se aproxima das coisas como potencialmente úteis, como meios para seus próprios fins. Ela vê utilidade nessas coisas. Ela pode não usar as coisas do modo que deveria. Ela pode *queerificar* o uso das coisas ou encontrar um uso *queer* para elas. Para cumprir seu propósito, o kit de sobrevivência estraga-prazeres também se transformará em alguma outra coisa útil. Mas entregue seu kit de sobrevivência para outra pessoa e ele pode não ser tão útil. Na verdade: um kit de sobrevivência estraga-prazeres pode até ser considerado um risco à saúde e à segurança de outras pessoas. Na verdade: um kit de sobrevivência estraga-prazeres pode ser considerado inútil por outras pessoas.

Uma ferramenta feminista é cortante; precisamos continuar afiando nossas ferramentas. Quando falamos, somos consideradas cortantes. Escute só: a voz estraga-prazeres, estridente, esganiçada. Uma voz pode ser um instrumento. E, no entanto, o que é amolado pode se tornar o que amola. Uma pessoa certa vez transformou minha franqueza em um insulto, descrevendo-me como não sendo "exatamente a ferramenta mais afiada na casa [do ser]". Eu transformo o insulto em uma aspiração obstinada: provar um ponto feminista requer a disposição de amolar. A política citacional que emprego neste livro é um exemplo.

No capítulo anterior, descrevi o feminismo lésbico como carpintaria obstinada. Então, sim, precisamos de carpinteiras feministas, pedreiras feministas; precisamos construir edifícios feministas sem utilizar as ferramentas do senhor, como observa resolutamente Audre Lorde ao proclamar sem titubeios que as ferramentas do senhor nunca derrubarão a casa-grande. É possível que precisemos de ferramentas feministas para criar ferramentas feministas. Podemos ser ferramentas; podemos ser tijolos, tijolos feministas.

Evidentemente, feministas às vezes precisam entrar em greve. Entrar em greve significa largar suas ferramentas, empregando-as para se recusar a trabalhar. Feministas às vezes se recusam a trabalhar, quando as condições de trabalho são injustas. Uma ferramenta pode ser aquilo que ela larga quando está em luta.

ITEM 4: TEMPO

Seu coração acelerou quando você leu aquele e-mail? Seus dedos aceleraram quando você escreveu a resposta, como se movidos pela força do ódio? Você tem a sensação de que isso está acontecendo com você? Você se vê presa? Estremece com o que está acontecendo? Independentemente do que você decidir, seja responder ou não, dizer algo ou não, é importante parar, respirar; levar o tempo que precisar. Diminua o ritmo. Tudo bem franzir as sobrancelhas. Você pode acabar mandando a resposta, mas vai ficar contente por ter se dado um tempo para decidir; você vai ficar contente.

Tempo também significa tempo livre. Mesmo quando você aceita a tarefa estraga-prazeres por vontade própria, você é mais do que essa tarefa. Faça pausas, faça outras coisas, com coisas. O tempo livre pode ser necessário para o tempo de trabalho.

Dar um tempo de ser estraga-prazeres é necessário para uma estraga-prazeres se quiser continuar sendo estraga-prazeres. Essa não é a única coisa que você é; quando a estraga-prazeres começa a te consumir, ela pode drenar demasiada energia, demasiada vontade. Volte a ela mais tarde; ela vai voltar para você: você vai, ela vai.

ITEM 5: VIDA

Existem tantas coisas na vida, como sabemos, coisas que são ordinárias ou que simplesmente existem, coisas maravilhosas, coisas para amarmos; essas coisas vêm e vão; coisas valiosas justamente por serem frágeis. Ser uma estraga-prazeres pode demandar demais, se te afasta dos mundos que você habita; do nascer e do pôr do sol, da curva dos troncos das árvores, do sorriso de uma amiga quando você conta uma piada, da água fresca e gelada; da sensação do oceano como uma imersão; do cheiro familiar dos temperos na panela.

Houve duas ocasiões em que um bicho passou a fazer parte de minha vida e fez com que ela parecesse mais possível, fez a vida vibrar com possibilidades: quando eu tinha doze anos foi Mulka, um cavalo que esteve comigo por quase trinta anos (mencionei-o no capítulo 2), sempre por perto mesmo quando vivíamos em continentes separados. Mulka salvou minha vida, estou certa disso, me ajudou a encontrar outro caminho quando eu corria na direção de um destino lamentável. Junto dele veio um mundo, um mundo de pessoas aficionadas a cavalos, nas montanhas de Adelaide, um mundo distinto da escola e da família. Junto dele vieram Yvonne e Meredith Johnson, que, ao cuidarem dele em minha ausência, cuidavam de mim. E depois foi a Poppy, nossa cachorrinha, que chegou a minha vida enquanto eu escrevia este livro. É a primeira vez que compartilho minha vida com uma cachorra. Tudo é melhor com ela. Junto com ela veio tanta coisa, seu empenho na tarefa de ser ela mesma, uma presença envolvente que me mantém sempre no presente. Foi agitando o rabo que ela ganhou meu afeto. Foi se agitando que ela veio parar neste kit de sobrevivência. Caso se agite mais um pouco, vai escapar. Disso também tenho certeza.

Sobreviver como forma de poder estar: estar com Mulka; estar com Poppy; estar presente; estar lá fora no mundo; estar viva com um mundo.

A vida importa; somos estraga-prazeres porque a vida importa; e a vida pode ser o objeto da luta estraga-prazeres; a vida exige que dediquemos nosso tempo a ela, que estejamos vivas, que nos joguemos em um mundo com outras pessoas. Precisamos nos incomodar com o que incomoda outras pessoas. Precisamos ser desconcertadas por aquilo que é desconcertante. Precisamos deixar a vida entrar, com todas as suas contingências. Penso nisso como uma abertura ao acaso. E como sugeri no capítulo 8, afirmar o acaso [*hap*] é um tipo de estalo; cortamos o vínculo que decide por nós a forma que uma vida deveria ter para contar como uma boa vida. Mas isso não significa romper nosso vínculo com a vida. Romper um vínculo é por toda a vida. Quanto mais lutamos pela vida, mais acreditamos nela, apesar dos estalos, porque precisamos lutar para existir, ou para transformar a existência.

Envolver-se em um projeto de vida é uma afirmação. Nós que somos estraga-prazeres comprometidas sabemos muito bem disso; sim, somos consideradas negativas, mas ao nos dispormos a honrar esse compromisso, nós afirmamos algo. Talvez tenhamos palavras e nomes diferentes para isso que afirmamos.

ITEM 6: SALVO-CONDUTOS

Há um limite para o que você pode fazer. Tenho em meu kit de sobrevivência estraga-prazeres alguns salvo-condutos que me permitem dar um passo para trás sempre que as coisas estão intensas demais. No capítulo 7, comentei que você pode escolher suas batalhas, mas as batalhas também podem escolher você. Nem sempre é possível saber quando você pode usar seus salvo-condutos – ou se você vai usá-los –, mesmo que você mesma tenha se dado esse direito. Mas o mero fato de tê-los com você, como uma forma de se autorizar a sair de certas situações, pode tornar a situação mais suportável. Você pode partir; você pode se afligir.

Já descrevi como deixei meu cargo acadêmico. Eu renunciei a ele porque dei a mim mesma permissão para renunciar. Essa não foi a única razão. Mas você precisa ser capaz de abandonar uma situação, quer você decida abandoná-la ou não. Para ir embora, é importante contar com recursos materiais, mas também é preciso um ato de vontade; não estar disposta a fazer algo que comprometa sua habilidade de ser algo.

Em meu kit também tenho alguns atestados médicos. Você está prevendo que um evento ou uma reunião vão te comprometer? Você sente que vai se entristecer sem poder fazer nada a respeito? Então coloque alguns atestados em seu kit. Utilize-os com parcimônia, mas, considerando que podemos ficar doentes com a antecipação de ficarmos doentes, os atestados expressam uma verdade tanto política como pessoal. Obviamente isso não quer dizer que tudo que anteciparmos vai acontecer, obviamente não. Mas às vezes, só às vezes, não estamos dispostas a correr esse risco. Disponha-se a não se dispor. Sempre.

ITEM 7: OUTRAS ESTRAGA-PRAZERES

Acho que outras estraga-prazeres são essenciais em meu kit de sobrevivência estraga-prazeres. Sei que pode parecer esquisito colocar outras pessoas no espaço que você demarcou para si (em uma sacola, não consigo parar de pensar em sacolas; como podemos respirar dentro de sacolas?). Mas não consigo imaginar ser uma estraga-prazeres sem a companhia de outras estraga-prazeres. Não se trata de uma identidade; não se trata de criar uma comunidade de estraga-prazeres (já discuti o problema desse pressuposto). Ao contrário, é sobre a experiência de ter a companhia de outras pessoas que reconhecem a dinâmica porque também já estiveram lá, naquele lugar, naquele lugar difícil. Isso não significa que não podemos ser estraga-prazeres para outras estraga-prazeres. Podemos e somos. É só mais uma das razões pelas quais precisamos de outras estraga-prazeres em nosso kit de sobrevivência. A presença delas nos ajuda a reconhecer como nós também podemos ser o problema; nós também podemos estar envolvidas no apagamento das contribuições ou das oportunidades de outras pessoas.

Aprendi essa lição recentemente quando minha participação em uma conversa sobre feminismo negro britânico foi questionada por mulheres negras, que consideravam que eu estava participando do apagamento delas em espaços e discussões públicas. Eu respondi rápido demais e fiquei na defensiva, associando suas vozes ao coro das críticas, em minha opinião questionáveis, segundo as quais mulheres marrons usurpam espaços que não são delas para se promover, recorrendo à narrativa familiar de que pessoas de cor utilizam a diversidade como uma forma de avançar na carreira. Eu ouvi como um questionamento estraga-prazeres. E isso me impediu de escutar outras estraga-prazeres, aquelas que estavam obstruindo meu acesso ao que eu considerava minha tábua de salvação: o feminismo negro britânico como minha comunidade intelectual. Ficar perto de outras estraga-prazeres, portanto, não é sobre estar do mesmo lado. É sobre como podemos exigir mais de nós mesmas, é sobre como podemos ficar e permanecer vigilantes.

Nossa exasperação pode e deve ser dirigida a nós mesmas. Nós erramos. Eu errei. Eu erro.

ITEM 8: HUMOR

Uma parente próxima da figura da feminista estraga-prazeres é a figura da feminista sem senso de humor: a que não entende a piada; a amargurada. Ah, a proximidade do parentesco! Evidentemente nos recusamos a rir de piadas sexistas. Recusamo-nos a dar risada quando as piadas não são engraçadas. Considero esse ponto tão vital que ele é um dos dez princípios de meu manifesto estraga-prazeres. Mas nós sabemos rir; e a risada feminista pode ser uma fonte de alívio. De fato, nossas risadas frequentemente dizem respeito ao reconhecimento dos absurdos deste mundo; ou somente ao reconhecimento deste mundo. Às vezes rimos dos pontos abertos, das artérias sangrentas de nosso conhecimento institucional. Às vezes rimos juntas porque reconhecemos que reconhecemos as mesmas relações de poder.

O que estou sugerindo aqui é que o alívio se torna parte da estratégia de sobrevivência estraga-prazeres. Quando estamos lidando com histórias pesadas, o alívio se torna uma atividade partilhada. Quando estamos lidando com normas que nos sufocam cada vez que falhamos em habitá-las, dificultando a respiração, o relaxamento se torna uma atividade compartilhada. Parte do trabalho de aliviar e relaxar é compartilhar: se o trabalho de diversidade é custoso, precisamos compartilhar os custos de realizá-lo.

As entrevistas com profissionais de diversidade que expus na Parte II foram, portanto, repletas de risadas. Como a vez que uma profissional contou que bastava ela abrir a boca em reuniões para perceber os olhos das pessoas revirando, como se dizendo: "Lá vai ela de novo". Como demos risada ao reconhecer aquele momento estraga-prazeres! Ou como a vez que uma profissional de diversidade me contou que uma amiga havia perguntado, ao ver uma foto da equipe de gerentes dela (composta inteiramente por homens brancos): "São todos parentes?". Como rimos, naquele momento, da exposição do funcionamento institucional como uma estrutura de parentesco! Quando captamos com palavras uma lógica que é frequentemente reproduzida por não ser colocada em palavras, o alívio é enorme. Reconhecemos que reconhecíamos a lógica. Risadas, gargalhadas; nosso corpo capta a lógica também.

Não é sempre, evidentemente, que rimos. Às vezes precisamos deixar todo o peso da história descer. Às vezes precisamos nos permitir ficar para baixo. Mas ocasionalmente esse desânimo pode se converter em energia, porque podemos rir; porque os obstáculos podem proporcionar os recursos para o testemunho e a denúncia, para que possamos trazer coisas à tona e rir delas.

Rir de alguma coisa pode torná-la mais real, fazê-la parecer maior, e, ao mesmo tempo, reduzir o domínio e o poder que ela tem sobre você.

ITEM 9: SENTIMENTOS

Nossas emoções podem ser um recurso, nos inspiramos nelas. Ser uma estraga-prazeres significa ser frequentemente considerada emotiva, excessivamente emotiva, como alguém que deixa os sentimentos atrapalharem o discernimento; alguém que permite que os sentimentos tomem a frente. Seus sentimentos podem ser o local de uma rebelião. Um coração feminista bate do lado errado; o feminismo tem um coração enorme.

Havia um professor onde eu trabalhava que dizia, para mim e para outras pessoas, que ele não entendia a feminista estraga-prazeres; que ela não fazia nenhum sentido. Ele dizia isso repetidamente: "Me explique". Na realidade, ele queria dizer: "Se explique". E ele dizia coisas como: ela não faz nenhum sentido, porque temos mulheres em altos cargos de gerência. Em outras palavras, ele considerava que o sentimento feminista correto seria a alegria, até a gratidão, pela boa fortuna de nossa chegada e progressão. Precisamos estar dispostas a ser consideradas ingratas, a utilizar essa recusa da alegria como uma denúncia daquilo que se exige que não expressemos. Sua recusa em compreender a feminista estraga-prazeres sugeria que a organização de meu projeto intelectual e político em torno dessa figura era desleal à instituição e poderia causar danos a ela.

Penso no convite estraga-prazeres de Adrienne Rich para sermos "desleais à civilização".[13] Nossas emoções são escancaradas quando recusamos o mandamento para sermos leais e alegres. Não é sempre que sabemos o que estamos sentindo, mesmo quando estamos sentindo algo em toda sua intensidade. Coloque todos esses sentimentos em seu kit. Veja o que eles podem fazer. Observe a bagunça que eles provocam. Um kit de sobrevivência é sobre revirar as coisas e habitar a desordem.

ITEM 10: CORPOS

É verdade, é desgastante. Podemos nos desgastar e ficar para baixo. Corpos precisam ser cuidados. Corpos precisam ser nutridos e alimentados. O feminismo pode ser pensado como uma dieta: uma dieta feminista é o

---

13 Adrienne Rich, "Disloyal to Civilization", in *On Lies, Secrets, and Silence: Selected Prose, 1966–1978*. New York: Norton, 1979.

modo como somos nutridas pelo feminismo. Em meu kit de sobrevivência estraga-prazeres eu tenho um saco de pimenta fresca; adiciono pimenta a quase tudo. Não estou dizendo que pimentas são feministazinhas. Mas você precisa ter em seu kit aquilo que costuma adicionar às coisas, aquilo que permite que você adapte os pratos a seu próprio gosto. Se existe uma diversidade de corpos, existe uma diversidade de necessidades.

E este item se relaciona a todos os outros. Corpos são a relação mediadora. Quando não sobrevivemos, nos tornamos corpos; o corpo é o que resta. O corpo fica para trás. O corpo é vulnerável; nós somos vulneráveis. O corpo nos conta do tempo; os corpos carregam vestígios dos lugares em que estivemos. Talvez sejamos esses vestígios. Antes de uma designação, a estraga-prazeres tem um corpo.

Corpos conversam conosco. Seu corpo pode dizer para você que ele não está dando conta do que você está pedindo, e você precisa escutar. Você precisa escutar seu corpo. Se ele gritar, pare. Se ele se queixar, diminua o passo. Escute. Ouvidos feministas: eles também estão em meu kit de sobrevivência.

Há muita energia envolvida na luta por não ser comprometida por uma existência. Mas, como observei no decorrer deste livro, reivindicar a figura da estraga-prazeres, afirmar "eu sou ela" diante de alguma situação, pode nos energizar; há algo nela, talvez um senso de vitalidade, um senso de rebeldia e encrenca, até de audácia, motivos pelos quais estraga-prazeres continuam circulando e se proliferando; ela parece despontar em todos os lugares. Como disse em um capítulo anterior, se nós a chamamos, ela atende.

E é por isso também que corpos precisam estar presentes em nosso kit de sobrevivência. Corpos que pulam; corpos que dançam; "corpos que importam", para tomar de empréstimo a expressão de Judith Butler;[14] corpos que precisam se agitar para criar espaço.

---

14 J. Butler, *Corpos que importam*, op. cit.

**o movimento está em meu kit de sobrevivência.
a dança também.**

Corpos que dançam: é tão frequente as feministas reivindicarem a dança como essencial a sua libertação. Podemos pensar na famosa declaração de Emma Goldman: "Se eu não puder dançar, não quero ser parte de sua revolução". Ou penso no filme sobre a sobrevivência de Audre Lorde, *The Berlin Years*, e nas cenas finais que mostram Audre dançando, cenas que parecem capturar tão bem a generosidade de seu espírito feminista negro. Penso nas danças das conferências Lesbian Lives [Vidas Lésbicas] de que desfrutei ao longo dos anos (nas conversas também, mas as danças estão mais presentes em minha memória). Um corpo feminista dançante, um corpo lésbico dançante, corpos negros e marrons dançantes; a afirmação de um modo de habitar o corpo pela partilha com outros corpos. Estamos aqui, ainda. Qualquer pessoa pode dançar com qualquer outra pessoa para formar um coletivo. Não estou dizendo que estraga-prazeres têm um tipo ou um estilo específico de dança. Não estou dizendo que existe uma dança estraga-prazeres. (Muito embora talvez, eventualmente, exista uma dança estraga-prazeres.) Talvez se posicionar seja como desfilar; talvez na energia que satura sua figura ela se torne uma assembleia.

olha como ela se mexe: quanto movimento.

Ao incluir a dança em meu kit de sobrevivência estraga-prazeres, estou afirmando algo. Há uma contradição aqui? Quando sinto prazer, deixo de ser uma estraga-prazeres? A dança pode ser um modo de abraçar a fragilidade de sermos jogadas. E o prazer, sem dúvida, também é parte da sobrevivência estraga-prazeres. Precisamos do prazer para sobreviver aos prazeres estragados; podemos até sentir prazer ao estragar prazeres. É também a parte erótica de meu kit, o tipo de erótico de que Audre Lorde falou com tanta eloquência; uma feminista estraga-prazeres esquentada se aquece, ela é uma figura erótica. Ela pode surgir como negação ou em negação, mas a negação trepida com desejo, o desejo por uma vida maior, por mais desejo; um desejo por mais. Feministas estraga-prazeres tendem a transbordar por toda parte. E como transbordam!

feministas estraga-prazeres: um reservatório que vaza.
e então:
tenha cuidado, nós vazamos.

Podemos lembrar aqui novamente do chamado de Shulamith Firestone por um "embargo de sorrisos" em seu manifesto revolucionário *The Dialectic of Sex*.[15] Ela quer que deixemos de sorrir por força do hábito; por ser algo que se tornou involuntário; que deixemos de sorrir até que tenhamos um motivo para sorrir. Um boicote de sorrisos seria uma ação coletiva; só funcionaria se todas parássemos de sorrir. Não sorrir se torna uma greve feminista. Vou voltar a esse feminismo em greve em meu manifesto estraga-prazeres.[16] Mas observe também como o chamado de Firestone é um chamado para desobstruir o erótico, libertar o erótico do hábito da felicidade que direciona a vida aos "becos estreitos e difíceis de encontrar da experiência humana".[17]

No capítulo "O feminismo é sensacional", investiguei como o feminismo pode ser um retorno à vida em um mundo que tem sido cerceado pelas exigências de viver de uma maneira específica. As coisas se tornam vivas quando elas não são subestimadas. Então é importante dizer o seguinte: precisamos nos permitir a tristeza e a raiva; quando a alegria e a

---

15 S. Firestone, *The Dialectic of Sex*, op. cit., p. 90.
16 No original, as duas frases precedentes têm a seguinte redação: *Not smiling becomes a feminist strike. I will return to this striking feminism in my killjoy manifesto.* Nelas, Ahmed lança mão da polissemia do substantivo *strike* e do adjetivo *striking*: não sorrir, como prática feminista estraga-prazeres, é também não se comportar como o esperado e expressar um desacordo, mostrando-se uma espécie de golpe que surpreende e quebra expectativas culturalmente sancionadas. [N. T.]
17 Ibid., p. 155.

felicidade se transformam em ideais, a tristeza se converte rapidamente em um obstáculo, um fracasso em alcançar os sentimentos corretos ou se aproximar deles. A tristeza pode exigir um salvo-conduto (item 6). Mas, ao mesmo tempo, o prazer da alegria pode fazer parte de um kit de sobrevivência estraga-prazeres. Eu pessoalmente não preciso de um salvo-conduto para a alegria; em minha experiência, a alegria é culturalmente sancionada, ainda que possa também ser um lugar de rebeldia (a alegria coletiva da dissidência); mas, se você precisa autorizar-se a ser alegre, não deixe de fazer isso. Penso que a alegria só pode fazer parte de um kit de sobrevivência estraga-prazeres quando nos recusamos a dar à alegria o *status* de uma aspiração. Quando a alegria se torna uma aspiração, a alegria é o que a estraga-prazeres precisa estragar. Mas, mesmo que a sobrevivência para as estraga-prazeres exija uma recusa à transformação da alegria (ou de sua amiga mais intensa, a felicidade) em uma aspiração, isso tampouco significa que estamos obrigadas a ser tristes ou infelizes. Uma estraga-prazeres não está desprovida de prazer.

Para retornar a Emma Goldman, a seu livro *Vivendo minha vida*, ela afirma a liberdade de dançar quando é instruída a não fazê-lo. Ela dança e escuta de um jovem, "com um rosto grave, como se fosse anunciar a morte de um camarada querido, [...] que não ficava bem para uma agitadora dançar".[18] Goldman afirma nesse momento a dança como uma rebeldia afetiva contra as exigências da sobriedade; contra as exigências de não habitar seu corpo por meio do abandono alegre. É isso que chamo de um momento alienado dos afetos. Um kit de sobrevivência estraga-prazeres também diz respeito a permitir que seu corpo seja um lugar de rebeldia, inclusive da rebeldia contra a demanda de cedê-lo a uma causa ou de transformá-lo em uma causa. Não dançar talvez também seja algo que o corpo possa fazer; recusar a dança quando a dança se torna uma exigência, permanecer distante, no canto, imóvel.

---

18 Emma Goldman, *Vivendo minha vida*, trad. Nils Goran Skare. Curitiba: L.Dopa, 2015, p. 44.

E FINALMENTE: UM KIT DE SOBREVIVÊNCIA ESTRAGA-PRAZERES

Organizar um kit de sobrevivência estraga-prazeres também pode ser uma estratégia de sobrevivência. Meu kit de sobrevivência estraga-prazeres está em meu kit de sobrevivência estraga-prazeres. Escrever um manifesto feminista também pode ser uma estratégia de sobrevivência. Meu manifesto, a seguir, está em meu kit. Para escrever um manifesto feminista, é preciso antes ler outros manifestos feministas. Que alegria! Manifestos são "espécies companheiras", para tomar de empréstimo um dos manifestos de Donna Haraway.[19] A leitura de manifestos também está em meu kit de sobrevivência estraga-prazeres. Um kit pode ser um reservatório para atividades em andamento; projetos que são projetos na medida em que ainda estão por acontecer.

estraga-prazeres: um projeto que surge da crítica daquilo que existe.
falando em projetos:
somos nossos próprios kits de sobrevivência.

---

19 D. Haraway, *O manifesto das espécies companheiras*, op. cit.

CONCLUSÃO 2

MANIFESTO ESTRAGA- -PRAZERES

Manifesto: uma declaração de princípios, a declaração de uma missão. Manifesto: a declaração de intenção de um indivíduo, uma organização ou um grupo. Como se pode escrever um manifesto em torno de uma figura, a estraga-prazeres, ou de uma atividade, a de estragar prazeres?

Manifesto: tornar manifesto. Moynan King, em sua discussão do *Scum Manifesto*, de Valerie Solanas, descreve o manifesto neste sentido, o de tornar manifesto. Ela diz: "Enquanto manifesto, a intenção do *Scum* é tornar manifesta, tornar perceptível, uma nova ordem de ideias".[1] Tornar perceptível uma nova ordem de ideias significa, simultaneamente, o desordenamento das ideias; manifestos muitas vezes encenam aquilo que convocam de maneiras surpreendentes e chocantes, considerando o modo como expõem a violência de uma ordem. Um manifesto feminista expõe a violência da ordem patriarcal, a violência daquilo que chamo de maquinário de gênero.

Um manifesto não apenas causa desordem; ele tem como objetivo causar essa desordem. Tornar algo manifesto pode ser o suficiente para causar um tumulto. Essa intimidade entre manifestação e desordem possui implicações no modo como escrevemos um manifesto estraga-prazeres. Um manifesto estraga-prazeres deve estar fundamentado sobre a descrição daquilo que já existe. Por que isso é importante? Porque diz

---

1 Moynan King, "Revenge as a Radical Feminist Tactic in the Scum Manifesto", *Nomorepotlucks*, jul.-ago. 2013.

respeito àquilo que combatemos. Alguns dos piores casos de abusos de poder que vivenciei no meio universitário vieram de indivíduos que faziam uso do princípio de igualdade, como se dissessem: limites e regras são hierárquicos, então estamos "livres para fazer o que quisermos"; mas "livres para fazer o que quisermos" na verdade quer dizer "você precisa fazer o que eu quero que você faça", já que o *nós* é composto por um *eu* que tem poder e um *você* que é subordinada na estrutura de posições de uma determinada organização. Observe que a expressão "fazer o que quisermos" não apenas pressupõe uma igualdade de princípios mas também pode ser articulada como insurgência contra as normas e a autoridade institucional (elas impediriam que nos relacionássemos, porque pressupõem os limites e as divisões que abandonamos por sermos radicais livres). Um manifesto estraga-prazeres não pode ser sobre a libertação de radicais que perseguirão seus próprios interesses.

Um manifesto estraga-prazeres deve, portanto, começar pelo reconhecimento de que desigualdades existem. Esse reconhecimento é operacionalizado pela própria figura da estraga-prazeres: ela estraga o prazer ao afirmar a existência de desigualdades. Ela precisa continuar afirmando a mesma coisa porque ela se contrapõe à afirmação de que aquilo que ela diz existir não existe. A estraga-prazeres é frequentemente percebida como criativa, como capaz de materializar o que ela afirma; ou, para usar meus termos do capítulo 6, ela é percebida frequentemente como uma criadora de paredes. Se um manifesto estraga-prazeres demonstra como a negação da desigualdade sob a presunção de igualdade é uma técnica de poder, então os princípios articulados nesse manifesto não podem ser abstraídos das afirmações sobre aquilo que existe. Um manifesto estraga-prazeres, portanto, tem a ver com tornar manifesto aquilo que existe. No trabalho de tornar algo manifesto, fazemos um manifesto.

Lutar pela liberdade é lutar contra a opressão. Em *Blues Legacies and Black Feminisim* [Legados do *blues* e feminismo negro], Angela Davis demonstrou como a articulação de desejos irrealizados de liberdade também pode representar a liberdade "em termos mais imediatos e acessíveis".[2] É da opressão que a liberdade tira sua expressão. Um manifesto é necessário quando é preciso lutar para dar expressão a algo. É por isso que o manifesto pode ser compreendido como um gênero estraga-prazeres; como não há nada sendo feito, precisamos dizer alguma coisa. Um manifesto atrai para a causa justamente por não ser atraente: um manifesto não é um texto atraente de acordo com as normas ou os padrões existentes. E nem pode ser: é preciso muito esforço para poder dizer. E, no entanto, um manifesto atrai quem o lê; um manifesto atrai para uma causa ao atrair alguém. Um manifesto estraga-prazeres atrai *justamente* as estraga-prazeres.

Manifestos tendem a ser desagradáveis porque demonstram a violência necessária à manutenção de um acordo. Não é apenas que a feminista estraga-prazeres produz um manifesto. A feminista estraga-prazeres é um manifesto. Ela se organiza em torno da violência; o modo como expõe a violência diz respeito a como ela passa a ganhar importância e sentido. Basta pensar no *kill* de *killjoy*.[3] A figura retoma o senso comum segundo o qual o feminismo constitui uma forma de assassinato; reivindicar o fim de um sistema que produz "homens" é frequentemente compreendido como a reivindicação da morte de homens. Poderíamos comparar a figura da feminista assassina com a da feminista estraga-prazeres. O que Valerie Solanas faz em seu manifesto, de modo bastante controverso, é tornar literal a fantasia da feminista assassina por meio da imaginação de um coletivo feminista, ou de um estado de espírito que é Scum (Society for Cutting Up Men).[4] Isso não deveria nos surpreender, pois um de seus objetivos pretendidos foi alcançado: que o *Scum Manifesto* fosse lido literalmente; ele foi rechaçado como literal, ou rechaçado por uma intepretação

---

2 Angela Davis, *Blues Legacies and Black Feminism: Gertrude "Ma" Rainey, Bessie Smith, and Billie Holiday*. New York: Vintage, 1998, p. 7.
3 *Killjoy* (*kill* = matar, *joy* = alegria), no original em inglês, é a expressão traduzida aqui como "estraga-prazeres". [N. T.]
4 *Scum* significa escória, mas também é a sigla para a hipotética Society for Cutting Up Men: Sociedade para Cortar Homens em Pedacinhos.

literal de que visava à eliminação de homens. O manifesto funciona porque encena a leitura literal que possibilitaria seu rechaço. Pude observar o uso da interpretação literal como rechaço quando escrevia em meu blog feminista estraga-prazeres. Por exemplo, quando tweetei um link para um texto sobre "homens brancos", que foi retweetado por um homem branco, outro homem branco chamou o texto de "genosuicídio".[5] Genosuicídio: quando um povo se mata por vontade própria. Ou quando uma estudante da Goldsmiths, Bahar Mustafa, teria supostamente utilizado a *hashtag* #killallwhitemen.[6] Valerie Solanas é trazida de volta à vida nas redes sociais. Estalo. Mas é óbvio que, se essa *hashtag* torna uma fantasia literal, você literalmente encontra a fantasia. A *hashtag* é convertida em um comando; interpretada como o planejamento de um genocídio.

A figura da feminista assassina é útil: ela permite que a sobrevivência de homens tenha como fundamento a eliminação do feminismo. Uma parte significativa da criatividade feminista tornou literal essa fantasia (que não tem sua origem em nós), incluindo o filme *Uma questão de silêncio*, discutido nos capítulos 8 e 9, no qual o homem morto por um ato de vingança feminista representa todos os homens. E, de certa forma, evidentemente, você é violenta ao expor a violência; se você deixa a violência surgir de sua própria caneta, percorrer seu corpo, você precisa deixar a violência transbordar por todas as páginas. E, de certa forma, você reivindica o fim de homens brancos porque reivindica o fim da instituição que produz homens brancos. "Homens brancos" são uma instituição, conforme discuti no capítulo 6. Queremos seu fim, sem dúvida. Mas, em outra dimensão, é mais difícil reposicionar a figura da feminista assassina do que a figura da feminista estraga-prazeres. Feministas não estão fazendo um chamado à violência. Estamos clamando pelo fim de

---

5 S. Ahmed, "White Men", feministkilljoys.com, 4 nov. 2014.
6 Agradeço imensamente a Bahar Mustafa por seu importantíssimo trabalho político. Para discussões mais detalhadas acerca das questões em torno do assédio sofrido por ela na mídia e nas redes sociais, ver S. Ahmed, "A Campaign of Harassment", feministkilljoys.com, 26 mai. 2015.

instituições que promovem e naturalizam a violência. Grande parte da violência promovida por instituições é ocultada pelo uso do estranho perigoso, como discuti ao longo deste livro: o pressuposto de que a violência sempre vem de fora. É porque expomos a violência que somos consideradas violentas, como se a violência da qual falamos tivesse origem em nós.

Ser uma estraga-prazeres também significa ser compreendida como alguém que estraga a vida, pois o princípio da vida parece estar intimamente conectado ao princípio da felicidade. Ao ser contra a felicidade, pressupõe-se que você seja contra a vida. E assim há risco de vida em ser uma estraga-prazeres. Não é que, ao sermos designadas estraga-prazeres (e, como argumentei, ela sempre começa como uma designação, porque a feminista estraga-prazeres é anunciada de uma posição de exterioridade; ela já tem uma vida própria antes de sua designação), estejamos sempre disponíveis ou sejamos sempre capazes de assumir essa tarefa. De fato, como examinei na Parte I, a figura da feminista estraga-prazeres frequentemente surge em situações de dor e dificuldade intensas: quando você está sentada à mesa, fazendo o trabalho de ser família, esse objeto feliz, digamos assim, é um objeto que você ameaça. E você o ameaça ao indicar o que já está ali, no recinto; novamente, você não está sendo criativa. Mas a sensação é esta: todo o sentimento negativo que não é revelado quando a família está funcionando é depositado sobre a pessoa que revela que a família não está funcionando. Nunca vou esquecer essa sensação de querer sumir de uma situação cuja causa era atribuída a mim.

isso é desanimador. somos desanimadoras.

Um manifesto estraga-prazeres está em boa companhia: livros que fazem coisas desmoronarem, livros que colocam em ato um franzir de sobrancelhas coletivo. *The Dialectic of Sex* pode ser lido como um manifesto estraga-prazeres, um livro que foi rapidamente desprezado devido a seu entusiasmo por uma tecnologia que viria a libertar as mulheres da biologia, um livro que mostrou que quando a divisão sexual do trabalho estrutura tudo, nada vai libertar ninguém. Sarah Franklin descreve como o "grosso do manifesto de Firestone tinha como base uma análise dos elementos que promoveram a estratificação dos gêneros no decorrer dos milênios".[7] *The Dialectic of Sex* é otimista porque relata a dificuldade de atingir a libertação. Não à toa, possui momentos estraga-prazeres. Firestone quer entender como esse sistema inoperante permanece em funcionamento, um sistema que, ela não tem dúvidas, uma hora ou outra matará todas nós. E para encontrar explicações ela recorre ao amor, ao romance, à família. Essas instituições são promessas de felicidade. Instituições podem ser organizadas em torno de uma promessa. E elas se tornam uma maneira de organizar a vida por meio do pressuposto de que a proximidade com uma forma garantirá seu êxito. Então, evidentemente, ao tomar essa direção, Shulamith Firestone se volta à felicidade. Como já mencionei, ela descreve sua "ação dos sonhos" para o movimento de libertação de mulheres como um boicote de sorrisos.[8] Talvez possamos chamar essa ação, seguindo os passos de Lisa Millbank, de uma greve de sorrisos, para enfatizar sua natureza coletiva.[9] Entraríamos em greve coletivamente ao deixar de sorrir, uma coletividade construída a partir de uma ação individual (deixar de sorrir é uma ação quando o sorriso é uma exigência feita às mulheres e àquelas pessoas que são vistas como serviçais, remuneradas ou não), mas que requer mais que indivíduos. Uma greve de sorrisos é necessária para anunciar nosso desacordo e nossa infelicidade com um sistema.

precisamos continuar infelizes com este mundo.

7 Sarah Franklin, "Revisiting Reprotech: Firestone and the Question of Technology", in M. Merck e S. Stanford (orgs.), *Further Adventures of the Dialectic of Sex: Critical Essays on Shulamith Firestone*. London: Palgrave Macmillan, 2010, p. 46.
8 S. Firestone, *The Dialectic of Sex*, op. cit., p. 90.
9 Lisa Millbank, "The Scope of Action, Smiling, Smile 'Strikes' and Individual Action", 2013. *Radtransfem*. Tumblr, 11 set. 2013.

A figura da feminista estraga-prazeres faz sentido se a situamos no contexto das críticas feministas à felicidade, algumas das quais discuti no capítulo 2.[10] A felicidade é utilizada para justificar normas sociais como bens sociais. Como Simone de Beauvoir descreveu audaciosamente, "é sempre fácil declarar feliz a situação que se [...] quer impor [às outras pessoas]".[11] Não concordar em permanecer no lugar desse desejo implica a recusa à felicidade desejada por outras pessoas. Envolver-se em ativismo político, portanto, significa envolver-se em uma luta contra a felicidade. A luta em torno da felicidade oferece o horizonte em que são feitas reivindicações políticas. Herdamos esse horizonte.

Uma estraga-prazeres se torna um manifesto quando estamos dispostas a adotar essa figura, a organizar a vida não como ela (no capítulo 7, discuti os riscos de assumir que somos ela), mas ao redor dela, em sua companhia. Estamos dispostas a estragar prazeres porque não estamos interessadas em fazer parte de um mundo que nomeia uma pessoa ou um grupo de pessoas como estraga-prazeres. Estar disposta a estragar prazeres significa transformar um juízo em um projeto. Manifesto: como um juízo se torna um projeto.

Pensar em estraga-prazeres como manifestos significa afirmar que uma política de transformação, uma política que deseja causar o fim de um sistema, não é um programa de ação que pode ser separado do modo como existimos nos mundos em que existimos. O feminismo é uma práxis. Colocamos em ato o mundo que almejamos, não aceitamos menos do que isso. O feminismo lésbico, como notei no capítulo 9, diz respeito a organizar nossa vida de tal maneira que nossas relações entre mulheres não sejam mediadas por nossas relações com homens. A vida se torna um arquivo de rebeldia. É por isso que um manifesto estraga-prazeres será pessoal. Cada uma de nós estraga-prazeres terá seu próprio mani-

---

10 Ver também S. Ahmed, *The Promise of Happiness*, op. cit.
11 Simone de Beauvoir, *O segundo sexo*, v. 1: *Fatos e mitos* [1949], trad. Sérgio Milliet. Rio de Janeiro: Nova Fronteira, 2016, p. 26.

festo. Meu manifesto não coloca minha história pessoal em suspensão. Ele é a maneira pela qual essa história se desdobra em ações.

É a partir de experiências difíceis, de ser machucada pelas estruturas que nem sequer são reveladas a outras pessoas, que reunimos a energia para nos rebelarmos. É em função daquilo com que nos chocamos que descobrimos novos ângulos a respeito daquilo *contra* o que nos chocamos. Nosso corpo se converte em nossa ferramenta; nossa fúria se torna doença. Vomitamos, colocamos para fora aquilo que fomos obrigadas a ingerir. Quanto mais adoecidas isso nos deixa, mais nossas entranhas se tornam nossas amigas feministas. Começamos a sentir cada vez mais o peso das histórias; quanto mais expomos o peso da história, mais pesada ela fica.

Estalamos. Estalamos sob o peso; coisas se rompem. Um manifesto se escreve a partir de um estalo feminista. Um manifesto é um estalo feminista.

Além disso: como feministas testemunhamos os problemas que o feminismo causa. Eu arriscaria um palpite: problemas feministas são extensões de problemas de gênero.[12] Para ser mais específica: problemas feministas são problemas com mulheres. Quando nos recusamos a ser mulheres, no sentido heteropatriarcal de existirmos para homens, nos tornamos problemáticas, nos envolvemos em problemas. Uma estraga-prazeres está disposta a se envolver em problemas. E acredito que isto seja algo específico a um manifesto estraga-prazeres: incluímos em nossas declarações de princípios ou de intenções a experiência daquilo com que deparamos. É essa experiência que nos permite articular *a favor*, um *a favor* que carrega consigo a experiência daquilo com que deparamos. O *a favor* pode ser como trazemos algo à existência. Um manifesto diz respeito às mudanças que ele procura suscitar.

Não tenho dúvidas de que a feminista estraga-prazeres é *a favor* de algo; embora, como estraga-prazeres, não sejamos necessariamente *a favor* das mesmas coisas. Mas você só estaria disposta a conviver com as consequências de ser contra aquilo com que você se choca se você

---

12 J. Butler, *Problemas de gênero*, op. cit.

é a favor de algo. Uma vida pode ser um manifesto. Quando leio alguns dos livros de meu kit de sobrevivência, eu os escuto como manifestos, como chamados à ação, como chamados à ação dos braços. São livros que pulsam com vida porque mostram como a vida pode ser reescrita; como podemos reescrever uma vida, palavra por palavra. Um manifesto possui uma vida, uma vida própria; um manifesto é uma mão estendida. E, para um manifesto ser uma ação política, depende de como outras pessoas o recebem. Talvez uma mão possa fazer mais quando não é simplesmente recebida por outra mão, quando um gesto extrapola a firmeza de um aperto de mãos. Talvez seja necessário sacudir mais que a mão. Se um manifesto estraga-prazeres é uma alça, ela escapa de nossas mãos. Um manifesto, portanto, repete algo que já aconteceu; como sabemos, a estraga-prazeres escapou. Um manifesto feminista talvez seja incômodo, uma fuga feminista.

Quando recusamos ser uma ferramenta do senhor, expomos a violência das varas, as violências que construíram a casa-grande, tijolo por tijolo. Quando tornamos manifesta a violência, uma violência que se reproduz ao não ser tornada manifesta, somos chamadas de estraga-prazeres. É por causa daquilo que revela que a estraga-prazeres se torna, em primeiro lugar, uma estraga-prazeres. Um manifesto, em certo sentido, a sustenta. Não quero com isso dizer que escrever um manifesto estraga-prazeres não é também um compromisso, que não é também uma ideia sobre como seguir adiante. Uma estraga-prazeres tem seus princípios. Um manifesto estraga-prazeres demonstra como criamos princípios a partir da experiência daquilo com que deparamos, da forma como vivemos uma vida feminista. Quando digo princípios, não quero dizer que precisamos criar protocolos de conduta que sigam uma direção comum. Eu poderia dizer que uma vida feminista é cheia de princípios, mas o feminismo frequentemente se transforma em um anúncio no próprio instante da renúncia de seu vínculo a um princípio. Quando penso em princípios feministas, penso em princípios em seu sentido original: um princípio como um primeiro passo, um início, o começo de algo.

Um princípio também pode ser o que é elementar a uma habilidade criativa. Feministas estraga-prazeres e outras sujeitas obstinadas são habilidosas, estamos ficando habilidosas. Há princípios no que elaboramos. O modo como começamos não determina nosso ponto de chegada, mas princípios dão forma ou direção. Princípios feministas estão articulados em mundos não feministas. Viver uma vida com princípios feministas significa, portanto, não viver com suavidade; colidimos com o mundo que não vive de acordo com os princípios pelos quais tentamos viver.

Por algum motivo, os princípios que articulei aqui acabaram por ser expressos como declarações de disposição: como aquilo que a estraga-prazeres está disposta (a fazer ou ser) ou não está disposta (a fazer ou ser). Acredito que podemos em parte entender essa lógica. Um manifesto estraga-prazeres é uma sujeita obstinada; ela se dispõe de um jeito errado quanto ao que está disposta ou não a fazer. Não surpreende que a sujeita obstinada tenha princípios; ela pode ser cheia de princípios. Ela pode contá-los a você, se você der conta.

PRINCÍPIO 1: NÃO ESTOU DISPOSTA A FAZER DA FELICIDADE MINHA CAUSA.

Frequentemente há uma exigência específica: pedem que você faça algo para fazer outras pessoas felizes. É mais provável que lhe peçam para fazer algo pela felicidade alheia quando sabem que você não está feliz com o que estão fazendo. Pode ser que lhe peçam para participar de uma cerimônia de casamento apesar de saberem que você é contra a instituição do casamento quando celebrada em cerimônias assim. Apelam a você por meio do apelo à própria felicidade. Se você recusa o apelo, é julgada egoísta, como se colocasse sua felicidade antes da felicidade alheia.

mal-intencionada: como você pôde?
um manifesto estraga-prazeres: uma intenção mal-intencionada.

Se você está disposta a recusar esses apelos, então a felicidade não é um princípio que você apoia. Você não viu apelo no apelo. E você não apoia esse princípio em geral porque já se confrontou com ele antes: lhe pediram que não dissesse nem fizesse certas coisas porque elas causariam infelicidade a outras pessoas. Não é verdade que uma estraga-prazeres não se importa com a felicidade alheia, ou que ela decide não fazer certas coisas porque contribuem para a felicidade alheia. Ela simplesmente não está disposta a fazer com que causar felicidade seja sua causa política.

A partir dessa situação cotidiana de ter que viver com as consequências de não transformar a felicidade em sua causa, você aprende sobre a infelicidade que a felicidade pode causar. Este primeiro princípio tem servido como base para muito conhecimento e ativismo feminista: a identificação de como as instituições são constituídas como promessas de felicidade; promessas que frequentemente ocultam a violência de tais instituições. Estamos dispostas a expor essa violência: a violência de sedimentação da família, da forma-casal e da reprodutividade como a base de uma boa vida; a violência reproduzida pelas organizações para as quais falar sobre violência constitui uma traição. Vamos expor os mitos de felicidade do neoliberalismo e do capitalismo global: a fantasia de que um sistema criado para alguns poucos privilegiados é, em realidade, sobre a felicidade de muitas pessoas ou da maioria delas.

Expor os mitos da felicidade significa estar disposta a assumir um compromisso estraga-prazeres.

PRINCÍPIO 2: ESTOU DISPOSTA A CAUSAR INFELICIDADE.

Não transformar a felicidade em uma causa pode causar infelicidade. Uma estraga-prazeres está disposta a causar infelicidade.

Uma estraga-prazeres comprometida tem uma enorme experiência em ser a causa da infelicidade. E ela também sabe que, quando você causa infelicidade, como resultado de seus desejos ou dos mundos que não está disposta a assumir como seus, a infelicidade é compreendida como uma causa sua. Ela não é uma causa sua. Estar disposta a causar infelicidade não transforma a infelicidade em sua causa. Quando nossos desejos causam infelicidade, pressupõe-se que desejemos causar infelicidade. É possível que você seja julgada, acusada de querer a infelicidade que você causa, apenas uma outra maneira de se tornar a causa da infelicidade.

Uma estraga-prazeres está disposta a viver com as consequências disso a que está disposta. Ela está, portanto, disposta a ser a causa da infelicidade de outra pessoa. Não é verdade que ela não se entristece pelo fato de outras pessoas ficarem tristes com a vida dela (por pensarem que a vida dela é triste); não é verdade, inclusive, que ela não se solidariza com quem a vida dela torna infeliz. Ela não permitirá que essa infelicidade a redirecione. Ela está disposta a seguir na direção errada.

De quem é a infelicidade que estamos dispostas a causar? A infelicidade de qualquer pessoa: essa é a única resposta possível para tal pergunta. Mas há um "se" aqui. Estamos dispostas a causar infelicidade institucional se a instituição está infeliz porque falamos sobre assédio sexual. Estamos dispostas a causar infelicidade feminista se feministas estão infelizes porque falamos sobre racismo. Isso significa que: estamos infelizes devido a esse "se". Isso significa que: estamos infelizes com aquilo que causa infelicidade. Revelar as causas da infelicidade pode causar infelicidade.

Estamos dispostas a causar infelicidade por causa do que aprendemos sobre a infelicidade quando assumem que somos a causa dela. Um "eu" aparece aqui; ela sabe o que está acontecendo a partir do que acontece. Quando me pronunciei publicamente sobre assédio sexual em minha universidade, fui apontada por algumas pessoas como uma estraga-prazeres sem senso de ironia (talvez houvesse algum senso de ironia, considerando que eu já havia declarado ser uma estraga-prazeres). O que é importante mencionar aqui é que algumas feministas faziam parte desse grupo de pessoas. Uma colega feminista disse que, ao me pronunciar, eu estava comprometendo o ambiente "feliz e estimulante" que "feministas de longa data" haviam lutado para criar. Presumi que eu não era uma dessas feministas por causa de meu posicionamento. Sim, o mero ato de falar de assédio sexual pode causar infelicidade feminista. Se é assim: não estou disposta a transformar a felicidade feminista em uma causa.

Aprendemos a identificar o que está em jogo em tais acusações. O feminismo, por implicação, é uma bolha dentro da instituição. Mas uma bolha feminista também pode operar como um modo de identificação. Para proteger a bolha feminista você pode querer protegê-la da exposição à violência da instituição, uma violência que está acontecendo em outro lugar (em outro centro, outro departamento). A proteção da bolha feminista acaba por tornar-se um meio de proteger a instituição. Você não quer ver a violência institucional exposta a um público mais amplo. Você preferiria resolver a violência "dentro de casa", mesmo que o "dentro de casa" tenha fracassado em derrubar a casa-grande. É por isso que há tamanhos segredo e silêncio em torno da violência institucional até mesmo entre algumas feministas?

se o feminismo é uma bolha, precisamos estourar essa bolha.

Quando damos as costas para aquilo que compromete nossa felicidade, nós nos distraímos do trabalho que precisa ser feito para promover um mundo mais justo e igualitário. Mas o princípio de estar disposta a causar infelicidade não pode ser sustentado pelo pressuposto de que se refere apenas à infelicidade alheia. É possível que não tomemos nota de certas situações porque notá-las nos deixaria infelizes. Talvez por isso a estraga-prazeres apareça: porque estamos ignorando desesperadamente aquilo que ela percebe. Talvez por isso a estraga-prazeres apareça para aquelas que afirmam ser estraga-prazeres: nossa felicidade também pode depender daquilo que não percebemos. Talvez mantenhamos nossa felicidade por meio de uma desatenção voluntária. Devemos recusar essa desatenção. Se algo, depois de reconhecido, vai nos fazer infelizes, esse reconhecimento é importante. Estamos dispostas a causar nossa própria infelicidade, o que não faz da infelicidade nossa causa.

PRINCÍPIO 3: ESTOU DISPOSTA A APOIAR OUTRAS PESSOAS DISPOSTAS A CAUSAR INFELICIDADE.

Uma estraga-prazeres pode, a princípio, se reconhecer nesse sentimento de solidão: de estar apartada de outras pessoas, do modo como elas se reúnem em torno da felicidade. Ela sabe, porque já esteve lá: ter seu lugar negado à mesa da felicidade pode significar habitar um lugar sombrio onde você se encontra só e por sua conta. É possível que muitas pessoas passem pela figura da estraga-prazeres sem permanecer muito tempo porque a consideram uma figura difícil de habitar. Não estar rodeada pelo calor das outras pessoas, pelos burburinhos silenciosos que acompanham um acordo. O preço de estragar prazeres é alto; essa figura constitui em si um custo (não concordar com alguém equivale a estragar o prazer de algo).

De que forma seguir insistindo? Como sugeri em meu kit de sobrevivência, frequentemente persistimos por meio da companhia de outras estraga-prazeres; podemos adotar esse nome quando reconhecemos a dinâmica que ele nomeia; e podemos reconhecer essa dinâmica quando outras pessoas demonstram-na para nós. Nós também reconhecemos outras pessoas porque elas reconhecem a dinâmica.

Tais momentos de reconhecimento são preciosos; e precários. Com um momento chega uma memória: frequentemente persistimos ao sermos apoiadas por outras pessoas. Podemos também experimentar a crise de não encontrar apoio; o apoio importa ainda mais quando nos sentimos pouco apoiadas. Escrever um manifesto a partir da estraga-prazeres significa estar disposta a dar a outras pessoas o apoio que você recebeu ou que você gostaria de ter recebido. Talvez você esteja no meio de uma conversa, em casa ou no trabalho, e uma pessoa, uma pessoa entre várias, decida erguer a voz contra algo. Não deixe que ela fale sozinha. Dê apoio, junte sua voz à dela. Fique ao lado dela; erga-se junto com ela. Nesses momentos públicos de solidariedade, tanta coisa pode passar a existir. Estamos criando um sistema de apoio em torno da estraga-prazeres; estamos encontrando maneiras para permitir que ela faça o que faz, que seja quem é. Não precisamos pressupor sua permanência ou transformar sua figura em uma identidade pessoal, mas precisamos saber que, quando ela surgir, precisará do apoio das outras.

Audre Lorde certa vez escreveu, "Seu silêncio não vai proteger você".[13] Mas seu silêncio pode proteger outras pessoas, aquelas que são violentas ou aquelas que se beneficiam, de alguma maneira, do silêncio em torno da violência. A estraga-prazeres é uma testemunha. Ela surge como figura, como um modo de conter os danos, porque fala sobre danos. Com o passar do tempo, no tempo de minha existência feminista – podemos chamar isso de tempo feminista –, compreendi, soube e senti o preço de erguer a voz. Com isso compreendi, soube e senti o porquê de tantas pessoas se manterem caladas. Há muita coisa a perder, muita, inclusive a vida. Quanta injustiça é reproduzida pelo silêncio não porque as pessoas não reconhecem a injustiça, mas porque a reconhecem. Elas também reconhecem as consequências de apontar a injustiça, consequências com as quais elas talvez não possam viver. Pode ser o medo de perder o emprego e saber que você precisa desse emprego para sustentar as pessoas das quais você cuida; pode ser a preocupação de perder os vínculos que importam; de dizer algo que pode ser mal interpretado. Sugerir que a feminista estraga-prazeres é um manifesto não é o mesmo que dizer que temos a obrigação de erguer a voz. Não estamos todas na mesma posição; nem todas podemos nos dar ao luxo de dizer o que pensamos. Para estragar prazeres, portanto, é necessário um sistema de comunicação: precisamos encontrar outras maneiras de tornar manifesta a violência.

---

13 A. Lorde, *Irmã outsider*, op. cit., p. 52.

Talvez precisemos utilizar táticas de guerrilha, e há uma história feminista para servir de inspiração nesse caso; você pode escrever o nome de assediadores em livros; pichar os muros; colocar tinta vermelha na água. Existem muitas maneiras de causar um transtorno feminista.

Mesmo que erguer a voz não seja possível, é necessário. O silêncio em torno da violência é violência. A fala feminista, no entanto, pode assumir muitas formas. Nós nos tornamos mais criativas com as formas quanto maiores forem os obstáculos. Erguer a voz e falar com, dando abrigo àquelas que falam; todos esses atos de disseminar palavras criam mundos. Estragar prazeres é um projeto de criação de mundo. Fazemos um mundo a partir dos pedaços despedaçados, mesmo quando despedaçamos os pedaços ou quando somos os pedaços despedaçados.

PRINCÍPIO 4: NÃO ESTOU DISPOSTA A RIR DE PIADAS CUJO PROPÓSITO É OFENDER.

Este princípio pode parecer muito específico: pode parecer que ele deriva dos três primeiros e que não merece constituir um princípio próprio. Mas considero o humor uma técnica extremamente crucial para a reprodução da desigualdade e da injustiça. Penso que a fantasia da feminista sem senso de humor (como parte de uma fantasia mais geral em torno da falta de senso de humor das pessoas que questionam um arranjo social e político) realiza um trabalho muito importante. A fantasia é o que estimula o trabalho da estraga-prazeres. Pressupõe-se que ela diz o que diz (aponta o sexismo, aponta o racismo) porque ela mesma está desprovida de qualquer alegria, porque não pode suportar a alegria das outras pessoas. Com frequência, quando alguém é designada como feminista estraga-prazeres, as pessoas fazem certas piadas para ofendê-la, para confirmar seu mau humor. Não fique tentada a rir. Se a situação não é engraçada, não precisamos adicionar graça a ela. Se a situação não é engraçada, não precisamos torná-la leve; não precisamos torná-la divertida.

Com frequência, é por meio do humor (da ironia ou da sátira, por exemplo) que as pessoas dão continuidade a declarações racistas e sexistas. O humor cria uma aparência de distância; ao rir daquilo que é repetido, as pessoas repetem aquilo de que estão rindo. Esse *de que* é o motivo da piada. Não é o caso de rir. Quando não é o caso de rir de algo, a risada é um caso sério.

No entanto, evidentemente, o humor pode desafiar o estado de coisas ao trazer coisas à tona; mencionei isso em meu kit de sobrevivência. Mas há diferenças importantes naquilo que a risada faz. O humor feminista pode envolver o alívio de ser possível rir quando padrões familiares que geralmente estão ocultos se revelam. Podemos rir de como homens brancos se organizam de modo a reduzir a políticas identitárias tudo que nós que não somos "homens brancos" fazemos. Podemos rir, inclusive, de sermos uma peça publicitária para a diversidade; e a risada não significa que não experimentamos dor e frustação ao sermos chamadas por instituições para proporcionar rostos coloridos e sorridentes; transformando nossa cara na deles. Mas essa não é uma risada que permite a repetição daquilo que causa ofensa; trata-se de uma reorientação à causa. Não repetimos a piada; nós nos retiramos.

A estraga-prazeres está muito próxima da figura sensível demais que se ofende com facilidade. Essa figura é evocada sempre que a crítica social é bem-sucedida: sempre que algo é fechado, removido ou perdido (uma perda digna de luto) porque outras pessoas se ofenderam – e se ofender aqui significa se ofender facilmente, ser fraca, mole, impressionável. "Seja forte" se tornou um imperativo moral que (como a maior parte dos imperativos morais) é articulado por pessoas que pensam possuir aquilo de que outras pessoas necessitam. De fato, a figura excessivamente sensível pode surgir antes desse tipo de perda, ou para evitar esse tipo de perda. O pânico moral em torno de alertas de gatilho com frequência evoca essa figura, em especial a figura da estudante excessivamente sensível que não está sintonizada com a dificuldade e o desconforto da aprendizagem, como se dizendo: se deixarmos sua sensibilidade se tornar lei, perderemos nossa liberdade. Eu diria que a liberdade se reduziu à liberdade de ofensa, que diz respeito ao modo como pessoas poderosas protegem seu direito de expressar as próprias opiniões, independentemente de que e contra quem.

Se não querer que histórias violentas sejam repetidas com uma insistência tão violenta ou, simplesmente, se fazer perguntas sobre os termos que possibilitam a repetição faz com que sejamos consideradas sensíveis demais, precisamos ser sensíveis demais. Quando você é sensível àquilo que ainda não acabou, você é considerada sensível demais. Somos sensíveis ao que ainda não acabou. Somos sensíveis porque ainda não acabou.

PRINCÍPIO 5: NÃO ESTOU DISPOSTA A SUPERAR HISTÓRIAS QUE NÃO FORAM SUPERADAS.

Não acabou. Dizemos isso, insistentemente, enquanto vemos outras pessoas dizerem que há coisas que já acabaram. Tantas afirmações, e elas são parte da mesma coisa. O primeiro-ministro britânico [entre 2010 e 2016] David Cameron diz que a única coisa que torna a Grã-Bretanha grande é o fato de que nós "retiramos a escravidão dos altos-mares". A Grã-Bretanha é lembrada como libertadora das pessoas escravizadas, e não como perpetuadora da escravidão; não como um país que se beneficiou da escravização em massa, da colonização. Quando o colonialismo é mencionado no livro com base no qual testes de cidadania são realizados no Reino Unido, é descrito como o sistema que introduziu a democracia e a lei, trazendo benefícios aos outros. Uma história violenta de conquista e saque imaginada como a dádiva da modernidade. E ainda hoje guerras são justificadas como dádivas, como promotoras de liberdade, democracia e igualdade.

se não foi superado, não é hora de superar.

Uma estraga-prazeres está disposta a trazer essa história à tona. Uma memória pode ser útil. E já sabemos o que acontece quando trazemos coisas à tona. Você é acusada de ser aquela que está dificultando a reconciliação. É julgada como aquela que ainda precisa fazer o que outras pessoas já fizeram: supere isso; se supere; deixe para lá. Você se torna a ferida aberta porque não deixa as coisas cicatrizarem.

Estamos dispostas a ser aquelas que fracassam nesse projeto de reconciliação. Sabemos que o sucesso desse projeto é o fracasso no enfrentamento dessas histórias de injustiça que se manifestam não apenas no trauma não resolvido daquelas pessoas para quem a história é uma herança corporal, um espectro transgeracional, mas também na distribuição brutalmente desigual de riquezas e recursos.

o modo como um mundo se configura é memória.

E dizem: mas veja o que foi dado a vocês. Igualdade, diversidade: tudo é transformado em uma dádiva pela qual devemos agradecer; tudo se torna compensatório. Não ficamos agradecidas quando um sistema se estende para nos incluir se esse sistema tem como fundamento a desigualdade e a violência.

PRINCÍPIO 6: NÃO ESTOU DISPOSTA A SER INCLUÍDA SE A INCLUSÃO SIGNIFICA SER INCLUÍDA EM UM SISTEMA QUE É INJUSTO, VIOLENTO E DESIGUAL.

É frequentemente um convite: entre, faça parte, seja grata. Às vezes temos poucas opções: somos trabalhadoras; trabalhamos; vamos nos virando. Precisamos sobreviver ou até progredir dentro de uma instituição. Mas, mesmo quando somos incluídas, mesmo quando recebemos benefícios (pode ser que tenhamos salários; pode ser que tenhamos aposentadorias), não desejamos essa inclusão: concordamos que a inclusão exige defender a instituição, identificar-se com ela. Estamos dispostas a erguer a voz contra a violência do sistema, a entrar em greve, a protestar. Estamos dispostas a falar sobre as varas, a correr o risco de nos identificarem como um braço rebelde.

Mas há uma dificuldade aqui. Porque, certamente, se você é empregada por uma organização, se você recebe o benefício do emprego, seria possível dizer que a manutenção de uma posição estraga-prazeres é uma forma de desonestidade política: você se beneficia das instituições que critica. Precisamos começar por nossa própria cumplicidade: é por isso que a Parte II começou com a natureza comprometida do trabalho de diversidade. Tal cumplicidade não deve ser convertida em uma lógica reprodutiva própria: a de que nossa única opção é reproduzir a lógica da instituição que nos emprega. Em realidade, as pessoas que se beneficiam de um sistema injusto precisam trabalhar ainda mais para expor a injustiça. Quando proferimos, estragamos prazeres – nós, as estraga-prazeres que possuem empregos formais; vamos chamar a nós mesmas estraga-prazeres profissionais, algumas somos até professoras estraga-prazeres. Não é possível superar essa dificuldade a não ser começando por ela. Precisamos utilizar os benefícios que temos para dar apoio às pessoas que não recebem os mesmos benefícios, inclusive aquelas dentro da própria instituição que não têm a mesma segurança que nos permite expor as inseguranças. No ensino superior, isso significa que precisamos agir em solidariedade com estudantes que estão lutando pela educação como um direito, professoras/es substitutas/os e docentes que não estão efetivadas/os ou que têm contratos de curta duração, funcionárias/os que trabalham para manter os prédios e as instalações em que trabalhamos: equipes de faxina, segurança, portaria. Tentei demonstrar como a estraga-prazeres e a obstinação se relacionam à política do trabalho: braços importam, o que significa dizer que algumas pessoas acabam realizando o trabalho de reproduzir as condições que permitem a existência de outras pessoas. Quando nossa existência profissional é possibilitada pelo trabalho alheio, precisamos utilizar nossa existência para reconhecer esse trabalho. Precisamos expor a injustiça institucional, a injustiça de apoiar algumas pessoas pela negação do mesmo apoio a outras. E precisamos apoiar quem desafia o desamparo de suas condições de trabalho. A obstinação é extraordinária.

E: devemos continuar expondo a violência dentro das instituições nas quais fomos incluídas, especialmente quando nossa própria inclusão ocorre sob o signo da diversidade e da igualdade, especialmente quando nosso corpo e os produtos de nosso trabalho são usados por instituições como evidência de inclusão. Nós nos transformamos em demolidoras de paredes. Então precisamos falar sobre paredes: precisamos mostrar como a história se torna concreta. Não estamos dispostas a permitir que nossa inclusão promova apoio a uma fantasia de felicidade. Talvez seja preciso partir, em algum momento, se nossa inclusão exigir muitas concessões, embora não estejamos todas na posição de poder ir embora.

Um manifesto estraga-prazeres: exige uma contínua e obstinada recusa a identificar nossa esperança com a inclusão em organizações fundamentadas sobre a violência. Não me sinto grata por ser incluída em uma instituição desigual. Não me sinto grata por ser incluída em uma instituição onde falar sobre sexismo e racismo constitui um sinal de ingratidão. Temos toda uma história de feministas ingratas na qual nos inspirar. Feministas ingratas; aborrecidas; aborrecedoras.

Juntas: as aborrecidas são lumpenfeministas. Um lumpemproletariado: com forma feminista e consciência feminista.

PRINCÍPIO 7: ESTOU DISPOSTA A VIVER UMA VIDA QUE OUTRAS PESSOAS CONSIDEREM INFELIZ E A REJEITAR OU AMPLIAR OS ROTEIROS POSSÍVEIS PARA AQUILO QUE CONSTITUI UMA BOA VIDA.

Eu já mencionei como a felicidade mobiliza o estreitamento das formas de se viver uma vida. Podemos ser desleais pelo fato de recusar o estreitamento. Vivemos vidas consideradas infelizes, que não alcançam os padrões corretos de cerimônia. Duas mulheres vivendo juntas, recusando uma união estável, recusando o casamento; estamos colocando em ato nossa rejeição do heteropatriarcado. Colocar em ato uma rejeição é uma ação que se faz coletivamente.

Podemos vir a encarnar uma linhagem familiar alternativa, como sugeri no capítulo 8, ou uma alternativa à linhagem familiar. Eu gosto de ser uma tia lésbica feminista. Sei que, quando jovem, eu teria adorado ter tias lésbicas feministas, embora eu tivesse tias feministas a quem devo muita coisa. Precisamos contar nossas histórias às crianças, àquelas que ainda estão chegando; as gerações precisam contar suas histórias, reunidas em torno de outras vidas, aquelas que se encontram apagadas pela ausência de marcas oficiais. Precisamos nos contar outras histórias, sobre as diferentes formas possíveis de viver, as diferentes formas de ser; fundamentadas não sobre a proximidade em relação à vida pressuposta ou esperada, e sim nos percursos *queer* da vida que se vive.

Eu teria gostado de saber que havia outras formas de viver, de ser. Teria gostado de saber que mulheres não precisam existir em relação a homens. Obviamente, eu sofri até chegar a essa constatação: me tornei feminista; encontrei os estudos de mulheres; conheci mulheres que me ensinaram que havia coisas que eu não precisava fazer; encontrei mulheres que me ajudaram a desviar das expectativas.

queer: o momento em que você percebe aquilo que você não precisava ser.

Podemos fazer parte de um alargamento quando recusamos o estreitamento. A cada vez que rejeitamos ou ampliamos o roteiro para a felicidade, nos tornamos parte de uma abertura. Se o intuito é viver uma vida feminista, precisamos criar espaço. Quando criamos espaço, criamos espaço para outras pessoas.

PRINCÍPIO 8: ESTOU DISPOSTA A DEVOLVER O ACASO À FELICIDADE.

Mencionei como a palavra *happiness* surge do inglês médio *hap*, sugerindo acaso. Uma história da felicidade é a história da remoção de seu acaso, de tal maneira que a felicidade se define hoje não em termos daquilo que acontece [*happens*] com você, mas daquilo para o qual você trabalha. Em um livro anterior, investiguei como a felicidade passou a ser, inclusive, redefinida contra o acaso, especialmente na psicologia dos fluxos e na psicologia positiva: não mais como algo que acontece (ou que simplesmente acontece).[14] Os roteiros estreitos da felicidade dizem respeito precisamente à violência da eliminação do acaso. Precisamos reconhecer a eliminação do acaso antes que possamos restaurá-lo. Não podemos simplesmente utilizar palavras brandas como se isso fosse nos tirar daqui. Precisamos reconhecer o peso do mundo, o peso da felicidade, o modo como somos colocadas para baixo de acordo com a expectativa de que estamos para baixo. Tropeçamos. Quando estamos andando na linha e tropeçamos, podemos sentir que somos obstáculos a nossa própria felicidade; podemos sentir que estamos nos prejudicando. Podemos nos permitir isso? Pode ser que estejamos desejando aquilo que estamos aparentemente desfazendo? Tropeço; talvez ao tropeçar eu tenha encontrado você, talvez ao tropeçar eu tenha tropeçado na felicidade, uma felicidade cheia de acasos; uma felicidade frágil como os corpos que amamos e estimamos. Valorizamos essa felicidade porque ela é frágil: ela chega e vai embora, como nós. Estou disposta a deixar a felicidade partir; a permitir que a raiva, a fúria ou a frustração sejam uma maneira de ser afetada pelo mundo. Mas, quando a felicidade por acaso acontece, fico feliz.

Uma felicidade frágil pode estar sintonizada com a fragilidade das coisas. Podemos nos importar com coisas que são rompidas, com as coisas partidas. Importar-se com tais coisas não significa importar-se com a felicidade delas. Importar-se com a felicidade pode querer dizer, muitas vezes,

---

14 S. Ahmed, *The Promise of Happiness*, op. cit.

importar-se com outras pessoas sob a condição de que elas reproduzam a ideia que você tem quanto à melhor forma de viver a vida. Talvez possamos pensar o cuidado em relação ao acaso. Frequentemente nos consideram descuidadas quando quebramos algo, como observei no capítulo 7. O que significa se importar com algo, quer ele quebre ou não? Talvez possamos reorientar o cuidado: em vez de nos importarmos com a felicidade de alguém, melhor nos importarmos com o que acontece com algo ou alguém. Importar-se com o que acontece, importar-se independentemente do que aconteça. Poderíamos chamar isso de cuidado do acaso em vez de cuidado da felicidade. Um cuidado do acaso não seria sobre abandonar um objeto, e sim sobre se agarrar a um objeto por meio do abandono de si, a entrega de si a algo a que não se pertence. Um cuidado do acaso não buscaria eliminar a ansiedade do cuidado; seria possível descrevê-lo até como um cuidado para o acaso. Cuidar produz ansiedade – estar cheia de cuidado, ser cuidadosa, significa cuidar das coisas a partir de uma ansiedade em relação ao futuro, um futuro encarnado na fragilidade de um objeto cuja permanência importa. Nosso cuidado recolheria os cacos de um vaso despedaçado. Nosso cuidado não transformaria a coisa em um memorial, mas valorizaria cada pedaço; o despedaçamento como início de outra história.

No entanto, não chegaríamos a uma noção liberal: tudo é igualmente frágil; devemos nos importar com cada coisa igualmente. Não é; e eu não me importo com cada coisa igualmente. Algumas coisas se tornam mais frágeis que outras com o tempo. Com o tempo, prestamos atenção. Prestar atenção a algo que se tornou mais quebradiço significa prestar atenção em sua história, com amor, com cuidado.

PRINCÍPIO 9: ESTOU DISPOSTA A ROMPER VÍNCULOS, MESMO OS MAIS PRECIOSOS, SE ELES FOREM PREJUDICIAIS A MIM OU A OUTRAS PESSOAS.

Quando um vínculo se rompe, é comum escutar que se trata de algo muito triste, como comentei no capítulo 8. Mas vínculos podem ser violentos.

Um vínculo pode nos diminuir. Às vezes não estamos prontas para reconhecer que fomos diminuídas. Não estamos prontas. Pode ser necessário muito trabalho psíquico e político para nos sentirmos prontas para romper um vínculo. Quando você finalmente promove essa ruptura, quando você estala, pode parecer um momento inesperado que corta a linha que se desdobrava no tempo, um desvio, uma despedida. Mas um momento pode ser uma conquista: pode ser aquilo para que você vinha trabalhado.

Talvez você esteja disposta a romper o vínculo. Talvez você tenha que ser obstinada para estar disposta. E talvez você precise reconhecer que outras pessoas também precisam trabalhar para chegar ao ponto de deixar que algo termine. Partilhe esse trabalho. Precisamos repartir os custos daquilo de que abrimos mão. Mas, quando desistimos, não é que simplesmente percamos algo, mesmo que haja uma perda. Encontramos coisas. Descobrimos coisas que não sabíamos antes – sobre nós mesmas, sobre os mundos. A vida feminista é uma jornada, a busca por alcançar algo que talvez não fosse possível sem o estalo, sem o encorajamento enérgico de outras pessoas. Mas uma vida feminista é também um retorno, a recuperação de partes de nós que não sabíamos que possuíamos, que não sabíamos que havíamos contido.

Podemos nos acolher umas às outras ao não nos conter.

PRINCÍPIO 10: ESTOU DISPOSTA A PARTICIPAR DE UM MOVIMENTO ESTRAGA-PRAZERES.

Independentemente de você estar sendo difícil ou não, a percepção é de que você está dificultando as coisas para si e para outras pessoas. Há tanta dificuldade que pensaríamos que as feministas estraga-prazeres desistiriam. E, no entanto, quando comecei a apresentar e falar sobre a feminista estraga-prazeres, quando comecei a realizar trabalhos com ela e a respeito dela, erguendo-a, percebi como a sala se enchia de energia. Às vezes, falar sobre ela ou permitir sua entrada na sala para agir se assemelhava a uma descarga elétrica. E ela rapidamente se encontra na companhia de estraga-prazeres: estraga-prazeres transfeministas,[15] estraga-prazeres étnicas,[16] estraga-prazeres *crip*,[17] feministas estraga-prazeres indígenas.[18] Há muito mais para aprendermos.

Por quê? Porque a figura da estraga-prazeres surge sempre que há histórias difíceis para serem trazidas à tona. A estraga-prazeres é instigante não apesar daquilo que ela traz à tona, e sim por causa do que ela traz à tona. Ela adquire vitalidade ou energia a partir da cena da dificuldade. Se ela está disposta a ser uma estraga-prazeres, se está disposta a interditar o caminho da felicidade, ela se agarra a um juízo e o assume para si.

Nós até mesmo transformamos o juízo em um comando rebelde.

estraga-prazeres?
olhe e veja.
vem pra cima.

Podemos fazer uma bela colheita quando a buscamos. Pode haver prazer em encontrar estraga-prazeres; pode haver prazer em estragar prazeres. Nossos olhares se encontram quando contamos histórias sobre olhos revirados.

você também; você também.
um movimento frágil.
um estalo enérgico.

---

15 T. L. Cowan, "Transfeminist Kill/Joys: Rage, Love and Reparative Performance". *Transgender Studies Quarterly*, v. 1, n. 4, 2014.
16 Sukhmani Khorana, "On Being an 'Ethnic Killjoy' in the Asian Century". *The Conversation*, 19 nov. 2013.
17 Anna Mollow, "Bellyaching". *Social Text*, 24 out. 2013.
18 Joanne Barker, "The Indigenous Feminist Killjoy", tequilasovereign.wordpress.com, 24 jul. 2015.

Tantos momentos são abreviados por nossa equação REVIRAR OS OLHOS = PEDAGOGIA FEMINISTA. Desejamos esses momentos. Momentos podem ser movimento. Momentos podem constituir um movimento, um movimento organizado a partir de materiais mais leves. Isso não é um abrigo seguro. Com muita frequência ficamos despedaçadas; mas repare nas paredes se movimentando.

estamos dispostas a participar de um movimento estraga-prazeres.
somos este movimento.
abram alas.

AGRADECIMENTOS

Esta é a primeira vez em que escrevo um livro em paralelo com um blog. Muito obrigada a quem me incentivou a dar início ao blog, em especial a minhas amigas feministas do Facebook. Agradeço também às pessoas com quem interagi nas redes sociais desde então. Aprendi muitíssimo. Obrigada, Mulka e Poppy, pela companhia marrom e peluda, antes e agora. Obrigada, Leona Lewis, por sua voz e inspiração. Meu agradecimento especial à minha parceira no crime feminista, Sarah Franklin. Agradeço à Duke University Press por trabalhar comigo novamente, e a Ken Wissoker e Elizabeth Ault por manterem o entusiasmo ao longo deste projeto, bem como a Liz Smith pela paciência nas etapas finais. A minhas colegas feministas da Goldsmiths, e não só de lá, agradeço o cuidado e a conexão, seja de perto ou de longe, especialmente a Rumana Begum, Sirma Bilge, Lisa Blackman, Ulrika Dahl, Natalie Fenton, Yasmin Gunaratnam, Heidi Mirza, Fiona Nicoll, Nirmal Puwar, Beverley Skeggs, Elaine Swan e Isabel Waidner. A quem participou do Center for Feminist Research e do Feminist Postgraduate Forum, obrigada pelo empenho em fazer do ambiente de trabalho um lugar melhor e mais seguro, especialmente Tiffany Page e Leila Whitley. Durante o processo de edição deste livro, tomei a difícil decisão de renunciar a meu cargo na Goldsmiths, depois de três anos trabalhando, ao lado de colegas, para questionar o modo como o assédio sexual foi normalizado na cultura acadêmica. Fiquei comovida com a solidariedade e o apoio feminista que recebi. Cada uma das mensagens ecoou algo em mim a respeito do que tentei escrever neste livro: viver uma vida feminista é sobre como nos conectamos e nos encorajamos em nosso projeto comum de desconstruir mundos. Estamos martelando, devagar, mas estamos martelando!

REFERÊNCIAS BIBLIOGRÁFICAS

AHMED, Sara. *Differences That Matter: Feminist Theory and Postmodernism.* Cambridge: Cambridge University Press, 1998.

___. *Strange Encounters: Embodied Others in Post-coloniality.* London: Routledge, 2000.

___. *The Cultural Politics of Emotion.* Edinburgh: Edinburgh University Press, 2004.

___. *Queer Phenomenology: Orientations, Objects, Others.* Durham: Duke University Press, 2006.

___. *The Promise of Happiness.* Durham: Duke University Press, 2010.

___. *On Being Included: Racism and Diversity in Institutional Life.* Durham: Duke University Press, 2012.

___. *Willful Subjects.* Durham: Duke University Press, 2014.

___. "Introduction: Sexism – A Problem with a Name". *New Formations*, v. 86, 2015.

ALEXANDER, M. Jacqui. *Pedagogies of Crossing: Meditations on Feminism, Sexual Politics, Memory, and the Sacred.* Durham: Duke University Press, 2005.

ALMOND, Grace. "Rhodes Must Fall: Why British Universities Need to Decolonize not Diversify". *Consented*, 29/12/2015.

ANG, Ien. *On Not Speaking Chinese: Living between Asia and the West.* London: Routledge, 2001.

ANZALDÚA, Gloria E. "La Prieta", in Cherríe L. Moraga & Gloria E. Anzaldúa (orgs.). *This Bridge Called my Back: Writings by Radical Women of Color.* Watertown: Persephone, 1983.

___. *Borderlands/La Frontera: The New Mestiza* [1987]. San Francisco: Aunt Lute, 1999.

BARKER, Joanne. "The Indigenous Feminist Killjoy". *Tequila Sovereign*, 24/07/2015.

BATES, Laura. *Everyday Sexism*. London: Simon & Schuster, 2014.

BEAUVOIR, Simone de. *The Second Sex* [1949], trad. H. M. Parshley. London: Vintage, 1997 [ed. bras.: *O segundo sexo*, trad. Sérgio Milliet. Rio de Janeiro: Nova Fronteira, 2016].

BECKER, Edith, Michelle Citron, Julia Lesage & B. Ruby Rich. "Lesbians and Film". *Jump Cut*, n. 24–25, 1981.

BERLANT, Lauren."Slow Death (Sovereignty, Obesity, Lateral Agency)". *Critical Inquiry*, v. 33, n. 4, 2007.

___. "Thinking about Feeling Historical". *Emotion, Space and Society*, v. 1, 2008.

___. *Cruel Optimism*. Durham: Duke University Press, 2011.

BILGE, Sirma. "Intersectionality Undone: Saving Intersectionality from Feminist Intersectionality Studies". *Du Bois Review: Social Science Research on Race*, v. 10, n. 2, 2013.

BRAH, Avtar. *Cartographies of Diaspora: Contesting Identities*. London: Routledge, 1996.

BRAIDOTTI, Rosi. *Transpositions: On Nomadic Ethics*. Cambridge: Polity, 2006.

BREWER, Rose M. "Theorizing Race, Class and Gender: The New Scholarship of Black Feminist Intellectuals and Black Women's Labor", in Stanlie Myrise James & Abena P. A. Busia (orgs.), *Theorizing Black Feminisms: The Visionary Pragmatism of Black Women*. London: Routledge, 1993.

BRONTË, Charlotte. *Jane Eyre* [1847]. London: Wordsworth, 1999 [ed. bras.: *Jane Eyre: uma autobiografia*, trad. Adriana Lisboa. Rio de Janeiro: Zahar, 2018].

BROWN, Kimberly Juanita. *The Repeating Body: Slavery's Visual Resonance in the Contemporary*. Durham: Duke University Press, 2015.

BROWN, Rita Mae. *Rubyfruit Jungle*. New York: Bantam, 1973.

___. *A Plain Brown Rapper*. Oakland: Diana, 1976.

BROWN, Wendy. States of Injury: Power and Freedom in Late Modernity. Princeton: Princeton University Press, 1995.

___. *Walled States, Waning Sovereignty*. Cambridge: MIT Press, 2010.

BUTLER, Judith. *Gender Trouble: Feminism and the Subversion of Identity*. New York: Routledge, 1990 [ed. bras.: *Problemas de gênero: Feminismo e subver-*

são da identidade, trad. Renato Aguiar. Rio de Janeiro: Civilização Brasileira, 2003].

___. *Bodies That Matter: On the Discursive Limits of "Sex"*. London: Routledge, 1993 [ed. bras.: *Corpos que importam: os limites discursivos do "sexo"*, trad. Veronica Daminelli e Daniel Yago Françoli. São Paulo: n-1 edições/ crocodilo, 2020].

___. "Merely Cultural". *Social Text*, n. 52–53, 1997 [ed. bras.: "Meramente cultural", *Ideias*, v. 7, n. 2, 2017].

___. *Precarious Life: The Powers of Mourning and Violence*. London: Verso, 2004 [ed. bras.: *Vida precária*, trad. Andreas Lieber. Belo Horizonte: Autêntica, 2019].

___. *Notes toward a Performative Theory of Assembly*. Cambridge: Harvard University Press, 2015 [ed. bras.: *Corpos em aliança e a política das ruas: notas para uma teoria performativa de assembleia*, trad. Fernanda Siqueira Miguens. Rio de Janeiro: Civilização Brasileira, 2018].

CAVANAGH, Sheila L. *Queering Bathrooms: Gender, Sexuality and the Hygienic Imagination*. Toronto: University of Toronto Press, 2010.

CHENG, Anne-Anlin. *The Melancholia of Race: Psychoanalysis, Assimilation and Hidden Grief*. Oxford: Oxford University Press, 2000.

CLARE, Eli. *Exile and Pride: Disability, Queerness, and Liberation* [1999]. Durham: Duke University Press, 2015.

COLLINS, Patricia Hill. *Black Feminist Thought: Knowledge, Consciousness and the Politics of Empowerment* [1990]. New York: Routledge, 2000 [ed. bras.: *Pensamento feminista negro: conhecimento, consciência e a política do empoderamento*, trad. Jamille Pinheiro Dias. São Paulo: Boitempo, 2019].

COWAN, T. L. 2014. "Transfeminist Kill/Joys: Rage, Love and Reparative Performance". *Transgender Studies Quarterly*, v. 1, n. 4.

CRENSHAW, Kimberlé. "Demarginalizing the Intersection of Race and Sex: A Black Feminist Critique of Antidiscrimination Doctrine, Feminist Theory and Antiracist Politics". *University of Chicago Legal Forum*, n. 1, 1989.

CRENSHAW, Kimberlé & Andrea Ritchie."Say Her Name: Resisting Police Brutality against Black Women". New York: African American Policy Forum, 2015.

DAHL, Ulrika. "Sexism: A Femme-inist Perspective". *New Formations*, v. 86, 2015.

DAVIS, Angela. *Women, Race and Class* [1981]. New York: Vintage, 1983 [ed. bras.: *Mulheres, raça e classe*. Trad. Heci Regina Candiani. São Paulo: Boitempo, 2016].

_____. *Blues Legacies and Black Feminism: Gertrude "Ma" Rainey, Bessie Smith and Billie Holiday*. New York: Vintage, 1998.

DiANGELO, Robin. "White Fragility". *International Journal of Critical Pedagogy*, v. 3, n. 3, 2011.

DONALDSON, Elizabeth J. "Revisiting the Corpus of the Madwoman: Further Notes toward a Feminist Disability Studies Theory of Mental Illness", in Kim Q. Hall (org.), *Feminist Disability Studies*. Bloomington: Indiana University Press, 2011.

DOUGLAS, Mary. *Purity and Danger: An Analysis of the Concepts of Pollution and Taboo*. London: Routledge Classics, 2002 [ed. bras.: *Pureza e perigo: ensaio sobre a noção de poluição e tabu*, trad. Mônica Siqueira Leite de Barros e Zilda Zakia Pinto. São Paulo: Perspectiva, 1976].

DUGGAN, Lisa. *The Twilight of Equality: Neoliberalism, Cultural Politics, and the Attack on Democracy*. Boston: Beacon, 2003.

DWORKIN, Andrea. *Woman Hating*. New York: E. P. Dutton, 1974.

ECHOLS, Alice. *Daring to Be Bad: Radical Feminism in America, 1967–1975*. Minneapolis: University of Minnesota Press, 1989.

ELIOT, George. *Adam Bede* [1859]. New York: Signet Classics, 1961.

_____. *The Mill on the Floss* [1860]. New York: New American Library, 1965 [ed. port.: *O moinho à beira do Floss*, trad. Fernando de Macedo. Lisboa: Relógio d'Água, 2011].

_____. *Silas Marner* [1861]. Hertfordshire: Wordsworth Classics, 1994.

EMERY, Kim. *The Lesbian Index: Pragmatism and Lesbian Subjectivity in the Twentieth Century United States*. Albany: State University of New York Press, 2002.

ENG, David L. & Shinhee Han. "A Dialogue on Racial Melancholia", in David L. Eng & David Kazanjian (orgs.), *Loss: The Politics of Mourning*. Berkeley: University of California Press, 2003.

ENKE, Anne (org.). *Transfeminist Perspectives: In and beyond Transgender and Gender Studies*. Philadelphia: Temple University Press, 2012.

FANON, Frantz. *Black Skin, White Masks* [1952], trad. Charles Lam Markmann. London: Pluto, 2008 [ed. bras.: *Pele negra, máscaras brancas*, trad. Sebastião Nascimento e Raquel Camargo. São Paulo: Ubu Editora, 2020].

FIRESTONE, Shulamith. *The Dialectic of Sex: The Case for Feminist Revolution.* New York: Bantam, 1970.

FRANKENBERG, Ruth & Lata Mani. "Crosscurrents, Crosstalk: Race, 'Postcoloniality' and the Politics of Location". *Cultural Studies*, v. 7, n. 2, 1993.

FRANKLIN, Sarah. "Revisiting Reprotech: Firestone and the Question of Technology", in Mandy Merck & Stella Sanford (orgs.) *Further Adventures of the Dialectic of Sex: Critical Essays on Shulamith Firestone.* London: Palgrave Macmillan, 2010.

___. "Sexism as a Means of Reproduction: Some Reflections on the Politics of Academic Practice". *New Formations*, v. 86, 2015.

FREEMAN, Elizabeth. "Time Binds, or, Erotohistoriography". *Social Text*, v. 23, n. 3–4, 2005.

FRIEDAN, Betty. *The Feminine Mystique* [1963]. Harmondsworth: Penguin, 1965 [ed. bras.: *A mística feminina*, trad. Carla Bitelli et al. Rio de Janeiro: Rosa dos Tempos, 2020].

FRYE, Marilyn. *The Politics of Reality: Essays in Feminist Theory.* Trumansburg: Crossing Press, 1983.

___. "Introduction", in Marilyn Murphy, *Are Your Girls Traveling Alone? Adventures in Lesbianic Logic.* Los Angeles: Clothes Spin Fever, 1991.

___. *Willful Virgin: Essays in Feminism, 1976–1992.* Freedom: Crossing Press, 1992.

GARLAND-THOMSON, Rosemarie. "Misfits: A Feminist Materialist Disability Concept". *Hypatia: A Journal of Feminist Philosophy*, v. 26, n. 3, 2011.

___. "The Story of My Work: How I Became Disabled". *Disability Studies Quarterly*, v. 34, n. 2, 2014.

GATENS, Moira. "The Critique of the Sex/Gender Distinction", in Judith Allen & Paul Patton (orgs.), *Beyond Marxism: Interventions after Marx.* Sydney: Interventions, 1983.

GILL, Rosalind. "Postfeminist Media Culture: Elements of a New Sensibility". *European Journal of Cultural Studies*, v. 10, n. 2, 2007.

GILMAN, Charlotte Perkins. *The Yellow Wallpaper and Other Stories* [1892]. New York: Dover, 1997 [ed. bras.: *O papel de parede amarelo*, trad. Diogo Henriques. Rio de Janeiro: José Olympio, 2018].

____. *The Home: Its Work and Influence* [1904]. Lanham: Rowman and Littlefield, 2002.

GILMORE, Ruth Wilson. *Golden Gulag: Prisons, Surplus, Crisis, and Opposition in Globalizing California*. Berkeley: University of California Press, 2007.

GOLDMAN, Emma. *Living My Life*, v. 1. New York: Cosimo, 2008 [ed. bras.: *Vivendo minha vida*, trad. Nils Goran Skare. Curitiba: L.Dopa, 2015].

GORDON, Lewis R. "Fanon, Philosophy, Racism", in Susan E. Babbitt & Sue Campbell (orgs.), *Racism and Philosophy*. Ithaca: Cornell University Press, 1999.

GRIMM, Jacob & Wilhelm Grimm. *Household Tales*, v. 2, trad. Margaret Hunt. London: George Bell, 1884.

GUMBS, Alexis Pauline. *We Can Learn to Mother Ourselves: The Queer Survival of Black Feminism, 1968–1996*. Tese (doutorado), Duke University, 2010.

GUNARATNAM, Yasmin. "Morbid Mixtures: Hybridity, Pain and Transnational Dying". *Subjectivity*, v. 7, n. 1, 2014.

GUPTA, Camel. Apresentação no painel Black British Feminism. Centre for Feminist Research, Goldsmiths, 11/12/2014.

GUTIÉRREZ Y MUHS, Gabriella et al. (orgs.). *Presumed Incompetent: The Intersections of Race and Class for Women in Academia*. Boulder: University Press of Colorado, 2006.

HALBERSTAM, J. *Female Masculinity*. Durham: Duke University Press, 1998.

____. *In a Queer Time and Space: In a Queer Time and Place: Transgender Bodies, Subcultural Lives*. Durham: Duke University Press, 2005.

____. *The Queer Art of Failure*. Durham: Duke University Press, 2011 [ed. bras.: *A arte queer do fracasso*, trad. Bhuvi Libanio. Recife: Cepe Editora, 2020].

HALL, Radclyffe. *The Well of Loneliness* [1928]. London: Virago, 1982 [ed. bras.: *O poço da solidão*, trad. Ary Quintella. Rio de Janeiro: Record, 1998].

HARAWAY, Donna. *A Companion Species Manifesto: Dogs, People and Significant Otherness*. Chicago: Prickly Paradigm, 2003 [ed. bras.: *O manifesto das espécies companheiras: Cachorros, pessoas e alteridade significativa*, trad. Pê Moreira. Rio de Janeiro: Bazar do Tempo, 2021].

HARTMAN, Saidiya V. *Scenes of Subjection: Terror, Slavery and Self-Making in Nineteenth-Century America*. New York: Oxford University Press, 1997.

HEMMINGS, Clare. *Why Stories Matter: The Political Grammar of Feminist Theory*. Durham: Duke University Press, 2011.

HESFORD, Victoria. *Feeling Women's Liberation*. Durham: Duke University Press, 2013.

HOCHSCHILD, Arlie Russell. *The Managed Heart: Commercialization of Human Feeling* [1983]. Berkeley: University of California Press, 2003.

HOOKS, bell. *Ain't I a Woman: Black Women and Feminism*. Boston: South End, 1981 [ed. bras.: *E eu não sou uma mulher? Mulheres negras e feminismo*, trad. Bhuvi Libanio. Rio de Janeiro: Rosa dos Tempos, 2019].

___. *Talking Back: Thinking Feminism, Thinking Black*. Boston: South End, 1988 [ed. bras.: *Erguer a voz: pensar como feminista, pensar como negra*, trad. Catia Maringolo. São Paulo: Elefante, 2019].

___. "Inspired Eccentricity: Sarah and Gus Oldham", in Sharon Sloan Fiffer & Steve Fiffer (orgs.), *Family: American Writers Remember Their Own*. New York: Vintage, 1996.

___. *Feminist Theory: From Margin to Center*. London: Pluto, 2000 [ed. bras.: *Teoria feminista: da margem ao centro*, trad. Rainer Patriota. São Paulo: Perspectiva, 2019].

JACQUES, Juliet. "Confidence Is the Key to Passing: Or at Least to Silencing the Hecklers". *The Guardian*, 28/07/2010.

___. *Trans: A Memoir*. London: Verso, 2015.

JAGGAR, Alison M. "Love and Knowledge: Emotion in Feminist Epistemology", in Ann Garry & Marilyn Pearsall (orgs.), *Women, Knowledge, and Reality: Explorations in Feminist Philosophy* [1989]. New York: Routledge, 1996.

JAMES, Robin. *Resilience & Melancholy: Pop Music, Feminism, Neoliberalism*. London: Zero, 2015.

JOHNSON, E. Patrick. "Snap! Culture: A Different Kind of 'Reading'". *Text and Performance Quarterly*, v. 15, n. 2, 2009.

JOHNSON, Merri Lisa. "Bad Romance: A Crip Feminist Critique of Queer Failure". *Hypatia: A Journal of Feminist Philosophy*, v. 30, n. 1, 2014.

KAFAI, Shayda. "The Mad Border Body: A Typical In-Betweeness". *Disability Studies Quarterly*, v. 33, n. 1, 2012.

KAFER, Alison. *Feminist, Queer, Crip*. Bloomington: Indiana University Press, 2013.

KELLEY, Robin D. G. "Why We Won't Wait". *Counterpunch*, 25/11/2014.

KHORANA, Sukhmani. "On Being an Ethnic Killjoy in the Asian Century". *The Conversation*, 19/11/2013.

KING, Moynan. "Revenge as a Radical Feminist Tactic in the Scum Manifesto". *Nomorepotlucks*, jul.-ago. 2013.

KUHN, Annette. *Family Secrets: Acts of Memory and Imagination* [1995]. London: Verso, 2002.

LAMP, Sharon & W. Carol Cleigh. "A Heritage of Ableist Rhetoric in American Feminism from the Eugenics Period", in Kim Q. Hall (org.), *Feminist Disability Studies*. Bloomington: Indiana University Press, 2011.

LEWIS, Gail. "Birthing Racial Difference: Conversations with My Mother and Others". *Studies in the Maternal*, v. 1, n. 1, 2009.

LORDE, Audre. *The Black Unicorn: Poems*. New York: Norton, 1978 [ed. bras.: *A unicórnia preta*, trad. Stephanie Borges. Belo Horizonte: Relicário, 2020].

____. *Sister Outsider: Essays and Speeches*. Trumansburg: Crossing Press, 1984a [ed. bras.: *Irmã outsider: ensaios e conferências*, trad. Stephanie Borges. São Paulo: Autêntica, 2019].

____. *Zami: A New Spelling of My Name* [1982]. London: Sheba Feminist, 1984b [ed. bras.: *Zami: uma nova grafia do meu nome*, trad. Lubi Prates. São Paulo: Elefante, 2021].

____. *A Burst of Light: Essays*. Ithaca: Firebrand, 1988 [ed. bras.: "Uma explosão de luz: Vivendo com câncer", in Djamila Ribeiro (org.), *Sou sua irmã*, trad. Stephanie Borges. São Paulo: Ubu Editora, 2020].

____. *The Cancer Journals* [1980]. San Francisco: Aunt Lute, 1997.

LOVE, Heather. *Feeling Backward: Loss and the Politics of Queer History*. Cambridge: Harvard University Press, 2007.

MCKITTRICK, Katherine."Yours in the Intellectual Struggle: Sylvia Wynter and the Realization of the Living", in Katherine McKittrick (org.), *Sylvia Wynter: On Being Human as Praxis*. Durham: Duke University Press, 2015.

MCROBBIE, Angela. *The Aftermath of Feminism*. London: Sage, 2008.

MILLBANK, Lisa. "The Scope of Action, Smiling, Smile 'Strikes' and Individual Action". *Radtransfem*. Tumblr, 11/1/2013.

MILLER, Alice. *For Your Own Good: The Roots of Violence in Child-Rearing*. London: Virago, 1987.

MINGUS, Mia. "Mia Mingus on Disability Justice (interview)". *Icarus Project*. YouTube, 11/12/2013.

MIRZA, Heidi Safia. "Decolonizing Higher Education: Black Feminism and the Intersectionality of Race and Gender". *Journal of Feminist Scholarship*, n. 7, 2018.

MOHANTY, Chandra Talpade. *Feminism without Borders: Decolonizing Theory, Practicing Solidarity*. Durham: Duke University Press, 2003.

MORAGA, Cherríe. "The Welder", in Cherríe L. Moraga & Gloria E. Anzaldúa (orgs.). *This Bridge Called my Back: Writings by Radical Women of Color*. Watertown: Persephone, 1983.

MORETON-ROBINSON, Aileen. "Tiddas Talkin' Up to the White Woman: When Huggins et al. Took on bell", in Michele Grossman (org.), *Blacklines: Contemporary Critical Writing by Indigenous Australians*. Melbourne: Melbourne University Press, 2003.

MORRISON, Toni. *The Bluest Eye* [1970]. London: Picador, 1979 [ed. bras.: *O olho mais azul*, trad. Manoel Paulo Ferreira. São Paulo: Companhia das Letras, 2003].

MOLLOW, Anna. "Bellyaching". *Social Text*, 2013.

NGAI, Sianne. *Ugly Feelings*. Cambridge: Harvard University Press, 2007.

OAKLEY, Ann. *Women Confined: Towards a Sociology of Childbirth*. New York: Schocken, 1980.

___. *Fracture: Adventures of a Broken Body*. Bristol: Policy, 2007.

ORELUS, Pierre. *Courageous Voices of Immigrants and Transnationals of Color: Counter Narratives against Discrimination in Schools and Beyond.* New York: Peter Lang, 2011.

PENELOPE, Julia. *Call Me Lesbian: Lesbian Lives, Lesbian Theory.* New York: Crossing Press, 1992.

PETERS, Julie Anne. *Keeping You a Secret.* Boston: Little, Brown, 2003 [ed. bras.: *Não conte nosso segredo*, trad. Cristina Lasaitis. São Paulo: Hoo Editora, 2017].

PRECIADO, Paul B. (Beatriz), "Queer Bulldogs: Histories of Human-Canin Co-breeding and Biopolitical Resistance" [vídeo]. *Documenta 13*, 10/9/2012.

PROBYN, Elspeth. *Outside Belongings.* London: Routledge, 1996.

PROSSER, Jay. *Second Skins: The Body Narratives of Transsexuality.* New York: Columbia University Press, 1998.

PUAR, Jasbir. *Terrorist Assemblages: Homonationalism in Queer Times.* Durham: Duke University Press, 2007.

___. "Prognosis Time: Towards a Geopolitics of Affect, Debility and Capacity". *Women & Performance: A Journal of Feminist Theory*, v. 19, n. 2, 2009.

PUWAR, Nirmal. *Space Invaders: Race, Gender and Bodies out of Place.* Oxford: Berg, 2004.

RADICALESBIANS. "The Woman Identified Woman", 1970; http://library.duke.edu/digitalcollections/wlmpc_wlmms01011/.

RANDOLPH, Sherie M. *Florynce "Flo" Kennedy: The Life of a Black Feminist Radical.* Chapel Hill: University of North Carolina Press, 2015.

RANKINE, Claudia. "Poet Claudia Rankine: 'Racism Works Purely on Perception' in America". *The Guardian*, 27/12/2014.

RICH, Adrienne. "Disloyal to Civilization", in *On Lies, Secrets, and Silence: Selected Prose, 1966–1978.* New York: Norton, 1979.

___. "Notes toward a Politics of Location" [1984], in *Blood, Bread, and Poetry: Selected Prose, 1979–1985.* New York: Norton, 1986 [ed. bras.: "Notas para uma política da localização", in Ana Gabriela Macedo (org.), *Género, identidade e desejo: antologia crítica do feminismo contemporâneo.* Lisboa: Cotovia, 2002].

___. "Compulsory Heterosexuality and Lesbian Existence", in Henry Abelove, Michèle Aina Barale & David M. Halperin (orgs.), *The Lesbian and Gay*

Studies Reader. New York: Routledge, 1993 [ed. bras.: "Heterossexualidade compulsória e existência lésbica", trad. Carlos Guilherme do Valle. *Bagoas – Estudos Gays, Gêneros e Sexualidades*, v. 4, n. 5, jan.-jun. 2010].

RIGGS, Marlon T. "Black Macho Revisited: Reflections of a Snap! Queen", in Devon W. Carbado (org.), *Black Men on Race, Gender and Sexuality: A Critical Reader*. New York: New York University Press, 1999.

SANDAHL, Carrie. "Queering the Crip or Cripping the Queer? Intersections of Queer and Crip Identities in Solo Autobiographical Performance". *GLQ*, v. 9, n. 1–2, 1993.

___. "Considering Disability: Disability Phenomenology's Role in Revolutionizing Theatrical Space". *Journal of Dramatic Theory and Criticism*, v. 16, n. 2, 2002.

SAUNDERS, James Robert. "Womanism as the Key to Understanding Zora Neale Hurston's Their Eyes Were Watching God and Alice Walker's The Color Purple". *Hollins Critic*, v. 25, n. 4, 1988.

SCHULMAN, Sarah. *Stagestruck: Theatre, aids, and the Marketing of Gay America*. Durham: Duke University Press, 1998.

SCHWARZ, Judith. *Radical Feminists of Heterodoxy* [1982]. Hereford: New Victoria, 1986.

SEDGWICK, Eve Kosofsky. *Between Men: English Literature and Male Homosocial Desire*. New York: Columbia University Press, 1985.

___. "Queer Performativity: Henry James's The Art of the Novel". *GLQ*, v. 1, n. 1, 1993.

SERANO, Julia. *Whipping Girl: A Transsexual Woman in Sexism and the Scapegoating of Femininity*. Berkeley: Seal, 2007.

SHARPE, Christina. *Monstrous Intimacies: Making Post-slavery Subjects*. Durham: Duke University Press, 2010.

SMITH, Malinda. "Gender, Whiteness, and 'Other Others' in the Academy", in Sherene Razack, Malinda Smith & Sunera Thobani (orgs.), *States of Race: Critical Race Feminism for the 21st Century*. Toronto: Between the Lines, 2010.

SOLANAS, Valerie. *Scum Manifesto* [1967]. Chico: AK Press, 2013.

SPADE, Dean. "Mutilating Gender", in Susan Stryker & Stephen Whittle (orgs.). *The Transgender Studies Reader*. London: Routledge, 2006.

SPELMAN, Elizabeth V. "Anger and Insubordination", in Ann Garry & Marilyn Pearsall (orgs.), *Women, Knowledge and Reality: Explorations in Feminist Philosophy*. New York: Routledge, 1989.

SPILLERS, Hortense. "Mama's Baby, Papa's Maybe: An American Grammar Book". *Diacritics*, v. 17, n. 2, 1987.

SPIVAK, Gayatri Chakravorty. "Can the Subaltern Speak?", in Cary Nelson & Lawrence Grossberg (orgs.), *Marxism and the Interpretation of Culture*. Basingstoke: Macmillan Education, 1988 [ed. bras.: *Pode o subalterno falar?*, trad. Sandra Regina Goulart Almeida, Marcos Pereira Feitosa e André Pereira Feitosa. Belo Horizonte: Editora UFMG, 2010].

STONE, Sandy. "The Empire Strikes Back: A Posttransexual Manifesto", in Susan Stryker & Stephen Whittle (orgs.). *The Transgender Studies Reader*. London: Routledge, 2006.

STRYKER, Susan."My Words to Victor Frankenstein above the Village of Chamounix: Performing Transgender Rage", *GLQ*, v. 1, n. 3, 1994.

SWAN, Elaine. "Commodity Diversity: Smiling Faces as a Strategy of Containment". *Organization*, v. 17, n. 1, 2010a.

___. "States of White Ignorance, and Audit Masculinity in English Higher Education". *Social Politics*, v. 17, n. 4, 2010b.

THOBANI, Sunera. "War and the Politics of Truth-Making in Canada". *International Journal of Qualitative Studies in Education*, v. 16, n. 3, 2003.

TITCHKOSKY, Tanya. *The Question of Access: Disability, Space, Meaning*. Toronto: University of Toronto Press, 2011.

TOPPING, Alexandra. "Universities Being Used as Proxy Border Police, Say Academics". *The Guardian*, 2/3/2014.

TROWBRIDGE, Katherine M. "Jane Munson: Or the Girl Who Wished to Have Her Own Way", in Norman Allison Calkins (org.), *Student and Family Miscellany*. New York: N. A. Calkins, 1855.

TYLER, Imogen. "The Selfish Feminist: Public Images of Women's Liberation". *Australian Feminist Studies*, v. 22, n. 53, 2007.

___. *Revolting Subjects: Social Abjection and Resistance in Neoliberal Britain.* London: Zed, 2013.

VALENTINE, Gill. "(Re)Negotiating the 'Heterosexual Street': Lesbian Productions of Space", in Nancy Duncan (org.), *BodySpace: Destabilizing Geographies of Gender and Sexuality.* London: Routledge, 1996.

WALKER, Alice. *In Search of Our Mothers' Gardens.* Phoenix: New Edition, 2005 [ed. bras.: *Em busca dos jardins de nossas mães: prosa mulherista*, trad. Stephanie Borges. Rio de Janeiro: Bazar do Tempo, 2021].

WEKKER, Gloria. *White Innocence: Paradoxes of Colonialism and Race.* Durham: Duke University Press, 2016.

WHITLEY, Leila. "More Than a Line: Borders as Embodied States". Tese (doutorado), Goldsmiths, University of London, 2015.

WHITLEY, Leila & Tiffany Page. "Sexism at the Centre: Locating the Problem of Sexual Harassment". *New Formations*, n. 86, 2015.

WILCHINS, Riki. *Queer Theory, Gender Theory: An Instant Primer* [2004]. New York: Riverdale Avenue, 2014.

WITTIG, Monique. *The Straight Mind and Other Essays.* Boston: Beacon, 1992.

WOOLF, Virginia. *A Room of One's Own.* London: Hogarth, 1929 [eds. bras.: *Um teto todo seu*, trad. Bia Nunes de Souza. São Paulo: Tordesilhas, 2014; *Um quarto só seu*, trad. Denise Bottmann. Porto Alegre: L&PM, 2019; *Um quarto só seu*, trad. Júlia Romeu. Rio de Janeiro: Bazar do Tempo, 2021].

___. *Mrs. Dalloway* [1925]. London: Wordsworth, 1996 [eds. bras.: *Mrs. Dalloway*, trad. Tomaz Tadeu. Belo Horizonte: Autêntica, 2012; trad. Mário Quintana. Rio de Janeiro: Nova Fronteira, 2015; trad. Claudio Alves Marcondes. São Paulo: Penguin-Companhia das Letras, 2017; trad. Denise Bottmann. São Paulo: L&PM, 2019; trad. Thais Paiva & Stephanie Fernandes. Rio de Janeiro: Antofágica, 2020].

WYNTER, Sylvia. "On How We Mistook the Map for the Territory, and Reimprisoned Ourselves in Our Unbearable Wrongness of Being, of Désêtre: Black Studies toward the Human Project", in Lewis R. Gordon & Jane Anna Gordon, *Not Only the Master's Tools: African American Studies in Theory and Practice.* Boulder: Paradigm, 2006.

YANCY, George."Walking while Black in the 'White Gaze'". *New York Times*, 1/9/2013.

YOUNG, Iris Marion. *Throwing like a Girl and Other Essays*. Bloomington: Indiana University Press, 1990.

ZACKODNIK, Teresa. *Press, Platform, Pulpit: Black Feminist Publics in the Era of Reform*. Knoxville: University of Tennessee Press, 2011.

SOBRE A AUTORA

SARA AHMED nasceu em 30 de agosto de 1969 em Salford, na Inglaterra. Filha de pai paquistanês e mãe inglesa, migrou com sua família para Adelaide, na Austrália, no início da década de 1970, onde cresceu. É graduada em inglês, filosofia e história (1990) pela Universidade de Adelaide e doutora (1995) pelo Centre for Critical and Cultural Theory, na Universidade de Cardiff. Iniciou sua carreira acadêmica na Universidade de Lancaster, no Reino Unido, onde atuou na área de Estudos de Mulheres entre 1994 e 2004. Foi professora visitante de diversas universidades, entre elas a de Sydney, na Austrália, e a Rutgers, em New Jersey, Estados Unidos. Entre 2005 e 2016, foi professora de Estudos Culturais e Raciais na Goldsmiths, Universidade de Londres, onde também dirigiu o Centro para a Pesquisa Feminista. Ao longo do processo de escrita deste livro, participou do grupo de trabalho que buscava enfrentar o assédio sexual no ambiente universitário britânico. Decepcionada com a cultura institucional que impedia a percepção e a solução do problema, e em solidariedade às vítimas, optou por se demitir de seu cargo na Goldsmiths.

É autora de diversos livros e desde 2016 atua como pesquisadora independente, dando palestras e organizando seminários e *workshops*. Mora em um vilarejo em Cambridgeshire, no Reino Unido, com sua parceira Sarah Franklin e suas cachorras Poppy e Bluebell.

OBRAS SELECIONADAS

Willful Subjects. Durham: Duke University Press, 2014.
On Being Included: Racism and Diversity in Institutional Life. Durham: Duke University Press, 2012.
The Promise of Happiness. Durham: Duke University Press, 2010.
Queer Phenomenology: Orientations, Objects, Others. Durham: Duke University Press, 2006.
The Cultural Politics of Emotion. Edinburgh: Edinburgh University Press, 2004.
Strange Encounters: Embodied Others in Post-coloniality. London: Routledge, 2000.
Differences That Matter: Feminist Theory and Postmodernism. Cambridge: Cambridge University Press, 1998.

Título original: *Living a Feminist Life*
© Duke University Press, 2017
© Ubu Editora, 2022

ILUSTRAÇÃO DA CAPA © Maria Conejo

Nesta edição, respeitou-se o novo
Acordo Ortográfico da Língua Portuguesa.

Dados Internacionais de Catalogação na Publicação (CIP)
Elaborado por Vagner Rodolfo da Silva – CRB-8 / 9410

A286v Ahmed, Sara
  Viver uma vida feminista / Sara Ahmed ; traduzido
  por Jamille Pinheiro Dias, Sheyla Miranda, Mariana
  Ruggieri. – São Paulo: Ubu Editora, 2022. 448 pp.
  ISBN 978 65 86497 67 0

---

1. Feminismo. 2. Sociologia. 3. Política. I. Dias, Jamille
Pinheiro. II. Miranda, Sheyla. III. Ruggieri, Mariana.
IV. Título.

2022-508   CDD 305.42 CDU 396

Índice para catálogo sistemático:
1. Feminismo 305.42
2. Feminismo 396

EDIÇÃO DE TEXTO Bibiana Leme
PREPARAÇÃO Gabriela Naigeborin
REVISÃO Débora Donadel, Fabiana Pellegrini e Orlinda Teruya
DESIGN DE CAPA Elisa von Randow

EQUIPE UBU
DIREÇÃO EDITORIAL Florencia Ferrari
COORDENAÇÃO GERAL Isabela Sanches
DIREÇÃO DE ARTE Elaine Ramos, Lívia Takemura (assistente)
EDITORIAL Bibiana Leme, Gabriela Naigeborin, Júlia Knaipp
COMERCIAL Luciana Mazolini, Anna Fournier (assistente)
CRIAÇÃO DE CONTEÚDO / CIRCUITO UBU Maria Chiaretti,
    Walmir Lacerda (assistente)
GESTÃO SITE / CIRCUITO UBU Beatriz Lourenção
DESIGN DE COMUNICAÇÃO Júlia França, Lívia Takemura
ATENDIMENTO Laís Matias, Micaely Silva
PRODUÇÃO GRÁFICA Marina Ambrasas

UBU EDITORA
Largo do Arouche 161 sobreloja 2
01219 011 São Paulo SP
ubueditora.com.br
professor@ubueditora.com.br
 /ubueditora

FONTES
Karmina e Rainer
PAPEL
Alta alvura 75 g / m²
IMPRESSÃO
Margraf